불교상담학개론

Padmasiri de Silva 저 | 윤희조 역

학지사

역자 서문

불교상담 공부를 본격적으로 시작하면서 가장 먼저 살펴본 것이 해외의 연구 동향이었다. 당시 영어권에서 불교상담으로는 이 책이 유일하였다. 불교상담적인 내용의 책과 불교심리학이라는 이름의 책은 몇 권 있었지만, '불교상담'이라는 제목으로 저술된 것은 이 책이 유일하였다. 처음에는 불교상담을 전공하는 학생들이 사용할 교재가 필요하여 번역을 시작하였다. 또한 불교심리학과 불교상담에 관련된 최신 연구 성과를 반영한 책이 없어 번역이 시급한 실정이었다.

이러한 시기에 원서를 보면서 저자가 불교상담과 불교심리학의 범위를 폭넓게 잡고 있다는 것을 알게 되었다. 저자는 불교상담의 체계를 서구의 상담체계에 부합하도록 잡고 있었다. 그리고 수십 년에 걸쳐서 불교상담과 관련된 논문을 발표하고, 마음챙김에 기반한 불교상담을 꾸준하게 하고 있음을 확인하였다. 또한 원서가 저명한 종교철학시리즈의 일환으로 저술된 점, 꾸준히 개정판을 내고 있다는 점을 확인하였다. 이로 인해 역자는 원서를 더욱 신뢰하게 되었고, 번역을 결심하였다.

이 책은 서구 상담학의 필수적인 요소를 불교적인 입장에서 기술하고 있다.

심리학에서 다루는 정서, 동기, 인지, 건강 등을 다루면서 불교상담으로 나아간다. 그러므로 원서는 불교상담의 기초가 되는 불교심리학을 불교상담과 함께 다루고 있다고 할 수 있다. 저자는 불교와 프로이트를 비교하는 작업을 시작으로 한다. 그 후 레슬리 그리버그의 정서치유작업을 바탕에 두고 불교적인 마음챙김을 결합하여, 마음챙김에 기반한 정서치유를 주요 상담기법으로 사용한다.

역자는 불교상담을 불교에 기반한 상담(Buddhism Based Counselling)으로 정의한다. 이는 불교를 첨가한 상담과는 구분된다. 불교적 요소를 가미한 상담기법은 서구에서 많이 계발되고 있지만, 본격적으로 불교의 이론과 가르침, 불교심리학, 불교수행에 기반한 상담체계는 찾기가 쉽지 않다. 안타깝게도 불교 자체가 가지고 있는 치유적 가능성이 극대화되지 못하고, 부분적으로만 활용되고 있는 실정이다. 이러한 상황에서 저자는 불교에 기반한 상담을 시도하고 있다. 서구적인 개념체계를 많이 활용하고 있지만, 불교적인 바탕 위에서 서구개념을 해석하려는 시도를 하고 있다. 이런 의미에서 『불교상담학개론』은 불교상담을 위한 좋은 입문서가 될 것이다. 이 책이 불교상담과 불교심리학의 가능성을 보여줄 수 있다고 생각하니, 처음 불교상담을 시작할 때 들었던 막연했던 마음이 조금 가벼워진다.

역자는 불교의 언어와 관련된 불교철학적 논의를 전공하였다. 불교 안에서 언어의 역할, 언어와 실재의 관계에 대한 연구는 불교상담과 연결되면서 동시에 현대적인 문제와 연결된다. 불교상담은 불교가 현대와 만나는 중요한 장이면서 불교의 본래 영역이다. 붓다는 괴로움의 제거라는 문제의식에서 출발한다. 불교상담 또한 괴로움의 제거라는 큰 목표 안에서 이루어진다. 이를 위해서 불교적인 가르침과 마음에 대한 이론, 마음의 좋은 특징을 계발하는 것이 이루어진다. 한 사람 한 사람의 마음이 바뀌고, 관점이 변화하고, 대인관계가 달라지는 것이 불교상담의 목표라고 할 수 있다.

이 책이 불교심리학과 불교상담에 관심 있는 상담사와 학생들이 흥미를 가지고 연구를 계속하는 계기가 되기를 바란다. 또, 불교심리학과 불교상담과 관련

된 다양한 연구주제와 불교상담의 가능성을 확인할 수 있는 기회가 되기를 기대
한다.

　이 책이 나오는 데 도움을 주신, 특히 고마운 분들이 있다. 초고를 함께 검토해
주신 윤영선 박사님, 초고를 번역하고 두 번 다시 거들떠보기 싫을 때 원고를 읽
어 준 엄세정 씨, 복주옥 원생, 장동수 원생, 함희경 원생에게 감사의 말을 전한
다. 또 출판을 해 주신 학지사의 김진환 사장님, 원고에 각별한 애정을 가져 주신
최임배 부사장님과 최윤희 선생님에게 감사드린다.

2017년 5월
역자 윤희조

저자 서문

삶에서 나오는 정서의 리듬

이 책은 기본적으로 불교심리학과 불교상담, 특히 마음챙김에 기반한 상담을 소개하는 책이다. 불교심리학에 관한 이 책은 1979년에 초판이 출간되었다. 리스 데이비즈(C. A. F. Rhys Davids)의 선구적인 연구와 이후 열반의 심리학에 초점을 맞춘 요한슨(Rune Johanson)의 저작 정도가 이 주제와 관련되어 있었다. 처음에는 이 책이 2005년까지 새로운 '장'을 추가하면서 4판까지 나올 것이라고 전혀 예상하지 못했다. 지속적으로 관심을 가져 준 팔그레이브 맥밀란(Palgrave Macmillan) 출판사와 종교철학 시리즈의 편집장인 힉(John Hick) 교수에게 감사의 말을 전한다. 그는 페라데니아대학교 철학과 방문교수로 연구년을 보내면서 이 책을 쓰도록 제안했다. 그러면서 최근 종교철학 시리즈에서 이 책이 가장 성공적인 책 가운데 하나라는 글을 보내 왔다. 그렇기 때문에 그는 이 책의 개정판을 보면 매우 기뻐할 것이다. 이 책을 사용한 대학과 연구소의 교수님들과 학생들, 많은 불교학자, 일반 독자가 보여 준 지속적인 관심에 감사의 말을 전한다.

내가 초기에 겪은 어려운 경험들은 이 책에 나오는 상담의 내용을 매우 풍요롭게 만들었다. 시간이 지날수록 나의 책과 삶은 기쁨과 만족으로 충만해졌다. 그래서 이 책이 학계에 받아들여지는 것에 대해서 행복 그 이상을 느낀다. 하지만 이 책의 보이지 않는 곳에는 '삶의 정서적 리듬'이라고 부르는 것이 흐르고 있다. 그 흐름은 1994년 내 삶이 엄청나게 혼란스러운 시기를 지나면서 겪었던 실존적이고 경험적인 진정한 흐름이었다(제16장과 제17장의 '슬픔'과 '비탄'을 보라.). 그러나 이때 '나' 자신에 대한 깊은 통찰을 얻었다. 그것은 분노, 두려움, 불안, 외로움, 가벼운 우울에 대한 것이었지만, 이를 통해서 곧 고요함, 평정심, 공감, 연민과 통찰을 할 수 있게 됨으로써 상담에서 내담자의 갈등과 긴장을 이해할 수 있는 능력을 얻게 되었다. 붓다는 아들 라홀라(Rahula)에게 자기 자신에 대해서 알아 가는 방법으로 마음을 거울 보듯이 보라고 충고하였다. 그리고 나는 상담에서 내담자가 마음과 몸에 비치는 '정서적 리듬'이라는 거울을 볼 수 있게 하였다. 얄롬(Irvin Yalom)이 말하였듯이, 내담자와 상담사는 함께 여행하는 사람이다. 그들이 삶에서 만나는 어려움을 이해하기 시작하면서 마음을 어지럽게 하는 갈등, 분노와 불안을 경험하지만, 점차 고요함과 만족을 경험하고 괴로움의 본질을 통찰한다. 제11장은 상담에서 명상의 본성에 초점을 맞추고 있는데, 이는 상담사와 내담자의 삶에 새로운 지평을 열어 줄 것이다. 제2부는 나의 삶의 정서적 리듬으로부터 나온 것이다. 그리고 여기서 엘리엇(T. S. Eliot)은 많은 혼란스러운 경험을 아름답게 변화시켜 매우 개인적인 것을 우주적 메시지로 만드는 방법에 대해서 멋진 통찰을 보여 주었다.

『불교심리학개론(An Introduction to Buddhist Psychology)』은 지난 30년 동안 폭넓은 독자층을 가지고 있었다. 많은 독자가 『불교심리학개론』이 명료한 초점을 맞추고 있다고 한다. 지난 20년 동안 서구 대학의 종교학과와 철학과에 불교심리학 과정이 도입되었다. 불교학 과정에 심리학과 상담이 새로운 과정으로 등장한 것은 흥미로운 흐름이었다. 태국과 스리랑카 같은 국가에서는 지금 불교 연구가 중요한 위치를 차지하고 있다. 마음챙김에 기반한 치료가 많이 등장하면서 불교심리학에 관심을 가지는 일반 독자가 증가함에 따라 이 책은 발전했다. 판을 거듭할수록 새로운 장들이 추가되었는데, 이제부터 이 책의 중요한 측면을 요약하고자 한다.

　먼저, 이 책은 마음챙김에 기반한 상담(mindfulness-based counselling)으로 설명할 수 있는 요소들을 망라하면서 불교심리학과 불교상담을 모두 다룬다. 이는 새로운 차원에서 불교심리학의 실천적인 가치를 강조한다. 둘째, 마음챙김에 기반한 수많은 치료전통이 지난 20년 동안 서양에서 생겨났다는 것이다. 제2부에서는 마음챙김에 기반한 정서중심치료(mindfulness-based emotion-focused therapy)를 포함하여 상담의 본질과 마음챙김에 기반한 치료전통을 소개할 것이다. 셋째, 나는 수년 동안 '정서 연구'에 몰두했다. 제1부 제5장에서는 정서를 자세하게 논의하고, 제2부에서는 치료와 상담을 배경으로 비탄, 슬픔과 우울, 분노, 자만심과 자부심, 탐심과 중독을 특별히 다루고, 긍정적 정서, 관대함, 연민, 정서적 균형, 평정심을 설명한다. '사고와 감정'의 장은 정서의 본성에 대한 서구의 논쟁, 즉 생리학 지향 이론 대 정서의 인지이론을 해결하기 위하여 불교적 관점을 제공한다. 사실 이 책에서 반복되는 근원적인 주제는 '삶에서 나오는 정서의 리듬'으로 설명할 수 있을 것이다. 넷째, 이 책에는 본래 불교의 가르침에서 나온 불교심리학에 관한 자료가 모여 있다. 이 자료는 인지, 동기, 정서, 성격, 건강과 웰빙 등 심리학의 주요 주제에 따라 구조화되어 있다. 나는 하와이대학교와 피츠버그대학교를 다니면서 심리철학을 공부했다. 그곳에서 나는 동기, 잠재의식적 활동, 정서, 의도, 의지와 같은 기본 개념 그리고 일반적으로 마음의 인지적, 정서적, 의지적 또는 의도적, 주의집중적 차원이라는 네 가지 차원을 다루는 방식을 익혔다. 심리철학에 대한 연구를 통해서 비탄, 슬픔, 우울, 분노, 중독, 관대함과 같은 다양한 정서 프로파일을 도표화하는 것이 부분적으로 가능하게 되었다. 다섯째, 전문상담사로서 수년 동안 행한 연구와 훈련과 실습은 '불교심리치료(Buddhist psychotherapy)'라고 할 수 있으며, 이 책에서 상담 부분의 기초가 되었다. 여섯째, 불교와 인지과학에 대해서 다루고 있는 제1장은 불교와 인지과학의 접점에 대하여 최근에 떠오르고 있는 흥미로운 점을 다루고 있다. 일곱째, 불교를 '명상과학'으로 설명하는 제11장에서는 불교를 명상의 철학, 심리학, 윤리학, 교육학으로 분석하였다. 몇몇 다른 장에서는 요즘 관심을 불러일으키고 있는 '도덕심리학'이라는 맥락에서 불교심리학을 논의하였다. 여덟째, 새로운 특징들을 추가하였다. 그동안의 연구와 교육을 통하여 철학, 특히 심리철학, 불교학, 상담과 심리학, 정서 연구 사이의 학제 간 연구의 가능성을 가시화하였다. 이러한 배경에는 불교가 현대사회에 타당하다는 것, 툴레스(Robert H. Thouless)가 말하였듯이 2,600년이 지난 메시지가 놀라울 정도로 타당하다는 것이 현재의 연구를 더욱 풍요롭게 만들어 주고 있다.

이 새로운 흐름에 관심을 가지고 있는 독자에게, 또 마음챙김 수행을 자신의 상담에 통합하고자 하는, 서양에서 훈련받은 상담사에게 최근의 상담을 통합하는 대학과정 수준의 불교심리학 교재가 요구된다. 제1장은 인지, 동기, 정서의 영역이 상호작용하는 새로운 지점을 찾으면서, 인지과학에 토대를 두고 있는 초기의 철학을 넘어선 곳에 불교심리학을 위치시키고 있다.

이런 프로젝트의 문제점 가운데 하나는 일상생활에서 불교심리학과 불교상담을 실제로 사용하는 데 더 초점을 맞추고 있는 사람들이 불교심리학에서 요구하는 것과, 붓다의 본래의 가르침이 담겨 있는 자료의 진정성, 학문적 진지함, 명상 가르침에 대한 중요하고도 명료한 진정성을 요구하는 것 사이의 균형을 유지하는 것이다. 이런 종류의 책에서는 학문적 진지함과 제시된 자료의 진정성이 매우 중요하다. 필자가 집필한 책의 경우 이것을 유지하고 있다. 그러나 독자들의 제안에 따라 빨리어 용어를 가능한 한 기능적으로 사용하였다. 경전을 언급할 경우에는 반드시 각주를 사용하였고, 불교경전을 인용할 때는 특히 붓다의 가르침을 생생하게 되살리는 데 주의를 기울였다. 독자가 빨리어를 아는 것이 이 책의 일반적인 흐름과 취지를 아는 데 유용하도록 하였다. 예를 들어, 둑카(dukkha, 苦)는 괴로움, 슬퍼서 감당하기 어려운 세상, 애통, 비탄을 뜻하는데, 보다 현대적인 의미로는 '스트레스'를 뜻한다. 또 다른 예로 '선과 악'을 불교용어로 번역할 때, 이는 서양에서 기원한 사용법과도 다르고, '깜마(kamma, 業)'와도 다르다. 깜마는 최소한 두 측면, 즉 환생 개념과 현재에 초점을 맞춘 의도적 행동 개념과 관련이 있다. 이러한 개념은 불교에서 도덕심리학을 이해하는 데 중요하고, 도덕심리학은 오늘날 점점 더 심리학과 연관이 깊어지고 있다. 또한 불교상담심리학을 다루는 제2부는 실천적 주제에 관심을 가지고 있는 일반 독자의 요구에 훨씬 더 부응할 것이다. 상담에 대하여 다룬 제2부는 제1부에서 제시한 이론의 실천적인 차원을 제공한다. 중독, 스트레스 관리, 비탄 상담과 같은 주제는 대부분 내담자와의 상담을 통한 것이다.

담마지와(Dhammajiva) 스님의 지도하에 메티리갈라에 있는 숲 속 수행처에서 오랜 명상 수행을 거치면서 경전의 메시지를 풀어낼 때, 새롭고 깊은 차원에서 의미를 이해했다. 예를 들어, 정신적 균형과 평정심을 다룬 제8장에 나타난 담마지와 스님의 명상 경험과 지도는 같은 맥락에서 이 책을 더욱 풍성하게 만들었다.

수십 년 동안 심리철학을 함께 공부한 지인을 통해 개념적 도구를 더욱 예리하게 하였고, 글을 명료하게 만들고, 초점을 명확하게 맞추게 되었다. 하와이대학교 대학원 과정의 심리철학에 관한 세미나 수업을 언제나 감사한 마음으로 기억한다.

감사의 글

우선 팔그레이브 맥밀란 출판사(Palgrave Macmillan)에 깊은 감사를 드리고 싶다. 20년 이상 불교심리학에 대한 연구에 지속적으로 관심을 보여 주었고, 아홉 개의 장을 새로 추가하여 책 전체를 대대적으로 개정한 책이 되었다. 또, 이 새로운 책을 위한 프로젝트를 검토하고, 연구의 수준을 향상시켜 줄 창조적인 아이디어를 제안하고, 책을 통합적으로 잘 편집해 준 편집부 직원들에게도 감사드린다. 특히 여러 단계에서 작업 과정을 도와준 편집부 직원 니콜라 존스(Nicola Jones)에게 감사를 전한다.

나는 수많은 책을 내기 위하여 수년 동안 편집자들과 함께 일했지만 알렉 맥콜리(Alec McAulay)처럼 탁월한 편집자를 보기는 힘들었다. 그는 책이 출판될 때까지 텍스트의 전개와 교정 과정을 잘할 수 있도록 용기를 북돋아 주었다. 알렉 맥콜리에게 진심으로 감사의 말을 전한다. 빨리어와 관련해 많은 도움을 준 탁월한 빨리어 학자인 소마라뜨네(G. Somaratne) 교수의 도움에도 깊이 감사드린다.

차례

제1부 불교심리학

제2부　마음챙김에 기반한 상담

불교심리학

1
불교심리학과 인지과학의 혁명

인지과학은 심리학, 인류학, 언어학이 다시 정의되고, 컴퓨터과학과 신경과학이 학문 분과로 탄생한 1950년대의 산물이다. 심리학이 행동주의로부터 자유로워지고, 인지가 과학적인 지위를 회복하고 나서야 심리학은 인지혁명에 참여할 수 있었다. 몇몇 분과학문에서 어떤 문제에 대해서 해답을 얻는 것은 다른 분과학문에 전통적으로 부과된 문제를 푸는 것에 의존한다는 것이 분명해졌다.[1]

더 나아가 제임스는 의식의 흐름이 뇌의 활동과는 다른 유형의 현상일 것이라고 추측했다. 제임스는 의식의 흐름을 살아 있는 동안 뇌와 상호작용하고, 이 상호작용을 구성하는 정체성, 성격, 기억을 흡수하여 유지하지만 뇌 없이도 지속할 수 있는 현상이라고 추측했다. 제임스는 여전히 현대의 인지과학자들로부터 널리 존경받고 있지만, 의식의 기원과 본질에 관한 그의 견해는 대부분 무시되거나 거절되어 왔다.[2]

---

1) George Miller(2003). "The Cognitive Revolution", *Trends in Cognitive Sciences, 7*(3), p. 141.
2) Alan B. Wallace(2007). *Contemplative Science,* New York: Colombia University Press, p. 13.

오늘날, 제임스가 꿈꾸던 초보적인 단계는 실현되고 있다. 심리학자, 인지과학자, 신경과학자와 함께 명망 있는 불교학자들은 불교의 방법론을 월러스(Alan Wallace)가 '명상과학(contemplative science)'이라고 부르는 구체적인 학문분과로 통합하는 작업에 참여하고 있다. 이와 같이 새롭게 등장하는 체계 안에서 불교 심리학과 불교상담은 명상 수행과 인지과학의 현대적인 접점에 위치한다. 나는 불교와 인지과학의 접점들을 추적하려고 한다. 반면 월러스는 인지과학은 과학적 물질주의의 지배를 극복해야 하는 완전한 혁명을 앞으로 겪어야 하고, 정신 현상을 관찰하는 엄밀하고 정확한 내관적 방법을 고안해야 한다고 생각한다.[3]

과학에서 인지혁명이라고 불리는 것은 몇 가지 단계를 거쳐 왔다. 첫 번째 단계는 파블로프(Ivan Pavlov)와 왓슨(J. B. Watson)으로 대표된다. 그들은 심리학을 행동의 과학으로 여겼고, 그들의 관심은 '보이는 것' '들리는 것' '만질 수 있는 것'이었다. 이후에 스키너(B. F. Skinner)는 마음은 존재하지 않고 심리학은 단지 행동의 경향성에만 관여한다고 주장한다. 정신적 사건은 보이지 않고, 객관적 증거는 단지 공적으로 관찰할 수 있는 행동의 영역에서만 유효하다. 심리학자 제임스(William James)는 의식의 탐구에 관심이 있었다. 그러나 행동주의 심리학이 지배하는 분위기에서 의식에 대한 탐구는 과학적 지위를 가지지 못한다는 것을 의미했다.

1960년대 인지과학의 출현은 의식에 대한 과학적 탐구를 향한 첫걸음이었다. 인지혁명의 다음 단계는 인지심리학, 신경과학, 언어학, 분자유전학, 인공지능 분야의 새로운 연구로 대표된다. 하버드대학은 인지에 대한 연구를 교과과정으로 개설하였고, 카네기멜론대학은 정보처리심리학(information-processing psychology)을 발전시켰다. 인지에 대한 연구가 진행됨에 따라서 이 프로젝트들은 1976년 슬로언재단으로부터 재정지원을 받았다. 불교와 인지과학의 대화와 새로운 학제 간 학문들과의 연관성은 역량 있는 과학자인 바렐라

---

3) Alan B. Wallace(2007). p. 167.

(Francisco Varela)에 의해서 구체화되었고, 이러한 사고방식은 제임스의 통찰에서 보이는 관심이 되살아나는 것처럼 보였다. 의식에 관한 과학적 탐구가 적합하다고 할지라도, 이러한 관심이 불교심리학의 발전으로 확장되는 데는 장애가 있었다. 불교학이 전통적인 문헌연구 방법론에서 벗어나는 데 시간이 걸렸다. 바렐라는 슬로언재단의 지원을 받아서 '불교와 인지과학'에 관한 콘퍼런스를 개최하는 데 중요한 역할을 하였다. 이 콘퍼런스는 콜로라도에 있는 나로파연구소에서 열렸다. 지금 나로파대학에는 불교심리학에 관한 종합 학부와 대학원 프로그램, 고등연구를 책임지는 연구자들이 있다. 바렐라는 불교가 물리학과 같은 과학의 인식론적 기초뿐만 아니라 마음을 탐구하는 연구 차원에서도 현대과학에 잠재적으로 영향을 끼칠 수 있다는 것을 강조했다. 불교와 인지과학에 관한 나로파 콘퍼런스 이후 수년 동안 발전한 생명과학은 마음, 인지, 정서, 정동, 그리고 특히 정서신경과학과 같은 신경과학의 새로운 영역에 특별히 관심을 기울이고 있다. 불교심리학 분야의 전체 학위 프로그램을 개발하는 데서 나로파대학은 탁월하다고 할 수 있다. 과학과 불교의 만남은 불교심리학에 대한 흥미를 다시 불러일으키는 배경이 되고 있다. 실험을 기반으로 하는 명상 기법은 마음챙김을 치유도구로 사용하기에 이르렀고, 명상이 정신과 육체의 건강에 어떤 영향을 미치는가 하는 것은 현재 흥미로운 연구주제이다. 불교명상에서 의식에 대한 연구는 중요해졌고, 수년 동안 이 연구는 신경과학자들의 관심을 끌었으며, 데이비슨(Richard Davidson)은 '신경가소성'이라는 획기적인 개념을 제안하였고, 마음과생명연구소(Mind and Life Institute)에서 개최한 몇몇 콘퍼런스에서 신경가소성 개념과 불교심리학의 연관성에 관한 논의가 이루어지면서 불교명상에서 의식에 관한 연구는 정점에 이르렀다.

데이비슨은 평생 뇌가 발전할 가능성, 즉 신경가소성을 옹호했고, 명상 수행이 긍정적인 정서를 키우고 부정적인 정서를 억제하면서 뇌의 정서적인 부분에

서 유용한 가소성을 만들 수 있다는 자료를 제시한다.[4]

최근 시걸(Daniel Siegel)은 『마음챙기는 뇌(The Mindful Brain)』에서 마음을 챙기면서 알아차리는 것은 신체적·정신적·사회적 안녕을 향상시킨다는 것이 과학적으로 입증되었다고 지적한다.[5] 현재 일어나고 있는 경험을 알아차리는 것은 뇌의 구체적인 사회적·정서적 회로를 연결할 수 있는 일종의 동조현상(attunement)을 우리 자신과 타인에게서 창조한다는 사고가 과학과 마음챙김 수행을 통합하는 핵심에 놓여 있다. 이러한 발견은 우리가 삶을 변화시키도록 돕고, 타인과 우리 자신을 근원적으로 연결하도록 도왔다. 이뿐만 아니라 명상에 관한 뇌과학의 이러한 발전은 인지행동치료에서 정신역동치료, 인간중심치료, 게슈탈트치료에 이르는 서구의 다양한 치유 기법에 마음챙김을 도입하고자 하는 사람들에게 깊은 신뢰를 주었다. 이 책의 제13장에서는 마음챙김에 기반한 서구의 많은 치료전통을 기술하고 분석하면서 오늘날의 주요 전통에 대해서 조망하고자 한다. 제1부의 모든 장에서는 이러한 치료전통뿐만 아니라 마음챙김의 실천적 응용에 암묵적으로 자양분을 제공하는 불교심리학에 대해서 조명하고자 한다. 그리고 스트레스 관리, 분노 관리, 비탄 상담, 우울, 중독과 같은 구체적인 문제영역에 대한 불교적 통찰에 대해서도 밝히고 있다.

마음과생명연구소는 1987년 이래 지속적으로 콘퍼런스를 개최하고 출판을 하였으며, 달라이 라마는 이 모임 내내 필요한 가이드를 하였다. 불교심리학의 영역에서 정서에 대한 연구와 그와 연관된 주제들은 매우 가치가 있다. 정서와 건강, 파괴적인 정서, 마음챙김과 자비, 우울 다루기, 이타주의와 윤리와 자비, 주의와 기억과 마음, 심신상관, 신경가소성, 명상과학이 그 주제이다. 마음을 넘어서서 양자물리학과 동양의 명상과학에서 인식론적인 문제를 탐구하는 것은 주목할 만한 공헌이었다. 1987년 마음과생명연구소 후원하에 열린 불교와 인지

---

4) Richard Davidson(2003). "Neuroplasticity Thesis", In Goleman Daniel ed., *Destructive Emotion*, London: Bloomsbury, pp. 21-23.

5) Daniel Siegel(2007). *The Mindful Brain*, New York: W. W. Norton and Company.

과학의 대화는 광범위한 영역을 탐구했고, 새로운 얼굴을 한 불교심리학이 출현하는 촉진제가 되었다. 그들은 뇌가 신체의 맥락으로 복귀하도록 도움을 주었고, 면역계, 자율신경계, 내분비계에 대한 영향력을 회복하도록 도움을 주었다. 신체를 제2의 뇌라고 하는 퍼트(Candace Pert)의 논문은 정서에서 몸과 뇌와 마음이 어떻게 연결되는지에 대하여 새로운 빛을 던져 주었다.[6] 상담과 치유라는 실제적인 차원에서 마음챙김에 기반한 기법들은 스트레스감소치료, 인지행동치료, 정신역동치료, 인간중심치료, 게슈탈트치료, 그리고 마음챙김에 기반한 정서중심치료, 광범위한 교육 프로그램인 정서균형계발(CEB)로 통합되고 있다.

앞에서 언급한 과학적 탐구는 확실히 현대의 불교심리학과 치유의 유관성과 신뢰성을 증가시켜서 믿음이 돈독한 불교 신자뿐만 아니라 외부에서 신행을 하려고 오는 사람들에게 합리적 근거를 제공하고 있다. 그런 반면에 열반(liberation)의 추구라는 불교적 관점에서 보면 붓다의 길을 따라서 높은 단계를 성취하거나 완성한 많은 스님은 과학과의 연관성에 대해서 포용적으로 이해하지 못하고 있다. 그러나 오늘날 이러한 심리학, 심리치료, 신경과학 안에서 이루어지고 있는 발견은 재가자이든 스님이든 수행자들을 실천적인 윤리와 명상 수행으로 나아가도록 돕는다. 불교학자이면서 심리치료사로서 나는 두 차원이 서로를 풍요롭게 한다는 것을 발견한다. 말할 것도 없이, 불교 수행이 깊어지면 불교심리학에 대한 관심은 학문적 경계를 넘어서게 된다.

톰슨(Evan Thompson)은 명상으로 마음을 훈련하는 것과 마음에 대해 현상학적이고 철학적으로 비판적 분석을 하는 것은 불교 수행의 토대를 마련한다고 본다. 또한 마음을 단순히 과학적 탐구의 대상이라기보다 명상적이고 현상학적인 전문지식의 보고로 생각할 수 있다고 본다.[7] 나는 불교명상에 뛰어난 스님들의 수행 과정을 공부하는 것은 제임스의 전통을 부활시키는 새로운 장을 열 것이라

---

6) Candace Pert(1997). *Molecules of Emotion*, New York: Scribner.
7) Evan Thompson(2011). "Neurophenomenology and Contemplative Experience", In P. Clayton (Ed.), *The Oxford Handbook of Science and Religion*, Oxford: Oxford University Press.

고 기대한다.

불교에서 '도덕심리학'의 위치는 제2장에서 다시 언급할 것이다. 간단히 말하면, 새로운 과학적 저술을 통해서 연구자들은 심리학과 도덕성의 관계를 더욱 발전시켜 나간다. 예를 들어, 콜버그(Lawrence Kohlberg)의 저술을 생각해 보자. 그는 도덕적 딜레마, 예를 들어 '하인츠는 아내의 생명을 구하기 위해서 약을 훔쳐야 하는가'와 같은 질문을 어린이에게 한 것으로 유명하다. 다마시오(Antonio Damasio)는 『데카르트의 오류』에서 도덕성과 합리성은 전전두엽피질 안의 감정 회로가 적절하게 기능하는지에 의존한다는 것을 보여 주고 있다.[8] 시걸은 『마음 챙기는 뇌』에서 다음과 같이 말한다.

> 도덕성을 중전전두엽피질의 적극적인 역할에서 찾는 것은 '신경메모'와 연관되어 있다. 우리가 도덕적인 딜레마를 생각할 때 또는 도덕적 행동을 하려고 할 때 그 영역이 활성화된다. 우리는 신경 안에 있는 통합적인 회로를 통해서 우리 자신과 타인을 감각하게 되고, 올바른 행위와 도덕을 감각하게 된다.[9]

시걸은 호기심(curiosity), 개방성(openness), 수용(acceptance), 사랑(love), 일명 'COAL'이라는 네 가지 주요 요소를 추천한다.

> 자기 자신과 조율하면서 COAL을 경험하는 것은 마음챙김과 알아차림의 자연스러운 흐름이듯이, 우리의 깊은 자아에 성찰적으로 몰입한 상태에서 내재하는 사랑의 자리와 살아 있는 존재들의 더 넓은 세계를 조율하는 것도 그러하다. 이 여행은 '분리'라는 미혹을 해소하는 한 방법이다.

시걸은 우리는 '올바른 행위'를 단순한 판단이 아니라 '심오한 보편적 구조를

8) Antonio Damasio(1994). *Descartes' Error: Reason and the Human Brain,* New York: G. P. Putnam.
9) Daniel Siegel(2007). p. 322.

가진 도덕적 방향성'으로 본다고 말한다.

따라서, 최근 불교윤리학과 도덕심리학 사이의 연관성은 불교와 인지과학의 중요한 접점이다. 정서에 관하여 기술하고 있는 제5장은 정서 연구에 끼친 인지 과학의 영향을 자세하게 다루고 있다. 정서에 대한 이해는 '인지 시스템'에 대한 이해를 분명하게 한다.

도리스(John M. Doris)는 도덕심리학이 출현하게 된 배경을 보여 준다.

> 1960년대 후반을 시작으로, 특히 인식론과 심리철학 분야에서 철학적 자연주의와 인지과학의 영향이 증가하면서 철학 분야에서 도덕에 관한 학제 간 연구의 장이 펼쳐졌다. 다른 한편, 심리학에서 행동주의가 쇠퇴하면서 이전에는 철학적 윤리학의 영역이었던 주제를 포함해서 점점 다양한 연구주제에 대한 경험적 탐구가 가능해졌다. 1990년대 초반부터 이러한 탐구는 기하급수적으로 증가했고, 21세기가 시작되면서 철학자들과 심리학자들은 인접학문에서 경험적으로, 이론적으로 유효한 자원들을 추출할 뿐만 아니라, 이전에는 개별학문의 분야 안에서 다루어지던 문제들을 밝히는 것을 목표로 하는 공동연구를 시작했다.[10]

도리스는 도덕심리학이 많은 분야에서 이미 존재해 왔으므로 새로운 분야에서 출현한 것이 아니라 학제 간 연구 분야의 경계에 걸쳐서 재정립된 학문분과라고 말한다.

---

10) John M. Doris(2010). *The Moral Psychology Handbook*, Oxford University Press, pp. 1-2.

불교심리학의 기본 특징

　20세기의 마지막 30년 동안, 더 빠르게는 1940년대까지 거슬러 올라가 보면, 불교와 인지과학 사이에 접점이 출현했다. 케임브리지대학의 심리학자 툴레스(Robert H. Thouless)는 불교심리학의 타당성과 중요성에 대해서 다음과 같이 언급했다. "우리는 천년에 걸쳐서 붓다의 목소리를 통해 본질적인 근대적 마음의 표현을 듣는다."[1] 붓다의 대화에는 심리학적인 용어와 심리학적인 분석이 풍부하다. 그러나 이러한 측면은 리스 데이비즈(C. A. F. Rhys Davids)의 선구적인 작업 이전까지는 거의 무시되었다.[2] 요한슨(Rune Johanson)의 『열반의 심리학』 또한 중요한 공헌을 하였다.[3] 드 실바(de Silva)가 1979년에 초판을 낸 『불교심리학 개론』은 불교심리학을 가르치는 교사들과 이 주제에 관심이 있는 많은 일반 독자에게 유용한 역할을 하였다.[4] 불교철학에 대한 전통적인 가르침의 폭이 넓어

---

1) Robert H. Thouless(1940). *Riddell Memorial Lectures*, Oxford, p. 47.

2) C. A. F. Rhys Davids(1914). *Buddhist Psychology*, London.

3) Rune Johanson(1965). *The Psychology of Nirvana*, London: Allen and Unwin.

4) Padmasiri de Silva(2008a). *An Introduction to Mindfulness-based Counselling*, Ratmalana: Sarvodaya Vishva Lekha.

지면서 불교윤리학과 불교심리학에 대한 관심은 새로운 교과과정에 중요한 영향을 끼쳤다. 불교심리학에 대한 관심이 넓어지면서 불교가 상담에 기여하는 것을 포함하여 상담에 대한 나의 연구와 전문적인 상담 경험으로부터 나온 새로운 요소들이 이 책에 추가되었다. 이 책은 불교치료와 불교상담에 대한 중요한 기여들을 포함하면서 불교심리학과 불교상담의 상호작용과 불교상담에 대한 광범위한 보완자료를 바탕으로 불교심리학의 기본적인 주제와 개념을 소개하고 있다.

    마음의 개념을 이해하는 것과 함께 붓다의 기본적인 가르침인 윤리학, 앎에 대한 이론, 실재에 대한 이론을 이해하는 것은 불교심리학을 이해하는 중요한 요구 조건 가운데 하나이다. 이러한 배경지식을 제2장에서 간단히 소개하고자 한다. 또한 불교심리학을 잘 파악하는 것은 불교의 다른 측면에 대한 이해를 풍부하게 할 것이다. 붓다가 마음의 작용에 대해서 깊이 이해한 것은 붓다의 커다란 공헌 가운데 하나이다. 심리학과 윤리학 사이에는 특히 강한 연결고리가 있다. 그리고 붓다의 대화에는 도덕심리학이 암묵적으로 존재한다. 도덕심리학과 함께 도덕심리학이 불교윤리학(Buddhist ethics)에 대해서 함축하는 내용도 중요하다. 그리고 제2장에서 '윤리적 실재론(ethical realism)'에 대해서 논의할 것이다. 열반으로 나아가는 붓다의 길을 따라서 유익한 것을 계발하는 것과 마음을 정화하는 것은 함께 나아간다. 또한 불교의 몇몇 중요한 심리학적 용어들은 윤리적인 의미를 함축하고 있다. 우리가 치료와 상담에서 불교적 관점이라 여기는 것들은 불교심리학에 뿌리를 두고 있다. 따라서 불교심리학과 불교상담에 관한 책은 불교 영역에서의 심리학과 상담의 통합적인 관계를 포함할 것이다. 붓다는 또한 가족과 사회에서의 조화의 중요성을 강조하는 불교의 사회윤리학을 발전시켰다. 붓다는 자기조절(dama), 마음의 고요(sama), 절제(niyama)라는 사회적으로 가치 있는 성격들을 발전시키기를 권했다. 붓다의 대화에는 가족 간의 상호 관계, 직업윤리의 개발, 가정경제에 대한 세밀한 분석이 있다. 제2장에서는 또한 붓다의 앎에 대한 이론, 실재에 대한 이론을 간략하게 다룬다. 그리고 합리주의, 회의주의, 물질주의, 쾌락주의, 유신론, 다양한 형태의 결정론과 비결정론을 포함하는 당시의 철학이론들에 대한 붓다의 비판을 간단히 검토한다. 「범망 경 (Brahmajāla Sutta)」에서 붓다는 62가지 이론을 언급하는데, 당시는 이론들이 경쟁하는 풍부한 철학적인 문화가 있었기 때문이다.

제2장에서는 불교의 치료적 관점과 상담적 관점에 대해 매우 간략하게 언급하고, 제2부에서 그 주제를 본격적으로 다루고자 한다. 제1부에서 중요한 문제는 인지, 동기, 정서, 성격, 심신의 관계, 사고와 감정, 정신적 건강과 웰빙의 개념 등이다. 제2부에서는 상담의 본질, 마음챙김에 기반한 서구적 치료의 발전, 그리고 비탄 상담, 스트레스 관리, 분노 관리, 우울, 중독, 자기존중, 자기정체성, 자애와 연민과 같은 구체적인 상담주제를 소개한다. 마음챙김에 기반한 정서초점치료(EFT)에 기반하여 우울, 분노, 공포, 불안, 허영, 오만과 같은 부정적인 정서들을 치유하는 것이 중심적인 위치를 차지한다.

또한 불교심리학을 공부하는 데 필요한 기본적인 자료에 대해 간략히 소개할 것이고, 불교에서 마음이 어떻게 구성되어 있는지를 다루는 결론 부분에서는 인지, 동기, 정서와 관련된 장들을 위한 배경지식을 제공한다.

1. 윤리학과 심리학

붓다의 가르침은 행위의 윤리적 측면과 심리학적 측면이 서로 얽혀 있다는 것을 분명히 알고 있다. 이는 서양윤리학사에서 아리스토텔레스(Aristotle)의 『니코마코스 윤리학(Nicomachean Ethics)』과 가장 가깝다. 덕(virtue, aretē)을 계발하는 것은 단지 규칙을 맹목적으로 고수하는 것이 아니라 특정 형태의 기술, 즉 유익함(kusala)을 계발하는 것이다. 덕은 좋은 습관의 함양과 지속적인 자기분석을 통해서 계발해야 한다.

불교윤리학은 윤리적인 개념과 이론을 분석하는 것에 제한되지 않고, 삶의 방식과 행동패턴을 추천한다. 불교윤리학의 이러한 실천적 경향성은 덕 있는 삶을 고취하는 또는 방해하는 심리학적 요소들에 대한 확고한 이해를 기반으로 하고 있다. 도덕 훈련의 과정으로 정리할 수 있는 네 가지 올바른 노력은 중요하다. 즉, 아직 일어나지 않은 해로운 요소들이 일어나지 않도록 노력하는 것, 이미 일어난 해로운 요소들을 제거하기 위해서 노력하는 것, 아직 일어나지 않은 유익한 요소들이 일어나도록 노력하는 것, 이미 일어난 유익한 요소들을 증장시키기 위해서 노력하는 것이다. 유익한 것을 계발하는 것과 마음을 정화시키는 것은 동반된다. 동기에 대한 불교심리학적 근원에는 분명히 윤리학적 함축들이 있다. 탐욕, 성냄, 어리석음은 해로운 뿌리(akusala roots)이고, 관대, 자애, 지혜는 유익한 뿌리(kusala roots)이다. 불교윤리학은 또한 인간의 본성에 대한 이해를 기반으로 하고, 도덕적 행위는 동기와 정서에 대한 심리학에 근거하고 있다. 이러한 특징들을 현대의 철학자들은 '윤리적 실재론(ethical realism)'이라고 부른다.

2. 불교의 사회윤리학

불교에 사회윤리가 존재한다는 것을 부정하는 막스 베버(Max Weber)의 유명한 주장 이후, 불교는 사회적 차원이 선명하지 않다는 잘못된 학문적 이해가 존재했다.

> 구원은 독립적인 개인이 행하는 절대적으로 개인적인 행위이다. 아무도, 특히 어떤 사회적 조직도 그를 도울 수 없다. 참된 신비주의의 구체적인 비사회적 성격은 여기서 정점에 이른다.[5]

---

5) Max Weber(1958). *Religions of India: The Sociology of Buddhism and Hinduism*, Glencoe, NY: Free Press.

가정윤리와 카스트제도 비판에 대한 일종의 헌장이면서 경제활동에 관해서 재가자에게 하는 구체적인 조언이기도 한 「시갈로와다 경(Sigālovāda Sutta)」에서 붓다는 사회적인 주제를 폭넓게 다루고 있다. 경제에 관한 불교적 자원은 실제로 슈마허(E. F. Schumacher)가 경제에 관해서 영감을 주는 『작은 것이 아름답다(Small Is Beautiful)』라는 책을 쓰도록 독려하였다.[6] 왕에게 윤리적 기반 위에서 국가를 다스리도록 가르침을 펴는 경우도 있다. 정신적인 측면에서 "자신을 보호하면서 남을 보호하고, 남을 보호하면서 자신을 보호한다."라고 한다. 또한 수행자들은 질서정연하게 조직화되도록 하고, 재가자들에게는 정신적인 관심에 기반하는 우정을 독려한다. 다종교사회로 확장되면서 아소카왕은 불교의 가르침에 기반하여 국가를 통치한 사람의 화신으로 종종 여겨진다. 붓다는 또한 사회적 다툼이 있을 때 불협화음의 원인을 자신 안에서 찾을 수 있다고 말한다. 불교심리학은 사회가 좋게 변화하거나 나쁘게 변화하는 것의 뿌리를 이해하도록 도와준다. 붓다는 자기조절(dama), 마음의 고요(sama), 절제(niyama)라는 사회적으로 가치 있는 심리학적 요소들을 권고한다.[7] 붓다는 인간의 실재적인 모습을 보여 준다. 즉, 그들은 선할 수도 악할 수도 있고, 도덕적인 가정과 사회 환경은 세속적인 요소 또는 도덕적이고 정신적인 요소들에 좋은 영향을 끼칠 수 있다.

3. 앎에 대한 이론

기원전 6세기경 왕자로 태어난 싯다르타(Siddhartha)는 당시의 고행자, 예언자, 물질론자, 쾌락주의자, 유신론자, 회의론자, 허무주의자, 결정론자와 같은 다양한 철학자들의 지적 자극에 매료되었다. 붓다는 종종 다양한 철학의 강점과

6) E. F. Schumacher(1993). *Small is Beautiful: A Study of Economics as if People Mattered,* London: Random House.
7) O. H. de A. Wijesekera(1952). *Buddhism and Society,* Colombo: Baudhya Sahitya Sabha, p. 12.

약점을 분석하였고, 「범망 경(Brahmajāla Sutta)」은 이러한 탁월한 분석의 원천이
다.[8] 자야틸레케(K. N. Jayatilleke)는 앎의 본성을 다루는 3가지 주요한 유형의 사
상가들이 있다는 것을 자세히 보여 준다. 전통주의자들은 베다와 같은 문헌의
권위에 의존하고, 합리주의자들은 이성과 합리적인 사색을 따르고, 명상가들은
초감각적 지각과 직관적 앎을 주장한다. 비록 붓다는 구전 전통과 논리적 추론
을 전적으로 거부하지는 않지만, 자신은 세 번째 그룹에 속한다고 말한다. 그러
나 붓다는 또한 세 번째 그룹에 속하는 수행자 가운데 어떤 이들은 명상 경험에
기초한 잘못된 믿음을 가지고 있다고 말하면서 의구심을 표현한다.[9] 아날라요
(Analayo) 스님이 설명하듯이, 코끼리와 일곱 사람의 비유는 한 사람만의 지식은
단지 실재의 한 부분만을 드러낼 수 있다는 것을 보여 준다.[10] 실제로 『숫타니파
타(Sutta Nipāta)』의 「깔라하위와다 경(Kalahavivāda Sutta)」은 단순한 철학적 논쟁
을 과도하게 하는 것에 대해서 매우 성숙한 관점을 제시한다.

4. 실재에 대한 이론

불교는 수많은 차원을 가진 우주의 질서를 받아들인다. 물질의 법칙(utu-
niyāma), 생물의 법칙(bīja-niyāma), 마음의 법칙(citta-niyāma), 마음현상의 법칙
(dhamma-niyāma)의 영역이 있다. 이러한 형태의 인과적 법칙들은 결정론적이지
도 비결정론적이지도 않고, 불가피한 결과보다는 개연성 있는 경향성으로 제시
된다. 사람들의 행위가 이러한 법칙에 의해서 조건화되거나 제한될지라도, 이
러한 법칙에 의해서 결정되는 것은 아니다. 일반적으로 붓다는 모든 종류의 결
정론에 반대한다. 비록 그것이 자연결정론(svabhāva-vāda)이든, 유신론적 결정론

8) DN. I. 12-39.
9) K. N. Jayatilleke(1963). *Early Buddhist Theory of Knowledge,* London: Allen and Unwin.
10) Bhikkhu Analayo(2010). *Satipaṭṭhāna: The Direct Path to Realization,* Cambridge: Windhorse
   Publications, p. 45.

(issara-nimmāṇa-vāda)이든, 업에 의한 결정론(pubbe-kata-hetu-vāda)이든 또는 이런 측면들이 결합될 수 있는 어떤 철학이라도 반대한다.

일반적으로 불교의 인과이론은 결정론과 비결정론이라는 양극단 사이에서 중도를 제시한다. 엄격한 결정론에 따르면 현재와 과거는 변화할 수 없다. 그러나 붓다는 자유의지의 개념을 주장한다. 자유의지에 따라서 개인은 어느 정도 과거와 현재의 역동적인 힘을 제어할 수 있고, 미래의 사건에 대해서도 그러하다. 사람은 자유의지(attā-kāra)와 개인적인 노력(purisa-kāra)을 가지고 있고, 자신과 환경을 변화시킬 수 있다. 행위에 의한 이러한 가능성과 유동성의 개념은 심리적·치료적·도덕적·정신적 영역에서 인간의 행위와 행동에 대한 틀을 제시해 준다. 붓다는 또한 '이론의 그물'이란 의미를 가진 「범망 경」에 나오는 주요한 형이상학적 이론들을 분석하여 와해시켰다. 실제로 붓다와 토론하고 논쟁한 여섯 명의 유명한 사상가가 있었다. 유신론자였던 막칼리 고살라(Makkhali Gosāla)는 세계는 신의 의지에 따라서 창조되었고 움직인다는 견해를 주장하였다. 물질론자였던 아지타 께사깜발리(Ajita Kesakambali)는 사람은 죽으면 완전히 사라지므로 덕 있는 삶을 살아야 할 근거가 없다고 주장했다. 회의론자였던 산자야 벨랏타뿟따(Sañjaya Belaṭṭhaputta)는 내생에 대한 믿음과 도덕적 책임 같은 기본개념들은 이성적으로 증명하거나 확인할 수 없다고 믿었다. 자연결정론자였던 뿌라나 깟사빠(Pūraṇa Kassapa)는 선과 악을 구분하는 데 있어서 어떤 의미도 발견할 수 없다고 하였다. 빠꾸다 까짜야나(Pakudha Kaccāyana)는 실재의 본성을 구체적인 범주로 구별하여 기술하려고 하였다. 그래서 그는 범주론자로 불렸다. 마지막으로 상대론자였던 니간타 나따뿟따(Nigaṇṭha Nātaputta)는 어떤 진리라도 모든 관점에서 보았다.

이러한 이론에 대한 비판적인 평가는 인식론과 형이상학(또는 더 좋은 용어로는 '실재에 대한 이론')이라는 두 가지 부류의 철학에 속한다. 이 분석은 인간의 행동을 도덕, 심리학, 치료의 맥락에 놓는 것과 상관이 있다. 불교에서 실재라는 근본개념에 대한 다른 중요한 분석은 '우주의 법칙적 본성'이라는 측면이다. 물질의 법칙(utu-niyāma), 생물의 법칙(bīja-niyāma), 마음의 법칙(citta-niyāma), 도덕의 법칙(kamma-niyāma), 마음현상의 법칙(dhamma-niyāma)을 말한다. 이 분석은 경전에는 나오지 않고 주석문헌에 등장한다. 그럼에도 불구하고 이는 우주의 인과적 패턴이라는 넓은 의미의 불교적 관점과 부합하다.

실재에 대한 불교적 분석의 중심에는 항상 하지 않음(anicca, 無常), 괴로움・스트레스(dukkha, 苦), 자아가 없음(anattā, 無我)이라는 기본적인 실재들이 있다. '자아'의 존재에 대한 철학적 관점은 '성격'을 다루는 장에서 자세히 다룰 것이다. 불교는 영원한 자아를 주장하는 영원론과 물질입자의 집합 이외에는 아무것도 없다는 물질론의 중간에 위치한다. 업의 결과, 의무, 책임, 자유의지를 주장하면서 붓다는 물질론을 넘어선다. 무상의 이론은 불변하는 영혼에 대한 믿음과 반대된다. 오온에 대한 불교심리학의 분석은 '자아'의 본성에 대한 불교적 관점을 보여준다. 엡스타인(Mark Epstein)이 『무아의 심리치료(psychotherapy without the self)』에서 말하듯이, "붓다는 관습적으로 드러나는 자아의 상대적인 실재를 반박하지 않는다. 그러나 붓다는 상대적인 자아가 가지고 있지 않은 절대적인 지위를 상대적인 자아에 부여해서는 안 된다고 주장한다."[11] 붓다는 당시 사상가의 논쟁과 연관해서 수많은 논변을 제시하였지만, 통찰명상을 통해서 '자아'에 대하여 더 잘 이해할 수 있었다. 심리학과 치유의 영역은 엡스타인이 여러 책에서 분명하게 제시하고 있다.

5. 불교심리학 연구를 위한 자료

제1부는 초기불교에서 이루어진 심리학적 탐구에 대한 해석과 체계를 주로 다루고 있다. 따라서 일차자료는 붓다의 가르침과 붓다의 가장 가까운 제자, 예

---

11) Mark Epstein(2007). *Psychotherapy Without the Self: A Buddhist Perspective*, New Haven, CT: Yale University Press, p. 2.

를 들어 사리뿟따(Sāriputta)와 목갈라나(Moggallāna) 같은 상수제자들이 설한 가르침이다. 이와 연관된 다른 전통에 대한 언급도 있을 것이다. 빨리어나 영어로 번역된 이러한 가르침들은 경장(Sutta Piṭaka, 經藏)과 승가의 규칙인 율장(Vinaya Piṭaka, 律藏)이라는 두 가지 주요 그룹으로 나뉜다. 논장(Abhidhamma Piṭaka, 論藏)이라고 불리는 세 번째 주요한 자료는 요약과 분류의 형태로 체계적으로 분석하고 발전시킨 것이다. 논장은 심리학적 분석을 위해서 대단히 가치 있지만, 후대에 체계화된 것이다. 나의 주요 관심사의 하나는 주로 경장을 기반으로 불교심리학을 발전시키는 것이다. 율장은 비록 승가를 지도하는 훈련규칙을 주로 다루지만, 불교심리학과 불교윤리학에서 크게 가치 있는 논의도 가끔 있다.

경장은 다섯으로 나뉜다.

1. 디가 니까야(Dīgha Nikāya, 長部)
2. 맛지마 니까야(Majjhima Nikāya, 中部)
3. 상윳따 니까야(Saṃyutta Nikāya, 相應部)
4. 앙굿따라 니까야(Aṅguttara Nikāya, 增支部)
5. 쿳다까 니까야(Khuddaka Nikāya, 小部)

어떤 문제에 대해서든지 좀 더 자세히 탐구하고자 하는 독자를 위해서 자료를 단순하고 명료한 방식으로 제시하고자 한다. 번역본은 참고문헌에 있다. 이번 판에는 빨리어 용어사전을 추가하고 있어서 독자는 빨리어 용어에 익숙해질 수 있을 것이다. 둑카(dukkha)라는 용어가 있다고 해 보자. 둑카의 복합적인 의미는 하나의 단어로 파악할 수 없다. 불교의 교리를 어느 정도 정교하게 아는 것이 처음에는 도움이 될 수 있다. 그러나 불교에 대해서 기초적인 이해를 가진 독자들이라도 각 장을 통해 더 잘 이해할 수 있을 것이다. 심리학을 이해하기 위한 수단으로서 불교 교리를 배경지식으로 알기를 원하는 독자에게는 월폴라 라훌라(Walpola Rahula)의 『붓다의 가르침(What the Buddha Taught)』이 이상적이다.[12] 나는 이 책의 많은 독자가 마음챙김에 기반한 치료라는 새로운 영역에 관심을 가질 것으로 기대한다.

소피아대학에서 고급상담과정을 마치고 6년 넘게 전문상담자로 활동하면서 나는 스프링베일 지역센터에서 마음챙김에 기반한 정서중심치료기법(EFT)을 개발하였다. 이 기법은 불교심리학과 불교상담에 대한 이해를 풍부하게 하였다. 또한 하와이대학에서 심리철학과 동서비교철학 분야에서 훈련을 받고 박사학위를 할 때, 이 책의 가치를 높여 줄 지식과 경험을 쌓았다. 나는 모나쉬대학의 학구적인 분위기에 고무되었다. 스리랑카 메티리갈라의 명상스승이신 담마지와(Dhammajiva) 스님 아래에서 몇 년간 수행처에서 보낸 시간과 수행은 나의 글을 보완했을 뿐만 아니라 평화와 열반에 대한 개인적인 견해를 새롭게 하였다. 그 수행은 붓다가 권유하는 길로 나아가는 쉬우면서도 단순한 방법이다. 구조화된 명상 수행을 통해서 내적 평화로 나아가는 붓다의 가르침을 이해하고 수행하는 것, 심리치료를 깊이 탐구하는 것은 내가 이 책을 쓰는 여정을 풍성하게 했다. 따라서 이 책은 학문적인 흥미를 가진 독자를 풍부하게 하는 반면, 기본적으로 그들 자신의 삶과 동료들의 삶을 풍부하게 하고자 하는 사람들을 위한 가이드이다. 학계에서 제시한 개념과 아이디어를 여기서 진지하게 탐구하는 것은 지적인 이해가능성, 신빙성, 타당성, 그리고 논의와 논쟁의 생생함을 더할 것이다. 따라서 이 책은 '마음챙기면서 연민하는' 방식의 수행과 이론을 위한 붓다의 길을 열어 준다. 다른 철학적·종교적 믿음을 지지하는 당신의 입장과 상관없이 공유할 수 있는 지혜를 열어 준다. 다른 입장을 가진 그룹과의 건전한 대화가 이루어지기를 희망한다.

---

12) Walpola Rahula(1959). *What the Buddha Taught*, London: Gordon Fraser.

6. 기본적인 문제영역

불교의 방법론과 명상 수행의 내용에 관해서는 제2부의 중심인 제12장에서
다룬다. 제1장, 제2장을 읽고, 이어서 바로 읽을 수 있다. 명상 수행이 처음인 사
람들은 명상을 시작해서 매일 지속하는 것이 유용할 것이다. 이 수행은 불교 수
행을 하는 사람들만이 아니라 모든 사람에게 열려 있고, 경험 있는 지도자의 도
움을 받기를 추천한다. 내가 추천하는 매우 중요한 아이디어는 '당신 자신을 치
유하는 매력'을 쌓아 가는 것이다.[13] 이 목표를 성취하기 위해서는 '거울을 보듯
이 너 자신의 마음을 보라'고 붓다가 아들 라훌라에게 추천한 방식대로, 당신 자
신의 마음을 이해할 필요가 있다.

"라훌라여, 너는 어떻게 생각하느냐? 거울의 쓰임이 무엇이냐?"

"비추기 위해서입니다, 존자이시여."

"라훌라여, 그렇게 몸과 관련된 행위를 반복해서 비추어 본 이후에 행해야 하
고, 말과 관련된 행위를 반복해서 비추어 본 이후에 행해야 하고, 마음과 관련된
행위를 반복해서 비추어 본 이후에 행해야 한다."

상담자는 어떤 주제에 대해서 내담자에게 마음을 터놓고 내담자가 자신의 마
음을 '거울처럼' 보도록 할 때, 상담자 자신의 마음을 더 잘 이해하게 된다.

얄롬은 그의 통찰력 있는 저작, 『치료의 선물(The Gift of Therapy)』에서 말했
다.[14] "치료자와 내담자는 함께 여행하는 사람들이다. 실존의 비극으로부터 자유
로운 사람도, 상담자도 없다." 내담자는 '깊이 경청하는 것'을 터득하고, 속도를
줄이고, 이완하고, 듣고, 삶의 흐름을 존중할 필요가 있으며, 스트레스 많고, 복잡
하고, 때때로 혼란스러운 바쁜 삶에서 벗어나 거울 이미지를 볼 필요가 있다. 우
리는 우리의 삶을 지배하고 있는 '빨리빨리 신드롬'으로부터 벗어날 수 있다.

---

13) Padmasiri de Silva(2008a).
14) Irwin Yalom(2001). *The Gift of Therapy*, London: Piatkus.

나는 독자들, 특히 학생들이 단순히 교육적인 투자로 이 책을 읽을 것이 아니라, 매일매일 과거로 달려가는 자신의 마음을 항상 열 수 있는 거울과 같이 이 책을 읽기 바란다. 분노가 당신의 마음을 붙잡고, 두려움이 당신의 마음을 압도하고, 질투라는 은밀한 느낌이 당신의 마음 안으로 살금살금 움직이려 하는 것을 거의 예측할 수 있다. 그럴 때 당신은 '한 걸음 물러나' 당신 자신의 선택을 하고, 반발 없이 반응하는 이 대단한 기술을 익혀야 한다. 당신이 성숙해짐에 따라서 나의 몇몇 내담자가 몇 회기의 상담 이후에 그렇듯이 당신은 '자신의 분노에 대해서 웃을 수 있을 것'이고, 훌륭한 유머를 개발할 수 있을 것이다.

제3~6장에서 다루는 인지, 동기, 정서, 성격에 관한 논의는 불교심리학의 진정한 중심이 될 것이다. 정신건강과 웰빙에 대해서 다루는 제7장은 제2부에 대한 유용한 배경지식을 제공한다. 심신문제를 다루는 제8장은 이전 장에서 다룬 불교심리학의 특징들을 연결하는 전반적인 배경 그림을 보여 준다. 제9장의 명상의 철학, 심리학, 윤리학은 제2부에서 다루는 명상과 마음챙김에 기반한 치료와 관련된 장을 위한 철학적 근거를 제시한다. 제2부는 상담과 이론의 실제, 스트레스, 슬픔, 분노 다루기, 우울, 중독, 자기존중, 자부심과 자만심 같은 구체적인 상담주제에 마음챙김 기법을 응용하는 것을 다룬다. 불교의 자비와 관련된 장에서는 긍정심리학의 개척자인 셀리그만(Martin Seligman)에 의해서 영감을 받은 '긍정정서'로 마음을 열어 간다.

7. 마음과 심층의식에 관한 불교적 모델

불교의 심리학적 영역의 토대를 이루는 불교의 마음 개념에 대해서 간략하게 정리하는 것은 매우 유용하다. 붓다는 그것이 마음이든 의식이든 항상적인 실체의 존재를 부정한다. 우리가 '마음'이라는 용어를 사용할 때, 우리가 가리키는 것은 실제로는 정신과 물질의 복합체(nāma-rūpa, 名色)이다. 정신(nāma)은 물질이 아닌 네 가지 무더기(khandha, 蘊)를 가리킨다. 느낌(vedanā, 受), 감각 인상과 개념(saññā, 想), 의도적 · 의욕적 활동(saṅkhāra, 行), 의식(viññāṇa, 識)이 그것이다. 물질(rūpa, 色)은 네 가지 큰 요소를 가리킨다. 딱딱함, 응집, 열, 이것들로부터 나오는 물질적인 모양이다. 정신과 물질은 하나의 복합체를 구성하고, 몸은 마음에, 마음은 몸에 서로 의존한다. 의존적 발생의 법칙(paṭiccasamuppāda, 緣起)은 역동적인 구성방식을 가지는 구조적인 그림을 개략적으로 보여 준다.

마음현상은 역동적으로 조건화된다는 측면에서 감각기능[六入]은 접촉[觸]의 조건이 되고, 접촉은 느낌[受]의 조건이 되고, 느낌은 갈애[愛]의 조건이 되고, 갈애는 집착[取]의 조건이 된다. 무아(anattā, 無我)이론에 의하면 정신과 물질의 복합체 안에도, 밖에도 지속적인 실체는 없다. 역동적인 연속체(dynamic continuum)로서의 마음의 본성은 의식의 흐름(viññāṇa-sota)과 같은 용어로 기술된다. 의식의 흐름은 또한 임계의식 밑의 차원, 즉 세 가지 차원에서 기능하는 잠재적인 차원도 포함한다. 충동적 행위의 차원(vītikkama-bhūmi), 사고과정의 차원(pariyuṭṭhāna-bhūmi), 잠재적 경향성의 차원(anusaya-bhūmi)이다. 동기와 관련되는 제4장은 임계의식 아래에서 잠재적으로 활동하는 것에 관하여 자세히 설명하고 있다.

상(saññā)과 의식(viññāṇa)은 인지적 활동을 대표하고, 느낌(vedanā)은 정동적 · 정서적 영역의 근원을 대표하고, 행(saṅkhāra)은 의도적 · 의욕적 영역을 대표한다. 이 세 가지 영역 또는 삼원분석은 아리스토텔레스에게서도 발견되었다. 이러한 특징들은 깊은 의미에서는 모든 상태의 의식과 경험에서 압축된 형태로 발견된다.

네 가지 비물질적인 그룹(nāma, 名)은 좀 더 구체적으로 명료화할 필요가 있다. 느낌(vedanā)에는 세 가지, 즉 즐거운 느낌, 괴로운 느낌, 중립적인 느낌이 있다. 느낌은 또한 육체적인 느낌과 정신적인 느낌으로 분류된다. 즐거운 느낌은 감각의 대상 또는 감각적 대상에 대한 집착과 감각적 탐욕에 대한 숨어 있는 잠재적인 경향성(rāgānusaya)을 불러일으킨다. 괴로운 느낌은 잠재하는 화와 분노(paṭighānusaya)를 불러일으킨다. 수행의 길로 나아가는 성인은 즐거운 느낌에 대한 집착의 경향성을, 괴로운 느낌에 대한 싫어함의 경향성을, 중립적인 느낌이 관여하는 무지의 경향성을 제거해야 한다. 상(saññā, 想)은 때때로 지각(perception)으로 번역되고, 다른 맥락에서는 개념적 활동(conceptual activity)으로 번역된다. 그러나 두 요소 모두 지각적 활동(perceptual activity)에서 발견되는 것으로 보인다. 여섯 가지 종류의 지각활동, 즉 눈과 물질적 모양으로부터 발생하는 보는 의식[眼識], 귀와 소리로부터 발생하는 듣는 의식[耳識], 코와 냄새로부터 발생하는 냄새 맡는 의식[鼻識], 혀와 맛으로부터 발생하는 맛보는 의식[舌識], 몸과 접촉으로부터 발생하는 신체적 의식[身識], 마음과 마음의 상태로부터 발생하는 마음의 의식[意識]이 있다. 의식(viññāna, 識)은 많은 맥락을 가지고 있지만, 이 맥락에서는 인지적 의식으로 생각할 수 있을 것이다.

의존적 발생, 즉 연기의 수레바퀴와 연관해서 의식(viññāna)은 업(kamma)을 만드는 재생으로 나아가는 끊어지지 않는 흐름으로 보인다. 여기서 의식(viññāna)은 개인에게 남아 있는 마음의 사건과 의식적인 것을 함께 포함하는 전체의식이다. 행(saṅkhāra) 또한 이러한 이중적인 맥락을 가지고 있다. 네 가지 마음의 무더기[名蘊] 가운데 하나로서 행(saṅkhāra)은 의도(volition), 의지(will)로 번역할 수 있고, 연기의 수레바퀴의 한 고리로서는 업의 형성(karmic formation)으로 번역할 수 있다. 의도의 행위로서 행(saṅkhāra)과 의식(viññāna)은 의식적일 수도, 무의식적일 수도 있고, 모든 반사작용과 성향을 포함한다. 이것은 세 종류가 있다. 몸(kāya, 身)에는 걷거나 호흡할 때처럼 신체적 반사작용과 성향이 있고, 말(vacī, 口)에는 언어적 반사작용과 성향이 있고, 마음(mano, 意)에는 개념적 반사작용과 성향이 있다. 행(saṅkhāra)의 세 번째 용례에는 모든 현상적인 존재와 마찬가지로 모든 것은 조건화되어 있다. 즉, 모든 형성된 것은 무상하다(sabbe saṅkhāra aniccā, 諸行無常)는 생각을 담고 있다. 그러므로 의식, 행과 같은 용어들은 다양한 맥락에서 사용되지만, 여기서는 불교심리학에서의 역할만을 본다는 점을 강조하고자 한다.

8. 도덕심리학과 불교윤리학

1990년경에 서구의 한 그룹의 철학자들, 즉 로티(Amelie Rorty), 플래너건(Owen Flanagan), 웡(David Wong) 등은 '윤리적 실재론'이라는 개념을 소개했다. 아리스토텔레스, 칸트, 공리주의의 전통을 살펴보면서 그들은 규범윤리학과 경험심리학이 가지는 관계가 중요하다는 것을 알고 있었다. 전통적인 윤리학과 현대적인 윤리학은 심리학의 몇몇 측면들이 윤리학으로 통합되지 못하는 결함을 보여 주는 것으로 보인다.[15] "도덕심리학은 두 분야에 걸쳐 있는데, 규범윤리학과 경험심리학이 그것이다." 그들의 분석에 따르면, 심리학의 분과는 인지와 사유의 본성과 기능을 분석하는 것, 정서, 기질, 개념적·성격적 발달, 사회적으로 해석되는 특징들과 같은 주제들을 다룬다.[16] 그들은 규범윤리학은 심리학에 의해서 제약받는다고 말한다. 그들은 자신들의 주요 주장을 옹호하면서 모든 전통적 도덕이론은 성격과 행위자에 대한 구조이론을 전제로 한다고 말한다. 각자의 이론을 지지하는 사람들은 자신의 이론을 정당화하면서 도덕성이 행위자에게 동기부여를 할 수 있고, 실천적으로 숙고하도록 이끌 수 있다고 여긴다. 그리고 그들의 입장에서 전통적인 도덕이론은 매우 유토피아적인 것이라고 비판받아 왔다. 이러한 작업과 관련된 수많은 논문이 전통적 도덕이론의 규범적 성격을 제한하려는 아이디어를 심리학적 지식으로 뒷받침하려고 시도한다.

더 최근 작품으로 『윤리학의 배신(Experiments in Ethics)』은 경험심리학, 인지심리학, 신경과학, 진화론, 행동경제학을 포함하여 인간의 본성을 다루는 학문에서 새롭게 발견한 것이 우리가 도덕판단에 도달하는 방법과 연관이 있다는 것

---

15) Owen Flanagan & Amelie Rorty (Eds.) (1990). *Identity, Character and Morality*, Cambridge, MA: MIT Press, pp. 1-15.

16) Owen Flanagan & Amelie Rorty (Eds.) (1990). pp. 1-15.

을 보여 준다.[17] 아피아(K. A. Appiah)는 이러한 학문으로부터 영양분을 공급받지 못하는 윤리를 그 책의 서론 제목인 '물 없는 연못'에 비유한다. 이것은 그 책에서 논의하고 있는 핵심을 생생하게 비유하고 있다. 그는 구별되는 일련의 도덕적 정서는 인간 본성의 깊은 특징일 수 있다는 것을 심각하게 받아들여야 한다고 한다. 또한 그는 원초적인 본성으로 상정되는 것과 도덕적 반성 사이의 일치 여부에 관한 흥미로운 탐구를 한다.[18]

아피아의 저술의 기본적인 동기와 출발점은 우리 성격의 윤리적인 측면을 기르자는 것이다. "경험심리학은 우리의 삶을 어떻게 이끌어 갈지, 어떻게 더 좋은 사람이 될지에 대해서 생각하도록 우리를 도울 수 있다." 그리고 "우리의 윤리이론은 우리가 잘 변한다는 경험적 사실을 인식해야 한다."라는 것이 똑같이 중요하다.[19] 잘 변하는 우리를 넘어서 '어떤 종류의 사람이 되기를 희망하는가'가 문제이다.

9. 불교와 도덕심리학

불교에는 사물의 본성에 대한 분석, 철학이론과 윤리학과 심리학에 대한 비판, 인식론이 서로 연결되어 있는 통합적이고 전일적인 접근법이 있다. 심리학과 윤리학은 동기이론에서 매우 분명하게 상호작용한다. 인간의 행위를 좋고, 나쁨으로 분석하는 것은 맥락에 따라서 다른 종류의 기준을 가진다. 출가자가 계율을 어기는 것과 재가자가 행위규칙을 위반하는 것은 그러한 행동이 사회와 자신에게 미치는 영향과 결과에 따라서 다른 종류의 기준을 갖는 것이다.

동기와 의도(cetanā)의 근원은 행위가 좋은지 나쁜지 또는 유용한지 해로운지를 평가하는 가장 중요한 기준이다. 도덕적으로 해로운 행위의 뿌리는 탐욕, 성

17) Kwame Anthony Appiah(2008). *Experiments in Ethics,* Cambridge, MA: Harvard University Press.
18) Kwame Anthony Appiah(2008). p. 2.
19) Kwame Anthony Appiah(2008). p. 7.

냄, 어리석음이다. 반면 도덕적으로 훌륭한 행위는 탐욕 없음 · 관대, 성냄 없음 · 자비, 어리석음 없음 · 지혜에 뿌리를 두고 있다. 또한 나쁜 행동의 가장 나쁜 결과는 나쁜 행동을 반복하려는 경향성이고, 좋은 행동의 가장 좋은 결과 또한 좋은 행동을 반복하려는 경향성이다. 이 점은 성격을 형성하는 것이 매우 결정적이고, 여기서 심리학적인 것과 윤리적인 것이 상호 연관되어 있다는 것을 보여 준다. 동기와 성격유형 사이에는 흥미로운 대칭(symmetry)이 있고, 도덕적이고 심리학적인 근거 위에서 부정적인 정서와 긍정적인 정서 사이에는 대조(distinction)가 있다. 탐욕은 프롬(Erich Fromm)이 '존재의 유형'과 구분되는 '소유의 유형'으로 기술하는, 축적하기를 바라는 사람들의 성격유형의 기초이다. 탐욕은 중독의 기초이다. 제21장에서 탐욕의 문화와 관대의 문화를 충분하게 다루고 있다. 탐욕은 또한 다른 것과 비교하는 질투를 먹여 살린다. 탐욕은 종종 축적의 형태, 투명하지 않은 속임수의 형태를 취한다. 오늘날 탐욕은 경제질서 붕괴의 토대에 위치하고 있다.[20] 두 번째 뿌리는 반발과 혐오의 감정을 낳는다. 화, 증오, 공격성은 도덕적 · 심리학적 관점 모두에서 부정적인 반면, 슬픔과 비애는 자연스럽고 긍정적인 행위를 위한 토대를 제공할 수 있다. 슬픔과 우울의 차이를 논의하는 장에서 이러한 복합적인 주제를 탐구할 것이다. 붓다는 화와 분노가 지배하는 구체적인 성격유형을 기술한다. '어리석음'으로 기술되는 세 번째 뿌리는 다양하게 해석되지만, 이 맥락과 연관된 해석은 '정체성 혼란'이다. 정체성 혼란이라는 토대로부터 교만, 오만, 허영, 열등감, 부끄러움이라는 자기애적 정서가 발생한다. 성격에 관한 장에서 이러한 정서들을 살펴볼 것이다.

불교에서 도덕과 관련된 중요한 주제는 도덕(sīla, 戒), 집중(samādhi, 定), 지혜(paññā, 慧)라는 세 가지 길[三學]의 한 부분이다. 따라서 윤리는 열반으로 나아가는 방법과 통합되어 있다. 이는 '경험론(empiricism)'이라기보다는 마음챙김 수행

---

20) Padmasiri de Silva(2011a). "The Pathological Features of the Culture of Economics: Does Ethics Offer a Path to Recovery?", Paper presented at the Philosophy East and West Conference, Honolulu (unpublished).

에 기초하는 '경험주의(experientialism)'라는 새로운 요소를 추가한다. 비록 경험 과학은 이러한 방법론을 사용하지 않지만, 신경과학의 최신 연구 결과물, 예를 들어 데이비슨(R. Davidson)의 신경가소성 논제와 마음챙기는 뇌에 관한 전반적인 연구는 불교의 윤리학과 심리학의 관계에 관한 진정한 혁명을 만들어 냈다.

필요할 경우에 따라서 경험적 방법론을 사용하는 '경험주의'라는 이 새로운 심리학은 불교에서 도덕과 심리학 사이의 연관에 대한 새로운 영역을 개척하였다.

> 도덕성을 중전전두엽피질의 적극적인 역할에서 찾는 것은 '신경메모'와 연관되어 있다. 우리가 윤리적인 딜레마를 생각할 때 또는 도덕적 행동을 하려고 할 때 그 영역이 활성화된다. 우리는 신경 안에 있는 통합적인 회로를 통해서 우리 자신과 타인을 감각하게 되고, 올바른 행위와 도덕을 감각하게 된다.[21]

시걸(Daniel Siegel)은 또한 타인에게 미치는 사회적 신경회로를 강조한다. "마음챙김이 공명회로의 발달을 촉진한다면, 우리는 우리 자신뿐만 아니라 타인의 내적인 삶에 동조할 수 있다고 생각할 수 있다." 여기에 자비와 공감에 대한 신경과학적 기초가 있다. 시걸은 이러한 탐구가 도덕이 매개될 때 중전전두엽피질이 관여한다는 것을 밝혔다고 말한다. 다마시오(Antonio Damasio)의 연구는 전두엽피질이 손상될 때 다양한 차원, 즉 정서적 반응의 감소, 사회적 정서의 감소, 선택력의 부족, 일상적인 업무에서의 계획성 부족, 인간관계의 부족 등의 정서적 동요가 있다는 것을 보여 준다. 간단히 말해서, 다마시오의 연구는 도덕은 신경과학적으로 기능하고, 정서의 발생과 연관되어 있다는 것을 보여 준다. 따라서 그는 '정서'가 의사결정에 영향을 끼친다는 경험적 증거를 보여 준다.

---

21) Daniel Siegel(2007). p. 322.

3
지각과 인지의 심리학

1. 지각

제3장에서는 불교심리학에서의 지각과 사유의 역할, 그리고 매우 간단하게나마 초감각적 지각에 대해서 검토할 것이다. 인지와 관련한 다양한 용어 가운데 철학과 인식에 연관된 많은 단어가 있다. 그러나 학생과 일반 독자에게 도움이 되기 위해서 나는 세 가지 개념, 즉 지각(saññā, perception, 想), 사유(vitakka, thinking, 尋), 지혜(paññā, wisdom, 慧)를 명상 경험의 맥락에서 몇 가지 새로운 용법과 함께 중점적으로 다룰 것이다. 이것은 '숲 속에 있는 나무'를 분명하게 보는 한 방법이다. 다른 어떤 장보다도 제3장에서 독자를 불교심리학의 중요한 부분으로 인도하기 위하여 용어를 경제적으로 사용할 필요가 있다.

감각은 외부세계와 접촉하는 통로이다. 보고, 듣고, 냄새 맡고, 맛보고, 접촉하는 감각기관과 함께 마음도 감각의 문(mano-dvāra, 意門)으로 여긴다. 붓다는 "비구들이여, 무엇이 다양한 요소들인가?"라고 질문한다. 대답은 다음과 같다.

눈이라는 요소[眼界], 보이는 대상이라는 요소[色界], 눈의 알아차림이라는 요소[眼識界],

귀라는 요소[耳界], 소리라는 대상의 요소[聲界], 귀의 알아차림이라는 요소[耳識界],

코라는 요소[鼻界], 냄새라는 대상의 요소[香界], 코의 알아차림이라는 요소[鼻識界],

혀라는 요소[舌界], 맛이라는 대상의 요소[味界], 혀의 알아차림이라는 요소[舌識界],

몸이라는 요소[身界], 접촉되는 대상이라는 요소[觸界], 몸의 알아차림이라는 요소[身識界],

마음이라는 요소[意界], 관념이라는 대상의 요소[法界], 마음의 알아차림이라는 요소[意識界],

비구들이여, 이것이 다양한 요소다.[1]

불교 수행은 조용하고, 청결하고, 환기가 잘 되는 자연적인 환경을 요구한다. 호흡의 흐름에 집중하기 이전에 먼저 강조할 점은 감각의 문의 중요성이다. 호흡에 대한 마음챙김으로 깊이 들어갈수록 감각자극의 동요로부터 자유로워진다. 마찬가지로 명상을 하지 않을 때에도 감각의 문은 욕망과 열정에 불을 붙이는 통로라는 점을 알 필요가 있다. 감각자극이 우리의 욕망을 흥분시켜서 집착하게 하지 않도록 주의할 필요가 있다고 말하는 것 외에도, 붓다는 분석을 통하여 대상에 대한 지각은 우리의 심리적 구성물과 개념적 도구에 내장되어 있다는 것을 보여 준다. 붓다는 관습적 차원(conventional level)에서 책상, 의자, 나무와 같은 감각과정에서 드러나는 실재를 부정하지 않는다. 따라서 그것들은 환상이 아니다. 그러나 붓다는 우리의 감각적 지식은 우리의 범주, 개념적 도구, 상상에

---

1) SN. II. 140.

내장되어 있다고 말한다. 명상 수행은 감각 경험을 매우 세밀화하고, 명상 수행자가 명료한 마음으로 감각세계를 보도록 돕고, 꿰뚫어 보는 통찰을 가지고 깊은 차원을 보도록 돕는다. 명상의 주요 대상은 몸(kāya, 身), 느낌과 감각(vedanā, 受), 의식의 상태(citta, 心), 마음의 대상들(dhammā, 法)이다. 명상을 하는 동안 외부의 감각대상은 주요 대상에서 벗어날 만큼 강하게 의식에 들어온다. 이때 표지를 붙이거나 이름을 붙이거나 표식을 하는 것은 유용한 과정인데, 그 소리가 사라질 때까지 '들림'으로 파악해야 하고, 다시 원래의 대상으로 주의를 기울여야 한다. 이 소리에 표지를 붙이거나 이름을 붙이거나 표식을 하는 것을 통해서 명상의 주요 대상으로 돌아가는 것은 더 쉽다. 이름 붙이기(naming)는 위따까(vitakka, 尋)라고 불리고, 알기(knowing)는 위짜라(vicāra, 분석하는 마음, 伺)라고 불린다. 이 과정은 마음 안에서 일어나는 번뇌에도 적용될 수 있다. 따라서 불교에서 인식능력은 명상 수행을 통해서 계발될 수 있고, 이 현상은 불교명상 전통 안에서 '객관적'인 것으로 여겨진다. 몸의 행위[身業], 언어행위[口業], 마음의 움직임[意業]을 이해하기 위해서 이 기법을 사용하는 것은 감각을 더욱 세밀하게 하고, 더욱 계발한다. 이 내용은 이 책의 후반부에서 언급할 것이다.

『맛지마 니까야』는 시각의 과정을 제대로 기능하는 감각기관[根], 볼 수 있는 외적 형태[境], 주의를 기울이는 행위[識]라는 세 가지 요소의 산물[三事和合]로 제시한다. 여기서 인식과 관련하여 사용된 용어는 식(viññāṇa, 識)이다. 이 과정은 눈(cakkhu, 眼)에 대해서만이 아니라 귀(sota, 耳), 코(ghāna, 鼻), 혀(jivhā, 舌), 몸(kāya, 身), 마음(mana, 意)의 경우에 대해서도 마찬가지이다.

2. 감각적 의식과 명상

명상을 하는 동안 우리의 의식을 지나가는 감각의 방해에 대하여 마음을 챙겨서 관찰할 때, 감각기능의 작동에 대해서 깨어 있는 것은 매우 중요하다. 눈의 의식이 차단되면 귀의 의식을 보호할 필요가 있고, 마음은 점점 감각의 방해 없이 안정된다.

> 호흡이 더 미세해지고 마음이 안정될 때, 우리는 감각과 관련이 없는 의식에 이르게 된다. 마음은 더 이상 감각의 방해를 받지 않는다. 이러한 마음 상태는 선과 악을 구별할 수 없거나 기쁨과 실망에 반응할 수 없다. 그것이 중도에 머무르는 마음의 상태이다. 지혜를 생기지 못하게 하는 무지를 이해하기 시작한다. 대부분의 수행자는 수행을 통해서 이 단계에 이를 수 있지만, 이제까지 계발한 마음상태에 편안하게 머물거나, 집중상태를 지속적으로 유지할 수 있는 수행자는 소수이다. 이 상태에서 우리는 의식의 기본 형태 또는 원형을 관찰하게 된다. 그것은 감각 능력을 통하여 경험할 수 없는 것이다. 빨리어로 이 의식을 감각 능력과는 관련이 없는 의식(anindriyapatibaddha viññāṇa)이라고 부른다.[2]

이와 같은 단계에 도달하여 지속적으로 마음을 챙기면 마음의 작용을 응시할 수 있고, 마침내 의식의 작용을 직접적으로 관찰할 수 있는 평정심[捨]의 단계에 도달할 수 있다.

눈으로부터 오는 이러한 만족이 없다면, 눈에 대한 욕망이 없을 것이다. 그러나 눈으로부터 오는 만족이 있는 한 눈에 대하여 욕망할 것이다. "비구들이여, 눈에 고통이 유지되지 않는다면 존재들은 눈에 의해서 물러나지 않게 될 것이다. 그러나 눈에 고통이 있는 만큼 존재들은 물러나게 될 것이다."[3]

인식이라는 주제와 인식과 관련된 다른 용어들은 복잡하다. 이 책은 학생, 상담사, 일반 독자들을 위한 책이므로 너무 학구적으로 나가지는 않을 것이다. 그러나 선택된 체계 안에 있는 용어에 대해서는 논의할 것이다. 앞에서 말한 것처럼 감각의 희생양으로 떨어지지 않도록 사람들에게 주의를 줄 때, 붓다는 실재

---

2) Dhammajiva(2008). p. 76.
3) SN. IV. 9.

적인 용어를 사용한다. 분석은 달라도 지각과 인식이 종합적인 과정이라는 점을 강조할 때, 그리고 초감각적인 지각의 본성에 초점을 맞출 때, 붓다는 다른 차원의 인식 과정으로 들어간다.

요한슨(Rune Johanson)은 인식의 과정을 종합적인 과정이라고 강조한다. "일반적인 사람에게 지각과 사유는 실재적이지도 객관적이지도 않다. 보통은 필요에 따라서 보고자 하는 것을 과장하는 왜곡이 있다."[4]

세계를 있는 그대로 보는 아라한(arahant)은 실재하지 않는 것에 의해서 이러한 영향을 받지 않는다. "바히야여, 너는 스스로 훈련해야 한다. 본 것에 대해서는 본 것만이 있을 것이고, 들은 것에 대해서는 들은 것만이, 감각된 것에 대해서는 감각된 것만이, 인식된 것에 대해서는 인식된 것만이 있다."[5] 「꿀과자 경(Madhupiṇḍika Sutta)」은 지각과정과 개념적 확산이 가지는 왜곡적인 특징에 대한 표준적인 예다.

> 경험에 대한 붓다의 분석에서 지각과정의 연기적 특징은 핵심적인 측면이다. 「꿀과자 경」에 따르면 일반적인 지각과정의 연기적 성격은 접촉(phassa, 觸)으로부터 느낌(vedanā, 受), 인식(saññā, 想), 사유(vitakka, 尋), 나아가서는 개념적 확산(papañca, 妄想)을 자극할 수 있는 것으로 나아간다.[6]

따라서 원래의 감각자료는 왜곡되므로 붓다는 바히야에게 "본 것에 대해서는 본 것만이 있을 것이다."라고 가르친 것이다.

이 맥락에서 붓다는 인식훈련을 추천한다. 인식과정에 대한 철저한 이해를 통해서 열반의 길로 나아가게 될 것이다.

---

4) Rune Johanson(1965, 1967). *The Psychology of Nirvana*, London: Allen and Unwin, p. 125.

5) Ud. 8.

6) Bhikkhu Analayo(2010). *Satipaṭṭhāna: The Direct Path to Realization*, Cambridge: Windhorse Publications, p. 222.

이런 방식으로 인지과정의 초기단계에 적용되는 수용적이고 분리된 마음챙김(sati)은 습관적 반응을 의식할 수 있게 하고, 의식적인 숙고 없이 자동적으로 반응하는 정도를 평가할 수 있게 한다. 이것은 또한 선택적으로 걸러진 지각의 기제를 밝혀주고, 주관적 경험이 지금까지 무의식적 가정을 어느 정도 반영하고 있는지를 보여준다.[7]

따라서 네 가지 마음챙기는 훈련(satipaṭṭhāna, 四念處)의 부분으로 인식훈련을 수행하면, 유익하지 않은 인식의 원인이 자동적으로 발생하는 것을 막는 데 도움이 된다.

서양철학에서 현재 이루어지고 있는 인식에 대한 탐구와 비교해 보면, 이러한 관점은 지각과 인식에 대한 새로운 접근법을 제시한다. 위따까(vitakka)는 우리가 일상적으로 '사유(thinking)'라는 단어가 의미하는 바를 경전에서 나타낼 때 일반적으로 사용하는 용어이다. 접두사(vi) 없이 따까(takka)라고 할 때는 논리적이고 변증법적인 논증(logical and dialectical reasoning)을 가리킨다. 위따까와 함께 사용되는 위짜라(vicāra)는 일반적으로 논변적인 사유(discursive thinking)를 의미한다. 그러나 첫 번째 선정 상태에서 위짜라는 마음을 챙기는 대상에 대해서 집중적으로 심사숙고하는 것을 의미한다. 명상적인 심사숙고의 차원과 가까운 다른 인지적 상태, 예를 들어 '성찰하다(paccavekkhati)' '마음챙김(sati)' '알아차림(sampajañña)' 등이 있다. 붓다가 라훌라에게 거울을 보듯이 마음을 보라고 충고할 때, '성찰하다'(paccavekkhati) 라는 용어를 사용한다. 마음챙김(sati, 念)과 주의기울임(yoniso manasikāra, 如理作意)은 명상상태에서 분명하고 명료하게 안을 살피는 것을 계발하는 것을 포착한다. 수념(anussati, 隨念)은 반복해서 떠올리는 것에 대해서 사용한다. 분명하게 의식하는 것에 대해서는 알아차림(sampajañña)을 사용한다. 이를 통해서 명상 수행자는 좀 더 높은 인식능력을 계발할 준비를 한다.

---

7) Bhikkhu Analayo(2010). p. 229.

3. 사유: 위따까

감각기관의 통로를 통해서 얻은 지식뿐만 아니라 사유의 심리학을 살펴볼 필요가 있다. 위따까(vitakka)는 '사유(thinking)'에 대한 일반적인 용어이지만, 보다 다양한 맥락에서 사용된다. 윤리적인 맥락에서 사용될 때는 감각적 욕망(kāma), 악의(vyāpāda), 해로움(vihiṃsā)이라는 세 가지 종류의 해로운 사유와 감각적 욕망 없음(nekkhamma), 악의 없음(avyāpāda), 해로움 없음(avihiṃsā)이라는 세 가지 종류의 유익한 사유가 있다. 세 종류의 유익한 사유는 팔정도의 정사유(正思惟)에도 포함된다. 스님이 매일 자신의 도덕적 일관성을 점검하는 추론(anumāna)을 의미하는 사유도 있다.[8] 이 용어에 대한 매우 좋은 심리학적 의미는 「사유를 가라앉힘 경(vitakka-saṇṭhāna Sutta)」에서 볼 수 있다. 이 경전에서는 산란한 사유를 다루는 다섯 가지 기법을 설명한다. 이에 대해서는 불교와 인지치료를 다루는 부분에서 설명할 것이다. 또한 책을 보고서 배우는 것과 반대되는 성찰, 이성, 명상적 앎을 통해서 사유를 위치 짓고자 하는 시도가 있다. 즉, 경전에서 배운 것에 기반한 지혜(sutamaya-paññā, 聞慧), 생각에 기반한 지혜(cintāmaya-paññā, 思慧), 마음의 계발, 즉 수행에 기반한 지혜(bhāvanāmaya-paññā, 修慧)다. 위짜라(vicāra, 伺)와 연관해서 사용되는 위따까(vitakka, 尋)의 용례는 매우 복잡하다. 첫 번째 선정의 첫 번째 요소인 위따까는 마음을 모아 '대상에 고정시키는 것'을 의미하고, 첫 번째 선정의 두 번째 요소인 위짜라는 대상을 '지속적으로 문지르는 것'을 가리킨다. 이 부분에 대한 분명한 분석과 명상 경험에 대해서는 우 빤디따 사야도(Sayadaw U. Pandita)의 『이번 생에서(In This Very Life)』에서 볼 수 있다.[9] 이 용례는 위따까의 다른 용례와는 매우 다르다. 따까(takka)는 논리적인 이성(logical reasoning)을 가리킨다. 제2장에서 논의한 세 가지 인식론적 전통에서 이 용례를

---

8) MN. Ⅰ. Sutta 15.
9) Sayadaw U. Pandita(1993). *In This Very Life*, Boston: Wisdom Publications.

살펴보았다.

사유가 왜곡하는 역할을 하는 것은 「꿀과자 경(Madhupiṇḍika Sutta)」으로 알려진 유명한 경전에서 볼 수 있다. 이 경전은 냐나난다(Ñāṇananda) 스님이 자세히 분석하고 있다.[10]

> 벗들이여, 눈[眼]과 형상[色]을 조건으로 안식(眼識)이 생겨나고, 세 가지가 모인 것이 접촉[觸]이고, 접촉을 조건으로 느낌[受]이 있다. 느낀 것을 지각하고, 지각한 것을 사유하고, 사유한 것을 망상하고, 망상한 것은 시각의 대상인 형상과 관련하여 그 사람을 괴롭히는 개념과 망상의 원인이 된다.[11]

냐나난다 스님이 말하였듯이, 여기서 무지는 '마구 날뛴다.' 사람을 괴롭히는 개념의 확산은 빨리어로 빠빤짜(papañca, 妄想)이다.

이러한 관점은 '관념론'과 같은 서구의 철학전통에서는 낯선 것이 아니다. 불교적인 분석에서 중요한 포인트는 불교적 맥락주의(Buddhist contextualism)이다. 붓다는 종종 책상, 의자, 나무라는 말을 사용하였고, 언어를 '실재론'적으로 사용했다. 그리고는 「꿀과자 경」과 같은 곳에서는 관점을 바꾸었다.

빤냐(paññā, 慧)는 불교도가 완성으로 나아가는 길에서 출현하는 지혜의 최고 형태다.

> 불교도가 완성으로 나아가는 단계로서 지혜는 계(戒, 좋은 행위)와 정(定, 마음의 평정)의 토대 위에 계발된다고 한다. 의식(viññāṇa, 識)은 감각적인 경험에 대해서 매우 수동적으로 발생하는 반면, 지혜는 노력을 통하여 계발해야 한다는 점에서 차이가 있다. 지혜는 마음에 대한 체계적인 훈련에 기반해서 사물의 본성을 인지하는

---

10) Venerable Ñāṇananda(1971). *Concept and Reality in Early Buddhist Thought*, Kandy: Buddhist Publication Society.
11) MN. Ⅰ. 111.

것을 포함하는 인식의 한 형태라는 점에서 의식과 구별된다. 지혜의 관점은 알려진 경험적 사실과 그들의 다양한 관계들을 고려한다.[12]

프레마시리(P. D. Premasiri)가 말하듯이, 지혜는 서구의 경험주의와 합리주의 전통에서 주장하는 앎의 유형과는 다르다. 지혜는 일종의 '자유롭게 하는 앎'이다. 이러한 앎은 지각적인 앎이 관여하는 한, 예를 들어 변화를 보거나 무상을 볼 때 확실히 작용하지만, 열반으로 나아가는 길과 관련하여 지각적인 앎을 전환시킨다. 변화와 무상은 '지각적인' 차원에서 볼 수 있으나, '자유롭게 하는 앎'은 변화와 무상이라는 사실을 알아차리는 더 높은 차원이다.

지혜는 괴로움과 생사의 수레바퀴로부터 자유로워지는 것을 돕는 고차원적인 앎의 형태라는 점에서 구분된다. 괴로움(dukkha, suffering, 苦), 무상(anicca, impermanence, 無常), 무아(anattā, non-self, 無我)는 흥미로우며 경험적이고 실존적인 결과이지만, 지혜는 자유롭게 하는 앎이기 때문에 질적으로 구별된다. 프레마시리는 서구와 불교전통에서 이러한 앎이 다양하게 구별되는 것은 '단지 관점과 목적의 차이뿐만 아니라 지견의 깊이와 강도의 차이'를 가리킨다고 결론 지었다.[13]

이 책은 불교심리학의 체계 안에서 인식을 분석하고 있으므로 초감각적 지각에 대해서는 자세히 다루지 않을 것이다. 이 주제는 자야틸레케(K. N. Jayatilleke)가 빨리어 경전에 근거해서 자세히 다루고 있다.[14] 자야틸레케는 염력[神足通], 초인적인 청력[天耳通], 텔레파시[他心通], 과거의 생을 돌이켜서 아는 앎[宿命明], 존재의 병과 생존에 대한 앎[天眼明], 번뇌가 소멸된 것에 대한 앎[漏盡明]이라는

---

12) P. D. Premasiri(2006). *Studies in Buddhist Philosophy and Religion*, Singapore: Buddha Dhamma Mangala Society, p. 170.

13) Premasiri(2006). p. 175.

14) K. N. Jayatilleke(1963). *Early Buddhist Theory of Knowledge*, London: Allen and Unwin, pp. 422-423.

여섯 종류의 앎[六神通]으로 분석한다.[15)

　이러한 유형의 앎 가운데 깨달음과 직접적으로 연관된 세 가지 앎에 주의를 기울일 필요가 있다.

1. 과거의 삶에 대한 회상[宿命明]
2. 전 우주에서 존재의 죽음과 환생에 대한 통찰[天眼明]
3. 마음에서 번뇌(āsava, 漏)를 끝내는 것에 대한 통찰[漏盡明]

　첫 번째와 두 번째 통찰은 붓다에게만 유일한 것이 아니다. 이러한 통찰을 가진 예언자는 전 세계적으로 샤먼 전통에서 존재했다.

　　　그러나 세 번째 통찰은 샤머니즘을 넘어서 마음의 현상학, 즉 직접적으로 경험하는 현상에 대한 체계적인 설명으로 나아간다. 이 통찰은 앞의 두 통찰에 기반하지만, 붓다에게만 있다. 세 번째 통찰은 다면적이므로, 경전에서는 구체적인 맥락에 적용할 때 다른 측면을 강조하면서 다양한 관점에서 기술하고 있다.[16)

　붓다가 이후에 깨달음의 과정을 분석할 때, 이를 두 가지 측면으로 나누었다. "먼저 담마의 규칙성이 있고, 다음으로 속박을 푸는 앎이 있다."[17)

　첫 번째 앎, 즉 담마의 규칙성은 우주와 우리의 마음에서 작용하는 깨달음으로 기술되는 인과적 원리이다. 두 번째 앎은 속박을 푸는 앎으로, 이것이 첫 번째 앎의 가치를 증명한다. 타니사로(Thanissaro) 스님은 "참된 앎은 얼마나 그것들을 잘 조작할 수 있는가에 의해서 측정된다."라고 말한다.[18) 인과적 원리를 탐

---

15) DN. Ⅰ. 77-83.
16) Thanissaro(1996). *The Wings to Awakening*, Barre, MA: Dhammadana Publications, p. 6.
17) S XII, 70.
18) Thanissaro(1996). p. 6.

구하는 데서 '기본적인 인과적 요소는 마음, 특히 의도의 도덕성이다.' 이러한 의도는 기저에 놓여 있는 올바른 견해에 의지하는 생각, 말, 행동을 통해서 표현된다.

　이러한 통찰이 불교심리학을 제안하기 위한 이상적인 틀을 제공하고, 불교에서의 심리학과 윤리학의 직접적인 연관성 때문에 '불교의 도덕심리학'이라고 불릴 수 있는 것에 초점을 맞추는 것이 필요하다. 철학자들과 심리학자들 사이에 도덕심리학이라는 분과 학문이 출현한 것의 중요성을 강조하기 위해서 이 점을 몇몇 장에서 의도적으로 반복하였다. 비판단적인 알아차림에 초점을 맞추는 전통적 치료는 무엇이 치료적으로 효과가 있는지에 대해서 주의 깊고도 미묘한 알아차림을 계발해야 한다. 성공적인 치료를 위해 치료자와 내담자의 관계의 중요성을 강조할 필요가 있다. 최근 치료자 집단에서 임상적으로 '치료자와 내담자간 마음챙기는 치료적 관계는 성공으로 나아가는 길이다.'라는 생산적인 아이디어를 제시하는 것을 관찰할 수 있다.[19] 이는 매슬로(Maslow)와 로저스(Rogers)의 인본주의 전통에서 강조하고 있는 점이고, 프롬(Fromm)이 마음챙김의 접근법을 좀 더 개방적으로 통합한 것이다.[20] 또한 프로이트가 마음챙기는 방법에서 비판능력을 유보하는 것을 초기에 주장했다는 것을 강조하고 싶다.

　　프로이트가 그의 저작에서 반복해서 보여 주는 주요한 돌파구는 그가 '비판능력'이라고 부른 것의 유보가 실제로 가능하였다는 것을 발견한 것이다. 비판능력을 유보하는 것은 실은 프로이트가 정신분석을 행하는 것을 가능하게 만들었다. 그가 외부의 도움 없이 이를 성취했다는 것, 이것이 불교명상가들이 수천 년 동안 적용해 왔

19) Steven F. Hick, Thomas Bien, & Zindel V. Segal (Eds.) (2010). *Mindfulness and the Therapeutic Relationship*, New York, London: Guilford Press.
20) Carl R. Rogers(1961). *On Becoming a Person*, Boston: Houghton Mifflin; Abraham H. Maslow (1970). *Towards a Psychology of Being*, New York: Van Nostrand; Erich Fromm(1994). *The Art of Listening*, London: Constable.

던 주의집중의 태도였다는 것을 알지 못한 채 스스로 명백하게 깨우쳤다는 것은 그의 업적이다.[21]

---

21) Mark Epstein(1995). p. 114; de Silva(2010). xxiv-xxxv.

4
동기의 심리학

'동기'라는 용어는 행위의 세 측면, 즉 행위에 동기를 부여하는 상태, 상태에 의해서 동기부여된 행위, 행위의 목표를 포괄하는 일반적인 용어이다. 이러한 세 가지 측면은 순환적이라고 생각할 수 있을 것이다. 동기를 부여하는 상태에서의 배고픔은 사람으로 하여금 음식을 구하게 하고, 이러한 요구에 의해서 촉발되는 적절한 행위는 이 목표를 성취하기 위한 수단을 추구하게 될 것이고, 배고픔을 완화하는 것이 궁극적인 목표가 될 것이다. 그렇다면 동기의 순환은 음식에 대한 요구가 다시 출현하기 전까지는 일어나지 않는다. 요구, 바람, 추동과 같은 용어는 목표를 향한 행위를 시작하게 하는 유기체의 내적 조건을 가리키고, 이들은 좀 더 생리학적인 특징을 가진다. '생리학적' 추동과 비교해 볼 때, 욕망, 갈애, 동기와 같은 용어는 좀 더 '심리학적' 방향성을 가진다. 어떤 목표는 개인이 접근하고자 하는 긍정적인 본성을 가지고 있고, 다른 어떤 목표는 개인이 피하고자 하는 부정적인 본성을 가지고 있다. 수면과 음식에 대한 욕구처럼 생리적 특징이 분명한 동기를 가진 목표는 상대적으로 고정되어 있다. 동기의 근원이 보다 많은 심리적 특징을 가진다고 한다면, 많은 유연성, 다양성, 복잡성이 있을 것이다.

음식을 구걸하는 배고픈 사람과는 달리, 지위나 명예, 유명해지고자 하는 욕망에 관심이 있는 부자의 동기는 다른 종류의 동기일 것이다. 즉, 자신의 정체성과 자아에 대한 애착에 뿌리박은 좀 더 복잡한 동기를 보게 될 것이다.

일반적으로 동기이론은 인간행위의 특정 측면들과 관련된 난처한 문제의 의미를 조사하고 설명할 필요와 연관되어 있다. 붓다는 특정 틀 안에서 인간의 동기의 본성을 검토하고, 인간의 괴로움을 이해하고 없애려고 노력했는데, 제4장에서 우리는 그 틀에 초점을 맞출 것이다. 불교의 동기심리학은 인간을 일반적으로 불편, 긴장, 불안, 괴로움으로 이끄는 요소들과 직접적으로 연관된다. 따라서 불교의 동기심리학은 인간의 괴로움의 뿌리를 발견하고, 행복으로 나아가는 긍정적인 길을 제시하고자 하는 목표를 가지고 있다.

욕망과 연관해서 긍정과 부정을 구분하는 것은 괴로움의 순환으로부터 자유로워지는 것을 추구하는 것과 긴장과 불편으로부터 벗어나는 길을 개발하는 것과 연관해서 이해할 수 있다. 괴로움에서 궁극적으로 벗어나는 것을 추구하는 출가수행자는 내적인 평화(ajjhatta-santi)를 목표로 한다. 재가자는 올바름과 조화로운 삶(dhamma-cariya, sama-cariya)을 목표로 한다. 재가자의 삶을 평가하는 데서 도덕규칙은 매우 중요하다. 반면 출가수행자는 더 엄격한 도덕계율을 가지는데, 이는 집중과 지혜를 수행하는 데 있어서 종종 당연한 것으로 여겨진다. 따라서 윤리적 함의는 맥락에 따라서 살필 필요가 있다.

최근 윤리적 실재론의 개념은 불교에서 동기의 개념을 통합적으로 이해하기 위해서 필요한 동기의 윤리학과 동기의 심리학 사이에서 흥미로운 연관을 보여준다. 행복과 웰빙의 심리학적 토대에 관한 연구에서는 '인간은 물질적인 소유와 사회적 지위에 집착하게 되는 것과 같은 욕망의 체계에 의해서 강력하게 끌린다. 이러한 욕망과 세계가 줄 수 있는 것 사이의 간극은 좌절의 지속적인 근원이다.'라고 관찰한다.[1] 붓다가 관찰하듯이, "바라는 것을 얻지 못하는 것은 괴로

---

1) Daniel Nettle(2005). *Happiness: The Science Behind Your Smile*, Oxford: Oxford University Press, p. 158.

움이다."[2] 성취할 수 없는 욕망은 포기할 수 있다. 그러나 만족할 수 없는 욕망은 종종 지루함이나 공허함으로 빠진다. 불교는 자발적인 단순성과 요구를 잘 관리할 것을 추천한다. 또한 신경과학의 최근 연구는 도덕과 심리학이 연결되어 있는 것을 강조한다. 불교심리학과 불교윤리학을 최신과학의 맥락에 위치시킬 중요한 필요성과 관련해서 시걸(Siegel)은 "도덕이 매개될 때 중전전두엽피질이 관여한다는 사실이 연구에 의해서 밝혀졌다."라고 말한다. 또한 중전전두엽피질 영역이 손상을 입으면 도덕적 사고에 장애가 발생하여 무도덕의 형태로 나아간다.[3]

따라서 동기의 기본적인 원천은 세 가지 유익한 뿌리와 세 가지 해로운 뿌리로 분석할 수 있다. 욕심 또는 욕망을 의미하는 해로운 뿌리인 탐욕(lobha)은 적극적으로 '접근하려는 욕망'을 낳고, 성냄(dosa)은 증오와 분노의 형태로서 '회피하려는 욕망'을 낳고, 망상을 의미하는 어리석음(moha)은 마음속에 혼돈을 만들고 잘못된 인지적 견해와 연관된다. 이와는 반대로 관대함(alobha, 탐욕 없음), 연민(adosa, 성냄 없음), 지혜(amoha)는 개인적 차원에서는 내적인 평화로 이끌고, 사람과의 관계의 차원에서는 조화로 이끈다.

붓다는 또한 갈애(taṇhā)의 개념에 대해서 자세하게 분석한다. 다양한 형태의 욕망과 갈애가 수시로 일어나고, 순간적인 만족을 찾고, 다시 새로운 형태의 만족을 찾으려는 욕구가 솟구친다. 동기의 심리학적·생리학적 뿌리에 덧붙여 붓다의 가르침은 세 가지 형태의 갈애에 대해서 자세한 분석을 제시한다. 이기적인 추구를 위한 갈애(bhava-taṇhā, 有愛), 감각적이고 성적인 만족을 위한 갈애(kāma-taṇhā, 慾愛), 공격적인 방식으로 불쾌한 것을 없애기 위해서 결국 자기학대나 자살까지도 이어질 수 있는 증오와 같은 회피의 갈애(vibhava-taṇhā, 無有愛)이다. 이기적인 추구를 위한 갈애(bhava-taṇhā)는 갈증, 배고픔, 잠과 같은 기본적인 생존 욕구와 연관된 타당한 자기보존의 추동의 측면이나 더 복잡한 자기주

2) DN. II. 305.
3) Daniel Siegel(2007). p. 44.

장, 권력, 명성, 다양한 형태의 끝없는 추구로 볼 수 있을 것이다. 감각적 만족을 추구하는 것은 성적인 만족뿐만 아니라 감각을 만족시키고, 감각자극의 근원에 끝없이 노출되고, 바꾸고자 하는 욕구로 나아간다. 그것들은 또한 맥락적으로 다른 함의를 가진다. 만약 범부가 10가지 계를 지키는 집중 수행에 들어간다면, 장애의 본성을 이해할 필요가 있다. 감각을 흥분시키는 다양함을 추구하는 것은 다섯 가지 장애(nīvaraṇa, 五蓋)인데, 감각적 욕망(kāma-chanda), 명상에서 지루함에 의한 작은 움직임과 명상이 잘 되지 않을 때의 악의(vyāpāda), 불편, 동요, 근심(uddhacca-kukkucca), 게으름(thīna-middha), 그리고 의심(vicikicchā)으로 나타난다. 따라서 동기에 대한 심리학과 윤리학의 개념은 맥락화할 필요가 있다. 예를 들어, 『앙굿따라 니까야』 5권 193페이지에 나오는 시각적 비유는 수행자 또는 일상적인 재가자 수준에서 규칙적인 명상 수행을 하는 개인에게 이러한 상태가 어떻게 명상을 방해하는지를 기술하고 있다. 감각적 욕망은 다양한 색깔이 섞인 물에 비유되고, 악의는 끓는 물에 비유되고, 게으름은 이끼가 낀 물에 비유되고, 불안과 동요는 바람에 의해서 파도가 이는 물에 비유되고, 회의적 의심은 탁한 흙탕물에 비유된다.

인간의 웰빙에 대한 탐구는 네 가지 차원의 행위에 초점을 맞춘다. 제4장은 '동기의 차원(motivational level)'에 집중한다. 이 차원은 '의욕의 차원(conative level)'과 연결되어 있어서 노력을 통해 자신을 규제하려는 시도를 종종 가리킨다. 일상적인 언어로는 '의지력'으로 언급된다. 그러나 이는 의지의 요소를 더함으로써 동기와 밀접하게 작용한다. 중독을 다루는 제19장에서 의욕의 차원의 본성을 설명할 것이다. 두 번째 차원은 감각적 지각과 사고에 초점을 맞추는 '인지의 차원(cognitive level)'이다. 「사유를 가라앉힘 경(vitakka-saṇṭhāna sutta)」이 사고의 패턴을 다루는 것에서 볼 수 있듯이, 감각의 경로를 훈련하는 것은 좋은 '주의의 차원(attentional level)'에서 이루어진다. 세 번째는 '정동의 차원(affective level)'이다. 정서를 다루는 제5장에서 이를 자세히 다룬다. 붓다의 많은 대화가 느낌과 정서를 다루는데, 그 가운데 하나가 명상을 안내하는 마음챙김의 확립

(satipaṭṭhāna)이다. 네 번째는 명상 수행에서 중요한 위치를 차지하는 '주의를 기울이는 차원(attentive level)'으로, 웰빙의 가장 중요한 측면이다. 따라서 인지, 동기, 정서, 중독, 마음챙김 수행을 다루는 제3, 4, 5, 7, 19장은 불교심리학에서 통합적 지위를 가진다. 그리고 이들은 또한 건강, 웰빙, 마음의 균형과 연관되어 있다.

1. 동기의 잠재적 차원

동기, 욕망, 추동이 항상 의식적 차원에서 작용하는지에 대한 문제는 중요한 관심사이다. 프로이트의 연구 이래 무의식적인 욕망의 영역은 인간의 동기에서 매우 중요한 요소가 되었다. 상식적인 차원에서 이 개념은 사람들이 행위를 수행하도록 촉발하는 '진짜 동기'를 우리가 인식하지 못한다는 것을 가리킨다. 무의식적인 동기를 적절하게 설명하는 수많은 설명이 있었을 것이다. 우리의 일상은 몇몇 목표와 욕망이 엮인 단편적인 행동을 포함하는데, 어떤 하나의 행위에서 특정한 동기를 분리해 내는 것은 어렵다. 또한 우리의 행위는 기본적으로 습관에 지배되므로 구체적인 동기를 항상 알아차리지는 못한다. 반면 다른 영역에서 우리는 계획하고 선택한다. 프로이트는 불쾌한 상황에서 만들어진 동기는 망각되거나 '억압된다'는 이유를 제시한다. 물론 프로이트는 어떤 트라우마적인 사건에 대한 회상은 무의식적으로 억압된다는 트라우마에 관한 이론을 가지고 있었다. 『불교심리학과 프로이트심리학』을 저술하면서 나는 무의식에 대한 프로이트의 모델에 영향을 받았다. 그러나 나는 최근에 입장을 바꾸었다.

붓다의 가르침에서 즐거운 느낌은 잠재적인 감각적 욕망(rāgānusaya)을 일으킬 수 있고, 괴로운 느낌은 잠재적인 화와 증오(paṭighānusaya)를 일으킬 수 있다고 말한다. 전체적으로 감각적 욕망, 화, 자만, 사견, 의심, 존재에 대한 갈애, 무지라는 일곱 가지 잠재적 경향성이 있다. 현재 맥락에서는 감각적 욕망, 공격성, 자만(mānānusaya)에 더 관심이 있다. 일반적으로 잠재적 경향성(anusaya, 隨眠)이라는 용어는 묻혀 버린 트라우마적인 경험이라기보다는 의식의 문턱에 보다 가까운 잠재적 차원에서 작용하는 쉬고 있거나 잠재하는 성향을 가리킨다.

『불교심리학과 프로이트심리학』의 이전 판에서 나는 잠재적인 경향성을 프로이트의 무의식 개념과 유사한 것으로 여겼다. 그러나 최근 판에서 무의식에 대한 다른 관점을 제시한다.[4] 무의식이라는 용어를 '잠재적(subliminal)'이라는 용어로 대체했다. 왜냐하면 무의식의 특성은 더 깊은 차원에 묻혀 있는 것이라기보다는 의식적인 차원에 보다 가까운 것으로 보이기 때문이다. 나는 무의식을 '자고 있거나' 쉬고 있는 열정 정도로 본다. 이러한 새로운 관점은 일부 최근 연구, 특히 공포의 감정을 분석한 신경과학자 르두(Joseph Ledoux)의 연구에 의존한다.[5] 그는 혼자서 숲길을 걷고 있던 남자가 마른 잔가지를 밟는 예를 들었다. 그는 보지도 않고서 방울뱀이라고 생각하고는 달리기 시작한다. 그러한 맥락에서 중추신경계는 정상적인 정보전달과정을 거치기 전에 편도체에 의해서 장악당하고 만다. 그러한 경고음이 울리면 투쟁 또는 도피 반응이 출현한다. 쉬고 있는 정서들은 잠재적 경향성(anusaya)의 차원으로 기술할 수 있다. 이 정서들은 사유과정(pariyuṭṭhāna)으로 출현할 수 있는데, 이 과정에서 마음챙김이 개인을 제어하도록 돕거나, 마음챙김이 되지 않아 충동적 행위(vītikkama)로 출현할 수 있다. 정서에 대한 연구로 널리 알려진 오틀리(Keith Oatley)는 우리가 무의식을 발굴하는 프로이트의 고고학적 비유로부터 벗어날 필요가 있다고 말한다.

고고학적 비유는 프로이트가 선호하는 비유 가운데 하나이다. 뭔가가 의식으로 드러나면, 의도가 의식으로 드러나면, 그것들에 대해서 책임지는 것이 가능할 것이

---

4) Padmasiri de Silva(2010a). *Buddhist and Freudian Psychology* (4th edition). Carlton North: Shogam Publishers.

5) Joseph Ledoux(1998). *The Emotional Brain: The Mysterious Underpinnings of Emotional Life*. New York: Simon and Schuster.

다. 그러한 움직임에서 우리는 그것들이 우리를 지배하는 것으로부터 벗어날 수 있다.[6]

의식과 무의식 사이에 존재하는 생각들이 있다. 묻혀 있는 갈등을 찾는 대신, 우리는 우리 안에 있는 '자동화과정', 끊이지 않고 움직임에서 움직임으로 나아가는 생각의 흐름에 초점을 맞추어야 한다. 엡스타인(Mark Epstein)은 "이미 불교에서, 그리고 최근의 정신분석에서도 안으로 덜 파고 들어가면서도 더 많이 여는 다른 모델들이 등장한다. 이러한 차이의 근원에는 무의식에 대한 대안적인 견해가 있다."라고 말한다.[7] 「말룽꺄 긴 경(Mahāmālukya sutta)」에서 외도 수행자는 어린아이의 마음에서는 잠재적인 열정이 일어날 수 없으므로 그러한 잠재적인 열정이라는 개념은 가능하지 않다고 한다. 그러나 붓다는 아기에게도 '자신의 몸'에 관한 견해가 잠재해 있다고 대답한다. 그리고 다른 잠재된 경향성들을 언급하고 있다. 감각적 욕망의 잠재적 경향성(kāmarāgānusaya), 적의의 경향성(byāpādānusaya), 규칙과 의례에 집착하는 경향성(sīla-bbata-parāmāsānusaya), 의심의 경향성(vicikicchānusaya), '자신의 몸'이라는 견해의 경향성(sakkāyadiṭṭhānusaya)이 있다.

붓다의 가르침에서 일곱 가지 잠재적 경향성이 언급되고 있다.

1. 감각적 욕망의 잠재적 경향성(kāmarāgānusaya)
2. 적의의 잠재적 경향성(paṭighānusaya)
3. 자만의 잠재적 경향성(mānānusaya)
4. 사견의 잠재적 경향성(diṭṭhānusaya)
5. 의심의 잠재적 경향성(vicikicchānusaya)
6. 존재에 대한 욕망의 잠재적 경향성(bhavarāgānusaya)
7. 무명의 잠재적 경향성(avijjānusaya)

---

6) Keith Oatley(2004). *Emotions: A Brief History*, Oxford: Blackwell, p. 53.
7) Mark Epstein(2007).

성인의 흐름에 든 자(sotāpanna, 預流果)와 한 번 돌아오는 자(sakadagāmi, 一來果)는 여전히 다섯 가지 잠재적 경향성, 즉 1, 2, 3, 6, 7을 가지고 있다. 더 이상 돌아오지 않는 자(anāgāmī, 不還果)는 세 가지 잠재적 경향성 3, 6, 7의 영향을 받는다. 따라서 자만, 존재에 대한 욕망, 무명의 잠재적 경향성이 가장 강력한 것을 볼 수 있다. 잠재적 경향성의 개념은 또한 세 가지 형태의 갈애와 연결되어 있다. 감각적 욕망의 잠재적 경향성(kāmarāgānusaya)은 감각적 쾌락에 대한 갈애(慾愛)와 연관되어 있고, 적의의 잠재적 경향성(paṭighānusaya)은 파괴적이고 단멸적인 충동에 대한 갈애(無有愛)와 연관되어 있고, 자만의 잠재적 경향성(mānānusaya)과 사견의 잠재적 경향성(diṭṭhānusaya)과 존재에 대한 욕망의 잠재적 경향성(bhavarāgānusaya)은 자아본능에 대한 갈애[有愛]와 연관되어 있다.

1) 번뇌

붓다의 가르침에서 발견되는 어떤 심리학적 용어들은 이미지와 비유의 언어로 기술되어 있다. 그러한 단어 가운데 하나가 번뇌(āsava, 漏)이다. 꽃에서 취하게 하는 물질을 추출하는 것과 상처에서 고름이 새어 나오는 것이라는 두 가지의 비유가 그러하다. 번뇌는 오랫동안 마음에서 끓어오르는 어떤 것을 상징한다. 이 개념은 '펄펄 끓는 가마솥'으로 기술되는 프로이트의 이드(id) 개념과 비교할 수 있을 것이다. 번뇌에는 감각적 욕망의 번뇌(kāmāsava), 존재의 번뇌(bhavāsava), 사견의 번뇌(diṭṭhāsava), 무명의 번뇌(avijjāsava)가 있다. 「모든 번뇌경(sabbāsava sutta)」은 이렇게 유입되는 번뇌를 극복하는 방법을 기술하고 있다. 통찰, 감각의 제어, 피함, 삶의 필수품을 현명하게 사용함, 불분명한 사고의 제거와 마음의 계발을 통해 극복할 수 있다. 마음을 계발하는 것은 마음을 좀먹는 열정을 밀리하는 데 효과적이다.[8]

---

8) MN. I. Sutta 2.

2) 의식의 흐름

붓다가 2,600년 전에 마음을 역동적인 과정으로 파악했다는 것에 주목할 필요가 있다. 마음을 정적인 독립체가 아니라 의식의 흐름(viññāṇa-sota)으로 파악한다. 재생연결의식(saṃvattanika-viññāṇa)은 한 생명을 다른 생명으로 연결하는 생존의 요소를 가리킨다. 일반적으로 의식은 동적 연속체에서 인과적 패턴에 의하여 조건화된 유입을 말한다. 또한 그것은 생성의 흐름(bhava-sota)을 가리킨다. 지속적으로 전개되는 의식은 역동성을 유지하는데, 갈애에 의해서 영양분을 공급받기 때문이다. 개인의 심리적 성향으로 인한 잔여물이 있는데, 그 잔여물은 일반적으로 그것의 동적인 본성으로 인해서 개인 또는 현상적 존재가 연속하도록 영양분을 제공한다. 살아 있는 개인의 의식의 흐름 가운데 어떤 부분은 이 세상에서 드러나고(idha loke patiṭṭhitaṃ), 어떤 부분은 이 세상 너머에서 드러난다(para-loke patiṭṭhitaṃ). 이 의식의 흐름은 의식적인 요소와 무의식적인 요소를 가지고 있다. 개인이 의식하지 못하는 의식의 흐름의 부분은 역동적 무의식일 수 있고, 다음 생애의 성격을 결정하는 성향(saṅkhāra)을 포함할 수 있다.[9] 의식적인 요소와 무의식적인 요소를 가진 이 의식의 흐름에 대한 지식은 명상 수행을 깊이 한 사람들이 얻을 수 있다. 이에 대한 직접적인 지식은 이성에 기초한 어떤 추론보다 뛰어나다. 경전에는 우리가 알아차리지 못하는 마음의 경향성(asampajāna-mano-saṅkhāra)이라는 개념이 있다.[10] 정상적인 의식 안으로 들어오지 않는, 따라서 잠재적인(anusaya) 의식으로 기술할 수 있는 과정으로 이 개념을 이해할 수 있다. 종종 언급되는 두 가지 다른 개념으로는 대승불교의 개념인 '저장하는 의식(ālaya-vijñāna, 알라야식)'과 아비담마 문헌에 속하는 '존재의 구성요소의 흐름(bhavaṅga-sota)'이 있다.

---

9) DN. III. 105.
10) AN. II. 158; SN. II. 36-41.

3) 의도적 활동

느낌(vedanā)은 정동적·정서적 과정을 찾는 기초를 제공하고, 지각(saññā, 想)과 사유(vitakka, 尋)는 인식적 과정을 찾는 기초를 제공하는 것처럼, 의도적 활동(saṅkhāra, 行)은 의도적인 과정 또는 의지로 나아가는 관문을 제공한다. 비록 이러한 구분이 절대적이지는 않지만, 마음의 다양한 측면들과 불교심리학의 핵심 용어를 이해하는 유용한 관점을 제공한다.

의도적 활동(saṅkhāra)은 '도덕적 결과도 포함하는 동기화되고 목적적인 활동'으로 정의된다.[11] 의도적 활동(saṅkhāra)의 개념에는 숙고(deliberation), 의도(volition), 역동성(dynamism)이라는 세 가지 심리학적 측면이 있다.

의도적 활동(saṅkhāra)과 동의어로 사용되는 '쩨따나(cetanā, 思)'라는 용어는 의도(volition)의 개념을 시사한다. 실행(abhisaṅkhāra)이라는 개념은 의도적 활동(saṅkhāra)의 의미 가운데 업의 형성(karma formation)을 강조하는 역동적 요소를 불러일으킨다. "바퀴를 움직이려는 충동이 지속되는 한 바퀴는 계속 구른다(abhisaṅkhārassa gati). 그리고 바퀴는 구르다가 넘어진다."[12] 『앙굿따라 니까야』의 이 시각적 이미지는 의도적 활동(saṅkhāra)이라는 개념이 연기의 바퀴의 한 연결 부분임을 보여 주는 역동성과 가속도의 개념을 포착한다.

이러한 의도적 경향성은 필요하고, 붓다가 이야기하듯이 붓다의 길을 따르는 것은 흐름을 거슬러 올라가는(paṭisota-gāmi) 것이다. 올바른 의도, 노력, 에너지, 지속은 마음을 오염시키는 충동의 힘을 견뎌 내는 데 필요한 성질들이다. 네 가지 종류의 노력이 있다. 감각을 제어하려는 노력, 나쁜 생각을 포기하려는 노력, 마음챙김과 담마의 탐구와 같은 정신적인 기법, 정진, 고요, 평온을 계발하려는 노력, 일어나는 모든 욕망과 탐욕을 파괴할 수 있는 반대되는 대상을 주시하고 집중하려는 노력이 그것이다.

---

11) Rune Johanson(1965, 1967). *The Psychology of Nirvana*, London: Allen and Unwin.
12) AN. Ⅰ. 111.

2. 갈애의 심리학

갈애(taṇhā, 愛)라는 개념은 많은 이유 때문에 서양심리학의 용어로 번역하기 어렵다. 서양심리학자들은 행동을 설명하는 것을 돕기 위해서 '본능' '추동' '동기' 등과 같이 이론적으로 구성된 용어를 사용한다. 그러나 다른 심리학 체계에서 이러한 용어를 사용하는 것은 일관적이지 않다. '추동'이나 '본능'은 펜이나 연필처럼 구체적인 것이 아니다. 이들은 행동을 볼 수 있는 형태로 설명하려고 시도하는 이론과 연관된 구성물들이다. 인간행동에서 우선적 결정인자에 관심을 가진 서양의 심리학자들이 있었다. 붓다는 인간의 어떤 규칙적인 행동패턴을 단지 기록하려고 시도한 것이 아니고, '왜 사람들은 괴로움을 증가시키는 방식으로 행동할까?'라는 질문을 제기하고는 인간의 기본적인 동기의 패턴을 탐구한다. 붓다는 사람에게서 행위의 어떤 규칙성을 보았을 뿐만 아니라 그 근원을 찾고자 한다. 따라서 인간의 행동을 설명하는 것은 연기법칙에 초점을 맞춘다. 접촉[觸]은 느낌[受]의 조건이 되고, 느낌은 갈애[愛]의 조건이 되고, 갈애는 집착[取]의 조건이 된다. 붓다는 감각적 쾌락에 대한 갈애(kāma-taṇhā, 慾愛), 이기적인 추구에 대한 갈애(bhava-taṇhā, 有愛), 자신에게로 향할 수도 있는 불쾌한 대상을 파괴하고자 하는 공격적인 추동에 대한 갈애(vibhava-taṇhā, 無有愛)에 초점을 맞춘다. 명상의 맥락에서 느낌과 갈애 사이의 연결은 중요하다. "느낌에 조건적으로 의존하여 갈애와 마음이 반응하는 것은 결정적으로 중요한데, 이것이 아마도 느낌이 왜 사념처의 하나가 되는지에 대한 중요한 이유를 보여 준다."[13] 명상의 틀 안에서 동기 개념을 위치 짓는 것은 동기를 불교적 관점에서 바라볼 때 중요한 특징이다. 실은 명상에서 마음챙겨서 알아차리는 것은 불건전한 욕망(abhijjhā, 慳貪)과 불만족(domanassa)에 의해서 야기되는 어떠한 반응도 민감하게 피하도록

---

13) Analayo(2010). *Satipaṭṭhāna: The Direct Path to Realization*, Cambridge: Windhorse Publications, p. 159.

한다. 반면 좋은 욕구(chanda, 欲), 결심, 인내는 결국 욕망 없음으로 이끈다. 갈애와 집착은 매일매일 일어나지만, 명상 수행은 일상적인 삶에서의 함정을 꿰뚫어 보도록 점진적으로 돕는다.

> 세속적인 차원에 적용하자면 네 가지 고귀한 진리에 대한 명상은 매일 발생하는, 예를 들어 기대가 좌절될 때, 지위가 위협받을 때, 일이 원하는 대로 되지 않을 때 존재에 대한 집착(upādāna)의 패턴을 대상으로 할 수 있다. 여기서 우리의 임무는 집착과 기대를 키우게 하고, 결과적으로는 어떤 형태의 괴로움(dukkha)으로 드러나게 되는 기저에 놓여 있는 갈애(taṇhā)의 패턴을 아는 것이다. 이러한 이해는 결국 갈애를 놓아 버리는 데(tahāya paṭinissagga) 필요한 토대가 된다. 그러한 놓아 버림으로 집착과 괴로움은 최소한 순간적으로라도 극복될 수 있다.[14]

갈애에 대한 이러한 분석은 동기의 개념을 위치 짓는 불교적 틀과 이에 대응하는 서양의 개념에 차이가 있다는 것을 보여 준다. 이러한 특징은 또한 마음챙김에 기반한 치유로 나아가게 한다.

1) 감각적 욕망에 대한 갈애

감각적 욕망에 대한 갈애(kāma-taṇhā, 慾愛)는 단지 '성적인' 갈애라는 의미 이상의 매우 넓은 용례를 가진다. 기본적으로 '성적인 만족'보다는 '감각적인 만족'에 대한 갈애이다. 경전에는 두 가지 중요한 용례가 나온다. '오욕(pañca-kāma-guṇa, 五欲)'은 '눈, 귀, 코, 혀, 몸'이라는 다섯 종류의 감각기관의 대상을 가리키고, '까마구나(kāma-guṇa)'는 성적인 욕망과 열정을 가리킨다. 따라서 '다섯 가지 욕망으로 구성된 탐욕(pañca-kāma-guṇika-rāga)'은 인간에게 깊이 자리한 다섯 감각을 즐기는 경향성이 있다는 사실을 가리킨다. 넓은 의미에서 이 경향성은 프

---

14) Bikkhu Analayo(2010). p. 248.

로이트가 '쾌락의 원칙'으로 기술한 쾌락을 찾고 고통을 없애려는 자연스러운 경향으로 이해할 수 있을 것이다. 쾌락에 대한 이러한 추동은 단순히 생식기적인 쾌락을 넘어서 붓다가 '여기저기에서 즐거움을 찾는 것(tatra tatrābhinandini)'이라고 이야기한 것처럼, 이 대상에서 저 대상으로 항상 옮겨 다니면서 홍분에 의한 갈애로 드러난다는 것을 강조할 필요가 있다. 쾌락에 대한 도덕적 차원에 대하여 붓다는 구체적인 관점을 가지고 있다. 즉, 재가자에게는 합법적인 쾌락이 있지만, 출가자는 다르다. 재가자 또는 일반인은 성적 욕망을 완전히 억압하는 것과 완전히 허용하는 것의 중도를 행하게 한다. 출가자에게는 완전한 절제와 독신을 요구한다. 일반적으로 감각의 절제는 재가자와 출가자 모두에게 기본적으로 요구된다. 또한 심리학적 통찰에 기반하는 쾌락원칙에 대한 비판에도 영향을 미치는 종교윤리적 차원의 비판이 있다. 하나의 관점에서 붓다는 쾌락원칙과 함께하는 불행을 기술하고 있으나, 다른 관점에서 붓다는 적법한 수단으로 얻은 쾌락과 지나친 갈애에 의해 길러진 부적법한 수단으로 얻은 쾌락, 즉 해로움 없는 쾌락과 왜곡된 쾌락을 구분한다.

일반인을 위한 중도(majjhima paṭipadā, 中道)가 있다. 완전한 독신과 금욕이라는 의미의 성적인 절제는 출가자에게 해당한다. 그러나 두 가지 관점에서 공통되는 한 가지가 있다. 즉, 삶의 유일한 이상(ideal)으로서 쾌락을 추구하는 것은 불가능하다. 어떤 윤리적 고려도 없는 순수하게 감각적인 삶은 붓다가 감각적 삶의 길(kāma-sukhallikānuyoga, 쾌락주의)이라고 비난한 것이다. 이는 저열한 외도의 수행으로, 외도 가운데 반대편에 있는 극단인 자기고행의 길, 즉 고행주의와 대비된다. 붓다는 중도로서 팔정도(八正道)를 추천한다.[15]

인간의 괴로움에 대한 붓다의 분석을 배경으로 감각적 만족에 대해서 깊이 뿌

---

15) 팔정도(Ariyo aṭṭhaṅgiko magga, the eightfold path, 八正道)에는 정견(sammā-diṭṭhi, right understanding, 正見), 정사유(sammā-saṅkappa, right thought, 正思惟), 정어(sammā-vācā, right speech, 正語), 정업(sammā-kammanta, right action, 正業), 정명(sammā-ājīva, right livelihood, 正命), 정정진(sammā-vāyāma, right effort, 正精進), 정념(sammā-sati, right mindfulness, 正念), 정정(sammā-samādhi, right concentration, 正定)이 있다.

리박고 있는 본능을 분석하여야 한다. 괴로움의 원인(dukkha-samudaya, 苦集)과 갈애는 재생으로 이끄는(pono-bhavika) 요소이고, 즐거움과 욕망(nandi-rāga)을 동반한다. 이는 '지금 여기, 지금 저기'에서 순간적인 만족(tatra tatrābhinandini)을 추구한다.[16] 어디에서 '갈애가 발생하는지', 어디에서 '갈애가 머무는지'에 대한 의문이 생긴다. 먼저 갈애는 우리에게 즐겁고 소중한 물질적인 것을 보고, 듣고, 냄새 맡고, 맛보고, 만지고, 상상하는 감각에서 일어나고, 머문다고 말한다. 감각적 자극 외에도 감각은 개념적이고 논변적인 생각뿐만 아니라 느낌, 지각, 의도에도 침입할 수 있다. 최근의 인지치료는 사고의 '자동화과정'에 초점을 맞춘다. 정서 중심치료는 '멈출 수 있는' 처음 느낌의 출렁임을 보게 한다. 주기적인 명상은 감각에 대한 제어뿐만 아니라 몸, 느낌, 생각에 대한 마음챙김을 생기게 한다. 감각 자극을 다루면서 생기는 이 구조는 또한 다른 형태의 갈애를 보게 할 수도 있다.

마지막 분석에서 강조되는 것은 감각기관이나 감각기관에 대한 영향이 아니라 욕망과 탐욕에 대한 집착이다. 눈이 대상과 결합하는 것이 아니고, 대상이 눈과 결합하는 것도 아니고, 둘의 결과로서 발생하는 것이 욕망과 탐욕이다. 감각적 욕망(kāma-rāga), 감각적 집착(kāma-upādāna), 감각적 번뇌(kāma-āsava)는 감각적 만족을 위하여 갈애를 고조시키고 지속시키는 것을 가리킨다. 잠재적 경향성(anusaya)이 흥분될 때, 집착은 심층적 차원에서 작용하고, 그러한 저변의 흐름은 탐욕과 증오의 발생에 지속적으로 영향을 끼친다. 갈애의 빨리어인 '땅하(taṇhā)'는 임시적으로 해소되는 갈증을 은유적으로 암시한다. 쾌락을 삶의 주요한 목표로 삼는 개인의 욕망이 좌절될 때, 그러한 삶은 지루함의 희생양이 된다. 키에르케고르가 돈 후안을 쾌락을 사랑하는 자의 화신으로 인격화하는 것과 붓다가 순수하게 감각적 삶을 묘사하는 것을 비교하는 연구가 있다. 거기서 키에르케고르가 쾌락 하나만을 사랑하는 자와 쾌락주의자를 '소문자 b'로 시작하는 지루함(boredom)과 대문자 'B'로 시작하는 지루함(Boredom)으로 묘사하는 것을 볼 수

16) DN. II. 308.

있다.[17]

2) 자기보존과 자아지향적 행위

자아지향은 수많은 근원을 가지는데, 영원론(sassata-diṭṭhi, 常見)이 인지적 근원이고, 이기적인 추구를 하는 욕망(bhava-rāga)과 이기적인 추구를 하는 갈애(bhava-taṇhā)가 동기적 근원이고, 사견의 경향성(diṭṭhi-anusaya)이 또한 잠재적 토대가 된다. 자기중심적 추구에 대한 갈애는 개인의 불멸성(sassata-diṭṭhi, 常見)이라는 도그마에 이론적인 뿌리를 두고 있다. 우리는 삶을 구성하는 심리적·물질적 과정과 독립적으로 존재하는 순수한 자아를 믿고자 한다. 그리고 이 순수한 자아는 심지어 죽음 이후에도 존재한다고 상정한다.

'자아중심성이라는 편견'은 언어적, 지적, 정서적, 윤리적 등 다양한 차원에서 드러나는 지속적인 자아에 대한 믿음에 근거하고 있다. 자아중심적인 사람의 소유욕 많고 독점욕 강한 성격구조는 갈애(taṇhā, 愛), 자만(māna, 慢), 잘못된 견해(diṭṭhi, 見)라는 삼중의 토대를 가진다. 자아라는 잘못된 개념은 '이것은 나의 것이다.'라는 언어적 형태로 갈애를 표현한다. 자만은 '이것은 나이다.'로 표현되고, 잘못된 견해는 '이것은 나 자신이다.'로 표현된다. 이러한 표현들은 개인의 몸[色], 느낌[受], 지각[想], 경향성[行], 의식[識]과 관련해서 생길 수 있고, 오온(五蘊)으로 나아가는 길을 만든다. 자기중심성의 지적 근원과 정서적 근원에 영양분을 제공하는 것으로부터 자기중심적 행위, 즉 자기보존, 자기지속, 자기주장, 권력, 명예, 자기과시의 욕망이 다양하게 출현한다. 자신의 건강, 직업, 가족을 돌보는 것과 같은 자기 자신을 보살피는 태도, 자기팽창과 자기공격과 같은 태도는 심리학적이고 윤리학적인 토대에서 보면 구별이 된다는 것이 중요하다. 자애나, 정신적 괴로움에 빠져 있는 타인을 돕거나, 타인의 정신적인 활동을 돕는

---

17) Padmasiri de Silva(2007). *Explorers of Inner Space*, Sri Lanka: Sarvodaya Vishva Lekha Ratmalana, pp. 84-109.

자기 자신을 넘어서는 활동도 있다.

자기보존의 추동은 기본적으로 생리적인 추동인 신선한 공기, 물, 음식, 잠이 필요하다는 것을 의미한다. 그러나 이러한 생리적이고 생물학적인 자연적 기능은 파괴적인 삶의 방식과 현대의 소비패턴에 의해서 왜곡될 수 있으므로 기본적인 필요 이외에 가짜 욕망이 버섯처럼 올라온다. 이러한 위험 때문에 출가자의 삶의 방식은 율장의 계율을 따른다. 부와 권력과 지위를 추구하는 불건강한 태도는 필요와 욕심을 구분하는 우리의 능력을 흐리게 한다.

자만(māna)은 '나는 남보다 우월하다.' '나는 남과 동등하다.' '나는 남보다 열등하다.'라는 세 가지 형태를 가질 수 있다. 족쇄로서 자만(māna)은 교만과 같은 거친 느낌에서부터 아라한이 되기 직전까지도 남아 있는 '다르다'는 미묘한 느낌까지 다양하다. 자기평가의 정서를 다루는 제20장에서 자만, 교만, 비하를 다루는 불교의 관점과 서양의 관점에 대해서 자세히 다룰 것이다.

자아에 대한 잘못된 견해는 다음과 같이 20가지 요소로 나누어서 볼 수 있다.

- 1~5: 몸[色], 느낌[受], 지각[想], 경향성[行], 의식[識]으로서의 자아
- 6~10: 이들 안에 포함되어 있는 것으로서의 자아
- 11~15: 이들과 독립적인 것으로서의 자아
- 16~20: 이들의 주인으로서의 자아

이러한 동일화는 심층적인 정서 과정에 의해서 자라나고, 이러한 동일시에 대한 생생한 예를 볼 수 있다. 예를 들어, 물질주의자는 몸과 자기를 동일시할 수 있고, 쾌락주의자는 느낌과, 감각주의자는 지각과, 생기론자는 의지와 자기를 동일시할 수 있다. 몸을 자아라고 여기는 잘못된 견해의 함의를 경전에서는 "그들은 몸을 아트만(ātman, attā, 我)이라고 여긴다."라고 기술하고 있다. 그들은 몸을 가지고 있는 것을 자아라고 여기거나, 몸을 자아 안에 있는 것으로 여기거나, 몸 안에 있는 것을 자아라고 여긴다고 기술하고 있다.[18] 프로이트는 자신의 몸이 물에 비친 모습과 사랑에 빠져 집착하는 나르시스의 신화를 예로 들었다.[19]

3) 자기소멸과 공격

존재에 대한 갈애(bhava-taṇhā, 有愛)는 개인의 불멸성이라는 도그마에 기초하는 잘못된 개념과 함께 일어나는 반면, 존재의 소멸에 대한 갈애(vibhava-taṇhā, 無有愛)는 자아와 동일시되는 물리적·정신적 과정이 죽음으로 소멸된다는 견해(uccheda-diṭṭhi, 斷見)로부터 발생한다. 피상적으로 분석하면 두 가지 태도는 정반대에 있는 것처럼 보이지만, 의존해서 발생한다는 연기의 법칙이라는 큰 틀에서 보면 이들은 단지 반대되는 태도가 갈애에 묶여 있는 것으로 여겨진다.

프로이트의 죽음의 본능이라는 개념과 불교에서의 존재의 소멸에 대한 갈애(vibhava-taṇhā)를 다른 곳에서 자세히 비교하고 있다.[20] 프로이트가 죽음의 본능을 분석하듯이 불교심리학이 존재의 소멸에 대한 갈애에 대해서 정확한 분석을 제공하지는 못하지만, 흥미로운 유사점과 차이점이 있다. 불교는 공격적 행위와 반응적 반응의 토대가 되는 성냄(dosa, 瞋)을 탐욕[貪], 미혹[痴]과 함께 인간행동의 근원 가운데 하나로 받아들인다. 근원적인 성냄은 사람을 좌절과 우울의 상황에서 자기파괴적인 행위로 나아가게 한다. 술을 지속적으로 마심으로써 알면서도 스스로 재난을 초래하는 중독자, 자살의 마지막 순간에 순간순간 '살까' '죽을까' 하는 양가감정을 보이는 사람은 어떻게 '죽음의 본능에 다가가는지'를 보여 준다. 이는 갈애의 두 측면 사이에서 망설이는 것이다. 프로이트의 죽음의 본능은 많은 요소를 가지고 있는데, 그 가운데 하나는 그가 '반복강박', 즉 중독자가 자기파괴로 나아가는 악마의 길이라고 부르는 것이다. 공격과 자기혐오는 우리의 삶에 대한 사랑과 섞여 있다. 붓다는 자기파괴의 충동을 '욕구적'이라기보다는 '반응적'으로 생각한다. 이 맥락에서 붓다는 프로이트와 차이를 보인다. 또한 붓다는 존재에 대한 갈애(bhava-taṇhā)와 존재의 소멸에 대한 갈애(vibhava-taṇhā)

---

18) SN. Ⅲ. 1-5.

19) Padmasiri de Silva(2010a). pp. 127-132.

20) Padmasiri de Silva(2010a).

를 동전의 양면, 즉 반대되는 태도가 갈애에 묶여 있는 것으로 본다. 실제로 프로이트 자신이 죽음의 본능이라는 개념에 당혹스러워 한다.

> 자아의 자기사랑은 너무 거대해서 이것을 우리는 본능적인 삶이 진행되는 원초적인 상태로 인식하게 되었다. 자기애적인 리비도가 너무 많아서 이것을 우리는 삶을 위협하는 두려움으로부터 해방된 것으로 본다. 그래서 우리는 우리 자신을 파괴한다는 것에 어떻게 자아가 동의할 수 있는지를 생각할 수 없다.[21)]

감각적 쾌락, 이기적 행위에 대한 추동과 비교하면 소멸의 욕망은 헷갈린다. 이러한 복잡성을 이해하는 데 몇 가지 맥락이 도움이 된다. 이 맥락은 키에르케고르의 돈 주안으로 의인화한 이미지에서 볼 수 있듯이, 삶의 끝을 죽음으로 보고 걱정 없이 쾌락을 사랑하는 자, 쾌락주의자, 물질주의자, '달콤한 죽음'과 연애 중인 불안과 끝없는 근심으로 가득 차 윤회의 긴 여행에서 삶의 지속을 보지 못하는 미혹에 빠진 자, 세상과 자신에 대해서 화와 분노로 가득 차 자신을 해치는 것으로 나아가는 자와 함께 발생한다. 이러한 맥락에서 자기파괴적인 충동이 분명하게 드러난다.

존재의 소멸에 대한 갈애(vibhava-taṇhā)와 관련해서 가장 중요한 맥락은 『맛지마 니까야』에서 볼 수 있다.

> 본질적인 존재의 소멸(vibhavaṃ), 파괴(vināsaṃ), 단멸(ucchedaṃ)을 내려놓는 존경받을 만한 수행자와 바라문은 자신의 몸을 두려워하고, 자신의 몸을 혐오하여 단순히 자신의 몸 주변을 달리고 빙빙 돈다. 마치 기둥이나 말뚝에 사슬로 꼭 매여 있는 개가 계속 말뚝 주변을 달리면서 도는 것처럼, 이 존경받을 만한 수행자와 바라문도 자신의 몸을 두려워하여 단순히 자신의 몸 주변을 달리고 빙빙 도는 것이다.[22)]

---

21) *Standard Edition*. XIV. p. 252.
22) MN. II. Sutta 102.

단멸(uccheda), 파괴(vināsa), 존재의 소멸(vibhava)은 동의어로 사용된다. 존재의 소멸(vibhava)은 자기파괴의 관념을 함축한다. 본질적인 존재를 '파괴'하려고 시도하는 사람들조차 존재하지 않는 자아를 가정하고 있다.

한편으로는 몸을 꾸미고 아름답게 치장하는 자기애적 사랑, 다른 한편으로는 말뚝에 매인 개처럼 같은 악순환에 묶여 있는 몸에 대한 혐오와 분노의 표현은 이 맥락에서 일견 모순적인 태도의 전형적인 예가 된다. 영원론과 단멸론에 대한 냐나난다(Ñāṇananda) 스님의 말처럼 "전자는 그의 그림자를 쫓아가고 후자는 헛되이 그림자를 앞질러 가려고 노력한다. 둘 다 똑같이 그림자를 실재라고 집착한다."[23] 실제로 붓다 당시의 어떤 사람은 열반의 개념이 가지는 함의를 잘못 이해하여 붓다를 허무론자(venayika),[24] 존재의 파괴자(bhūnahu)[25]로 묘사한다. 붓다는 몸과 자기 이미지를 사랑하는 것에 지배되는 '자기애적' 성격유형과 안으로 향하는 공격을 보여 주는 '네메시스적' 성격유형 둘 다를 비판한다.

4) 불교와 자살

앞에서 분석한 주요 주제인 존재의 소멸에 대한 갈애의 심리학은 자살에 대한 심리학적 근원을 이해하도록 돕는다. 어떤 근거에 의해서 불교가 자살을 거부하는지 그 이유를 이해할 필요가 있다. 폭력적인 수단에 의해서는 업의 결과를 상쇄할 수 없다는 것이 가장 중요하다. "그는 익지 않은 과일을 흔들어서 따는 것이 아니라, 완전히 익을 때까지 기다려야 한다."[26] 두 번째는 영적인 이유로 사람의 행위가 성숙하기를 강요할 수는 없다. 빠야시(Pāyāsi)가 주장하는 잘못된 견해에 대해서 꾸마라 까사파(Kumāra Kassapa) 스님은 곧 낳게 될 아이가 남자애

23) Ñāṇananda(1971), *Concept and Reality in Early Buddhist Thought*, Kandy; Buddhist Publication Society, p. 57.
24) MN. Ⅰ. 140.
25) MN. Ⅰ. Sutta 75.
26) *Milinda Panha*. Part Ⅰ. 44, SBE XXXV, 1890.

인지, 여자애인지를 알아보기 위해 배를 열어 보는 여인과 같다고 대답한다. 다른 비판은 붓다 자신이 쾌락의 길과 금욕의 길의 중도(中道)를 선택할 때 거부했던 극단적인 금욕주의와 육체적 고행에 대한 반대이다. 자이나교는 '입으로 지은 죄는 침묵을 통해서 파괴되고, 마음의 통제는 호흡의 통제를 통해서, 육체적인 죄는 단식을 통해서, 욕망은 고행을 통해서 파괴된다.'고 믿는다.[27] 삶의 존엄성과 관련된 기본적인 윤리적 토대는 첫 번째 계율에서 분명해진다. 자살충동이 평정, 사물의 무상한 본성에 대한 통찰로 변형되는 논란의 여지가 있는 맥락이 있다. 현재의 틀 안에서는 포괄적인 방식에서 이러한 논란의 여지가 있는 경우를 비판적으로 평가하기가 어렵다. 찬나(Channa), 삽빠디싸(Sappadissa), 와칼리(Vakkhali), 고디까(Godhika)의 사례는 진지한 분석을 필요로 한다.[28] 불교는 문화적 다양성과 다양한 의례적 표현을 가질 수 있지만, 뒤르켐(Durkheim)이 관찰하였듯이 불교는 괴로움으로부터 자유로워지는 것에 초점을 맞춘다.[29]

3. 마치는 말

자살에 관한 심리학적·영적·윤리적인 경계를 논의하면서 붓다의 가장 중요한 통찰은 존재에 대한 갈애(bhava-taṇhā)와 존재의 소멸에 대한 갈애(vibhava-taṇhā)가 반대가 아니라 오히려 같은 동전의 양면과 같다고 말하는 것이라고 결론 지을 수 있다. 현재 가장 선구적인 자살 연구자 가운데 한 사람인 슈나이드먼(Edwin Schneidman)은 그가 알고 있는 자살하는 사람들의 공통적인 내적 태도를 일종의 양가감정이라고 말할 수 있다고 생각한다. 아리스토텔레스적인 이분법

27) De La Vallee Poussin(1910-1927). "Suicide Buddhist", In J. Hastings (Ed.), *Encyclopedia of Religion and Ethics*, Edinburgh: T. & T. Clark, p. 25.

28) Padmasiri de Silva(1996). "Suicide and Emotional Ambivalence", In F. J. Hoffman & D. Mahinda (Eds.), *Pali Buddhism*, Richmond, VA: Curzon Press.

29) Emile Durkheim(1951). *Suicide*, Glencoe, NY: The Free Press.

적 논리는 양가감정을 위한 어떤 여지도 남겨 두지 않지만, 자살의 맥락에서는
A이면서 동시에 A를 부정하는 상황이라고 그는 믿는다.[30]

---

30) Edwin Schneidman(1985). *Definition of Suicide*, New York: John Wiley, p. 135.

5

정서: 서양의 이론적 지향과 불교

정서에 대한 연구는 지난 30년 전까지 몇몇 이유 때문에 무시되어 왔다. 정서는 인지와 상반되는 것으로 여겨졌고, 비합리성의 근원으로 여겨졌다. 정서는 고요하고, 자발적이고, 합리적인 행위를 방해하고, 우리가 제거해야 하는 윤리적으로 바람직하지 못한 상태와 관련되어 있다고 생각되었다. 심리학적으로 정서는 흥분의 상태로 여겨진다. 심리학의 학문적 탐구영역에서 정서는 검증할 수 없는 주관적 현상이라는 지위로 강등되었다. 일반적으로 행위와 의식을 연구하는 심리학자의 전망 속에서 정서는 자극반응 행위, 지각, 동기, 성격과 비교해서 관계가 약한 것으로 남아 있었다. 그러나 정서 연구에서 다마시오(Antonio Damasio, 1994)의 최근의 연구, 신경과학에서 르두(Joseph Ledoux, 1996), 생물학과 정서의 얼굴표현에 관한 에크만(Paul Ekman, 2003), 정서와 의학과 건강에 관한 골먼(Daniel Goleman, 1997), 그리고 그의 정서지능과 교육에 기여하는 연구(Daniel Goleman, 1996), 몸을 '제2의 뇌'라고 하는 퍼트의 명제에서 뇌, 몸, 정서에 관한 연구(Candace Pert, 1997), 철학에서의 연구(Robert Solomon, 2004a, 2004b), 이 모든 연구가 정서 연구의 진정한 혁명을 대표한다.[1] 이러한 발전과 더불어 마음과생명연구소(Mind and Life Institute)에서 행해진 프로젝트는 정서 연구에 관한 몇몇 저서를 출판하였다. 그 가운데 데이비슨(Richard Davidson)의 명상 수행이 뇌에 미치는 영향에 관한 신경가소성의 명제는 획기적이었다.[2] 보다 최근 연구로 『정서적 알아차림(Emotional Awareness)』 『마음챙기는 뇌(The Mindful Brain)』 『붓다브레인(Buddha's Brain)』은 정서 연구에 대한 불교적 관점이 어디에 위치하는지에 대한 현대적인 담론을 보여 준다.[3]

다른 중요한 관심사는 '부정적'인 성질을 가진 정서와 '긍정적'인 성질을 가진 정서가 있다는 것이다. 비록 이러한 구분의 원인은 철학적·종교적 전통에 따라서 다를 수 있지만, 제5장에서 분명하게 보여 주듯이 불교는 '화'를 도덕적 차원에서 부정적으로 여긴다. 그러나 깊은 명상 수행의 단계에서는 좋고 나쁜 것을 괄호 속에 넣고, 그것들을 너의 것도 아니고 나의 것도 아닌 '비인격적인 과정'으로 보게 된다. 우리는 화를 통해서 '기어를 바꾸는 것'을 배울 수 있게 된다. 명상 수행으로 성냄, 탐욕, 중독, 불안을 없애 버릴 수는 없지만, 그것들을 치유적이고 명상적인 통찰이 생기는 비옥한 토양으로 바꿀 수는 있다. 우리는 '파괴'하려고 노력하지 않고, 그것들을 껴안고, 그것들이 들어오는 지점과 머무는 것과 사라지는 것을 본다.

---

1) Antonio Damasio(1994). *Descartes' Error: Reason and the Human Brain*, New York: G. P. Putnam; Joseph Ledoux(1998). *The Emotional Brain*, London: Simon & Schuster; Paul Ekman(2003). *Emotions Revealed*, London: Weidenfeld and Nicolson; Daniel Goleman (Ed.) (1997). *Healing Emotions*, Boston and London: Shambala; Daniel Goleman(1996). *Emotional Intelligence: Why It Can Matter More Than IQ*, London: Bloomsbury; Candace Pert(1997). *Molecules of Emotion*, New York: Scribner; R. C. Solomon(2004a). *In Defence of Sentimentality (The Passionate Life)*, Oxford: Oxford University Press; Solomon, R. C. (Ed.) (2004b). *Thinking About Feeling: Contemporary Philosophers on Emotions*, Oxford: Oxford University Press.

2) Richard J. Davidson(2004). "Well-being and Affective Style: Neural Substrates and Behavioural Correlates", *Philosophical Transactions Royal Society, London, B*, 359, pp. 1395-1411.

3) Dalai Lama & Paul Ekman(2008). *Emotional Awareness: Overcoming Obstacles to Psychological Balance and Compassion*, Times Books, New York: Henry Holt and Company; Daniel Siegel(2007). *The Mindful Brain*, New York: W. W. Norton and Company; Rick Hanson & Richard Mendius(2009). *Buddha's Brain*, Oakland, CA: New Harbinger Publications.

리스 데이비즈(C. A. F. Rhys Davids)는 매우 초기의 불교심리학 연구에서[4] 정서에 관한 주제에 대하여 '오랜 침묵'이 있었다고 본다. 불교심리학에 관한 초기 저서에서 불교의 정서에 대해 포괄적으로 설명하면서 이러한 의문에 대해서 대답하였다. 제5장에서는 초기의 저서를 넘어서 정서를 불교심리학의 핵심 주제로 통합하려고 한다.

오늘날에는 정서를 지지하는 쪽으로 의견이 모아진다. 정서는 종종 실천적인 문제에 대해서 빠르게 결정하기 위한 정보를 제공하고, 합리적으로 숙고하기 위한 정보를 포함하고, 실제 지각에서, 예를 들어 사회복지사의 역할을 하면서 연민을 경험하는 것 같은 전환을 낳는다. 정서지능은 학교, 특히 미국 학교의 교과과정에 포함되어 있다. 상담에서 정서의 치료적 중요성에 대해서, 특히 '마음챙김에 기반한 정서중심치료'의 발전과 더불어 자세히 기술할 것이다.

우선 제5장에서 정서에 대한 서양의 이론을 자세히 기술하고 분석한 이후에 불교적 관점을 제시할 것이다. 초기 저서에서 동기와 정서를 다루고 있는 제3장에서는 두려움, 화 · 분노, 슬픔 · 비탄, 사랑의 정서에 대해서 짧게 분석적으로 다루었다. 이 책에서는 동기를 독립된 장으로 다루고, '정서'에 대한 장은 늘어났고, 화, 비탄, 슬픔 · 우울, 자부 · 자만, 탐욕 · 관대라는 '정서의 프로파일'을 분석하는 개별적인 장이 추가되었다. 또한 이들은 상담의 영역으로 연결된다. 이 프로젝트는 스트레스 관리, 비탄과 상실, 분노 관리, 중독과 고독을 다루는 상담분야에서 계속될 것이다. 수십 년 전 정서와 문화에 관한 동서센터(East-West Center)의 문화학습연구소(Culture Learning Institute)에서 주관하는 프로젝트에 2년 동안 전문위원으로 참여하면서 정서에 대한 연구에 지속적으로 관심을 가져 왔다. 학문적이고 철학적 관심에서 상담으로 적극적으로 몰입하게 된 전환의 계기가 이 연구의 배경에 있다. 또한 오랫동안 해 왔던 명상 수행은 불교에서 정서를 다양한 맥락으로 탐구하는 데 새로운 요소를 제공하였다.

---

4) Rhys Davids, C. A. F. (1914). *Buddhist Psychology*, London: G. Bell and Sons, Ltd.

1. 정서의 개념

'정서'라는 단어의 역사와 어근을 찾아보는 것은 중요하다. 이 단어는 '어떤 장소에서 다른 장소로 옮기다, 이주하다.'라는 의미를 가지는 라틴어 'e + movere'로부터 파생되었다. 이 단어는 또한 '동요 또는 술렁이는 상태'를 기술하기 위해서 사용되었다. 이 비유가 일반적으로 이 단어와 연관되어 있다. 심리학자 에이브릴(James Averill)은 '열정(passion)'이라는 단어가 고대 그리스 시대부터 18세기 중엽까지 대략 2,000년 동안 정서를 가리키는 용어로 사용되었다고 말한다. 이 단어는 라틴어 '파띠(pati, suffer, 겪다)'로부터 파생되었고, 그리스어 '파토스(pathos)'와도 연관되어 있다. 정서의 개념은 수동성의 개념과 연관되어 왔다. "개인 또는 물리적 대상은 변화를 시작하거나 변화를 한다는 것과 반대되는, 변화를 겪거나 변화를 당한다는 생각이 이 개념의 근저에 놓여 있다."[5] 에이브릴은 또한 이 '수동성의 경험은 환상일 뿐이고', 자기인식의 영역을 넓히고 자신의 행위의 근원을 보는 통찰을 더 계발함으로써 정말로 그러한지를 볼 수 있다고 주장한다. 우리가 일상적으로 사용하는 비유인 '슬픔에 젖은' '화에 이끌린' '후회에 전염된' '큐피드의 화살을 맞은' 등 또한 정서의 바로 이 수동적인 이미지를 보여 주고자 하는 것이다. 에이브릴은 그러한 수동적인 비유를 없앨 필요가 있고, 정서를 인간 행위를 이끄는 규칙으로 봄으로써 정서는 매우 풍부하고 복합적이 될 것이라고 강조한다.

정서에서 생물학적인 부분을 부정하지 않음에도 불구하고, 에이브릴은 정서를 또한 사회적 구조물로 볼 필요가 있다는 것을 강조한다. 에이브릴에 따르면, 정서에 있다고 생각되는 수동성은 우리가 행동에 부여하는 일종의 해석이다. 이는 '자기부여(self-attribution)'라고 불리고, 정서를 둘러싼 행위들에 대해서 개인

---

5) James R. Averill(1980). "Emotion and Anxiety: Sociocultural, Biological and Psychological Determinants", In Rorty, A. O. (Ed.), *Explaining Emotions*, Berkley: University of California Press, p. 38.

이 어느 정도 책임감에서 벗어나도록 한다.[6] 에이브릴은 이와 연관해서 세 가지 중요한 통찰을 언급한다. 첫째, 분노, 사랑과 같은 구체적인 정서를 볼 때 우리는 수동적 느낌을 자신의 행위에 대한 통찰이 부족하기 때문이라고 본다는 것이다. 둘째, 특이한 정서적 자극 때문에 '현상적 자아' 또는 불교 용어로는 '세간적 자아'라고 정의되는 인지구조가 상실된다는 것이다. 셋째, 우리는 깜짝 놀라는 반응과 같은 작은 종류의 생물학적 반응을 전형적인 정서로 생각하는 경향이 있다는 것이다. 에이브릴은 전형적인 정서는 풍부한 복합성과 그 자체의 문법을 가진다고 한다. 독자들이 이 연구에서 보여 주는 많은 정서의 모습과 친숙해질 때, 그 구조와 기제가 엄청나게 풍부하고 다양하다는 것이 분명해질 것이다. 에이브릴은 또한 정서가 안정적이지 않고, 정서가 곧 무너질 것이라는 불안이 있다는 것에 대한 인지를 언급한다. 불교는 이러한 정서적 구조물에 집착하는 자아의 왜곡된 힘을 인정한다.

비록 불교가 정서 연구를 위한 매우 풍부한 영역을 제공하지만, 빨리경전과 티벳경전에 정서를 통칭하는 용어가 없다는 모순을 언급하는 것은 중요하다. 그러나 '느낌'으로 번역되는 '웨다나(vedanā)'라는 용어는 심리학에서 인지, 의지, 동기의 측면과 비교되는 정동적인 차원의 토대이다.

2. 서양의 정서이론

먼저 서양의 정서이론을 분석하고, 다음으로 이와 비교해서 불교적 관점을 분석할 것이다.

몸과 연관된 생리적 각성이론과 사고패턴, 믿음, 평가에 초점을 맞추는 인지이론과의 논쟁은 서구에서 가장 중요한 논쟁이었다. 르두의 정서에 관한 예를 생각해 보자. 숲길을 걷고 있는 어떤 남자가 마른 잔가지에 발이 걸려 휘청한다.

---

6) James R. Averill(1980). p. 68.

중추신경계가 그에게 무엇을 밟았는지를 찾으라고 말하기도 전에 그는 도피 또는 투쟁이라는 응급신호에 의해서 자극을 받는다. 그는 방울뱀이라고 생각한 그것으로부터 가장 빨리 피할 방법을 찾는다. 이 맥락에서 심장박동이라는 생리적 각성이론과 뇌에 미치는 보이지 않는 영향은 공포 정서의 모습으로 드러난다. 그가 밟은 것이 단지 나뭇가지라는 것을 알고서 그는 진정할 것이다. 일상적인 상황에서 멀리서 뱀을 보면, 뱀은 독이 있다는 믿음하에 위험하다는 생각이 떠오른다. 이는 분명히 정서의 인지적 특징이다. 이 두 번째 맥락에서 '공포'라는 정서의 네 가지 중요한 특징이 있다. 어떤 상황 또는 대상을 지각하는 것, 사고패턴, 평가, 목숨을 구하려는 '욕망'과 생리적 각성이론이다. 생리적 각성이론은 분노, 공포, 슬픔과 같은 기본정서에 필수적인 특징이다. 그러나 욕망이라는 동기적 요소와 의미라는 인지적 요소는 정상적인 또는 전형적인 정서에 필수적이다.

정서는 더 복합적일 수 있다. 예를 들어, 부당함에 대해서 일어나는 분노에는 도덕적 측면과 보복의 느낌이 있다. 때때로 분노는 상급자에게로 향한다. 그 밑에서 일하는 사람의 분노는 공포의 느낌과 섞일 수도 있고, 억압될 수도 있다. 일상적인 삶에서 일어나는 많은 정서는 정서의 연결망 속에 놓여 있다. 예를 들어, 피터와 줄리아 사이에 막 시작되는 로맨스를 헨리가 위협하는 상황을 보자. 질투는 파트너에 대한 사랑, 경쟁자에 대한 분노, 줄리아를 잃을 가능성에 대한 공포와 슬픔, 파트너에 대한 사랑과 증오의 양가감정, 자기 이미지에 도전하는 것에 대한 부끄러움이 혼합되어 있다. 정서가 상호작용하는 놀라운 방식은 중요한데, 이러한 맥락에서는 인지적 요소가 부여하는 주어진 의미 또한 중요하다.

극단적인 분노는 생리적으로 강력한 영향을 줄 수 있다. 이를 처리하는 상황에서 뇌와 몸은 치유와 치료의 주요 초점이 된다. 어떤 정서는 사회적·문화적 측면과 연관되어 있다. 비록 정서가 사람 전체에 영향을 끼치지만, 요점은 다양한 차원의 정서 경험에서 정서가 출현하고 표현되는 것을 볼 수 있다는 것이다. 정서는 뇌의 전기적 활동, 내분비계, 순환기계, 호흡기계와 연결되어 있다. 정서 표현은 동기와 추동의 생리학적 역학, 유기체의 기본적 욕구의 생리학에서도 드러난다. 또한 정서표현은 우리가 위험, 위협, 상실과 같은 외부적 상황에 반응하고 평가하는 방식과도 밀접히 연관되어 있다. 따라서 정서표현은 우리의 사고와 믿음, 마침내는 사회적·문화적 맥락과도 연결된다.

1) 정서에서 느낌이론

정서에 대한 연구 가운데 '느낌'을 정서라고 여기는 전통이 있다. 비록 느낌이론 가운데 다른 버전이 있다고 할지라도, 공통적인 입장은 알스톤(William Alston)이 다음과 같이 언급한 것에서 볼 수 있을 것이다.[7]

> 정서를 만드는 조건, 특정한 정서를 만드는 조건은 감각적 특징, 예를 들어 붉음, 나무 타는 냄새처럼 다른 방식으로는 완전히 접근이 불가능한 어떤 느껴진 성질이 의식에 현존하는 것이다.

느낌이론의 장점은 정서는 전형적인 외적 표현 없이 일어날 수 있다는 점을 보여 주는 것이다. 따라서 어떤 사람도 눈치 채지 못하게 하면서도 화내거나 두려워할 수 있다. 또한 느낌이 만약 내적인 신체 상태라기보다 내적인 마음 상태라면, 느낌은 다른 어떤 사람도 안다고 주장할 수 없는 그 자신의 사고와 감각에 대한 오류 없는 직접적인 지식에 기반하고 있다. 그러나 이러한 장점에도 불구하고 이 이론은 라이언스(William Lyons)의 비판을 받는다.[8] 어떤 사람이 그렇게 하고 싶고 충분히 조절할 수 있다면 그는 외적으로 표현하지 않을 수 있지만, 외적으로 표현하려는 경향성은 강하다. 그러나 또한 어떤 사람은 내적인 신체 과정의 활성화 없이 화를 낼 수 있다는 것이 증명되었다. 오류불가능성에 관한 두

7) William Alston(1967). "Emotion and Feeling", In Edwards Paul (Ed.), *The Encyclopedia of Philosophy*, Vol. 2, New York: Collier Macmillan, p. 480.
8) William Lyons(1980). *Emotion*, Oxford: Oxford University Press, ch.8.

번째 주장은 정신분석에 의해서 틀렸음이 입증되었다. 그것은 그 사람이 자신의 정서적 상태를 잘못 해석하고, 잘못 동일화하는 것이다. 정서에 대한 느낌이론의 더 일반적인 특성은 비트겐슈타인의 영향을 받은 분석철학자들로부터 비판의 대상이 되고 있다. 그들은 개인적인 경험만을 언급하는 용어는 상호주관적인 의사소통의 영역 안에 위치하지 않는다고 말한다. 따라서 그 용어들은 공적인 담론의 영역에서 기능하지 않는다. 느낌이론을 비판하는 철학자들은 또한 그러한 내적 경험이 분노와 슬픔의 차이처럼 세부적인 구분을 하도록 돕지 않는다고 말한다. 사건과 대상 같은 공적 세계를 언급하는 것은 정서 경험에서 매우 중요하다.

이러한 이유 때문에 철학자들과 생리학자들은 좀 더 생리학적 경향성을 지닌 정서에 대한 느낌이론을 개발한다. 특히 그 가운데 하나가 윌리엄 제임스에 의해서 개발된다. 먼저 정서에 대한 생리학적 이론을 설명하고, 윌리엄 제임스의 정서이론에 대한 포괄적인 분석을 시도하고, 그 장점과 한계를 살펴볼 것이다.

2) 정서에 대한 생리학적 접근

정서는 넓게 두 가지 차원이 있다. 첫째는 인지와 평가의 측면이 혼합된 것이다. 예를 들어, 뱀이 있고, 뱀은 위협적이고, 뱀의 독에는 독성이 있다는 것이다. 이러한 측면은 정서의 '차가운' 측면으로 기술되는 반면, 본능적인 면은 '뜨거운' 측면으로 기술된다.

인간의 신경시스템은 중추신경계와 말초신경계라는 두 부분으로 이루어져 있다. 말초신경계는 체신경계와 자율신경계로 나뉜다. 체신경계는 정보를 받아들이고 전달하는 역할을 담당한다. 자율신경계의 활성화는 내장근육, 심장, 정맥, 동맥, 폐, 내분비선에서 볼 수 있다. 그리고 자율신경계는 교감신경계와 부교감신경계로 구분된다. 교감신경계의 활성화는 흥분, 시력을 높이기 위한 동공의 확장, 몸의 털이 곤두서는 것, 부신선의 분비, 간의 당 분비, 소화와 배설 기능의 억제, 내장 수축으로 나아간다. 일반적으로 교감신경은 '도피' 또는 '투쟁'이라는 위급한 반응을 다룬다. 부교감신경계는 그러한 각성을 완화하고 눈물이 나게 하거나 소화와 배설 기능을 증진한다. 예를 들어, 윌리엄 제임스는 정서적 경험의 특징은 내장의 자율신경계에 실제적인 영향을 주는 감각적 피드백에 달려 있다고 주장한다.

자율적인 변화의 중요성은 '화로 붉어지다.' '얼굴이 핼쑥하고 희다.' '가슴이 벌렁거린다.' '격노로 불타오르는'과 같이 일상적인 삶에서 사용되는 은유에서도 볼 수 있다. 또한 불필요한 당황 또는 동요의 정서와 연관된 생리적인 변화도 있다. 기쁨, 고요, 평온의 정서에서 부교감신경계가 활동한다는 경험적 증거가 있고, 명상 경험에서나 특정 형태의 음악을 들을 때 이러한 증거가 매우 잘 보인다.

다른 중요한 관점은 이러한 생리적 변화에 대한 주체의 자각이다. 예를 들어, 입이 마르거나 목구멍이 점점 죄는 것 같이 우리가 자각하는, 그리고 반드시 자각해야 하는 생리적인 변화들이 있다. 그리고 안구의 확장, 창백함과 같은 우리가 반드시 자각할 필요는 없는 변화들이 있다. 맥박수의 증가, 호흡 수의 증가, 홍조, 땀, 근육의 긴장, 위장의 운동성 증가와 같이 맥락에 따라서 자각할 수도 있고, 자각하지 않을 수도 있는 변화들도 있다.[9] 일반적으로 우리는 생리적인 변화를 정서 경험의 중요한 부분으로 본다. '특정 유형의 자율신경계 활동이 다른 정서들과 연관되는지 아닌지'에 관한 질문에 대해서는 상당한 논쟁이 있다. 얼굴과 몸이 정서 경험과 연결되어 있다는 것은 실험적 연구에 의한 사실이며, 표정에 관한 에크만(Ekman)의 연구는 정서의 이러한 측면을 입증한다. 또는 범문화적인 차원에서 나타나는 기본정서라고 불리는 것도 입증한다.[10] 그러나 더 밀접한 연관까지는 아직 입증하지 못하고 있다.

---

9) William Lyons(1980). p. 117.

10) Paul Ekman(2003).

3) 정서에 대한 제임스-랑게 이론

윌리엄 제임스는 정서에서 생리학의 역할로 주의를 돌리게 한 심리학자 가운데 한 명이다. 제임스는 '정서는 신체적인 변화에 대한 피드백'이라고 좀 더 구체적인 이론에서 주장하며,[11] 덴마크의 심리학자인 랑게(Carl Lange)와 견해를 공유하였다. 제임스에 의하면 어떤 자극상황은 구체적인 신체 반응을 야기한다. 예를 들어, 심장이 쿵쿵거린다거나 내장이 반응하는 것이다. 이러한 생리적인 과정에 대한 지각이 정서이다.

> 상식적으로 우리는 '운이 다했다' '유감이다' '운다'고 말한다. 우리는 곰을 만나면 놀라서 도망친다. 우리는 경쟁자에 의해서 모욕을 당하면 화를 내고 한 대를 친다. 여기서 옹호되는 가설은 이러한 순서는 옳지 않다는 것을 말한다. … 좀 더 합리적으로 언급하자면 우리는 우리가 울기 때문에 유감스럽게 느끼고 … 우리가 때리기 때문에 화가 나고, 우리가 떨기 때문에 두렵다는 것이다.[12]

따라서 제임스에게 정서의 느낌은 신체적인 변화의 효과이지 원인이 아니다. 물론 우리는 이 이론을 좀 더 이해하기 위해서 몇 가지 예를 생각해 볼 수 있다. 당신이 긴 계단을 걸어서 내려가다가 갑자기 발을 헛디뎠지만, 공포를 인식하기 이전에 손잡이를 즉각 잡았다고 생각해 보자. 당신은 첫 번째 감각, 즉 심장의 쿵쾅거림, 빠른 호흡, 손 떨림을 느낄 것이다. 정서에 대한 일반이론으로서 제임스-랑게 이론은 많은 비판을 받는다. 그러나 오랫동안 이 이론은 불사조처럼 다시 등장하고 있다. 실은 현대에도 이 이론은 신체적 표지(somatic maker) 이론을

---

11) William James(1984). "What is An Emotion?", In Calhoun & R. Solomon (Eds.), *What Is an Emotion? Classic Readings In Philosophical Psychology*, Oxford: Oxford University Press, p. 128.

12) William James(1984). p. 128.

제시하는 다마시오(Antonio Damasio)나[13] '본능적 반응'(gut reaction)이란 용어로 정서를 기술하는 철학자 프린츠(Jesse Prinz)에[14] 의해서 다른 형태로 다시 등장하고 있다.

제임스의 지대한 공헌 가운데 하나는 생리적인 각성이 정서에서, 특히 기본정서에서 중요한 요소라는 점을 강조했다는 것이다.

> 나는 지금 나의 전체 이론의 요점을 언급하려고 한다. 만약 우리가 어떤 강한 정서를 좋아해서 우리의 의식에서 그 특징적인 신체적 증상의 모든 느낌을 추출하고자한다면, 우리는 우리에게 남는 것이 아무것도 없다는 것을 발견할 것이다. 정서가 구성될 수 있는 '마음의 재료(mind stuff)'는 없고, 지적인 지각의 차갑고 중립적인 상태만이 남아 있을 것이다.[15]

신체적 증상을 경험하는 것이 우리의 의식에 정서적 특성을 부여한다는 것이 이 언급에서 분명하게 드러난다. 인지적 이론과 생리적 이론 둘 다를 정당하게 주장하는 라이언스(William Lyons)는 예외이지만, 인지적 전통에서 정서를 연구하는 많은 철학자는 이 점을 무시해 왔다.[16]

4) 정서에 대한 제임스의 이론에 대한 비판

정서에 대한 제임스의 이론에 대해서 많은 비판이 제기되었다.

1. 제임스의 삶과 업적에 관한 뛰어난 연구를 저술한 마이어스(Gerald Myers)

---

13) Antonio Damasio(1994).
14) Jesse J. Prinz(2004). *Gut Reactions: A Perceptual Theory of Emotions*, Oxford: Oxford University Press.
15) William James(1984). p. 131.
16) William Lyons(1980).

는 다음과 같이 관찰한다. "만약 제임스가 정서와 느낌 사이의 관계를 좀 더 분명하게 다루었다면, 제임스-랑게 이론을 정교화하고 형식화하는 데서 불행한 결론을 피할 수 있었을 것이다."[17] 비슷한 비판이 베넷(Benett)과 해커(Hacker)에 의해서도 제기되었다. 그들에 따르면 가끔 생기는 정서적 동요로서의 정서와 오랜 기간 지속되는 정서적 태도로서의 정서를 구분할 필요가 있다. 중요한 점은 개인의 판단은 순간의 괴로움과 동요에 의해서뿐만 아니라 오래 지속되는 분개와 질투에 의해서도 흐려질 수 있다는 것이다. 특히 불교적 맥락에서 이러한 경향성의 차원은 가끔 생기는 순간적인 반응만큼 중요하다. 그들은 또한 동기의 지속적 패턴은 지금 막 발생하고 있는 정서와 느낌과 복합적인 관계를 맺는다고 덧붙인다.[18]

2. 개별 정서와 구체적인 신체적 느낌의 연관은 제임스가 풀지 못한 신비이다. 비록 에크만의 기본정서라는 개념이 어떤 맥락에서는 유용할지라도, 단일한 원형적 유형의 정서는 없다. 그러나 희망, 회환, 죄책감, 자만, 연민, 감사와 같은 정서는 개념적으로 복합적이고, 제2부에서 다룰 정서의 모습에 대한 논의를 통해 이러한 개념적 특징을 보여 줄 것이다. 실은 에크만의 '싫어함'에 대한 분석은 불교의 개념적 영역 안에서의 '싫어함'을 완전하게 설명하지 못할 수 있다. 그러나 기본정서에 대한 에크만의 분석은 상담 장면에서 유용하다는 것을 언급할 수 있다.

3. 무엇보다 정서는 의도, 행위자, 선택과 연관되어 있다는 점을 심리학자 에이브릴(James Averill), 철학자 솔로몬(Robert Solomon)은 강조한다.[19] 다른 맥락에서 제임스는 성격의 중요성과 의지의 중요성을 인정한다. 비록 그의 정서이론에는 의도의 중요성에 대한 여지가 없기는 하지만 말이다. "방황

---

17) Gerald E. Myers(1987). *William James, His Life and Thought*, New Haven, CT: Yale University Press, p. 240.

18) Max R. Benett, & Peter M. S. Hacker(2003). *Philosophical Foundations of Neuroscience*, Oxford: Blackwell.

19) Robert C. Solomon(2004a). pp. 198-200.

하는 주의를 자꾸자꾸 자발적으로 가져오는 능력은 판단, 성격, 의지의 바로 그 근본이다."[20] 이 언급은 마음챙김에 기반한 스트레스 감소 프로그램(MBSR)의 선구자인 카밧진(Jon Kabat-Zinn)이 대단히 감탄하면서 인용한 구절이다.[21] 그리고 불교명상의 윤리에 관한 나의 저술에서 제임스의 정서이론에 대한 일종의 불협화음을 바로잡고 있다.

4. 제임스가 정서의 인지적 차원을 무시한 것은 또 다른 약점이다.
5. 제임스와 그의 모순적인 주장을 이해하는 단서는 '정서의 정서적인 성질은 생리학에서 기인한다.'는 입장에서 '우리의 정서는 정서의 신체적인 증상에 의해서 야기된다.'는 입장으로 논리를 전개하는 과정이 적합하지 않게 보인다는 것이다.

5) 정서에서 동기적 요소

욕망이라는 주제는 행위와 정서에 대한 현대적 이론에서 논쟁의 중심에 놓여 있다. 그러나 관심의 폭이 넓다는 것은 욕망 자체의 개념에 대한 검토가 피상적이라는 것과 부합한다. 실로, 마음의 본성과 심리적인 태도에 대한 최근의 철학적 논의는 지향성이라는 패러다임에 대해서는 믿음을 보여 주는 반면, 욕망에 대해서는 무시를 보여 준다.

마크스(Joel Marks)는 욕구는 '지향적'이지만, 다른 방식에서는 흥미롭게도 믿음이 '지향적'이라고 관찰한다. 이 맥락에서 '지향적'이라는 용어는 마치 활을 떠난 화살처럼 '어디로 향하는'으로 설명할 수 있을 것이다. 마크스는 정서 연구에서 인지주의에 사로잡히는 것은 정서에서 욕망의 역할을 무시하는 것이라고 말

---

20) William James(1890, 1918, 1950). *The Principles of Psychology*, New York: Dover Publications, p. 424.
21) Jon Kabbat-Zinn(2005). *Coming To Our Senses*, New York: Piatkus, p. 115.

한다. 정서 연구의 역사에서 아리스토텔레스[22]와 스피노자[23]는 욕망과 정서 사이의 연관을 인식하였고, 이 연관은 불교심리학에서도 중요한 역할을 한다. 아리스토텔레스가 인식한 마음의 이 '욕망적' 측면은 불교에서 말하는 탐욕(lobha)의 본성과 유사하다. 탐욕 또는 불교에서 로바(lobha)라고 부르는 것은 다양한 형태의 '중독'의 뿌리이면서, 또한 질투와 간탐(abhijjhā, 慳貪)과 같은 많은 부정적인 정서를 키운다.

최근 케니(Anthony Kenny)는 욕망과 정서의 연관에 대해서 분명하게 제시한다.

> 정서와 행위 사이의 연결은 욕망에 의해서 만들어진다. 그 정서가 개인에게 하게끔 하는 것에 차이가 나기 때문에 어떤 정서는 다른 정서와 차이가 난다. 공포는 공포스러운 것을 피하거나 벗어나려는 바람을 포함한다. 분노는 그 대상을 벌하거나 복수하려는 욕망과 연결되어 있다. 사랑은 사랑스러운 것을 쓰다듬거나 어루만지고 싶은 욕망과 연결되어 있다. 부끄러움은 감추고 싶은 욕망과 연결되어 있고 … 이러한 연결은 우연적이지 않다. 이를 자각하지 못한 사람은 바로 그 정서에 대한 개념을 갖추지 못한 것이다.[24]

라이언스(William Lyons)는 또한 정서에서 '욕망'이 중요한 역할을 한다는 것을 받아들인다.

> 전부는 아니더라도 대부분의 정서는 현재 일어나고 있는 정서의 한 부분으로 욕망을 포함한다. 어떤 정서에서는 이러한 욕구적 측면이 매우 중요한 부분이 된다. 어떻게 정서가 동기로 인용될 수 있는지, 어떻게 행위가 정서의 본성을 드러내는지를

22) Aristotle(384~322 BCE) (1984). In Calhoun & Solomon (Eds.), *What is An Emotion? Classic Readings in Philosophical Psychology*, Oxford: Oxford University Press, pp. 42-52.

23) Spinoza (1632~1677) (1984). In Calhoun & Solomon (Eds.), *What is An Emotion? Classic Readings in Philosophical Psychology*, Oxford: Oxford University Press, pp. 71-92.

24) Anthony Kenny(1963). *Action, Emotion and Will*. London: Routledge and Kegan Paul, p. 11.

설명하는 것은 바로 이 측면 때문이다. 정서의 평가적 측면에 의해서 발생하는 욕망은 정서와 연관된 원인이기 때문이다. 욕구적 측면은 평가적 측면과 섞여 있음에도 불구하고, 이론적 차원에서는 구분할 수 있다.[25]

6) 인지적 지향

아리스토텔레스 때부터 정서의 인지이론으로 불릴 수 있는 것이 있었다. 존경하는 사람 앞에서 다른 사람에게 모욕을 당하는 것을 나쁜 행위로 인지하는 것은 분노의 인지적 요소를 보여 준다. 아리스토텔레스가 그 자신의 방식으로 "피가 끓는다."라고 기술한 것은 정서의 생리적인 구성요소를 보여 준다. 복수의 욕망은 욕구적 또는 욕망지향적인 정서 요소일 것이다. 아리스토텔레스는 어떤 언급을 모욕으로 인지하는 순수한 인지적 측면과 그것을 위협으로 평가하는 측면을 미세하게 구분하지 않는다. 라이언스는 인지이론을 '사고의 어떤 측면, 일반적으로 믿음을 정서 개념의 핵심으로 하는 것'이라고 정의한다.[26] 이러한 사고패턴은 우리가 정서를 구분하도록 돕는다. 이것은 이 이론이 다른 이론들보다 눈에 띄는 중요한 특징 가운데 하나이다. 우리는 또한 뱀을 보는 것과 같은 정서의 사실적 요소와 그것이 생명에 위험이 될 수 있다는 정서의 평가적 요소를 구별할 필요가 있다. 정서에 대한 많은 인지이론 가운데 정서는 '판단'이라는 솔로몬(Robert Solomon)의 이론은 가장 초창기의 이론이었다. 정서를 판단과 반응 사이의 논리적인 결과로 설명하려는 시도들도 있었다. 다른 이론들은 정서는 삶에 보다 밀접한 약한 인지이론을 함축한다는 것을 채택하고 있다.

사실, 칼혼(Cheshire Calhoun)은 우리 믿음의 작은 부분만이 의식적으로 표현되고, 많은 부분은 세계를 해석하는 인지적 틀이 정교화되지 않은 '어두운 인지

---

25) William Lyons(1980). p. 209.
26) William Lyons(1980). p. 33.

적 영역'이라고 말한다.[27] 칼혼은 우리가 세계를 잘못 해석하는 '병'을 가지고 있다고 통찰력 있게 관찰한다. 이는 잘못된 착각의 방식으로 세계를 보는 어리석음(moha, 痴)이라는 불교적 개념과 유사한 코드이다. 이 점은 정서에 관한 불교적 관점에 대한 장에서 자세히 다룰 것이다.

7) 정서에 관한 인지이론에 대한 비판

비판의 일반적인 초점은 정서의 인지이론이 다양할지라도, 정서에서 생리학과 욕망의 역할과 같은 정서의 중요한 측면을 무시한다는 것이다. 예를 들어, 마크스(Joel Marks)는 "나는 나의 적수를 '인지주의자'라고 부를 것이다. 왜냐하면 그들은 행위를 설명하는데 욕망보다 믿음을 우선시하기 때문이다."[28]라고 한다. 생리적 요소를 무시하거나[29] 느낌을 무시하는 것에[30] 대해서도 유사한 비판을 한다. 그러나 라이언스처럼 인지적 요소를 정서의 다른 요소들과 통합하는 균형잡힌 설명도 있다. 인지이론의 가장 중요한 선구자인 솔로몬은 또한 정서에 대한 보다 더 넓은 개념을 수용한다. 그가 갑작스럽게 죽기 이전에 느낌에 대한 영미전통의 연구를 모아 출판한 편찬서는 정서연구의 역사에서 이정표가 되었다.[31] 정서에 관한 아시아의 연구에 대한 그의 관심에 감사하면서 나는 솔로몬을 기념하는 잡지의 특별호와[32] 저서에[33] 이 주제에 관한 불교적 관점에 대한 논문

---

27) Calhoun(1984). "Cognitive Emotions", In R. C. Solomon (Ed.), *What Is An Emotion? Classic and Contermporary Readings*, Oxford: Oxford University Press. p. 338.

28) Joel Marks(1986). *The ways of Desire*, Chicago: Precedent. p. 133.

29) William Lyons(1980).

30) Robert Kraut(1986). "Feelings in Context", *Journal of philosophy*, 83, p. 642-652.

31) Robert C. Solomon(2004b). *Thinking About Feeling: Contemporary Philosophers on Emotions*, Oxford: Oxford University Press.

32) Padmasiri de Silva(2011e). "Thinking and Feeling: A Buddhist Perspective", *Sophia*, Vol.50, Number 2, pp. 253-263. A special issue on Robert C. Solomon and the Spiritual Passions.

33) Padmasiri de Silva(2012b). "The Lost Art of Sadness", In Kathleen Higgins and David Sherman (Eds.), *Passion, Death and Spirituality: The Philosophy of Robert C. Solomon*, New York: Springer.

을 기고하였다. 게다가 지금 이 책의 생각과 느낌에 관한 장에서 이 주제를 다루고 있다.

> 정서에서 신체와 자연의 역할, 신체적 느낌의 역할에 대해서 내가 지속적으로 관심을 기울이도록 한 것은 나의 판단이론이 너무 뻔한 것이 아닌가 하는 염려와 느낌이론에 대한 대안을 찾는 데 있어서 다른 방향으로 너무 멀리 간 것은 아닌가 하는 염려 때문이다. 나는 지금 정서에서 신체적 느낌(단지 감각이 아니라)을 설명하는 것은 이차적인 관심이 아니고, 정서 경험에서 신체의 핵심적 역할을 평가하는 것과 연결되어 있다는 것을 인정하는 것이다.[34]

　정서에 대한 인지이론과 생리이론의 갈등에 대한 불교적 관점은 두 이론이 갈등하는 이론들이라기보다는 대조적인 관점을 가진 이론이라는 것이다. (이 책의 제10장을 보라.)
　칼혼은 정서에 대해서 관성가설의 개념을 언급한다. 관성가설에 의하면, 어떤 이는 인지적 증거가 반대일지라도 정서에 집착한다. 칼혼은 인지주의자가 '믿음을 이해할 수 있는 근거가 부족한 원초적인 정서를 부정'할지라도 정서의 관성현상은 관찰할 수 있다고 말한다. 종종 언급되듯이, 거미가 해를 끼치지 않는다는 것을 알지라도 '거미에 대한 공포'는 훨씬 깊은 것이다. 사실, 칼혼은 잠재적인 차원에서 '병'처럼 기능하는 '어두운 인지 영역'을 언급한다. 우연히 불교심리학에도 유사한 것이 있다. 그것은 사실로부터 이끌어 낸 논리적 함축과 정서의 인지이론에서 제시된 함축을 넘어서서 작용한다.[35]

---

34) Robert C. Solomon(2004a). p. 85.
35) Cheshire Calhoun(1984). p. 333.

3. 불교의 마음에 대한 구조

마음을 세 부분으로 제시하는 그리스 철학자 아리스토텔레스처럼 불교의 마음에 대한 구조는 다음과 같이 기술될 수 있을 것이다. 마음의 인지적 차원을 대표하는 지각(saññā, 想), 인식(viññāṇa, 識), 마음의 정동적 차원을 대표하는 느낌(vedanā, 受), 마음의 의욕 또는 의도적 행위(saṅkhāra, 行)가 있다. 네 가지 마음의 요소와 신체적 요소는 지각(saññā), 인식(viññāṇa), 느낌(vedanā), 의도적 행위(saṅkhāra), 몸(rūpa)이다.

비록 마음에 대한 전통적인 언급이 유용할지라도, 그것에 절대적으로 의지할 필요는 없다. 네 가지 마음의 요소와 몸은 모든 의식의 상태에서 세부적인 차원으로 제시할 수 있다. 불교심리학의 결정적인 초점은 몸과 마음의 상호적인 관계이다. 불교심리학은 데카르트적 이원론 또는 마음을 물질로 환원하거나 물질을 마음으로 환원하는 환원론을 거부하기 때문이다. 불교는 정서에 대해서 환원론적 관점을 거부하고 전체론적 관점을 취한다. 제9장에서는 몸과 마음의 관계의 측면에서, 제10장에서는 정서에 대한 전체론적 관점에서 이 주제를 좀 더 자세히 다룰 것이다. 다섯 가지 요소[五蘊] 전부는 서로 분리할 수 없을 정도로 연관되어 있고, 몸과 마음은 인과적 요소가 상호작용적으로 연관되어 있는 역동적 연속체로 보인다.

'의존적 발생[緣起]'으로 기술할 수 있는 인과성은 다양한 심리적 요소들이 발생하는 것에 더 많은 통찰을 준다. 예를 들어, 감각적 접촉[觸]을 조건으로 느낌[受]이, 느낌을 조건으로 갈애[愛]가, 갈애를 조건으로 집착[取]이 발생한다. 따라서 다섯 가지 요소[五蘊]의 측면에서 심신의 '구조적 관점'과 함께 감각, 느낌, 욕망, 의지와 성향의 상호작용이라는 '역동적 관점'이 있다. 이러한 도식하에서 '왜 프레드가 성질을 부렸지?'와 같은 구체적인 예를 살펴볼 수 있다. 그의 아버지는 대학에서 공부하는 것보다 스포츠에 더 많은 시간을 쓰는 것을 못마땅해했

고, 그의 선생님은 그의 에세이에 좋은 점수를 주지 않았고 등이다. 욕망과 반응
(분노)이 균형 잡히지 않는 것과 에고가 강한 것은 이러한 종류의 탐구에서 발생
하는 특징이다. 따라서 불교심리학은 실천적 주제에 적용할 수 있는 풍부한 가
능성을 제공하고, 불교상담에서는 사례와 사례연구를 통해서 이러한 특징을 자
세히 밝힌다. 분노와 반응에 문제를 가진 사람, 남에게 관심이 없는 사람, 남들의
성취를 부러워하는 사람, 깊은 편견을 가진 사람, 예상치 못한 재난에 슬퍼하는
사람의 마음을 붓다가 어떻게 열었는지, 그리고 이들이 이러한 주제를 건강하게
다루는 방식을 보여 주는 수많은 예가 있다. 이러한 많은 예를 붓다의 대화에서
찾을 수 있다. 현재의 작업은 그러한 통찰의 이면에 깊이 구조화되어 있는 심리
를 발견하고 설명하는 것이다.

　다른 중요한 관점으로 마음에 대한 불교의 개념은 잠재적 차원의 마음의 활동
을 분석하는 것을 통해서 보완할 수 있다. 문턱의식(threshold consciousness)은 여
섯 가지 감각의 문을 통해 들어오는, 예를 들어 보고, 듣고, 냄새 맡고, 맛보고, 접
촉하는 자극에 열려 있고, 마음의 문을 통해 들어오는 기억을 포함하는 개념적이
고 관념적인 활동에 열려 있다. 감각을 제어하는 능력은 감각자극이 침투하는 것
에 의해 사람이 영향을 받지 않도록 돕지만, 마음은 잠재적으로 억압되기 쉽다.
『불교심리학과 프로이트심리학』 1992년판에서[36] 나는 프로이트의 이론과 사례
연구의 영향하에 불교의 무의식개념을 발전시켰다. 그러나 최근에 나는 불교와
프로이트 사이에 차이가 있다는 것을 알게 되었다. 불교는 프로이트가 묘사한 것
처럼 트라우마적인 무의식을 받아들이기는 하지만, 내가 '잠재의식'이라고 말하
는, 우리의 일상의식에 가까이 있는 더 중요한 활동층이 불교의 주요 관심사이
다. 이 견해는 2010년판에서 발전시키고 있다.[37] 쉽게 접근할 수 없는 정신의 트
라우마층을 '발굴하는' 고고학적 비유에서 일상적인 삶에 가까운 문턱의식의 사
고와 정서를 '여는' 비유로 옮겨 간다. 프로이트의 정신역동적 견해와는 다른 최

36) Padmasiri de Silva(1992b).
37) Padmasiri de Silva(2010a). xxxi-xxxv.

근의 마음챙김에 기반한 인지치료는 순간순간의 생각의 흐름에 초점을 맞춘다. 이것은 기계적으로 반응하는 자동화과정으로 기술된다. 나뭇가지를 밟고 뱀이라고 생각하여 도망간 예에서 이미 언급한 바 있는 르두(Joseph Ledoux)의 새로운 신경과학 연구는 어떻게 우리의 정상적인 합리적 인식이 충동적 행위의 선동자인 편도체에 의해서 장악되는지를 설명한다. 불교적 맥락에서 공포 또는 분노의 그러한 경향성은 빨리어 '아누사야(anusaya)'라는 휴면 중인 잠재적 경향성을 흥분시키는 것으로 설명할 수 있다. 이러한 휴면 또는 잠복하는 경향성은 진흙과 먼지가 쌓여서 막힌 채로 방치된 배수관으로 비유할 수 있다. 정기적인 마음챙김 수행과 알아차림을 계발하는 것은 이러한 '잠자고 있는 격정'과 친숙해지도록 우리를 도울 수 있다. 이러한 휴면의 차원 또는 단계를 불교는 '잠재적 경향성의 차원(anusaya-bhūmi)'이라고 분석한다. 잠자고 있는 격정은 또한 '사고과정의 차원(pariyuṭṭhāna-bhūmi)'이라는 우리의 사고와 사고유형의 차원에 있거나, 격렬하여 주체할 수 없게 되는 '충동적 행위의 차원(vītikkama-bhūmi)'으로 나아가게 된다.

1) 고고학적 비유

고고학적 비유는 프로이트가 선호하는 비유 가운데 하나이다. 내 것으로 취하지 않은 의도가 의식에 드러나면, 그러한 의도에 대해서 책임질 수 있을 것이다. 그리고 그러한 움직임에서 우리는 그러한 의도의 지배로부터 자유로워질 것이다.[38]

2) 여는 비유

그러나 불교에서는 최근의 정신분석과 다른 모델, 즉 발굴하는 모델보다는 여

---

38) Keith Oatley(2004). p. 53.

는 모델이 등장한다. 이러한 차이의 근원에는 무의식을 바라보는 다른 관점이 놓여 있다.[39]

이러한 두 가지 대조적인 비유는 프로이트의 무의식 대신 잠재의식에 대한 새로운 관점을 제공한다. 엡스타인(Mark Epstein)은 '열다'라는 시각적인 비유의 핵심을 파악하는 아름다운 티벳 이야기를 인용한다. 높은 수준의 명상 수행을 한 마니바드라(Manibhadrā)라고 불리는 여성은 물을 마을에서 그녀의 집으로 옮기고 있었다. 하루는 물항아리를 떨어뜨렸고, 물은 바닥에 쏟아졌다. 깨진 물항아리는 명상의 강력한 모델이 되었고, 그녀는 갑자기 열반에 이르렀다.[40] 이때의 경험은 물항아리가 떨어져 산산조각 나는 경험이었다.

4. 불교와 정서이론

앞에서 서구의 정서이론을 검토하였는데, 이것은 정서에 대한 불교적 관점의 위치를 정하는 데 도움이 될 것이다. 정서에 대한 전체적인 용어가 없다는 것은 이상하게 보이겠지만 이것은 티벳불교 전통에서도 사실이고, 달라이 라마와 리카드 마티외(Ricard Matthieu) 사이의 대화에서 논의된 쟁점이기도 하다.[41]

영어의 '정서'로 번역할 수 있는 티벳어는 없다. 번뇌(kleśa) 또는 괴로움과 같은 부정적 정서 범주를 말한다면 분명히 여섯 가지 정서가 있기는 하지만, 그것도 영어의 정서(emotion)를 정확하게 표현하는 것은 아니다. 여섯 가지 두드러진 부정적 정서는 무지, 분노, 자만, 잘못된 견해, 회의 또는 의심이다.

무지를 정서로 보는 것은 그것이 둔함이나 불명료함을 내포하기 때문에 약간 문제가 있다고 달라이 라마는 생각한 것이다. 초기불교의 빨리어 경전에서 탐

39) Mark Epstein(2007). p. 5.
40) Mark Epstein(2007). p. 6.
41) Daniel Goleman (Ed.) (2003). p. 75.

욕(lobha, 貪)은 중독과 애착의 기초가 된다. 증오(dosa, 瞋)는 혐오와 반발, 그리고 어리석음(moha, 痴)은 망상과 자아에 대한 착각의 기초가 된다. 골먼(Daniel Goleman)은 이 개념을 다음과 같이 설명한다.

> 우리 안에서, 그리고 우리 사이에서 역동적으로 흐르고 있는 정보는 인간의 특별한 병을 가리킨다. 불안을 회피하기 위하여 우리는 알아차림이라는 중요한 부분을 차단하고 맹점을 만들어 낸다. 이는 자기기만과 망상 둘 다에 적용된다.[42]

정서에 대한 불교의 분석은 기본적으로 빨리어 '웨다나'(vedanā), 즉 느낌을 정서적 차원 전체의 토대로 생각한다. 이러한 느낌은 즐거울 수도, 괴로울 수도, 즐겁거나 괴롭지 않을 수도, 즉 중립적일 수도 있다.

> 불교심리학에서 '느낌'은 즐거운 느낌, 괴로운 느낌, 중립적인 느낌이라는 것을 분명하게 해야 한다. 정서는 기본적인 느낌에서 나오기는 하지만, 느낌의 다양한 정도의 좋음과 싫음 그리고 다른 사고과정이 더해진 정서와 기본적인 느낌을 혼동해서는 안 된다.[43]

불교심리학에서 정서는 오온의 인과관계로 생기는 상호작용하는 복합체나 구조물로 생각할 수 있다. 따라서 이 관계망 안에서 분노, 두려움, 슬픔 등을 일으키는 다양한 느낌, 신체적 감각, 욕망, 신념을 구별할 수 있다. 티벳불교와 초기불교는 전통의 차이가 있음에도 불구하고, 두 전통 모두 부정적인 정서가 괴로움을 일으키는 것으로 생각하며, 그것을 번뇌라고 한다. '의지적 활동'으로 번역되는 상카라(saṅkhara, 行) 개념은 도덕적 판단의 문제에서 매우 중요한 역할을

---

42) Daniel Goleman(1997). *Vital Lies, Simple Truths: The Psychology of Self-deception*, London: Bloomsbury, p. 237.
43) Mahathero Nyanaponika(1983). p. 7.

하는 의도와 의무 개념을 제시한다. 부정적 정서는 '자아'에 뿌리를 두고 있는 인지왜곡에 의하여 증장되고, 탐욕과 반발 또는 분노라는 뿌리에 의하여 증장된다. 자아가 있다는 잘못된 견해와 연관된 자만, 자부와 같은 정서는 제20장에서 논의할 것이다.

1) 느낌

느낌은 감각기관[根], 대상[境], 의식[識]의 세 가지 요소들이 만날 때 생겨난다. 이 상호작용은 빨리어 '팟사(phassa)'로 '접촉'을 의미한다. 그것은 다섯 가지 신체 감각기관과 마음에 의해서 조건화되며, 여섯 종류로 되어 있다. 연기법에 의하면[44] 접촉[觸]은 느낌[受]의 조건이 되고, 느낌은 갈애[愛]의 조건이 된다. 만일 적절하게 이해하지 않고 다루면, 즐거운 느낌은 욕망, 탐욕, 탐닉으로 변할 것이다. 괴로운 느낌을 적절하게 이해하지 않고 다루면 분노, 파괴적 형태의 두려움, 우울로 변할 것이다. 중립적 느낌을 적절하게 이해하지 않고 다루면 지루함으로 바뀔 것이다. 즐거운 느낌은 결과적으로 즐거운 대상에 집착하게 하여 탐욕을 향한 잠재적 경향성(rāgānusaya)을 유발할 수 있다. 괴로운 느낌은 잠재적 분노와 증오(paṭighānusaya)를 유발할 수 있다. 자아에 집착하는 망상은 무지와 자만심을 향한 잠재적 경향성(diṭṭhānusaya)을 유발할 것이다.

느낌은 유익할 수도 있고, 해로울 수도 있는 더 복잡한 생각과 행동으로 나아가는 통로이기 때문에 불교의 마음챙김 수행에서 느낌에 대한 마음챙김 수행은 중요한 위치를 차지한다.

> 따라서 이것은 괴로움의 조건적 발생, 즉 연기에서 결정적인 지점이다. 이 지점에서 느낌은 다양한 유형의 괴로운 정서를 일으킬 수도 있고, 이 지점에서 그 어리석

---

44) 연기에 대한 상세한 설명은 제21장 뒤에 있는 '독자를 위한 가이드'를 참조할 수 있다.

은 연속을 끊을 수도 있기 때문이다. 만일 감각인상이 들어오면 느낌의 단계에서 멈추고, 느낌을 현상의 첫 번째 단계로서 순수한 주의집중의 대상으로 만들 수 있다. 그러면 느낌은 갈애를 유발할 수 없을 것이다. 그것은 '즐거운' '괴로운' '중립적인'이라는 기본적인 상태에서 멈출 것이다.[45]

순수한 주의집중 수행을 통하여 느낌이 부정적인 정서로 나아가는 것을 매우 각성된 상태에서 볼 수 있다. 불교인식론과 불교심리학 모두에서 매우 중요한 점은 느낌과 같은 개념은 종합적 과정의 부분으로, 단지 추상작용과 분석에 의해서만 느낌을 다른 종류의 지각이라고 구분할 뿐이라는 것이다. 그러나 명상 수행에서는 알아차리고 명명함으로써 일차대상에 대한 의식적 알아차림을 계속 유지하게 된다. 그러면 의식의 흐름에서 일어나는 변화를 구별할 수 있다. 그래서 명상 수행에서 속도를 늦추는 과정은 순수한 형태로 느낌에 초점을 맞추도록 돕는다. 비록 어떤 의미에서는 감각적 의식[識]과 느낌[受]과 지각[想]을 분리할 수 없지만,[46] 수행자는 그 세 가지의 연기적 발생의 흐름을 이해하게 된다. 눈[眼]과 물질적 형태[色] 때문에 시각적 의식[眼識]이 일어나고, 세 가지가 만나면 감각적 접촉[觸]이 생기고, 감각적 접촉은 느낌[受]을 일으킨다.[47]

붓다의 지혜의 특징은 이 구별을 너무 경직되게 해서 형이상학적 주제에 사로잡히는 것이 아니라, 그것을 맥락 안에서 사용한다는 것이다. 각각의 맥락은 붓다가 실용주의와 수행을 중요시한 것에서 볼 수 있다. 느낌이 정확히 몇 가지인지에 대하여 수행자들이 논쟁을 펼칠 때 붓다가 개입했던 방식에서 이 점을 잘 볼 수 있다. 붓다는 느낌을 분석하는 하나의 방법으로 두 가지, 즉 신체적 느낌과 정신적 느낌이 있다고 말한다. 다른 방법으로는 즐거운 느낌, 괴로운 느낌, 중립적인 느낌이라는 세 가지 느낌, 즐거움, 고통, 기쁨, 불만족, 평정심이라는 다

---

45) Thera Nyanaponika(1975). p. 69.
46) MN. Ⅰ. 293.
47) MN. Ⅰ. 111.

섯 가지 느낌, 또 다른 방법으로는 다섯 가지 감각기관과 마음에 관련된 여섯 가지 느낌, 기쁨을 동반한 여섯 가지 느낌과 불만족을 동반한 여섯 가지 느낌과 평정심을 동반한 여섯 가지 느낌이라는 18가지 느낌, 또는 36가지 느낌, 즉 가정생활의 여섯 가지 기쁨, 출가에 기초한 여섯 가지 기쁨, 가정생활의 여섯 가지 불만족, 출가의 여섯 가지 불만족, 가정생활에서 평정심에 수반되는 여섯 가지 느낌, 출가에서 평정심에 기초한 여섯 가지 느낌, 또는 108가지 느낌, 즉 이 36가지 느낌을 과거, 미래, 현재로 나눈 것이다.[48]

하나의 관점에서 보면 이러한 구별은 중요하지만, 또 다른 관점에서 보면 그것은 적절한 맥락에서 사용할 수 있는 단순한 '명칭'일 뿐이다. 이런 방식으로 붓다는 불교 수행에 구별과 실용주의를 도입한다.

아라한(arahant)은 일반인(puthujjana)에게서 발견되는 애착-반발 과정을 넘어선 세련된 감수성을 가진 사람으로 묘사할 수 있다. 인지과정에서 거친 측면은 제거된다. 감각적 접촉(phassa)과 관련하여 아라한의 지위는 접촉의 소멸(phassa-nirodha)로 설명할 수 있다. '니로다(nirodha)'는 '소멸'을 의미한다. 이것은 아라한이 감각 경험을 할지라도, 어떤 것을 '나의 것'으로 여기는 '주관성'에 의하여 지배받지 않는다는 의미이다.[49] 아라한이 '접촉'에 의하여 지배받지 않는다고 말할 때, 그것은 아라한이 들을 수 없거나, 볼 수 없거나, 냄새 맡을 수 없는 사람이라는 의미가 아니다. 만일 그렇다면 맹인이나 농아가 더 완전해질 것이다. 아라한은 보다 세련되고 민감한 사람을 의미한다. 열반을 묘사할 때 완전히 고요하고 자유롭다고 말한다. 보고, 듣고, 냄새 맡고, 맛보고, 만지는 것은 일반인들이 보통 '바라기도 하고, 싫어하기도 하는' 것이지만, 아라한은 방해받지 않는다. 그런 사람은 바람이 불어도 움직이지 않는 커다란 바위와 같다고 말한다.[50]

대나무 조각이 붓다를 상처나게 했을 때처럼, 아라한도 고통스러운 감정을

48) SN. II. 232-233.
49) Thera Nyanavira(1987). *Clearing the Path*, Colombo: Path Press, p. 9.
50) AN. III. 377.

경험할 것이다. 그러나 그는 심리적 반응 없이 물리적 영향만을 경험한다. 범부
는 신체적·정신적 화살 모두에 영향을 받지만 아라한은 신체적인 화살만 맞는
다.[51] 불교에서 집착에서 벗어나는 것은 정서를 파괴하는 것과 동일한 것이 아니
다. 그와는 반대로 풍부하고 온전한 정서를 느낄 수 있다.

2) 욕망과 갈애

앞에서 분명하게 말했듯이, 서양 전통에서 정서의 동기이론 가운데 어떤 것은
느낌과 욕망 또는 욕망과 정서가 밀접하게 관련되어 있다고 본다. 그러나 최근
서양의 정서 연구는 인지적 요소에 지나치게 초점을 맞추는 것은 상대적으로 욕
망을 무시한다고 한다. 마크스(Joel Marks)는 욕망은 지향적이지만 믿음과 다른
것이 흥미롭다고 말한다.[52] 이러한 점들 때문에 정서가 발생하는 데 욕망과 갈
애가 어떤 역할을 하는지에 대해서 불교적으로 분석하는 것이 현재의 주제가 된
다. 사실 불교적 분석에서 정서가 도덕적 비판을 받는 것 가운데 하나는 동기적
토대와 관련된 욕망이다. 붓다의 가르침에 따르면, 인간은 기분 좋은 대상에게
는 매력을 느끼고(sārajjati), 기분 나쁜 대상에게는 반감을 느낀다(byāpajjati). 따라
서 좋고(anurodha) 싫은(virodha) 것에 사로잡힌 사람은 기쁨을 주는 대상에게는
접근하고, 고통을 주는 대상은 피한다. 갈애(taṇhā, 愛)는 집착(upādāna, 取)의 조
건이 된다. 갈애의 어원은 채울 수 없는 갈증을 암시한다. 집착은 대상에게 강하
게 매여 있는 것, 즉 탐욕스러운 소유나 불안한 강박이다. 즐겁지 않은 대상을 파
괴하고 싶은 욕망은 역설적이게도 집착과 관련되어 있다. 집착(upādāna)이라는
단어는 우리가 좋아하는 것을 말하지만, 깊은 의미에서 그것은 우리가 좋아하
거나 싫어하는 것이 함께 얽혀 있는 것이다. 밀착의 요소에 욕망이 더해지는 것
이 집착의 개념이다. 테일러(C. C. W. Taylor)는 욕구의 정서와 소유의 정서를 구

---

51) SN. IV. 208.
52) Joel Marks (Ed.) (1986). *The Ways of Desire*, Chicago: Precedent.

별한다.[53] 욕구의 정서는 욕망, 탐욕, 갈애의 요소를 강조하고, 소유의 정서는 밀착, 고착, 집착의 요소를 강조한다.

성적 욕망이나 단순한 심리적 추동에 대한 비유를 살펴보면, 이 욕망은 일시적으로 만족시킬 수는 있지만 욕구의 정서는 때때로 다시 나타나는 끝없는 과정으로, 불교적 맥락에서는 '진행 중인 것'으로 설명한다. 한편 소유의 정서는 욕망의 대상에 강하게 고착되어 있지만 변화를 추구하기도 하여 '이것저것, 여기저기에서 기쁨을 찾는다(tatra tatrābhinandini).'

갈애(taṇhā)와 반대되는 의욕(chanda)은 맥락에 따라서 악하게도, 선하게도 보인다. 예를 들어, 의욕이라는 단어는 옳은 일을 하려는 욕망, 정의에 대한 열정과 연관되어 있다.[54] 편애, 적대감, 어리석음, 두려움과 같은 악을 행하려고 의욕할 때 그것은 악으로 여겨진다.[55] 욕망이라는 용어와 비교해 보면, 갈애는 몇 가지 예외는 있지만 부정적 정서를 내포하고 있다. 예를 들어, 아난다(Ānanda)는 '갈애에 의존하여 갈애를 버리는 것'이라고 말한다.[56]

일반적으로 도덕적 평가라는 주제가 제기되면 도덕적 평가를 위한 불교심리학의 기초를 살펴보아야 한다. 행동과 활동의 원천은 감각적 만족을 위한 갈애 또는 이기적 추구를 위한 갈애로 나타날 수 있는 탐욕(lobha), 공격적이고 자기파괴적인 행동에서 나타날 수 있는 증오(dosa), '자기'의 존재에 관한 실존적 혼란이라는 맥락에서 나타날 수 있는 어리석음(moha)을 포함하는 여섯 가지 뿌리에서 발견된다.[57] 이 갈애는 부정적 정서를 구성하는 기본적인 틀을 제공한다. 욕심, 탐욕, 중독과 같은 애착 정서, 분노, 화, 분개, 시기심, 자기증오, 악의와 같은 혐오 정서, 다양한 형태의 자만심, 자부심, 허영심, 수치심, 질투심 등을 포함하는

---

53) C . C . W. Taylor(1986). "Emotions and Wants", In Marks (Ed.), *Ways of Desire*, Transaction Publishers.

54) AN. III. 441; SN. Ⅰ. 202.

55) DN. III. 182.

56) AN. II. 144.

57) 여섯 가지 뿌리 가운데 나머지 세 가지 뿌리는 유익한 것으로서 탐욕 없음(alobha, 不貪), 성냄 없음(adosa, 不瞋), 망상 없음(amoha, 不痴), 즉 관용(generosity), 연민(compassion), 지혜(wisdom)를 말한다.

망상 정서가 있다. 그리고 질투심은 사랑, 증오, 양가감정, 질투심을 키우는 수치심을 구성요소로 가지고 있다. 열반의 맥락에서 더 높은 집중의 상태로 가는 길을 방해하는 것은 감각적 욕망(kāma-cchanda), 나쁜 의지(vyāpāda), 둔함과 지루함, 무기력과 나른함(thīna-middha), 불안과 걱정(uddhacca-kukkucca), 인지적 요소인 흔들림, 의심과 회의(vicikicchā)와 같은 부정적 정서로 구성된다는 것에 주목해야 한다. 우리가 열반으로 나아가는 것을 방해하는 정서적 · 인지적 요소들은 이전의 거친 것들보다 세밀하므로 더 복합적이고 다루기 어렵다. 그래서 이 차원이 중요하다. 긍정적인 면에서 평정심(upekkhā)은 정서적 균형과 평형을 제공하는데, 이 요소는 제8장에서 자세하게 논의할 것이다.

3) 정서와 인지적 지향성

불교는 강한 인지적 지향성을 가지고 있다. 이것은 유명한 「사유를 가라앉힘경(vitakka-saṇṭhāna sutta)」에서 볼 수 있다.[58] 이 가르침은 생각이 침범하는 것을 다루는 다섯 가지 기법을 보여 준다. 그리고 현대 인지치료의 원형적 형태로서 반복적 사고의 '자동화과정'에 초점을 맞추고 있다. 첫 번째는 '다른 대상'에 초점을 맞추기 위하여 마음을 모으는 방법이다. 욕망, 혐오, 망상과 관련된 개념의 활동(vitakka)은 건전한 대상을 성찰함으로써 제거할 수 있다. 이것은 작은 못으로 큰 못을 빼는 목수에 비유할 수 있다. 두 번째는 해로운 생각의 위험을 면밀히 검토하는 것이다. 이것은 몸을 장식하기를 좋아하는, 또는 한창 때인 사람이 시체와 같은 혐오스러운 광경을 가까이에서 보는 것에 비유할 수 있다. 세 번째는 생각에 '주의를 기울이지 않거나' 불건전한 생각에 주의를 기울이지 않음으로써 제거되도록 내버려 두는 방법이다. 네 번째는 나쁜 생각의 인과적 원인을 밝히는 것이다. 다섯 번째는 불건전한 생각을 제어하기 위하여 의지력을 사용해야

---

58) MN. Ⅰ. Sutta 20.

한다. 반복적인 수행을 통하여 우리는 이 생각의 과정에 능숙한 사람이 될 수 있다. 몸과 말의 불건전한 경향성 외에도 마음의 불건전한 경향성이 명상 수행의 초점이 된다.

　일상적인 사고와 행동에 영향을 미치는 근원적인 망상으로 인한 더 깊은 수준의 인지적 왜곡이 있다. 사실 칼혼(Cheshire Calhoun)은 정서왜곡을 이러한 방식으로 살펴보는 것에 대하여 다음과 같이 흥미로운 비유를 한다.

> 우리의 인지적 삶은 분명하고, 충분하게 개념화되고, 정확하게 설명되는 믿음에 의해서 이루어지지 않는다. 삶에서 믿음은 조금만 밝혀진 부분일 뿐이다. 더 큰 부분은 오히려 어둡다. 우리의 세계를 해석하기 위한 틀은 정확하게 설명한다면, 견해의 거대한 그물망이 될 것이며, 모든 견해가 그의 믿음처럼 수용되지는 않을 것이다.[59]

　나는 다른 곳에서 인지적 무의식이라는 불교적 개념과 프로이트 이론을 비교하였다.[60] 기억해야 할 것은 마음챙김에 기반한 인지치료가 보여 주는 것처럼, 일상적 삶의 수준에서도 인지왜곡을 발견할 수 있다는 것이다. 칼혼은 인지왜곡의 더 깊은 층에 대하여 설명하는데, 그의 이론은 원초적이고 비합리적이며 상징화된 이드(id)라는 용어로 설명한 프로이트의 개념과 유사하다. 이드는 부분적으로 철학자 니체로부터 물려받은 용어이다. 그러므로 우리는 인지왜곡 또는 '중독'을 살펴볼 필요가 있다.

---

59) Cheshire Calhoun(1984). p. 338.
60) Padmasiri de Silva(2010a). pp. 34-75.

4) 정서에서의 생리학과 몸

> 비구들이여, 하늘에 다양한 바람이 부는 것과 같다. 동에서 부는 바람, 서에서 부는
> 바람, 북에서 부는 바람, 남에서 부는 바람, 먼지 바람과 먼지 없는 바람, 찬바람과
> 뜨거운 바람, 산들바람과 센바람. 그처럼 굉장히 다양한 느낌이 몸에서 생긴다. 즐
> 거운 느낌이 일어나고, 괴로운 느낌도 일어난다. 즐겁지도 괴롭지도 않은 느낌도
> 일어난다.[61]

정서중심치료의 창시자인 그린버그(Leslie Greenberg)는 다음과 같이 말한다.

> 사람들은 자신의 몸에서 느껴지는 정서 경험이 뜨거운지 차가운지, 큰 공인지 작은
> 매듭인지 … 그것에 주의를 기울여야 한다. 만일 느낌의 특징과 위치를 '가슴에서
> 느껴지는 뜨거움' 등으로 이름 붙이기 시작하면, 그 강도를 '가벼운' 그리고 그 모양
> 을 '둥근 공' 등으로 알아차린다면, 정서의 급류는 진정될 것이다.[62]

정서의 인지이론이 생각의 패턴과 평가에 초점을 맞추는 반면, 제임스
(William James)가 처음 소개한 신체에 기반한 생리이론은 신경과학자 다마시오
(Antonio Damasio)와 철학자 프린츠(Jesse Prinz)의 연구를 통하여 다시 활성화되
고 있다.[63] 제임스는 신체를 마음의 공명판으로 설명한 첫 번째 사람으로, 기타
소리가 줄의 소리를 확대하는 것처럼 마음의 공명판은 정서적 신호를 울려 퍼지
게 한다고 말한다. 이것은 우리가 자동적인 신체 변화를 약간 억압하고, 의식적
으로 다르게 만들어서 정서적으로 통제할 수 있다는 의미이다. 제12장에서 다루

---

61) SN. IV. 218.
62) Leslie S. Greenberg(2008). *Emotion-focused Therapy*, Washington D.C.: American Psychological
Association, p. 206.
63) Antonio Damasio(1994); Jesse J. Prinz(2004).

는 상담에서 보면, 오늘날 신체에 기반한 치료가 새롭게 중요해졌다는 것은 분명하다. 몸[身], 느낌[受], 생각[心], 마음에서 일어나는 현상[法]이라는 명상대상에 마음챙김을 확립하라(satipaṭṭhāna)는 붓다의 가르침에서 분명하게 언급하고 있는 것은 다양한 지식과 개념에 대한 논리적이고 이성적인 이해가 유용하지만, 오직 명상 경험과 명상으로 인한 지식만이 더 깊은 이해로 나아가게 한다는 것이다. 네 가지 영역 모두에 대한 경험적 지식은 깊은 이해로 나아가는 통로가 된다. 몸을 통한 몸의 명상을 권장한다.

몸은 중요하다. 정서의 핵심적인 구성요소로서의 몸의 지위 외에도, '호흡'에 집중하는 것은 명상으로 나아가는 통로이다. 호흡은 의식적 행동과 무의식적 행동 사이에 있기 때문에 이 수행은 보통의 환경에서 자동적이고 기계적으로 이루어졌던 많은 행동을 자각하도록 돕는다. 호흡은 자율신경체계의 통제를 받기 때문에 특별히 연습을 통해서 호흡에 대한 자각을 발달시키지 않으면 일상적 의식 안으로 들어오지 않는다. 호흡에 대한 연구는 별도의 장에서 다루므로 여기서는 이 주제에 대하여 간략하게 설명한다. 몸을 통하여 몸을 아는 것은 감각을 통한 지식에 더하여 '육감'으로 설명된다.

6

성격: 철학적 그리고 심리학적 주제

성격에 대한 심리학적 관점과 인간에 대한 불교철학적 개념을 구별할 필요가 있다. 붓다의 가르침에는 내용이 섞여 있고, 뒤얽혀 있기 때문이다. '성격'이라는 용어는 심리학에서 독특한 의미를 갖는다. 다음은 기본적인 관점을 요약한 것이다. '한 개인의 특징적이고 고유한 특성에 대한 연구, 이 특성들 사이의 관계에서 안정적이면서도 변화하는 패턴, 특성의 기원, 다른 사람과 상황에 적응하는 것을 돕거나 또는 방해하는 상호작용의 특성과 방법이다.'[1] 그러한 연구는 두 가지 측면을 가지고 있다. 특성과 특성의 관계를 다루는 구조적 측면, 적응과 관련하여 특성이 미치는 동기적 영향을 다루는 역동적 측면이 있다. 이미 검토한 동기와 정서의 측면은 성격조직과 적응의 역동을 이해하는 데 도움이 된다.

성격심리학은 특징적이고 고유한 측면을 다룬다. 불교심리학은 성격유형과 특성 연구를 위한 자료를 제공한다. 이 자료는 불교에 대한 윤리적·종교적 탐구, 말하자면 윤리적·종교적 탐구와 관계가 있는 심리적 특성에 근거한 것이다.

---

1) C. T. Morgan & R. A. King(1966). *Introduction to Psychology*, London: McGraw-Hill, p. 460.

붓다의 가르침, 특히 『앙굿따라 니까야』[2] 『디가 니까야』[3] 그리고 『인시설론』과 『청정도론』[4]에서 보다 체계적으로 성격유형에 대해서 언급하고 있다. 가장 지배적인 분류는 탐심, 증오, 망상이라는 세 가지 부정적인 뿌리와 관대함, 연민과 자애, 지혜라는 세 가지 긍정적인 뿌리에 기초하고 있다. 다른 사람의 덕, 진실성, 강인함, 지혜의 특성을 발견하기 위한 방법을 말해 주는 흥미로운 구절이 있다. 우리는 어떤 사람과 함께 살 때 그 사람의 덕의 특징을 헤아릴 수 있고, 어떤 사람과 거래할 때 그 사람의 진실성을 검증할 수 있고, 어떤 사람이 삶의 위기에 있을 때 그 사람의 강인한 힘을 검증할 수 있다. 그리고 자주 대화를 함으로써 그 사람의 지혜를 검증할 수 있다.[5] 이것은 타인의 성격을 탐색하기 위한 일종의 행동 검증이기 때문에 중요하다. 이것은 현대심리학의 성격 특성 연구와는 약간 다르게 붓다가 논의한 성격 특성의 본보기이다. 서양심리학과는 달리 불교적 맥락에서 성격은 전생으로부터 생긴 '업의 측면'을 많이 담고 있다. 다음의 예는 전생으로부터 오는 성격 특성을 나타낸다.

> 말리까(Mallikā)라는 여인은 성급하고 짜증을 매우 잘 낸다. 그녀는 아주 작은 자극에도 민감하게 반응하고 불안해 한다. 그녀는 속상하면 고집을 피우고 성질을 부리며 악의와 불쾌함을 나타낸다. 그녀는 수행자에게 자비를 베풀지 않고 음식과 술, 탈 것, 꽃, 향기, 약품, 잠자리, 묵을 집이나 등불을 내어 주지 않는다. 더구나 그녀는 질투심이 많아서 다른 사람의 부, 명예, 존경, 숭배와 예배를 질투한다. 그녀는 복수심이 있고 원한을 품고 있다. 그러한 삶을 살다 죽으면 태어날 때마다 잘못되고, 저열한 외모를 가지고, 자신의 소유도 별로 없는 그런 상태로 태어나게 된다.[6]

---

2) AN. II. 186.

3) DN. III. Sutta 33.

4) Bhadantariya Buddhaghosa(1956). *The Path of Purification*, Trans to English by Bhikkhu Nanamoli, Singapore: Singapore Buddhist Meditation Centre.

5) *Gradual Sayings* II, p. 186.

6) *Gradual Sayings*, pp. 215-218.

1. 철학적 주제

붓다의 가르침에서 인간 개념의 철학적·심리학적 측면은 종종 한데 섞이기 때문에 해체와 추상의 과정을 통해서 자료를 구분할 수 있다. 무아(anattā, 無我)와 무상(anicca, 無常)의 개념이 어떻게 '인간'의 개념과 조화를 이룰 수 있는지에 대한 질문이 제기되어 왔다. 빨리어 '뿍갈라'(puggala)를 사용할 때는 약간 긴장할 필요가 있다. 뿍갈라는 개인을 묘사하고, 성격유형으로서의 개인을 '다시 태어나게' 하고, 개인의 맥락 쪽으로 더욱 편향되어 있다. 반면 명상은 자기통제와 자기인식과 '무아의 실현'과 연관해서 드러나는 비개인적 특성 쪽으로 편향되어 있다.

> 뿍갈라(puggala)라는 용어는 성격의 차이, 윤리적 기질, 영적 적합성과 성취, 업의 운명을 말해 준다. 경전에는 이 주제를 언급하는 곳이 많이 있지만 『앙굿따라 니까야』에서 가장 광범위하게 논의되고 있고, 아비담마에서는 『인시설론(puggala-paññatti)』에서 이 주제에 대해서 전적으로 전념한다.[7]

콜린스(Stephen Collins)는 세간적인 사용법과 궁극적인 생각 사이의 중간 입장으로 '자기존재(attā-bhāva)'라는 용어의 논리를 다음과 같이 설명한다.

> 불교에서 세간적인 사고방식은 일련의 구별되는 탄생을 한다는 점에서는 하나의 자신이나 사람을 가정한다. 궁극적인 사고방식은 '재탄생'의 과정과 '한 번의 생애' 안에서 일련의 연속성을 제공하는 비개인적 요소들의 집합만을 말하는 것이다. 자기존재(attā-bhāva) 개념은 이 두 생애 사이를 연결해 준다.[8]

---

7) Stephen Collins(1982). *Selfless Persons: Imagery and Thought in Theravada Buddhism*, Cambridge: Cambridge University Press, p. 160.

8) Stephen Collins(1982). p. 160.

콜린스가 말하는 중요한 구분은 불교적 분석 안에서 성격의 심리적 개념의 위치를 정할 때 잠재해 있는 철학적 문제점을 분명하게 하도록 돕는다. 첫 번째 주제는 '개별화'에 대한 것이고, 두 번째는 행위자와 책임에 대한 것이다. '무아(selflessness, 無我)'의 교리를 추구하는 것은 결과적으로 '개별화', 책임지는 것과 주장하는 것에 대한 두려움을 갖게 할 것이다. 교리적 수준에서 개별화(atta-bhāva)가 문제가 될 필요는 없다. 분리되고 파편화되는 것과는 구분되는 개개인의 심리적 온전함과 일관성은 다양할 수 있다. 무아(anattā) 개념은 개인이 개별적 특성을 가지고 있다는 것을 부인하지 않는다. 개별화에 대한 불교적 개념은 성격의 다양성을 위한 여지를 남겨 놓는다. 붓다가 성격을 광범위하게 탐욕주도형(rāga-carita), 분노주도형(dosa-carita), 망상주도형(moha-carita)으로 분석한 것은 잘 알려져 있다. 『앙굿따라 니까야』[9] 『맛지마 니까야』[10] 『인시설론』[11]은 성격유형에 대한 참고도서이다. 『청정도론』은 이 주제에 대해서 활발하게 논의하고 있다. 붓다는 개인에게 맞는 명상형태를 가르치면서 이 점을 평가한다. 나의 명상 스승인 담마지와(Dhammajiva) 스님이 권장하는 명상 수행은 가르침 없이 얻을 수 있는 것이 아니라 붓다의 가르침에 의존하고 있다. 붓다는 다섯 가지 장애를 살펴보면서 어떤 장애가 지배적인지는 사람마다 다르다는 것을 깨달았다. 아라한을 성취하는 데도 다양한 성격과 경로가 존재한다. 엥글러(Jack Engler)에 따르면, 이기적 욕망으로부터 자유로워지는 것은 결과적으로 불안을 유발하는 상황을 피하고, 자신의 삶을 책임지는 것이다.[12] 불교의 가르침에서 자유, 업의 상관관계, 개별화의 연속은 책임의 개념에 의미와 방향성을 부여하는데, 이때 일상의 삶에서 마음챙김에 초점을 맞추는 것이 중요하다. 예를 들어, 마음챙김에 기반한 중독치료에서 치료사는 내담자가 자신의 삶을 책임지도록 돕는다.

---

9) AN. II. 186.

10) MN. Sutta 33.

11) *Puggala-Paññatti*.

12) Jack Engler(2006). "Promises and Perils of the Spiritual Path", In U. Mark (Ed.), *Buddhism and Psychotherapy Across Cultures*, Boston: Wisdom Publishers.

루빈(Rubin)은 "자아중심성이라는 목욕물을 버릴 때 불교는 행위자라고 하는 아기도 버린다."라고 말하지만,[13] 이러한 편견을 분명하게 할 필요가 있다. 그는 행위자로서의 자아를 수용하는 관습적 사용법과 보다 궁극적인 의미에서 무아(anattā)의 교리가 가지는 충분한 함의를 수용하는 것을 구별하지 못했다. 필요할 때 맥락을 검토하고 '기어를 바꾸는 것'은 수행자가 통찰명상에서 부딪히는 역설처럼 보이는 것을 이해하도록 돕는다.

붓다의 가르침은 갈등, 좌절, 불안의 본성과 같은 심리적 주제에 대한 논의뿐만 아니라 도덕적으로 가치 있는 사람과 성격이 우선한다는 것에 주로 초점을 맞춘다. 이러한 주제는 이번 장에서 좀 더 논의할 것이다. 오온으로서의 인간에 대한 명상 수행과 함께 인간과 다양한 심리적 주제를 다루는 붓다의 참된 상담이라고 할 수 있는 자료는 매우 풍부하다.

1) 붓다와 당시의 철학적 분위기

나는 '자아(self)'의 본성에 대한 불교적 관점을 명료화하고 분명하게 했지만, 당시의 철학적 논쟁 몇 가지를 살펴보는 것도 유용할 것이다. 그것이 붓다의 분석을 더 잘 이해하도록 도울 것이기 때문이다. 명상 경험이 궁극적인 검증이 되기는 하지만, 붓다의 철학적 분석도 매우 큰 도움이 된다. 배경이 되는 지배적인 견해 가운데 하나는 오온(khandha, 五蘊) 각각 또는 오온 전체 중 어떤 것도 자아와 같지 않다는 믿음이다. 이러한 맥락에서 불교의 입장은 영원한 자아를 주장하는 영원론(sassata-vāda, 常見)과 죽음으로 소멸되는 일시적인 자아를 주장하는 소멸론(uccheda-vāda, 斷見)의 중간에 있다. 연기법에 따르면, 이 인과법칙을 넘어서 독립적으로 존재하는 것은 없다. 두 번째 요점은 무상의 법칙을 피해 가는 것은 아무것도 없다는 것이다. 세 번째는 불교적 입장이 행위자로서 인간을

---

13) J. Rubin(1996). *Psychoanalytical and Buddhist Concepts of Self*, New York: Plenum Press, p. 66.

수용하지만, 이것이 오온과 별개의 것은 아니다. 만일 영원한 자아가 있다면 우리는 모든 것을 '완전하게 통제할' 것이지만, 무상(anicca), 괴로움(dukkha), 무아(anattā) 사이의 상호연관성이라는 이러한 현실은 완전한 통제라는 어떠한 생각도 거부한다고 붓다는 말한다. 까루나다사(Karunadasa)가 불교경전과 연관해서 발표한 매우 유용한 다수의 소논문에서 이를 좀 더 자세하게 분석하고 있다.[14]

> 만일 불교철학이 자기실체에 대한 개념이 왜 그릇된 개념인가를 보여 주고자 한다면, 불교심리학은 어떻게 자기실체가 발생하는지를 보여 주고, 불교윤리학은 어떻게 자기실체를 극복할 수 있는지를 보여 준다. 그리고 마지막 목표인 열반(nibbāna)은 자기실체가 완전히 제거되는 최종적인 상태를 보여 준다.

붓다는 비록 고정적인 실체를 수용하지는 않지만, '인간'이라는 단어를 관습적인 의미에서 '다른 과정과 구별되는 하나의 연속적인 과정'으로 사용한다.[15] 철학적 설명이 명료화되었다면 심리학적·윤리학적 경계선 안에서 불교의 성격 개념을 이 설명과 연결하는 것은 유용할 것이다. 불교심리학과 불교윤리학의 맥락에서 본 인간은 그 자신만의 목적을 가지고 있을 것이고, 목적은 인간들이 만들어 내는 가치의 원천이 된다. 인간은 결정할 수 있고, 자신의 행동을 책임질 수 있다. 권리와 의무를 가질 것이고, 처벌을 받을 수도 있다. 일반적으로 그들은 합리적일 수도 있고 비합리적일 수도 있는 행위자로서 인간이지만, 기본적으로 언제나 자신의 행동에 대하여 책임을 진다. 심리학적으로 인간은 기억, 생각, 느낌을 가지고 있으며 타인과 의사소통한다. 우리가 발견하는 것은 걷기, 서기, 지각하기, 생각하기, 결정하기, 짜증 내는 경향성 등 기능의 통합이라는 것을 강조할 필요가 있다. 마차의 부분들이 함께 움직이듯이 몸, 느낌, 의식, 기질도 마찬

---

14) Y. Karunadasa(1994). *Middle Way*, Volume 69(2), p. 107.

15) K. N. Jayatilleke(1967). *The Principles of International Law in Buddhist Doctrine*, Hague Lectures, Leiden, pp. 49-91.

가지이다.[16]

요한슨(Rune Johanson)은 이러한 비유에 성격의 기능적 개념이 있다고 말한다.

> 여기서 사람의 기능적 통합은 실제로 현대심리학자들이 성격이라고 부르는 것이다. 자동차는 분명히 초기적인 성격의 종류, 개별적인 부분들의 구성을 가지고 있다. 모든 부분이 있을 때에만 자동차는 기능할 수 있다. 어떤 부분도 '자동차'라 불릴 수 없고, 모든 부분이 합쳐져도 그것들이 매우 특별한 방식으로 결합되지 않는다면, 자동차라 불릴 수 없다. 사람은 몸이 아니고, 지각하는 기능도 아니며, 느낌도 아니다. 사람은 이러한 것들이 적절하게 결합된 것이다.[17]

2. 갈등과 좌절

동기와 관련된 제4장에서 추동과 욕구의 만족에 대하여 논의하였다. 이러한 욕구를 만족시키는 과정에는 갈등과 좌절이 있기 마련이다. 사람들이 이러한 상황에 반응하는 방법은 그들의 성격이 영향을 미치는 것이다. 성숙한 성격은 유연한 적응양식을 가지고 있을 것이다. 이러한 맥락에서 붓다는 세 가지 유형의 마음상태를 말한다. 하나는 그 마음이 아물지 않은 상처와 같은 것이고, 또 다른 하나는 빛이 나는 것 같은 마음이며, 세 번째는 다이아몬드와 같은 마음이다. '아물지 않은 상처'와 같은 마음을 가진 사람은 화를 잘 내고 짜증을 잘 내서 비판을 견딜 수 없어 하고, 자신 안에서 또는 다른 사람에게 자주 갈등과 증오와 분노를 일으킨다. 두 번째 사람은 괴로움과 네 가지 고귀한 진리(四聖諦)의 본성을 이해한다. 빛이 어둠 속에 있는 물체를 볼 수 있도록 우리를 돕는 것처럼 그 사람의 마음은 빛과 같은 작용을 한다. 그 마음은 매우 직관적이다. 다이아몬드와 같은

---

16) MN. I. 323-324.

17) Rune Johanson(1965, 1967). *The Psychology of Nirvana*, London: Allen and Unwin, p. 67.

마음을 가진 사람은 마음을 더럽히는 오염원을 제거함으로써 자유로워진다.[18] 또 다른 맥락에서 붓다는 세 가지 유형의 인간이 있다고 말한다. 분노가 마음에 생길 때, 첫째, 바위에 새기는 것 같이 하는 사람, 둘째, 모래 위에 발자국을 내는 것과 같이 하는 사람, 셋째, 물에 발자국을 내는 것과 같이 하는 사람이 있다. 이러한 분류는 붓다가 인간 성격의 다양성을 이해하고 존중했다는 것을 나타낸다. 붓다는 노련한 기법을 가지고 있는 치료사처럼 각 사람에게 적합한 고유한 가르침을 준다. 우리가 오온과 연기라는 개념을 사용할 때 그 사람의 고유성이 아니라 '비개인적'으로 분석하게 될 것이다. 맥락에 따라서 이러한 접근법이 유용할 수 있다.

기본적인 추동과 욕망을 만족시키는 것은 종종 갈등과 긴장을 일으키기 때문에 그러한 상황에 유연하게 적응할 수 있어야 한다는 것이 중요하다. 각 사람의 적응양식은 부분적으로는 성격유형에 따라 다르고, 그러한 맥락에서 정서가 결정적인 역할을 한다. 심한 좌절, 분노, 조급함, 건강하지 않은 반응, 과도한 불안과 같은 정서는 적응을 어렵게 만든다. 「무쟁(無諍)의 분석 경(Araṇavibhaṅga Sutta)」은 갈등과 평화에 대한 유용한 분석을 제시한다.[19] '평화'라는 용어는 탐욕, 증오, 망상을 통제할 때처럼 열반으로 나아가는 여정에서 특별한 의미를 가지고 있다. 그러나 일상적인 재가자 수준에서 목표는 조화로운 삶(dhamma-cariya, sama-cariya)이다. 이것은 필요할 때 규제할 수 있고, 불법적이고 지나친 쾌락을 추구하지 않는 균형 잡히고 잘 적응하는 사람에게 적용할 수 있는 개념이다. 인간의 괴로움에 대한 붓다의 분석에 따르면, 스트레스(dukkha), 긴장, 갈등은 인간의 상황에서 매우 중요하다. 올바르고 균형 잡힌 삶을 사는 재가자는 도덕질서나 법과 갈등하지 않는다. 불교윤리의 기본적인 다섯 가지 계율(五戒), 「교계 싱갈라 경(Sigalovada Sutta)」에서 재가자들에게 하는 조언, 이와 유사한 가르침은 재가자들에게 균형 잡힌 삶의 원천을 제공한다. 고집과 탐욕으로 자신

---

18) *Gradual Sayings* III, p. 32.
19) MN. III. Sutta 139.

의 욕망의 대상에 강하게 집착하며 강하게 열망하는 사람은 폭력적인 대인관계에서 타격과 상처, 불화, 모순, 쏘아붙이기, 다툼, 모략과 거짓말을 경험한다고 『디가 니까야』에서는 말한다.[20] 따라서 올바른 재가자들은 탐욕과 갈망이 아닌 적법한 수단으로 자신의 목표를 이루기를 기대한다.

욕망과 기대에 관하여 사람들이 부딪히는 심리적 갈등에는 세 가지 유형이 있다. 첫째, 쾌락을 주는 두 가지 대상이 동일하게 매력적이다. 예를 들어, 속담에도 나오듯이 맛있는 건초 더미 사이에서 헤매는 당나귀의 경우이다. 둘째, 진퇴양난에 빠진 사람처럼 똑같이 싫어하는 대상들 사이에서 선택하는 경우이다. 셋째, 가장 중요한 갈등은 동일한 대상이 긍정적인 면과 부정적인 면을 모두 가지고 있는 경우이다. 붓다가 지적하듯이, 쾌락은 다양하고 달콤하지만(kama hi citra madhura) 많은 고통(bahu-dukkha)과 많은 격동(bahupayasa)의 원인이 된다.

두려움은 불안한 마음과 같은 가벼운 증상에서 정신병리적 문제까지 우리의 삶에 중요한 역할을 한다. 두려움은 우리 삶에서 정상적인 부분이지만, 부적절한 두려움은 문제를 야기한다. 불안은 일어날 일에 대해서 두려움을 품는다. 프로이트는 우리 삶에서 불안의 중대한 역할을 처음으로 강조한 사람으로, 처음에는 성적 추동의 중요성을 지나치게 강조하다가 나중에는 '불안의 자리로서의 자아'에 초점을 맞춘다. 프로이트는 억압된 리비도의 재출현을 불안이라고 주장했지만, 점차 불안에서 자아의 역할을 강조하는 방향으로 입장을 바꾼다. 그것은 자아중심적 욕망(bhava-taṇhā, 有愛)을 강조하는 불교와 친화성이 있다. 프로이트에 따르면, 불안의 세 가지 주요 유형은 객관적 불안, 신경증적 불안, 도덕적 불안이다. 그는 '분리불안' 이론을 주장했는데, 이 분리의 원형은 어머니로부터 분리되는 것이다. 불교에서는 다양한 쾌락, 부, 권력의 대상에 우리는 에너지를 투자한다고 말한다. 그것들에 집착할(upādāna) 때 우리는 그것들을 잃는 것에 대한 잠재적 두려움을 가지고 있다. 잠재의식적인 자아지향적 추동(bhava-rāgānusaya)

---

20) DN. III. 289.

은 사랑하는 대상을 잃게 될 때 활성화될 수 있다. 시간 맞춰 직장에 가거나 고지
서에 따라 납입을 하는 등 일상적인 삶에는 건강한 불안이 있다. 이것은 생존하
는 데 필요한 것이다. 그러나 합리적이지 않은 시기, 질투, 자만에 의하여 권력의
대상에 지나치게 집착하는 것은 괴로움(dukkha)의 뿌리이다. 또한 프로이트는
'대상 없는 불안'을 말하는데, 그것은 불교의 관점에서 보면 매우 흥미로운 것이
다. 메이(Rollo May)는 그의 예리한 연구『불안의 의미(The Meaning of Anxiety)』
에서[21] 골드스타인의 대상 없는 불안에 대하여 통찰력 있는 분석을 한다. 골드스
타인은 이러한 맥락에서 자기와 대상 사이의 관계가 단절된다고 말한다. 실존주
의 철학자들과 실존주의에 영향을 받은 나나위라(Nanavira) 스님은 심리학의 기
본 주제를 '자기와 세계 관계의 모호성'이라고 말한다.『맛지마 니까야』에는 불
안(paritassanā)을 비실존에 관한 주관적 불안 그리고 비실존에 관한 객관적 불안
으로 분석한 것이 있다. 황금과 같은 어떤 것을 잃어버렸을 때, 자신에게 속했던
무엇인가가 더 이상 없으므로 슬퍼하고 애통해 하다가 환멸에 빠진다. 그들은
얻을 뻔했다가 모종의 이유로 놓친 것에 대하여 생각할 수 있다. 이것을 '객관적
인 것에 대한 불안'이라고 한다. 자기가 영원히 지속되는 실체일 것이라고 믿는
영원론자는 붓다의 가르침, 즉 열반(nibbāna)으로 나아가는 여정을 듣는다. 그리
고 놀라서 '나는 분명히 소멸될 거야.' '나는 분명히 파괴될 거야.' '나는 분명히 존
재하지 않을 거야.'라고 생각한다.[22] 이것을 '실존하지 않는 것에 대한 불안'이라
고 한다. 불안에 대한 프로이트학파와 불교적 관점 사이의 교차점에는 흥미로운
점이 있지만, 불교와 실존주의 사이에는 더 깊은 실존적 교차점이 있다. 임상적
그리고 치료적 관점에서 보면 이러한 다양한 관점은 내담자와 그들의 요구에 따
라서 맥락화될 수 있을 것이다.

---

21) Rollo May(1950). *The Meaning of Anxiety*, New York: Ronald Press, pp. 52-55.
22) MN. Ⅰ. 137.

3. 갈등과 종교적 삶

재가자가 기뻐하고 슬퍼하는 방식으로 수행자들도 슬퍼하고 기뻐하지만, 더 높은 수준에서 그러하다. 거기에는 36가지 정서가 있는데, 그것은 재가자와 수행자 각각 여섯 가지 기쁨, 여섯 가지 슬픔, 여섯 가지 평정심으로 구성되어 있다.[23] 이 분석이 말해 주는 것은 수행자의 삶에 고유한 유형의 갈등, 두려움, 불안이 있다는 것과 마음을 챙기는 주의집중을 불안과 걱정(uddhacca-kukkucca)과는 확연하게 구분되는 건강한 양심(hirī-ottappa)의 출현을 위하여 계발할 필요가 있다는 것이다.

나나뽀니까(Nyanaponika) 스님은 부정적 정서를 긍정적으로 변형하는 방법을 인용하고 있다. 이 방법은 제5장 '정서'에서 논의하였다. 스님은 우리가 두려움, 불안, 죄책감을 버리지 말아야 한다고 말한다. 그것들은 약간의 마술로 균형과 강점을 갖춘 긍정적인 정서로 바뀔 수 있기 때문이다. 붓다는 그러한 상담기법을 사용했다. 예를 들어, 과도하게 에너지를 사용하는 것은 역효과를 내서 갈등을 유발하는 반면, 올바르게 균형을 잡는 것은 적절하지 않은 흥분과 게으름을 피하게 할 것이다. 붓다는 악기에 비유하면서 소냐(Soṇa) 스님에게 음악가처럼 수행하도록 조언한다.[24] 악기의 줄이 너무 느슨해도, 너무 팽팽해도 안 된다. 소냐 스님은 지나친 고집과 게으름 사이에서 균형을 잡아야 한다. (제8장을 보아라.) 고요함을 유지하고 요동을 피하는 최선의 방법은 먼저 자신의 양심의 힘을 이용하는(attādhipateyya) 것이다. 만일 감각적 욕망과 악의에 대한 생각이 생기면 세속적으로 생각해야 할 것에 대한 염려(lokādhipateyya)로 인해서 경계 태세를 취하게 될 것이다. 그러나 에너지가 없고 게으른 경향이 있다면 담마에 대한 존중(dhammādhipateyya)이 도움이 될 것이다.

---

23) MN. III. 217-221.
24) AN. VII. 130.

4. 갈등의 사회적 차원

오늘날 우리가 살고 있는 사회에서는 갈등과 긴장으로부터 해방되기가 쉽지 않으므로 갈등 해결, 화해, 다른 집단과의 대화에 많은 관심을 기울인다. 긴장을 완화시키고 화해를 하기 위하여 마음챙김 수행의 다양한 측면을 권장하는 연구와 논문이 많이 있다. 보먼(Deborah Bowman)의 논문「분명하고도 연민 어린 말로 적이라는 이미지 몰아내기」는 훌륭한 연구로, 비폭력적 의사소통을 위하여 사용하는 말과 이미지를 사용할 때 마음을 챙기는 것에 초점을 맞춘다.[25] 매코넬(John A. McConnell)의 『마음챙김명상(A Mindful Meditation)』은 고요한 명상을 위하여 불교의 교리를 사용할 것을 조언한다.[26] '나누는 가치'에 대하여 불교와 기독교 간 대화를 제시한 논문「어렵고 힘든 길을 위한 윤리−상호믿음의 윤리를 위한 새로운 차원 탐색하기」는 긴장, 갈등, 혼돈의 현대인을 위한 불교명상의 윤리를 탐색한다.[27]

1) 방어기제

"방어기제는 수용할 수 없는 충동이 통제할 수 없는 방식으로 나타나지 않도록 충동을 규제하기 위한 내적 통제작용을 한다. 그것은 가족과 사회의 규칙을 깨는 것에 대한 비난을 피하도록, 그리고 규칙을 깨려는 욕망에서 오는 불안, 죄책감, 수치심을 피하도록 돕는다."[28] 그러나 어떤 방어기제는 도움이 되지만, 불

---

25) Deborah Bowman(2010). "Dispelling the Enemy Image with Clear and Compassionate Speech", In *Proceedings of 7th International UNDV Buddhist Conference*, Thailand.

26) John A. McConnell(1995). *Mindful Mediation*, Bangkok: Buddhist Research Institute.

27) Padmasiri de Silva(2011b). "Ethics for the Rough Road: Exploring New Dimensions for Inter-faith Ethics". In C. Ariane & Premawardahana (Eds.), *Sharing Values: A Hermeneutics of Global Ethics*, Globe Ethics Series, Geneva, pp. 101-112.

28) Glen E. Good & Bernard D. Beitman(2006). *Counselling and Psychotherapy Essentials*, New York: W.

안에 대응하기 위하여 사용하는 반복적이고, 정형화되고, 자동적인 사고패턴이 미성숙하게 발달한 것은 개인을 도전적 상황에 적응하지 못하게 한다. 방어기제는 갈등을 자각 밖으로 밀어내도록 돕기 때문에 검토되지 않은 심리적 장애는 해가 될 수 있다.

프로이트는 방어기제를 자세하게 분석하였다. 억압, 공격성, 투사, 퇴행, 보상, 부인, 분리, 합리화, 반동 형성, 승화 등이다. 이 가운데 '승화'만이 건강한 반응으로 여겨진다. 붓다가 제자들에게 조언을 하는 맥락에서 분노와 연관된 방어기제를 분석하는 것은 제18장에서 볼 수 있다.

W. Norton, p. 21.

7
정신건강과 질병

번뇌(āsava)를 파괴한 아라한을 제외한 모든 사람은 어떤 의미로 '정신적 질병'에 걸려 있다. 질병에는 정신적 질병과 신체적 질병 두 가지가 있는데, 신체적 질병은 다스릴 수 있을지라도 정신적 질병은 아라한이 될 때까지 지속된다.[1] 붓다는 삶의 마지막 단계에 있는 노인에게 다음과 같이 조언한다. "재가자여, 자신을 훈련시켜야 한다. 나의 몸은 쇠약해지나 나의 마음은 쇠약해지지 않을 것이다."[2] 이러한 의미에서 보통 사람은 갈애에 지배받고 자아의 망상에 굴복한다.

정신건강에 대한 두 번째 관점은 잘 적응하고 균형 잡힌 삶(sama-cariya) 그리고 올바른 삶(dhamma-cariya)에 대한 것이다. 우리는 정신건강의 정도를 말할 수 있다. 신경증과 정신증이 비정상이라는 꼬리표를 달지 않고, 보통 사람이 불안과 스트레스로 괴로워한다는 개념은 프로이트도 특정 맥락에서는 수용한다. 사실 프로이트는 단순히 '히스테리를 일반적인 불행'으로 변형시키려는 노력을 하

---

1) Gradual Sayings II, 143.
2) Kindred Sayings II, 2.

였다고 말한다.[3] 스토르(Anthony Storr)는 모든 사람을 위한 분석과정은 '치료 형태라기보다는 삶의 방식'일 것이라고 말했다.[4]

야호다(Marie Jahoda)는 『긍정적인 정신건강의 최신 개념(Current Concepts of Positive Mental Health)』에서 다음과 같이 말한다. "그러한 갈등은 보편적이고, 우리는 모두 나름대로 병들어 있다고 가정하는 것이 합리적이다. 실제로 일반인과 정신증 환자 사이의 차이는 갈등을 다루는 방식에 있고, 증상이 나타났느냐 나타나지 않았느냐에 있다."[5] 그녀는 긍정적인 정신건강의 개념을 개관할 수 있는 여섯 가지 개념을 언급한다.[6] 이 가운데 적절한 것은 수용하면서 이 틀에 불교적 관점을 더하여 다음과 같이 제시하고자 한다.

1. **실재지향**(Reality Orientation)

   서양의 맥락에서 '보통 사람들은 자신의 반응, 능력, 그들을 둘러싸고 있는 세계에서 일어날 일을 평가할 때 매우 현실적이다.' 이는 상황에서 벗어나는 것과 자신의 능력을 과대평가하는 것 사이의 타협지점이다. 불교에는 사물의 변화하는 본성(anicca, 無常)을 더 비판적으로 깊게 만나는 것, 근원적인 불만족(dukkha, 苦) 그리고 깊이 자리 잡은 이기주의에서 벗어나는 것(anattā, 無我)이 있다.

2. **자아에 대한 태도**(Attitude towards the self)

   깊이 있는 차원에서 실재를 지향하는 것과 함께 심리적으로 자기애에 사로잡힌 것으로부터 자연스럽게 벗어날 수 있다. 프롬(Erich Fromm)은 다음과 같이 말한다.

---

3) Sigmund Freud(1953a). *Beyond the Pleasure Principle, The Standard Edition of the Complete Psychological works of Sigmund Freud*, Volume 18, London: Hogarth Press, p. 305.

4) Anthony Storr(1966). "The Concept of Cure", In C. Rycroft (Ed.), *Psychoanalysis*, London: Constable, p. 53.

5) Marie Jahoda(1950). *Current Concepts of Positive Mental Health*, New York: Basic Books, p. 13.

6) Marie Jahoda(1950). p. 13.

웰빙은 자신의 자기애를 극복하는 만큼, 개방하고 반응하며 민감하게 깨어서 비우는 만큼 가능하다. 웰빙은 최종적으로 자신의 자아를 내려놓고, 탐심을 포기하며 … 소유하고, 보존하고, 욕심내고, 사용하는 것이 아니라 존재하는 가운데 자기 자신을 경험하는 것을 의미한다.[7]

3. 자아에 대한 앎(Self-knowledge)
자아의 형이상학적 심리적 한계를 마음챙김 수행으로 넘어서면 마음은 어떤 형태의 경직성도 갖지 않게 된다. 명료함과 밝음이 나타난다. 마음챙김 수행은 순간순간 삶의 흐름 속에서 반응적 분노, 시기심, 타인과의 비교(māna, 자만), 자신이 소유하지 못한 것에 대한 갈망을 알아차리도록 돕는다.

4. 자발적 통제와 자율성(Voluntary control and autonomy)
마음이 유연해져서 열리면 자동적이고 조건화된 강박적 행동을 쉽게 없앨 수 있게 된다.

5. 타인과 섬세하고 만족스러운 관계를 맺는 능력(Ability to form sensitive and satisfying relations with others)
탐욕, 권력, 지배, 의존에 기초한 관계를 발전시키는 대신, 돌봄, 우정, 신뢰, 연민에 기초한 효율적인 관계를 맺어 간다.

6. 몸과 마음의 통합(Body-mind integration)
이러한 통합은 일반적인 삶 또는 잘 발달된 평정심과 통찰명상에서 볼 수 있다. 제9장에서는 몸과 마음의 관계에 대하여 더 자세하게 탐색할 것이다. 제7장과 제8장에서는 마음의 균형에 대한 불교적 개념을 제시하고 긍정적인 정신건강의 특징을 설명할 것이다.

---

7) Erich Fromm, D. D. Suzuki, & R. Martino(1960). *Zen Buddhism and Psychoanalysis*, New York: Harper, p. 91.

1. 부정적 요소: 정신적 질병을 일으키는 것

정신건강에 대한 기본적인 관점을 개관했으므로 이제부터 부정적인 요소들, 정신적 질병을 일으키는 것들, 달리 말하자면 정신건강을 방해하는 것들에 대하여 주의를 기울이고자 한다. 이것에 대한 불교용어는 '장애(nīvaraṇa)'로, 다섯 가지 장애(五蓋)는 다음과 같다.

1. 감각적 욕망(kāma-cchanda)
2. 악의(byāpāda)
3. 게으름과 무기력(thīna-middha)
4. 불안과 걱정(uddhacca-kukkucca)
5. 의심(vicikicchā)

이것들은 마음을 계발하는 것(bhāvanā)을 방해하기 때문에 '장애'라고 한다. 붓다의 가르침에 따르면, 두 가지 형태의 명상(bhāvanā)이 있다. 고요명상(samatha-bhāvanā)과 통찰명상(vipassanā-bhāvanā)이다. 고요명상은 선정(jhāna, 禪定)에 완전하게 마음을 집중하는 것이다. 다섯 가지 장애를 극복하는 것은 이러한 선정을 위한 전제 조건이 된다.

다섯 가지 장애는 다음과 같이 설명할 수 있다. 감각적 욕망은 여러 가지 복잡한 색깔로 물든 연못의 물과 같아서 연못 속에 비친 자신의 얼굴을 볼 수 없다. 악의는 끓는 물과 같이 격동하는 마음을 나타낸다. 게으름과 무기력은 연못에 제거하기 어려울 정도로 두꺼운 이끼와 식물이 덮여 있는 것과 같다. 불안은 동요하는 마음처럼 세찬 바람을 맞는 연못과 같다. 마지막으로 의심은 흙탕물과 같아서 마음이 어둡고 흐리다. 이것들이 나타나는 것을 먼저 알아차리고 인식하면 마음챙김을 통해서 극복할 수 있다. 강한 욕망은 강한 애착과 불안을 낳고, 악의는 강한 적대감, 불만과 우울을 야기할 수 있다. 게으름과 무기력은 열정과 열의와 에너지가 없는 마음으로 권태와 지루함에 굴복할 수 있다. 불안은 동요하는 마음을 낳아서 탐심에서부터 혐오와 애착과 불만에 이르기까지 왔다 갔다 한다. 의심은 방향성과 분명한 목적을 방해한다. 이 다섯 가지 장애는 정신적 성장과 정신건강에 걸림돌이 되면서도, 다양한 유형의 정신적 갈등과 병리의 기본적인 토대를 구조적으로 제공한다. 붓다가 권장하는 매우 중요한 기법은 믿음(saddhā), 지혜(paññā), 마음챙김(sati), 정진(vīriya), 집중(samādhi)과 같이 명상을 위한 자원들 사이에 균형을 유지하는 것이다. 이 균형 개념은 제8장 '정신적 웰빙'에서 자세하게 논의할 것이다. 제7장과 제8장을 함께 읽으면 이를 충분히 이해할 수 있을 것이다.

이 다섯 가지 장애를 제거하기 위하여 붓다가 권장하는 해독제가 몇 가지 있다. 그것들은 명상 수행과 일상적 삶을 통합하기를 원하는 누구에게라도 가장 좋은 충고가 될 것이다. 감각적 욕망을 다루기 위한 권장사항으로는 감각의 규제, 욕망을 제거하기 위해서는 부정한 대상에 대한 명상, 적절한 섭식, 고결한 우정(kalyāṇa-mitta), 알맞은 대화를 하는 것, 쓸데없는 잡담을 피하는 것 등이 있다. 악의는 자애에 대한 명상, 세상과 관련해서 업(kamma) 이론에 대한 성찰로 다룰 수 있다. 우주, 사람, 상징들에 대한 분노와 분개는 실제로 부당한 일이 있을 때 어려움을 통과하도록 돕지 못할 것이다. 그러나 인내, 용서, 회복력은 융(Carl Jung)이 '연금술'이라고 했던 것처럼 사람들이 변화하도록 도울 것이다. 게으름과 나태함은 단순한 식이요법, 자세 교정, 마음을 챙기면서 야외에서 걷기, 고도로 집중하는 명상 수행에서 빛을 자각하는 것으로 극복할 수 있다. 죽음과 비극적인 괴로운 일로 인하여 동요하는 마음(saṃvega)은 게으름과 무기력을 돌파할 수 있다. 붓다[佛], 가르침[法], 상가[僧]의 고결한 특성에 대한 성찰도 탄생과 죽음의 순환인 윤회의 여정에 대한 신뢰와 확신을 제공해 준다. 의심은 이러한 여정에 대해서 붓다가 제시하는 올바른 이해와 신뢰와 확신으로 극복해야 한다.

마지막으로 붓다는 마음을 챙기고 명상 수행을 하면서 살기를 추천한다. 이것은「들숨날숨에 대한 마음챙김 경(Ānāpānasati Sutta)」과「마음챙김의 확립 경 (Satipaṭṭhāna Sutta)」에서 볼 수 있다. 이 가르침에 대한 설명은 불교상담을 다루고 있는 제13장과 제14장에서 나올 것이다.

　마음챙김에서 느낌의 위치와 정서관리는 정신건강의 핵심적인 주제이다. 정서에 대하여 다룬 제5장은 어떤 점에서는 이번 장의 논의를 보충해 준다. 제8장은 정신건강에 대한 긍정적인 개념, 특히 최근에 나온 셀리그만(Martin Seligman)의 긍정심리학을 논의할 것이다.

8

정신적 웰빙

    제7장에서 우리는 정신건강과 질병에 대한 불교적 개념을 살펴보았다. 이번 장에서는 현대 상담에서 서양심리학과 불교를 연결하는 측면을 웰빙의 긍정적 개념을 통해서 살펴보려 한다. 이 움직임은 미국심리학회(APA) 회장이던 셀리그만(Martin Seligman)이 최근에 시작한 것으로, 정신적 웰빙을 발달시키기 위한 긍정적 특성을 추구하면서 기존의 서양심리학이 정신병리에 배타적으로 초점을 맞추던 것을 비판한다.

    임상심리학은 우선 정신적 질병의 진단과 치료에 초점을 맞춘다. 최근에야 긍정적 정신건강을 이해하고 계발하는 쪽으로 학문적 관심을 기울이게 되었다. 한편 불교 전통은 2,500년 이상 심리적 문제를 확인하여 치료하는 것뿐만 아니라 정신적 웰빙 이라는 특별한 상태를 계발하는 데 초점을 맞추고 있다.[1]

---

1) Alan B. Wallace & Shauna L. Shapiro(2006, October). "Mental Balance and Well-Being", *American Psychologist*, p. 690.

불교와 서양심리학을 연결하려는 시도에서 월러스(Alan B. Wallace)와 샤피로(Shauna L. Shapiro)는 정신적 웰빙의 4가지 국면에 초점을 맞춘다. 제5장에서는 인지적 차원, 욕망과 의지적 활동을 포함하는 동기적 또는 의욕적 차원, 정동적 또는 정서적 차원, 명상 경험에서의 주의집중적 차원의 중요성을 말하였다. 이 차원을 이번 장에서는 불교의 웰빙과 정신적 균형과 관련하여 탐색할 것이다. 갈애, 욕심, 집착이 원인이 되는 정신적 불균형은 인간의 괴로움에 큰 영향을 미친다. 우리가 이해해야 할 것은 인간의 내면이고, 어느 정도는 외부의 사회적 환경이 인간을 불만족스럽게 한다. 붓다가 살던 시대와 비교해서 오늘날의 세계는 물질적 가치, 쾌락, 소비주의, '신분 불안'의 지배를 받는다. 이 모든 것이 불만족을 낳는 데 주로 기여한다. 붓다는 재가자를 위한 윤리와 생활양식 그리고 출기자를 위한 보다 엄격한 윤리와 생활양식을 제시한다. 그것은 현대 용어로 말하면 '지속가능한 생활양식'으로 설명할 수 있을 것이다.[2]

이번 장에서는 정신적 불균형의 원인과 건강한 웰빙 둘 다를 불교심리학의 네 가지 차원과 관련하여 검토할 것이다. 이 모든 차원과 관련하여 불교의 중요한 가치는 우뻬까(upekkhā, 捨)라는 불교 개념에서 구체화되고 있는 불교의 이상적인 평정심과 균형이다. 붓다는 소냐(Soṇa) 스님에게 수행을 잘하기 위해서는 과도하게 에너지를 쓰는 것과 나태함 사이에 올바른 균형을 유지해야 한다고 말한다. 지속적으로 지나치게 각성된 상태는 불안을 야기하고, 지나치게 느슨해진 수행은 무기력해진다. 소냐 스님은 젊은 시절에 음악가였기 때문에 붓다는 수행승이 된 소냐 스님에게 음악적 비유를 사용하여 악기를 연주할 때 줄을 너무 조여도 안 되고, 너무 느슨하게 해도 안 된다고 말한다. 기본적으로 출기자와 재가자의 불교 수행에서 생기는 다양한 수준의 불균형은 세속적인 삶이나 성자나 출기자의 삶에서도 발견되고, 괴로움의 뿌리가 될 것이다.

균형의 개념은 행동의 의욕적인 면과 관련해서 먼저 탐색하여야 한다. 의도

---

2) Padmasiri de Silva(1998). *Environmental Philosophy and Ethics in Buddhism*, London: Macmillan, pp. 168-171.

와 의지적 활동이 우선적인 위치에 있다. "만일 의지를 균형적으로 발달시키지 않는다면, 현실에 기반한 욕망과 열망의 영역이 자기 자신과 타인의 행복을 지향하지 못한다면, 자신의 주의집중적·인지적·정서적 능력의 균형을 잡기 위한 보상이 거의 없거나 아예 없을 것이다."[3] 붓다는 세속적인 사람들이 감각적 자극에 기반하는 쾌락(kāma-taṇhā)을 추구하는 추동에 지배를 받는 것과 강한 이기적 지향성(bhava-taṇhā)을 확실한 용어로 설명한다. 이것은 궁극적으로 우리의 삶에서 만족과 조화를 가져오지 않는 것들을 욕심내는 것이다. 제19장에서 중독에 대하여 설명하겠지만, 장기적으로는 보상을 감소시키면서 단기적으로는 쾌락을 주는 강박적 중독에 고착되는 이 사람들은 결과적으로 이 고통으로부터 자유로워지고 싶은 동기를 무감각하게 상실한 채 웰빙을 지속시키려 한다. 많은 알코올 중독자, 도박 중독자들은 그들의 중독 결과가 자신의 정신적·신체적 건강에 해가 될 것이라는 점을 알면서도 재앙을 자초한다.[4] 그들은 자신의 삶에 책임을 지지 않고, 동기에 대해서 무관심할 뿐만 아니라 그들의 인지 능력은 즉각적인 쾌락의 마술로 인해서 흐려져 있다. 정서적인 면에서 일시적으로 회복하기도 하지만, 분노, 좌절, 죄책감, 불안, 긴장, 우울, 지루함, 걱정과 같은 부정적 정서가 중독을 재발시킨다는 사실이 임상연구에서도 발견된다. 마음챙김 수행을 매일 하고, 점차 주의를 집중하고 마음을 챙기는 자세를 발달시키면, 중독자가 술집과 같은 자극의 유혹으로부터 멀어질 수 있다. 그러나 그들의 마음 상태는 매우 약하다. 사례연구에서 볼 수 있듯이, 중독자를 정상으로 돌아오게 하는 교육은 내담자에게 동기적·인지적·정서적·주의집중적 기법을 요구한다.[5] 웰빙과 행복의 심리학적 토대에 대한 최근 연구에서 다음과 같은 것을 관찰할 수 있다. "인간 존재는 물질적 소유와 사회적 신분에 애착하는 욕망시

3) Alan B. Wallace & Shauna L. Shapiro(2006). p. 694.
4) Padmasiri de Silva(2008a). *An Introduction to Mindfulness-based Counselling*, Ratmalana: Sarvodaya-Vishva Lekha, pp. 60-61.
5) Padmasiri de Silva(2008a). pp. 60-81.

스템에 강력하게 끌린다. 이 욕망과 세계가 줄 수 있는 것 사이의 틈은 지속적인 좌절의 원천이 된다."[6] 붓다는 무엇인가를 원하지만 그것을 얻지 못하는 것이 고통이라는[7] 것을 관찰한다.

채울 수 없는 욕망은 포기할 수 있지만, 만족을 위한 지속적인 압력과 함께 다른 욕망이 나타난다. 어떤 제한도, 도덕적 거리낌도 없이 쾌락적 욕망을 만족시키려는 시도는 결국 지루함으로 이어질 수밖에 없다. 덴마크 철학자 키에르케고르(Soren Kierkegaard)는 그의 철학 소설 『또는(Either/Or)』에서 어떤 윤리적 거리낌도 없이 순수하게 쾌락을 추구하는 연인의 삶을 그리면서 그가 어떻게 전면적인 부조화와 공허함으로 몰락해 가는지를 보여 준다.[8] 붓다는 이러한 생활양식을 극도로 무익하다고 말한다. 이것은 다른 극단인 극도의 금욕주의와는 반대되는 쾌락적인 삶의 방식(kāma-sukhallikkānuyoga)이다. 붓다는 중도의 방법을 권장한다. 사람들의 욕망이 심리적으로 활성화되지 않고 스트레스로부터 멀어질 때, 그것을 의욕결핍이라고 말한다.[9] 사람들이 그러한 목표에 강박적으로 고착될 때, 그것을 과잉행동이라고 말한다. 자기 자신이나 다른 사람들의 웰빙에 해로운 것을 바랄 때, 그것을 역기능적 삶의 양식이라고 말한다. 따라서 불교의 여정은 사람들이 팔정도라는 가치 있는 목표를 따르도록 균형 잡힌 의욕을 갖게 하는 것을 목표로 한다.

오늘날 인위적인 삶의 양식은 가식과 그릇된 사회적 가치의 영향을 받아 가족의 웰빙을 파괴시키고 있다. 제임스는 "가식을 포기하는 것이 축복받은 위안처럼 그를 기쁘게 한다. 아무것도 아님이 선의로 받아들여질 때 마음은 이상하게 가벼워진다."라고 말한다.[10] 향락적 쾌락의 일시성과 이 쾌락이 기본적으로 어

---

6) Daniel Nettle(2005). *Happiness: The Science Behind Your Smile*, Oxford: Oxford University Press.

7) DN. II. 305. yam p' iccham na labhati tam pi dukkham.

8) Padmasiri de Silva(2007). *Explorers of Inner Space: The Buddha, Krishnamurti and Kierkegaard*, Ratmalana: Sarvodaya Vishva Lekha, pp. 84-110.

9) Alan B. Wallace & Shauna L. Shapiro(2006). p. 693.

10) James, quoted in Nettle(2005).

떻게 부조화를 낳는지를 성찰할 때, 붓다와 키르케고르가 설명하듯이 고상한 만족의 가치를 알게 된다. 드발(Bill Devall)의 말대로, 불교는 '수단은 단순하지만 목적은 풍부한' 삶을 주장한다.[11] 의욕결핍, 과잉행동, 역기능, 부조화의 해로운 효과는 월러스와 샤피로가 발전시켰듯이, 인지적·정서적·주의집중적 수준에 적용할 수 있다. 그러나 이번 장에서는 이 분석을 자세하게 다루지 않고 단지 '정서균형'과 관련하여 긍정적인 면과 부정적인 면을 알아볼 것이다.

인지적 수준은 앞 장에서 설명했듯이, 우리의 사고, 인지패턴과 관련이 있다. 정서에 관하여 다룬 제5장에서 세계와 타인을 바라보는 이기적인 방식에서 기본적으로 나오는 뿌리 깊은 인지왜곡 또는 망상을 언급하였다. 또한 불건전한 사고 패턴의 형태를 숙련된 방법으로 다룰 수 있는 「사유를 가라앉힘 경(vitakka-saṇṭhāna sutta)」을 언급하였다. 규칙적으로 마음챙김 수행을 함으로써 우리가 세계를 파악하는 방식을 개선하고 명료화하는 것은 주의집중적 요소를 발달시키는 긍정적 요소이다. 마음챙김을 유지하고, 잊어버리거나 산만해 하지 않고, 자발적으로 주의집중하여 익숙한 대상에 계속해서 초점을 맞출 때, 이 방법은 규칙적인 일상의 한 부분이 되고, 요지부동이던 그릇된 인지왜곡이 느슨해진다. 그리고 개선하고자 하는 의식이 우리가 사물을 보는 방식에, 우리가 특정 행동을 어떻게 수행하도록 또는 어떻게 제한하도록 동기를 부여하는 방식에 우리가 느끼고 정서를 다루는 방식에 들어오기 시작한다. 특히 '메타 주의집중'을 통하여 자기에 대한 앎을 계발하는 것은 우리의 웰빙과 정신적 균형을 발달시키는 핵심 자원이다.

---

11) Bill Devall(1990). *Simple in Means and Rich in Ends*, London: Merlin Press.

1. 정서, 웰빙, 정서적 지성

정서는 심리적 불안과 웰빙의 원인에 대하여 가장 적절한 실마리를 제공한다. 정서는 생각, 욕망, 의도, 생리적 각성이론, 주의집중적 요소들로 구성되어 있기 때문이다. 전문상담사로서 상담을 하면서 나는 마음챙김에 기반한 정서중심 치료를 발달시켰다.「많은 느낌 경(Bahuvedanīya Sutta)」과「교리문답의 짧은 경 (Cūlavedalla Sutta)」등 붓다의 많은 가르침은 정서적 차원의 본성, 느낌과 정서의 본성을 탐구하기 위한 일종의 헌장과 같다. 그러나 마음챙김 수행이 지성적이고 건설적인 삶을 위한 도구를 만들어 내는 일종의 '지성'을 어떻게 얻는지를 자세하게 검토할 필요가 있다. 마음챙김 수행은 정신적 탐구와 관련되어 있기 때문에 사람들이 지금 '정서적 지성'이라고 말하는 것을 만들어 낼 때 마음챙김 수행이 어떤 역할을 하는지를 이해하려면 얼마간의 시간이 필요하다.

학교와 대학 전체에 걸쳐서 문제 해결을 하는 데 이성과 기술이 지배하는 오늘날의 세계에서 정서와 접촉할 시간은 거의 없다. 최근 전문가들 사이에 정서적 지성에 대한 관심이 생겨 지성적 전문가 집단을 정서적으로 발달시키려 하지만, 삶의 장면으로는 너무 늦게 들어온다. 정서를 위한 공적인 공간은 사적인 공간과는 다르다. 물론 정서에 대한 교육은 사회적·경제적 주제를 논의할 공간을 가져다준다. 골먼(Daniel Goleman)의 유명한 연구 『감성지능(Emotional Intelligence)』이라는 책 자체는 공적인 공간에 놓여 있지만, 그가 지능지수(IQ)와 반대인 감성지수(EQ)라고 말하는 것은 엄청난 관심을 불러일으켰다.[12] 그러나 골먼은 정서적 지성에서 마음챙김이 하는 역할에 대해서는 분명하게 설명하지 않았다. 철학 비평가 애덤스(E. M. Adams)는 느낌과 충동에 대한 단순한 자각 그리고 타인의 느낌과 충동에 대한 단순한 자각은 인간을 이성적으로 만들 수 있

---

12) Daniel Goleman(1996). *Emotional Intelligence: Why It Can Matter More Than IQ*, London: Bloomsbury.

다는 점을 비평한다.[13] 그는 지성은 이해와 비판적 판단을 포함하는 인지적 문제이며, 정서에 관한 주제는 치료적 틀보다는 인식론적 또는 교육적 틀 안에서 검토될 필요가 있다고 말한다. 그리고 또 말하기를 이성적 비판이나 수정보다는 치료나 인과론적 접근법에 의하여 정서적 변화를 일으키려는 경향성은 의심스럽다는 것이다.

나는 애덤스가 제기한 모든 질문에 비판적으로 대응하는 논문을 썼다.[14] 골먼은 나의 소논문에 대하여 긍정적인 평가를 보여 주었다. 골먼은 감성지수(EQ)의 첫 번째 구성요소를 정의하면서 "나는 자기자각이라는 용어를 경험에 대한 자기 반성적, 성찰적 주의집중, 때로는 마음챙김을 언급하는 것으로 사용한다."라고 말한다.[15] 그러나 그는 이 주제를 더 상세하게 발전시키지는 않는다. 애덤스는 마음챙김 수행이 정서적 민감성을 어떻게 향상시키는지를 이해하지 못했다. 불교와 서양심리학을 연결하는 새로운 심리학 분야에서 이루어진 십 년 동안의 연구, 신경과학에서의 마음챙김 기법에 대한 연구, 마음챙김에 기반한 많은 치료법이 출현한 것은 애덤스가 제기한 질문에 실제적인 답을 제공한다.

1. 철학자 드 소이사(Ronald de Soysa)와 신경과학자 다마시오(Antonio Damasio)의 연구는[16] 정서가 기계적인 행동의 조직 안에서 모래알이 되기보다는 불확정한 상황에서 이성적인 행동을 실제로 촉진할 수 있다고 밝힌다. 결정하기에 대하여 엘스터(Jon Elster)는 다음과 같이 말한다.

정서가 없는 사람은 비합리적인 결정을 하지 않는다고 그들은 논변한다. 아니, 그

13) E. M. Adams(1998). "Emotional Intelligence and Wisdom", *Southern Journal of Philosophy*, p. 36.
14) Padmasiri de Silva(2002a). *Buddhism, Ethics and Society: The Conflicts and Dilemmas of Our Times*, Clayton: Monash Asia Institute, pp. 177-200.
15) Daniel Goleman(1996). *Emotional Intelligence*, Footnote 1, p. 315.
16) Antonio Damasio(1994). *Descartes' Error: Emotion, Reason and the Human Brain*, New York: G.P. Putnam.

뿐만이 아니다. 그들은 주장하기를 … 많은 경우에 이 정서가 없는 사람은 전혀 결
정을 하지 않거나 오랫동안 미룰 것이다. 그러한 기권이나 미루는 버릇은 비합리적
일 수 있다.[17)

정서는 우리의 신념과 지각을 통제하기 위한 일종의 '특징'을 제공한다. 정
서적으로 평탄한 것은 우유부단하게 하지만, 긍정적인 정서는 합리적인 결
정을 하는 데 역할을 할 수 있다. 정서의 인지이론은 정서에 대하여 합리적
인 비판을 하도록 적절한 초점을 제공한다. 그러나 정서는 느낌, 욕망, 의
도, 심리적 각성으로 구성되어 있기 때문에 정서의 모든 측면을 간파할 수
있으려면 마음챙김과 같은 명상 수행을 해야 한다.

2. 문제에 대하여 치료적 접근법을 거부하면서 '교육적 접근법'을 사용하고자
하는 애덤스의 주장에는 결점이 있다. 오늘날 마음챙김과 이와 관련된 기법
을 사용하는 명상교육이 미국과 같은 나라에서 주류교육에 편입되었다. 그
러나 과거에는 명상교육이 동양의 교육에서 중요한 요소였다. 삶에 대한 명
상적 접근법은 장엄하고 신성한 느낌을 가지고 순간순간 삶의 흐름을 보도
록 돕는다. 오늘날에는 윤리를 교육의 한 부분으로 보면서 논리와 분석적
기법을 사용하는 것을 넘어 학습 방법을 다양화하려고 한다. 순수한 도덕적
성찰을 절차와 규정으로 대체한다면, 그것은 결국 사람들이 도덕적으로 성
찰할 수 있는 능력을 마비시킬 것이다. 도덕적 삶은 순수한 도덕적 문제, 무
질서, 갈등을 개인적으로 직면할 것을 요구한다. 도덕적 민감성과 성격을
발달시키는 교육에서 이성과 정서 둘 다 역할을 한다. 비판적 분석 외에 '경
청'의 방법은 정치적·도덕적·종교적 관점과 같은 서로 다른 관점에서 대
화를 할 때 의사소통을 하게 하고, 듣는 사람의 관점을 변화시키는 데 도움
을 준다. 그렇기 때문에 이 방법을 '변형적 대화(transformative dialogue)'라고

17) Jon Elster(1999). *Strong Feelings: Emotion, Addiction and Human Behavior*, Cambridge, MA: MIT Press, pp. 287-288.

말한다. 그것은 어떤 지적 확신을 공고히 하는 과정이 아니라, 그것은 변화이고 타인을 지각하는 것이다.

3. 애덤스는 이성적 비판보다는 치료나 인과론적 접근법을 통해서 정서적 변화를 가져오려는 치료적 접근법을 평가절하한다. 제13장에서 살펴보게 될 마음챙김에 기반한 치료법이 최근에 출현한 것은 변화를 위한 치료적 · 명상적 접근법의 가치에 대해서 애덤스가 의문을 가지는 것에 대하여 실제적인 답을 제시한다. 제11장에서 명상교육의 가치를 자세하게 논의한다. 웰빙과 행복에 이르는 마음챙김으로 나아가는 방법에 도움이 되는 프로그램이 많이 있다. 그것들은 마음챙김에 기반한 스트레스 감소 프로그램(MBSR), 변증법적 행동치료(DBT), 수용전념치료(ACT), 마음챙김에 기반한 인지치료(MBCT) 등이다. 에크만과 월러스가 발전시킨 정서균형계발(CEB)은 일종의 교육적 모험으로 시작했고, 마음챙김에 기반한 정서중심치료도 마찬가지로 정서에 초점을 맞추고 있다.[18] [19] 명상과학에서 도입한 훈련과 수행이 또한 정서균형계발(CEB)의 핵심적 특징이다. 명상 수행은 긴장과 불안을 경감시킴으로써 웰빙에 이르게 할 수 있다.

누스바움(Martha Nussbaum)은 다음과 같이 말한다.

그들은 철학자를 만연한 많은 괴로움을 치유할 수 있는 사랑의 의사로 보았다. 그들은 철학을 세상과 동떨어져 있는, 똑똑하다는 것을 보여 주는 지적 기법으로 보지 않고, 세상 속에 들어가 비참함과 싸우는 예술로 보았다. 그들은 결과적으로 죽음에 대한 두려움, 사랑과 성, 분노와 공격성 같은 일상적이고 인간적인 주제에 관심을 기울였다. 세상과 동떨어진 다양한 철학은 그러한 주제를 난처하고, 지저분하고, 개인적인 것으로 여겨 피하기도 한다.[20]

18) 제8장의 초기 원고에 대해서 소중한 코멘트를 해 준 앨런 월러스에게 감사의 말을 전한다.
19) Padmasiri de Silva(2010b). "Mental Balance and Four Dimensions of Well-being: A Buddhist Perspective", *Proceedings of the UNDV Conference*, Thailand, Bangkok.
20) Martha Nussbaum(1991). *The Therapy of Desire*, Princeton, NJ: Princeton University Press, p. 3.

누스바움이 스토아학파와 에피쿠로스학파에 대하여 말했던 것은 힌두교, 불교, 중국과 일본의 현자들에게도 진실이다. 선불교는 종종 교리와 신념에 대하여 강경한 태도를 가지고 있는 사람, 특히 '논리'를 진리에 이르기 위한 '도구'로 생각하는 사람들의 마음에 자극을 주기 위하여 '역설'을 사용한다. 그것은 특별히 자신의 학문에 자만하면서 겸손하지 않은 사람들을 위한 기법이다. 따라서 정서균형을 다루는 이번 장의 맥락에서 볼 때 정서균형은 인지의 균형, 의욕의 균형, 더 중요한 것은 주의집중의 균형과 필수적으로 연관된다는 것을 강조하여야 한다. 이렇게 혁명적인 균형과 조화는 정서와 명상에 대한 애덤스의 의문에 대해서 완벽한 대답을 제공한다.

월러스와 샤피로가 고안한 도식에 따르면,[21] 정서균형은 정서적 동요, 냉담, 부적절한 정서로부터 자유로워지는 것이다. 사실 앞에서도 드 소이사(Ronald de Soysa)가 말했듯이, 긍정적 정서는 두드러지고 초점을 가지므로 우유부단함을 피할 수 있다. 정서적 무관심은 정서적으로 죽은 것이고, 과잉행동은 지나친 고양과 우울, 희망과 두려움, 미혹과 혐오를 포함하고 있다.

2. 불교적 맥락에서 본 평정심과 웰빙의 다섯 가지 차원

평정심(upekkhā, 捨)이라는 용어는 붓다의 가르침에서 몇 가지 다른 맥락으로 사용된다. 이 가운데 몇 가지는 균형과 평정의 개념을 중심으로 다양한 방식으로 이해할 필요가 있다.

1. 우선 그것은 즐거운 느낌이나 괴로운 느낌과는 다른 중립적인 느낌으로 사용된다.

---

21) Alan B. Wallace & Shauna L. Shapiro(2006). p. 698.

2. 두 번째, 성공과 실패, 칭찬과 비난에 대하여 그리고 상실과 획득, 오명과
   명예, 비난과 칭찬, 고통과 쾌락이라는 삶의 여덟 가지 우여곡절에 대하여
   초연한 것을 의미할 때 사용된다.[22]

3. 세 번째, 빨리어 자나(jhāna, 禪)로 설명되는 네 가지 몰입하는 명상 상태의
   스펙트럼 안에서 일어나는 평정심이 있다. 이 평정심의 상태는 순수한 평정
   심(parisuddhi-upekkhā)으로 묘사된다. 일선(一禪), 이선(二禪), 삼선(三禪)에
   서 초연한 마음은 다음의 네 가지 요소들의 균형을 잡는 데 필요하다. 대상,
   즉 이 맥락에서는 호흡에 대한 첫 탐구(vitakka, 尋), 지속적인 관찰을 통해서
   마음의 닻을 내리는 것(vicāra, 伺), 희열(pīti, 喜), 행복감(sukha, 樂)이다. 마지
   막 네 번째 상태, 즉 사선(四禪)은 평정한 느낌에 따라오는 평정심의 상태이
   다. 말할 것도 없이 이러한 몰입의 상태에서 나타나는 행복과 평정심은 다
   른 수준이다.

4. 평정심이란 용어가 사용되는 네 번째 맥락은 가장 잘 알려진 수행 가운데
   하나로 자애(mettā, 慈), 연민(karuṇā, 悲), 기뻐하는 마음(muditā, 喜), 평정심
   (upekkhā, 捨)이라는 사무량심(四無量心)을 계발하는 수행이다. 이 지고한 평
   정심의 상태는 초연한 마음과 다른 정신적 요소들이 결합한 것이기 때문에
   이러한 배경은 친구나 적을 중립적으로 대하도록 돕는다. 쓰나미, 산불, 지
   진, 홍수를 겪을 때 우리는 '연민의 공포'로부터 자유로워지기 위하여 휴식
   할 필요가 있다. 평정심은 우리가 그러한 괴로움을 함께 괴로워하면서도,
   그것이 세계의 질서라고 성찰하도록 돕는다. 따라서 우리는 자애와 연민을
   맥락에 따라서 행해야 한다. 평정심은 그 자체의 함정 때문에 무관심한 상
   태가 될 수 있다. 평정심은 마음을 살피는 상태여야 하고, 괴로움에 대한 통
   찰력 있는 이해가 뒷받침되어야 한다. 냐나뽀니까(Nyanaponika) 스님은 평
   정심이 네 가지 지고한 상태 가운데 가장 꼭대기에 있는 왕좌라고 말한다.

---

22) AN. viii, 153.

5. 평정심(upekkhā)은 일곱 가지 깨달음의 요소(七覺支) 가운데 하나다. 마음챙김(sati, 念), 탐구(dhamma-vicaya, 擇法), 신체적·정신적 정진(vīriya, 精進), 희열(pīti, 喜), 신체적·정신적 경안(passaddhi, 輕安), 집중(samādhi, 定)이라는 깨달음의 요소 가운데 최고의 요소이다. 여섯 가지 깨달음의 요소 모두가 조화롭게 작용하는 것이 평정심의 중요한 차원이 될 것이다. 일곱 가지 깨달음의 요소는 수행자에게 중요한 방법을 제시하며, 내가 개인적으로 이해한 바에 따르면 이 방법을 규칙적으로 수행함으로써 분명히 진지한 수행자가 될 것이다. 수행의 성취는 스승의 지도하에 규칙적이고 지속적으로 수행하는 것에 달려 있다.

3. 땅, 물, 불, 바람에 대한 평정심 비유

사람들이 깨끗한 것이나 깨끗하지 않은 것, 예를 들어 배설물, 침, 고름이나 피를 땅에 내던지더라도, 땅은 공포를 느끼거나 굴욕감을 느끼거나 혐오스러워하지 않는다. 마찬가지로 당신이 땅과 조화를 이루는 명상을 할 때 일어나는 즐거운 감각이나 불쾌한 감각이 당신의 마음에 머물지 않을 것이다.

사람들이 깨끗한 것이나 깨끗하지 않은 것, 예를 들어 배설물, 침, 고름이나 피를 물로 씻을지라도, 물은 공포를 느끼거나 굴욕감을 느끼거나 혐오스러워하지 않는다. 마찬가지로 당신이 물과 조화를 이루는 명상을 할 때 일어나는 즐거운 감각이나 불쾌한 감각이 당신의 마음에 머물지 않을 것이다.

사람들이 깨끗한 것이나 깨끗하지 않은 것, 예를 들어 배설물, 침, 고름이나 피를 불로 태울지라도, 불은 공포를 느끼거나 굴욕감을 느끼거나 혐오스러워하지 않는다.

마찬가지로 당신이 불과 조화를 이루는 명상을 할 때 일어나는 즐거운 감각이나 불쾌한 감각이 당신의 마음에 머물지 않을 것이다.

사람들이 깨끗한 것이나 깨끗하지 않은 것, 예를 들어 배설물, 침, 고름이나 피를 바람에 날려 버릴지라도, 바람은 공포를 느끼거나 굴욕감을 느끼거나 혐오스러워하지 않는다. 마찬가지로 당신이 바람과 조화를 이루는 명상을 할 때 일어나는 즐거운 감각이나 불쾌한 감각이 당신의 마음에 머물지 않을 것이다.[23]

우리는 이러한 다양한 비유들을 보다 일반적인 비유로 결론짓고자 한다. 그것은 자신의 이익을 위하여 일하는 것과 다른 사람의 이익을 위하여 일하는 것 사이의 이분법을 해결하거나 이분법의 균형을 맞추는 방법을 찾는 곡예사의 비유로 설명할 수 있을 것이다. 대나무 장대를 세우는 대나무 곡예사는 그의 조수에게 대나무 장대에 올라 그의 어깨 위에 설 것을 요청한다. 그리고 "자, 이제 내가 너를 돌볼 테니, 네가 나를 돌보아라."라고 말한다면 조수는 "그것으로는 충분하지 않아요. 나는 나 자신을 돌볼 테니 당신은 당신 자신을 돌보세요."라고 말할 것이다. 붓다는 이 맥락에서 중요한 통찰을 이끌어 낸다. 남을 보호하는 최선의 방법은 우선 자기 자신을 보호하는 것이다. 다른 사람들이 그들 자신을 보호하는 것이 나 자신을 보호하는 것이다.

---

23) MN. I. 422.

4. 불교의학과 아유르베다 전통: 불균형에 관한 체액이론

불균형이라는 주제는 초기 의학사, 특히 그리스 의학에서, 나중에는 스리랑카에서 더 발달한 인도의 아유르베다 전통의 네 가지 체액의 불균형과 연관되어 있다. 그리스 전통에서 네 가지 체액은 흑담즙, 황담즙, 점액, 혈액이고, 그것들은 기질적 차이와 연결되어 있다. 체액의 불균형에 관하여 불교와 아유르베다 관점의 유사성을 논의한 것이 있다. 기리마난다(Girimānanda) 스님이 심하게 아팠을 때 붓다는 아난다에게 이 경전의 내용을 전해 주도록 한다. 「기리마난다 경 (Girimānanda Sutta)」에서는 담즙, 점액, 바람, 체액의 충돌로 인해서 생겨나는 병을 설하고 있다.

> 몸은 많은 고통과 위험의 원천이다. 모든 질병은 몸에서 생긴다. 담즙 때문에, 점액 때문에, 바람 때문에, 체액의 충돌 때문에 생기는 병, 기후의 변화, 익숙하지 않은 행동, 폭력, 업의 결과, 열, 기아, 갈증, 대소변으로 인하여 생기는 병 등이 있다.[24]

다르마시리(Gunapala Dharmasiri) 스님이 쓴 책은 불교와 아유르베다에서 영감을 얻어 의학의 발달과 관련된 주제를 자세하게 설명하고 있다.[25]

5. 신경과학과 정서균형: 뇌의 가속기능과 억제기능

나는 신경과학의 최근 연구 성과에 따라서 정서 각성과 정서 규제 사이의 균형은 전두엽피질과 피질하부 대뇌변연계의 편도체 사이의 관계로 맥락화할 수

---

24) AN. 10. 196.

25) Gunapala Dharmasiri(1997). *The Nature of Medicine*, Kandy: Lalith Graphics.

있다는 것을 밝히면서 이번 장을 결론짓고자 한다.[26] 시걸(Daniel Siegel)은 마음
을 챙기면서 알아차리는 것은 전두엽피질과 대뇌변연계 사이의 연결을 바꿈으
로써 의식의 비반응성에 직접적으로 영향을 미친다는 중요한 언급을 한다.[27] 따
라서 전두엽 영역은 각성 상태를 평가할 수도 있고, 조절할 수도 있다. 여기서 통
합하는 전두엽영역이 대뇌변연계와 협력하고 균형을 맞출 수 있기 때문에 삶이
의미를 가지고 정서적으로 풍요로워질 수 있다. 지나치게 폭발하여 삶이 혼돈스
러워지거나, 지나치게 적어서 삶이 무료하고 우울해지지 않을 수 있는 것이다.[28]
시걸은 협력과 균형이 더 발달하면 행동하기 전에 멈출 수 있고, 가장 중요한 것
은 반응하기 전에 다양한 의견을 생각할 수 있는 '반응유연성(response flexibility)'
을 갖게 되는 것이라고 말한다. 결론적으로 숙련된 수행자는 역경에 직면하여
도 높은 수준의 긍정적 정서와 웰빙을 유지하는 회복탄력성(resilience), 부정적
정서를 규제할 수 있는 능력과 같은 이상적인 정서양식을 발달시킨다고 말할
수 있다.

---

26) Daniel Goleman(1996).

27) Daniel Siegel(2007). *The Mindful Brain*, New York: W. W. Norton and Company, p. 212.

28) Daniel Siegel(2007). p. 212.

9

몸과 마음의 관계와 불교적 맥락주의

소리는 소라껍데기 속에 사는 것이 아니라 때때로 나오는 것이다. 소라껍데기를 부는 사람과 소라껍데기, 그 둘 때문에 소리는 나오게 된다. 생기, 열, 의식이 있기 때문에 몸은 가고, 서고, 앉고, 눕는 행위를 할 수 있다. 오감과 마음은 다양한 기능을 수행할 수 있다.[1]

붓다는 물질적이든, 정신적이든 영원한 실체를 부인한다. 붓다는 인간을 정신과 물질의 복합체(psycho-physical complex)로 본다. 정신적인 것을 물질적인 것으로, 물질적인 것을 정신적인 것으로 환원시키지 않는다. 몸과 마음은 조건적으로 존재하며, 역동적 복합체(dynamic complex)의 다양한 관계 안에서 나타난다. 기본적으로 붓다의 입장은 물질론적 유형이든, 정신론적 유형이든, 이원론도 일원론도 아니다. 붓다가 정신적 또는 신체적 느낌을 언급할 때처럼, 붓다의 가르침은 이러한 틀 안에서 '물질적인 것'과 '정신적인 것'을 상대적으로 구별한다. 붓

---

1) DN. II. 337-339.

다는 몸과 마음의 관계를 맥락에 따라서 설명하지, 이것을 형이상학적 주제로 복잡하게 전환시키지 않는다. 보다 깊은 의미에서 몸과 마음이 하나인지 또는 그것들이 각자 독립적인지에 대한 질문은 결정되지 않은[無記] 질문으로 붓다는 남겨 둔다.

우리는 먼저 몸과 마음에 관련된 형이상학적 주제를 다루고 나서 불교적 입장을 상당히 많이 왜곡했던 윤리적 주제를 다루고자 한다. 마지막으로 불교적 경험주의의 통찰을 제시하려고 한다.

형이상학적 주제에서 보면, '두 묶음의 갈대가 서로를 지지하면서 서 있는 것처럼, 의식[識]은 정신과 물질[名色]에 의지하고, 정신과 물질은 의식에 의지한다. … 그러나 이 갈대 묶음 가운데 하나가 빠지면 다른 갈대가 쓰러지고, 반대로 다른 갈대가 빠지면 나머지 갈대가 쓰러진다.'[2] 빨리어로 '나마루빠(nāma-rūpa)'의 번역어인 '정신과 물질'은 두 가지 중요한 용도로 쓰인다. 첫 번째 맥락은 느낌[受], 지각[想], 성향[行], 의식[識], 몸[色]이라는 다섯 가지 무더기[五蘊]를 말하고, 두 번째 맥락은 의존적 발생, 즉 연기[緣起]의 네 번째 연결고리다. 두 번째 맥락에서 정신과 물질은 함께 나타났다가 함께 사라진다. 그들의 관계는 상호의존적이어서 함께 나타났다가 함께 사라진다. 일반적으로 붓다는 몸과 마음과 같은 주제에 대하여 궁극적인 해답을 제시하지 않고, 수행적이고 실용적인 필요에 따른다. 두 가지 맥락 가운데 두 번째 맥락은 느낌[受], 지각[想], 성향[行]을 모은 것이 어떻게 물질[色]을 인식하게 되는가를 나타내는 중요한 질문이다. 연기의 맥락에서 물질, 느낌, 지각, 성향이 '정신과 물질(nāma-rūpa, 名色)'로 주어진 것이다. 어떤 경험을 하든지 그것은 '의식과 함께하는 정신과 물질(nāma-rūpa saha viññāṇa)'을 포함할 것이다. 물질은 내적인 것(ajjhattika)과 외적인 것(bāhira)으로 생각할 수 있다. 우리는 경험적으로 '이 몸은 나의 것'이라는 형태에서 내적인 것을, '내가 보는 나무는 외부에 있다.'라는 형태로 외적인 것을 인식한다. 따라서

---

2) SN. II. 114.

가장 중요한 관계는 정신과 물질에 의식을 합한 결합을 말한다. 그것들은 함께 나타났다가 함께 사라진다. 그것은 의존적 발생, 즉 연기의 관계를 묘사한 것으로, 앞에서 언급한 맥락의 핵심 메시지이다. 그것들은 상호관계적이고, 상호의존적이어서 동시에 나타난다. 정신과 물질은 의식에 의존하고 있고, 의식은 정신과 물질에 의존하고 있다.

우리가 상호관계, 의존, 동시생멸을 이해한다면, 이원론과 일원론 같은 존재론의 함정으로부터 쉽게 벗어날 수 있다. 이 점은 명상 수행이 가지는 반존재론적 맥락에서도 강조되는데, 명상 수행의 몰입 경험을 통하여 우리는 경험의 현상적 특징과 느낌과 몸 같은 용어의 지시적 특징을 구별한다. 따라서 불교적 실용주의는 더 깊은 맥락적 토대를 가지고 있다. 예를 들어, 우리가 지각과정의 종합적 성격을 이해한다면, 특정 맥락에 제한되는 언어장치로서 용어의 사용법을 알 수 있다.

윤리적 주제는 몸에 대한 두 가지 관점 때문에 제기되며, 이것은 다시 맥락에 따라서 살펴볼 필요가 있다. 특정 맥락에서 붓다는 몸에 지나치게 집착하는 사람이 빠지게 되는 결과에 초점을 맞춘다. 그러한 맥락에서 몸은 감각의 상징이며, 구원은 몸의 마술로부터 빠져나오는 것이다. 이러한 관점에 대한 많은 비유가 있다. 몸을 상처, 쓰라림, 깨지기 쉬운 그릇 등으로 비유한다. 혐오, 죽음, 질병에 대한 명상은 부숴지기 쉬운 몸에 초점을 맞춘다. 다른 맥락에서 보면 다른 태도가 있다. 예를 들어, 자살 시도를 할 때 극도의 금욕주의는 소용없는 노력으로 생각된다. 붓다는 순수한 쾌락과 극도의 금욕에 빠지지 않는 중도를 권장한다. 붓다는 자유란 덥수룩한 머리, 굶주림, 헐벗음, 좋지 않은 환경에서 산다고 해서 이루어지는 것이 아니라고 말한다. 붓다는 몸, 말, 생각을 삼가라고 말하면서 또한 침착함, 곧은 자세, 서 있거나 걷거나 앉아 있을 때 마음챙길 것을 강조한다. 붓다는 금욕주의를 다룰 때 몸에 대하여 보다 긍정적인 생각을 가지고 있다. 몸과 마음의 균형과 조화를 자주 강조한다. 또한 통찰명상에서 몸은 탁월한 역할을 하는데, 경험을 통해서 몸을 알 때 특히 그러하다.

　　마음챙김 수행을 통한 불교적 경험주의의 관점은 몸과 마음의 관계를 통찰하
도록 한다. 붓다는 마지막 분석에서 책을 통해서 배운 것(sutamaya, 聞所成)과 지
적 지식(cintāmaya, 思所成)은 경험적 지식(bhāvanāmaya, 修所成)에 비하여 그 영역
이 제한되어 있다고 말한다.

1. 불교적 경험주의

　　불교의 마음챙김 수행은 네 가지 부분, 즉 몸[身], 느낌[受], 마음[心], 정신적 현
상[法]으로 나뉘어 있다. 명상의 맥락에서 몸은 고유하기 때문에 몸에 대한 마음
챙김은 출발점이 된다. 호흡에 초점을 맞추는 것을 시작으로 체계적으로 수행
하면 신체적 황홀함과 그에 수반되는 기쁨을 경험할 것이다. 느낌으로 옮겨 가
면 마음의 영역으로 들어가게 된다. 느낌은 몸, 마음 또는 몸과 마음이 연결되어
있을 때 흥미롭다. 앉기, 걷기, 서기와 같은 몸의 자세에 대해서 마음챙기면서
마음챙김을 몸 전체로 확장하고, 이 연습을 체계적으로 하면 당신이 입술을 움
직이고, 주먹을 쥐거나 얼굴을 찡그릴 때 화가 나 있다는 것을 추측할 수 있다.
그러다가 고요하고 침착함을 느낄 때 호흡패턴은 달라진다. 따라서 우리는 분
노, 슬픔, 기쁨을 보다 구체적으로 경험하는 방식으로 몸과 마음이 대화하는 세
계로 들어간다. 『맛지마 니까야』의 「몸에 대한 마음챙김 경」은[3] 경험주의와 몸
과 마음의 관계에 대한 일종의 헌장이다. 제5장에서 설명한 정서에 대한 현대의
연구는 독자들이 정서를 경험함으로써 몸과 마음의 본성을 더 자세하게 볼 수
있도록 돕는다.

---

3) MN. III. 89-103.

2. 동양과 서양의 사고방식

유명한 티벳불교 전문가인 구엔터(Herbert Guenther)는 다음과 같이 말한다.

우리가 '몸'과 '마음'이라고 부르는 것은 경험과 동일시한 것을 단순히 추상화한 것이지만, 그 경험은 어떤 추상적 개념으로 환원할 수 없다. 그리고 그것은 경험의 본성을 조작하지 않고서는 어떤 사물로도 실체화할 수 없다.[4]

활을 당기는 사람은 '나'인가? 아니면 나를 초긴장 상태로 몰고 가는 것이 활인가? '내'가 목표를 이룬 것인가 아니면 목표가 내게 온 것인가? 몸의 눈으로 볼 때 그것은 정신적인 것인가? 정신의 눈으로 볼 때 그것은 물질적인 것인가? 아니면 둘 다인가? 아니면 둘 다 아닌가? 활, 화살, 목표, 자아 모두 서로에게로 녹아 없어진다. 그러므로 나는 더 이상 그것들과 분리될 수 없다. 분리될 필요도 없어진다. 내가 활을 잡고 쏘자마자 모든 것은 분명해지고 간단해져서 너무 터무니없이 단순해진다.[5]

서양에서 전승되는 어휘는 데카르트의 이원론적 전통에 기초하기 때문에 설(John R. Searle)은 몸과 마음을 정신 대 육체, 영혼 대 물질, 유심론 대 유물론처럼 대조적으로 묘사한다.

의식은 정신적인 것이지만 분자의 속성이 유동적이라는 의미에서 뇌의 속성은 물질적 속성을 가지고 있다. 속성이 물질적이라고 해도, 그것이 정신적이라는 것을 부인하는 것은 아니다.[6]

---

4) Herbert Guenther(1973). "Body and Mind". Mipham, pp. 15-16.
5) Eugene Herrigel(1985). *Zen in the Art of Archery*, Atkana Penguin Books, pp. 85-86.
6) John R. Searle(1994). *The Rediscovery of the Mind*, Cambridge, MA: MIT Press, p. xiii.

10
전인적 심리학: 사유와 느낌의 융합

히스테리 환자는 마치 해부학이 존재하지 않는 것처럼 행동한다.

지그문트 프로이트(Sigmund Freud)

나는 이제 나의 전체 이론의 핵심을 말하려 한다. 만일 우리가 강한 정서를 좋아해서 그것에 대한 의식으로부터 신체 시스템의 모든 특징을 뽑아내려고 한다면, 뒤에는 아무것도 남지 않는다는 것을 알게 된다. 정서를 구성할 수 있는 '마음이라는 것'은 없고, 냉정하고 중립적인 지적 지각상태만이 남게 된다.

윌리엄 제임스(William James)

두 묶음의 갈대가 서로를 지지하면서 서 있는 것처럼, 의식은 정신과 물질에 의지하고, 정신과 물질은 의식에 의지한다. 만일 내가 갈대 묶음 가운데 하나를 내게로 끌어당기면 나머지 하나는 쓰러질 것이다.

『쌍윳따 니까야』(SN. II. 114)

우리는 제3장에서 지각(saññā)과 사유(vitakka)의 관계를 검토하였다. 이번 장에서는 사유(vitakka, 尋)와 느낌(vedanā, 受)의 관계를 검토할 것이다. 솔로몬(Robert C. Solomon)의 『느낌에 대한 연구(Thinking About Feeling)』[1]는 마음과 정서에 대한 현대의 철학적 연구에 기여한 정서 관련 글들을 모아 놓았다. 이번 장은 사고와 느낌에 대한 주제를 검토하면서 『느낌에 대한 연구』의 핵심 주제에 대한 불교적 관점을 제시하고자 한다. 생각과 평가에 초점을 맞추는 인지이론과 몸과 느낌에 초점을 맞추는 생리적 각성이론 사이의 골은 점점 깊어지고 있다. 『느낌에 대한 연구』의 첫 장을 쓴 데이(John Deigh)는 정서이론에 있는 기본적인 갈등을 설명하면서 정서 연구의 주요 주제는 프로이트의 '정서는 이념적으로 생성(ideogenic)된다.'라는 견해와 제임스의 '정서는 신체적으로 생성(somatogenic)된다.'라는 견해를 화해시키는 것이라고 말한다. 그는 '제임스'의 견해가 정서 연구에 풍부한 결실을 맺게 할 수 있는 원천이라고 말하는데, 그 이유는 제임스가 정서를 경험하면서 일어날 수 있는 신경생리학적 과정을 연구했기 때문이라고 한다. 제임스는 이러한 신경생리학적 과정을 느낌과 동일시한다.[2] 데이는 또 말하기를, "프로이트가 종종 정서를 에너지의 흐름으로 말했지만, 정서를 의미와 목적의 전달자로 보는 프로이트의 견해는 무의식적 마음에 대한 프로이트의 개념에 내포되어 있다. 그리고 다른 방식으로는 설명할 수 없는 생리적 질병, 느낌, 행동을 이해하기 위하여 무의식적 마음의 개념을 사용하는 방식이 내포되어 있다."[3]

앞 장에서 우리는 몸과 마음의 관계를 검토함으로써 불교심리학의 전인적 관점의 한 측면을 살펴보았다. 불교심리학의 전인적 관점과 밀접하게 관련 있는 것은 사유[尋]와 느낌[受]의 관계이다. 정서 연구에 대한 서양의 현대적 흐름에 대

---

1) Robert C. Solomon (Ed.) (2004b). *Thinking About Feeling*, Oxford: Oxford University Press.

2) John Deigh(2004). "Primitive Emotions", In R. C. Solomon (Ed.), *Thinking About Feeling*, Oxford: Oxford University Press, p. 25.

3) Robert C. Solomon(2004b). p. 25.

한 연구 외에도, 이 책의 제2부에서 상담에서 사용되는 다양한 치료모델을 자세하게 설명할 것이다. 이는 정서연구의 이론적 경계를 넘어선 것이고, 정서에 대한 생리지향적 이론과 인지치료를 결합한 것이다. 마음챙김에 기반한 정서중심치료(mindfulness-based emotion-focused therapy)를 사용하면서, 나는 이러한 다양한 접근법들이 갈등하는 관계라기보다는 단순히 대조적인 관점이라고 볼 수 있었다. 붓다의 가르침은 '정서에 대한 전인적 개념'을 제공하고, 제9장에서 논의한 몸과 마음의 관계에 대해서도 전인적 관점을 제공한다. 이 전인적 관점이 정서 연구에서 중요한 만큼, 실제적인 삶의 문제를 다루는 상담에서도, 마음챙김에 기반한 정서중심치료에서도 똑같이 중요하다.

솔로몬은 '정서, 생각, 느낌'을 논의하면서 상당히 많은 유연성을 보여 준다. 그것은 아마도 정서이론의 다양성을 받아들이도록 돕는다.

> 그러나 몸의 역할과 정서에서 몸의 느낌의 본성과 역할에 대하여 나의 관심이 점점 증가하는 것은 나의 판단이 너무 흐려져서 느낌이론을 대체할 만한 이론을 추구하면서 다른 방향으로 너무 멀리 간 것은 아닌지 하는 의심 때문이었다. 정서에서 (단지 감각만이 아닌) 몸의 느낌에 대한 설명은 이차적 관심이 아니고, 정서 경험에서 몸의 본질적 역할을 인정하는 것과 별개가 아니라는 것을 이제 나는 인정하게 되었다.[4]

그는 앞의 진술을 강조하면서 신경과학에 관심이 있는 것이 아니라 기본적으로 현상학적 경험에 관심이 있다고 말한다. 나는 이 말을 매우 흥미롭게 생각한다. 이 책에서 언급할 퍼트(Candace Pert)의 연구,[5] 명상이 긍정적 정서 발달에 미치는 영향을 입증한 데이비슨(Richard Davidson)의 '신경가소성 테제' 등 신경과

4) Robert C. Solomon(2001). *True to Our Feelings*, Oxford: Oxford University Press, p. 85.
5) Candace B. Pert(1997). *Molecules of Emotion*, New York: Scribner.

학과 정서에 관한 탁월한 연구가 있다.[6] 이러한 발견은 분명히 건강한 정서관을 발달시키는 것에 대한 명상의 역할을 새롭게 조명하지만, 붓다는 신경과학적 통찰을 전혀 언급하지 않는다. 물론 2,600년 전에는 신경과학이 있지도 않았다. 붓다는 일상의 삶에서 자신에 대한 앎(self-knowledge)을 발달시키면서 내적 그리고 외적 명상 경험의 현상학에 초점을 맞춘다. 솔로몬도 두려움, 분노, 혐오와 같은 단기적인 정서가 특징적인 신체 변화를 포함한다는 것과 이러한 신체 변화를 느낄 수 있으며 이러한 징후를 특정 정서와 동일시하는 실수를 할 수 있다는 것을 관찰한다.[7] 여기서 다시 한번 강조하자면, 명상 수행에서 호흡은 의식적 기능과 무의식적 기능 사이의 문턱에 서 있다. 호흡은 몸을 의식적으로 통제할 수 있는 영역을 확장하는 방법을 제공하고, 또한 마음이 어떻게 신체변화를 두려움이나 흥분으로 해석하는지를 식별한다. 명상을 하면서 몸의 근본적인 맥박에 초점을 맞추는 것은 매우 유용하다.[8] 정서 경험에서 이러한 신체변화는 중요하지만, 정서가 신체의 변화패턴을 (의식적으로나 무의식적으로) 지각한다는 제임스의 주장을 불교는 완전히 지지하지는 않는다.

1. 불교심리학에서의 정서 개념

불교적 맥락에서 정서는 하나의 구성물이고, 인과론적 그물망 안에서 일어나는 상호작용적으로 구성된 복합체이다. 복합체를 이해하는 최선의 방법은 먼저 인간을 구성하는 다섯 가지 요소[五蘊]를 살펴보는 것이다. 명상가의 마음챙김이 예민해지고 분명해질 때 명상가는 다섯 가지 요소를 구별하는 법을 배운다. ① 물질 또는 물질적 형태(rūpa, 色), ② 괴로운, 즐거운, 중립적인 경험의 정동적 분위

6) Daniel Goleman (Ed.) (2003). *Destructive Emotions*, London: Bloomsbury.

7) Robert C. Solomon(2004b). p. 93.

8) Jon Kabat-Zinn(1990). *Full Catastrophe Living*, New York: Delta Publishing, pp. 48-49.

기인 느낌(vedanā, 受), ③ 알아차리고, 구별하고, 재인식하는 역할을 하는 요소인 지각(saññā, 想), ④ 정신적 활동의 지향적 측면인 의지(saṅkhāra, 行), ⑤ 감각을 통하여 작용하는 기본적인 알아차림인 의식(viññāṇa, 識)이 있다. 우리는 다섯 가지 요소 안에서 의식의 인지적 · 정동적 · 의욕적 또는 의지적인 측면이라는 세 차원과 몸을 구별한다. 불교에서 느낌(vedanā)이라는 용어를 이해할 필요가 있다. 왜냐하면 이 용어는 즐거운, 괴로운, 중립적인 느낌을 말하지만 그것은 생각, 평가, 의도의 요소가 부가되면서 정서로 전환될 뿐이기 때문이다. 즉, 인지적 차원, 느낌의 차원, 의지적 차원은 생리적 각성이론과 함께 정서를 구성한다. "불교심리학에서 느낌(vedanā)은 즐거운, 괴로운, 중립적인 것을 알려 주는 기본적인 감각을 말한다는 것을 분명하게 해야 한다. 그렇기 때문에 기본적인 느낌으로부터 생기지만 그 느낌에 다양한 강도의 좋아함, 싫어함, 다른 사고 과정이 더해지는 정서와 혼동해서는 안 된다."[9]

더 자세하게 말하자면 정서는 지각, 느낌, 욕망, 믿음, 평가, 생리적 각성이론의 공동산물로 생겨난다고 볼 수 있다. 또한 문화적 필터와 사회적 필터가 정서의 경험에 영향을 미친다.[10] 의지적 형성물[行]이라는 구성요소는 정서가 개인의 책임이라는 핵심개념을 보여 준다. 붓다의 가르침은 또한 특정 정서, 특히 자만심, 자부심, 수치심, 질투, 굴욕감과 같이 자기평가의 정서로 설명되는 것에서 '자아'의 역할에 초점을 맞춘다. 반면 겸손과 관대함은 자기를 낮추는 정서이다. (제20장을 보라.)

9) Mahathero Nyanaponika(1983). *Contemplation of Feelings*, Kandy: Buddhist Publication Society, p. 7.
10) Padmasiri de Silva(1995). "Theoretical Perspectives on Emotions in Buddhism", In J. Marks & R. T. Ames (Eds.), *Emotions in Asian Thought*, Albany: State University of New York Press, pp. 109-120.

2. 정서와 의도성

　정서에서 의도적·의지적 차원은 핵심적인 역할을 한다. 왜냐하면 유익한 정서와 유익하지 않은 정서를 구별하는 것은 의도와 동기(cetanā), 선택, 자유의지 그리고 책임의 산물여부에 달려 있기 때문이다. 불교는 분노, 욕망, 자만심의 잠재의식적 층(anusaya)이 있다는 것을 받아들이지만, 이 개념이 책임감을 부인하는 것은 아니다. 분노는 잠재적일 수도 있고, 의식적 사고과정의 수준에 있을 수도 있어서 말이나 행동으로 나타날 수 있다. 마음챙김을 계발하는 것은 의식적 수준과 잠재의식적 수준에서 이를 제어하도록 돕는다. 이 점에서 '성격' 개념이 또한 중요해진다.

　솔로몬은 의도와 책임이 정서의 핵심이라는 것을 강조한다. "나는 우리가 단순히 정서의 수동적 희생자가 아니라 매우 적극적으로 정서를 계발하고 구성할 수 있다고 주장하고 싶다. 달리 말하자면 우리는 정서를 단지 나쁜 행동에 대한 변명거리라고 볼 수 없다."[11] 그는 또 주장하기를 정서는 지적일 뿐 아니라 놀랄 만큼 목적 지향적이라는 것이다. 정서는 때때로, 아니 매우 자주 세상에서 잘 살기 위한 전략이다.[12] 솔로몬처럼 심리학자 에이브릴(James Averill) 또한 정서와 책임 사이의 관계를 매우 분명한 용어로 받아들인다. 그는 열정(passion)이라는 단어가 거의 이천 년 동안 쓰였는데, 그것의 어원은 그리스어 '파토스(pathos)'와 라틴어 '파띠(pati, 겪다)'이며, 정서는 수동성과 연관되어 있다고 말한다.[13] 다시 말하자면, 정서에 '사로잡혀 있는' '찢긴' '슬픔에 빠진' '분노에 휩싸인' '회한으로 고통스러운' '큐피드의 화살에 맞은' 등의 표현은 이 수동성의 좋은 예이다. 솔로

---

11) Robert C. Solomon(2004b). p. 3.

12) Robert C. Solomon(2004b). p. 3.

13) James R. Averill(1980). "Emotion and Anxiety: Sociocultural, Biological and Psychological Determinants", In Rorty, A. O. (Ed.), *Explaining Emotions*, Berkley: University of California Press, p. 38.

몬은 종종 정서관리를 '야수를 길들여 우리 안에 넣는 것'에 비유한다.[14] 에이브릴은 수동성의 경험을 착각이라고 말한다. 이것은 자기자각의 영역을 넓힘으로써 알 수 있다.

솔로몬은 선택과 책임의 문제에서 '의지(will)'라는 형이상학적 개념을 도입하고 싶어 하지 않는다. 사실 빨리어 상카라(saṅkhāra, 行)를 어떤 맥락에서는 성격으로 번역할 수 있다. '노력하다' '시도하다' '측량하다' '결정하다' '헌신하다' '보다 자발적이고 중립적으로 반응하다'와 같은 개념들 그리고 이와 유사한 개념들은 정서와 책임의 특징과 관련된 주제를 보여 주는 환경을 제공한다.

제임스가 '판단, 성격, 의지'에 대하여 말할 때 '의도'에 대한 측면을 제시한다는 것은 이상한 일이다. 정서를 순수하게 생리적으로 보면, 의도는 이상하게 들린다. "떠돌아다니는 주의를 의식적으로 돌아오게 할 수 있는 능력이 바로 판단, 성격, 의지의 뿌리이다."[15] 이것에 대하여 카밧진(Jon Kabat-Zinn)은 다음과 같이 말한다.

윌리엄 제임스가 이 글을 썼을 때 마음챙김 수행에 대하여 분명히 알지 못했다. 그러나 나는 그가 떠돌아다니는 주의를 의식적으로 돌아오게 할 수 있는 능력을 향상시키기 위한 교육이 있다는 것을 발견한다면 기뻐했을 것이라고 확신한다. 이것은 바로 불교 수행자들이 수천 년 이상 발달시켜 온 것으로, 붓다가 처음 가르친 것에 기초하고 있다. 이 기법은 이런 자기교육이 이루어지는 실제적인 가르침으로 가득 차 있다.[16]

---

14) Robert C. Solomon(1973). "Emotions and Choice", *Review of Metaphysics*, 27, pp. 20-41.
15) William James(1890, 1918, 1950). *The Principles of Psychology, vol. 1*, New York: Dover Publications, p. 424.
16) Jon Kabat-Zinn(2005). *Coming to Our Senses: Healing Ourselves and the World Through Mindfulness*, New York: Piatkus, p. 118.

3. 정서의 요소이론을 선택하면서

나는 전문상담에서 정서의 특수한 면이나 구성요소로 작업하는 정서의 '요소이론'을 사용한다. 예를 들어, 축적된 분노를 다룰 때 마음챙김에 기반한 인지치료처럼 마음챙김 수행은 자동적 사고패턴과 평가에 집중하거나 또는 내담자의 주의를 몸으로 기울여 호흡패턴을 고요히 하게 하고, 생리적 신호에 민감하게 할 것이다. 의도적이고 목적 있는 활동이 중요한 예가 될 수 있는데, 중독에서는 자신의 삶에 대하여 적극적인 관심을 선택하고, 회복하고, 삶의 목적을 가지고 살 수 있는 능력을 획득하는 데 초점을 맞출 것이다. 나는 동기적·의지적 요소들과 마찬가지로 인지적·생리적·신체적 요소를 똑같이 중요하게 여긴다. 인지치료의 선구자 엘리스(Albert Ellis)가 중요한 것은 사건이 아니라 그 사건을 어떻게 해석하는가에 대한 것이라고 말함으로써 평가가 매우 중요해졌다. 불교는 정서에 대한 전인적 개념을 제시하는데, 이것은 제9장에서 논의한 몸과 마음의 관계에 의하여 크게 촉진된다. 간단하게 말해서, 불교적 입장은 몸이 마음에 영향을 미칠 수 있고 마음이 몸에 영향을 미칠 수 있는 피드백 기제를 수용한다. 붓다는 몸과 마음의 문제에 대한 절대적인 답을 추구해야 하는지에 대하여 끝없는 형이상학적 논쟁을 하지 못하게 함으로써 '결정되지 않은[無記] 질문'으로 남겨 놓는다. 그러나 실용적이고, 수행적이고, 경험적인 토대 위에서 붓다는 몸과 마음의 상호관계를 받아들인다. 상호관계를 받아들이면서 붓다는 부수현상론과 같은 환원론이나 일원론 또는 데카르트적인 이원론을 거부한다. 몸과 마음의 관계는 서로를 지지하고 있는 두 묶음의 갈대에 비유된다.[17]

명상의 맥락에서 붓다가 '반존재론적' 관점을 채택하고, '몸'과 '마음'을 명칭으로 생각한다는 점은 매우 흥미롭다. 이 접근법은 현상학적·경험적 접근법이다. 그것은 해석하지 않고 깊은 경청을 하는 실제적인 상담의 맥락에서 입증될

17) SN. II. 114.

수 있을 것이다. 그리고 그것은 프로이트가 '고르게 떠 있는 주의'로 설명한 것이다. 예를 들어, 이 점을 상담과 연관시키자면 당신이 정서를 요소적 관점에서 상담할 때 정서의 어떤 면을 선택할지, 어떤 것이 적절한지를 선택할 자유가 있다는 것이다. 어떤 이론적 강요도 없는 이러한 유연성과 개방성은 내담자의 문제를 통찰할 수 있는 멋진 방법이라고 할 수 있을 것이다.

고정된 관점이 가지는 위험에 대한 붓다의 충고는 상담 영역에서도 적절하고 유용하다. 더 나아가 붓다는 고정된 관점에 집착하여 틀에 박히게 될 위험을 강조하면서 맥락적·실용적·수행적 관점이 필요하다고 말한다. 논쟁을 위한 논쟁은 「투쟁 경(kalaha-vivāda sutta)」에서 비판을 받는다.[18] 거기에서 붓다는 다음과 같이 말한다. 자신의 견해에 집착하고 그것을 끝까지 주장하는 것은, 특히 그 관점 중 하나는 진실이고 하나는 거짓이라고 할 때, 격렬하고 공격적인 논쟁의 근원이 된다. 이 관점은 다음과 같은 철학적 논쟁에 대하여 중요한 점을 지적한다. 이론적 궁극성이 아니라 맥락성이 중요하고, 흑백을 고르는 것이 아니라 빛과 그림자가 함께하는 회색지대가 있을 수 있고, 어떤 주제는 두 면이 아니라 다양한 면을 가질 수 있다는 것이다. 이 관점의 가치는 해석하지 않고 '깊은 경청'을 하는 치료적 맥락에서 볼 수 있다.

정서를 다룰 때 유용한 지침은 몸[身], 느낌[受], 마음[心], 마음의 현상[法]이라는 네 가지 측면에서 마음챙김을 확립하는(satipaṭṭhāna) 것이다.[19] 정서는 분명한 경계선을 가지고 있지 않다. 두려움, 분노, 슬픔, 기쁨, 혐오와 같은 기본적인 정서에서 발견되는 특징은 질투, 시기심, 자만심, 수치심과 같은 복합적인 정서와는 약간 다르다. 두려움, 분노, 슬픔의 경우조차도 생리적 패턴뿐만 아니라 생각은 개별 정서를 이해하는 데 도움이 된다. 보다 기본적인 정서의 경우, 생리학은 정서에 '정서적 특성'을 부여한다는 점에서 제임스에게 흔쾌히 동의할 수 있지만, 생각의 구성요소와 평가는 개별 정서를 이해하는 데 가장 큰 도움이 된다는 주

---

18) Sn. 862-77.

19) Nyanaponika Mahathero(1973). *The Heart of Buddhist Meditation*, New York: Samuel Wiser.

장도 수용할 수 있다. 앞으로 정서에 대해서 신경과학과 생리학에서 새로운 발견을 한다고 할지라도, 생각과 평가와 같은 인지요소들은 정서 개념을 구성하는 요소들로 남아 있을 것이다.

최근의 연구에서 보여 주듯이, 정서에 대한 제임스의 견해는 때때로 고개를 들 것이지만 그것은 정서 연구의 한 면일 뿐이고, 필요한 것은 비판적 통합이다. 강조해야 할 점은, 첫째, 가끔 발생하는 정서 장애와 오랜 정서 태도를 구별할 필요가 있다는 것이다. 한 사람의 판단은 비탄과 같은 순간적인 고통과 동요로 흐려질 수 있을 뿐만 아니라 오랜 원망과 질투로도 흐려질 수 있다. 불교적 맥락에서는 이런 기질적 특성도 중요하다.

둘째, 정서의 원형이 없다는 것이다. 개념적 복잡성은 정서마다 다르다. 예를 들어, 신체적 위험에 대한 두려움, 비탄, 분노는 희망, 회한, 연민, 자부심과는 다르다. 정서에 대한 많은 경험적 연구는 동물에 대한 것이고, 인간과 동물의 차이에 대한 연구는 없다.[20] 베넷(Max R. Bennett)과 해커(Peter Hacker)가 지적하듯이, 어떤 정서는 특정한 신체적 특징이 있고, 어떤 정서는 행동수정이 따르는 정서적 동요이고, 어떤 정서는 얼굴 찡그림과 같은 표정 반응이고, 어떤 정서는 의지적이고 목적을 가지고 있다.

마이어스(Gerald E. Myers)와 고든(Robert M. Gordon)이 지적하듯이,[21] 제임스는 자신의 이론을 공식화하는 데 부주의했거나 '우리가 슬프기 때문에 운다.'와 같은 역설이 정서에 대한 매우 특별한 관점을 전달하는 데 보다 효율적이라고 생각했을 것이다. 제임스의 이론에 맞는 몇 가지 예를 일상의 삶에서 발견할 수 있다. 예를 들어, 우리는 길게 이어져 있는 계단에서 갑자기 발을 헛디디거나 매우 높은 엘리베이터에 있을 때 '죽을 것 같은 느낌'을 느낄 수 있다. 그러나 신체

20) Max R. Bennett & Peter M. S. Hacker(2003). *Philosophical Foundations of Neuroscience*, Oxford: Blackwell, p. 203.

21) Gerald E. Myers(1987). *William James, His Life and Thought*, New Haven, CT: Yale University Press; Robert M. Gordon(1987). *The Structure of Emotions: Investigations in Cognitive Philosophy*, Cambridge: Cambridge University Press, p. 92.

적 느낌이 의식 가운데 정서적 특성의 원인이 된다는 입장에서 신체적 느낌이 정서 자체의 원인이 된다는 입장으로 가기까지는 실제로 긴 여정이 필요하다.

'정동 프로그램'이라는 생리지향적 정서가 지배하는 패러다임에 대해서 썼던 그리피스(Paul E. Griffiths)조차 정동 프로그램의 지배를 받지 않는 죄책감, 시기심, 질투와 같은 고도의 인지적 정서가 있음을 수용한다.[22] 불교에서는 "생각은 몸의 감각으로 해석된다."라고 분명하게 말한다.[23]

4. 전인적 정서개념에 대한 연구: 몸과 마음의 관계에 대한 최근의 지도

퍼트(Candace Pert)는 『감정의 분자(Molecules of Emotion)』에서 정서는 몸과 마음의 관계를 구성하는 데 중요한 의미를 내포하고 있다고 한다. 그녀는 "정서는 실제로 몸과 마음을 연결시킨 것이다."라고 말한다.[24] 미생물학자로 시작한 퍼트는 뇌와 몸의 다른 부분에 있는 아편계 수용기와 몇몇 다른 펩타이드 수용기를 발견한 사람으로 유명하다. 퍼트는 먼저 아편, 헤로인, 코데인과 데메롤 같은 향정신성 약물의 수용기에 대한 연구를 시작하였다. 퍼트는 뇌 안에 거의 열쇠구멍처럼 생긴 이 모든 아편계를 받아들이는 화학적 요소가 있다고 주장한다. 그것을 아편계 수용기라고 한다. 퍼트는 이 수용기를 측정하기 시작했다. 그것은 궁극적으로 뇌가 자체적으로 모르핀을 만든다는 것, 정서적 상태가 출현하면서 엔도르핀이라는 화학물질을 내보낸다는 것을 발견하게 하였다. 퍼트의 놀라운 발견은 엔도르핀, 그와 같은 다른 화학물질이 뇌에만 있는 것이 아니라 면역체계, 내분비계, 몸 전체에 있다는 것이다. 이 분자가 신체와 정신의 의사소통

---

22) Paul E. Griffith(1997). *What Emotions Really Are: The Problem of Psychological Categories*, Chicago: Chicago University Press, p. 100.

23) SN. IV. 385.

24) Candace B. Pert(1997). p. 187.

(psychosomatic communication)을 포함하고 있다. 퍼트는 '몸이 제2의 뇌'라는 개념을 내놓는다. 퍼트에 따르면, 이 발견으로 화학물질은 정보를 가진 물질이며 유기체 전체를 통하여 정보를 전달하는 메신저 분자로 작용한다는 것을 알게 되었다.[25] 신경펩타이드와 수용기, 정서의 생화학물질은 몸의 주요 기관을 하나의 단위로 연결하도록 정보를 전달하는 메신저이다. 우리는 그것을 '몸마음(body-mind)'이라 부른다. 정서는 정보를 물리적 현실, 문자 그대로 마음을 물질로 바꾸는 데 포함되는 세포신호이다. "정서는 물질과 마음 사이에서 왔다 갔다 하며 그 둘에게 영향을 미치는 물질과 마음 사이의 연결체이다."[26] 나의 분석에서 핵심은 정서가 신체와 정신 사이의 다리가 된다는 것이다.

퍼트는 정서에 대한 이러한 견해와 몸과 마음의 관계는 몸과 마음의 건강이라는 주제와 연결되어 있다는 흥미로운 관찰을 한다. 명상의 역할을 정신적·정서적·신체적 경험으로 확대하면서 마음은 자동적 또는 잠재의식적 수준에서 대화를 계속한다. 그곳에서 호흡, 소화, 면역, 고통통제, 혈류와 같은 기본적인 기능을 수행한다. 명상을 통하여 우리는 건강과 질병이 순간순간 결정되는 자율신경계의 효율성을 향상시킨다. 카밧진의 잘 알려진 연구에서도 볼 수 있듯이,[27] 퍼트는 신체적 고통과 같은 구체적인 관심, 불안과 우울 같은 생리지향적인 관심을 다루기 위하여 통합적인 마음챙김 수행을 말한다. 건강은 단지 질병이 없는 것이 아니라 이기적이지 않은 방식으로 살면서 소속감, 자애, 관용을 느끼는 전체 차원을 말한다. 그러한 생활양식으로 우리는 몸과 마음을 재건할 수 있다.

모이어스(Bill Moyers)는 퍼트와의 인터뷰에서 '분노는 정신적인지, 신체적인지'를 묻는다. 퍼트는 "둘 다이다. 그것이 정서에서 흥미로운 점이다. 정서는 정신과 신체 또는 신체와 정신 어느 쪽이든 그 사이를 연결해 주는 다리이다."라고 답한다.

---

25) Candace B. Pert(1997). p. 71.
26) Candace B. Pert(1997). p. 71.
27) Jon Kabat-Zinn(1990).

5. 비유로 보는 정서관리

나는 정서에 대한 세 가지 중요한 주제가 있다고 생각한다. 정서의 본성과 정서이론, 분노, 두려움, 비탄과 같은 정서 프로파일의 논리, 정서 관리에 대한 주제가 있다. 철학자들은 정서 관리에 크게 몰두하지 않고 그것을 매우 제한된 방식으로 치료사에게, 응용심리학에게 맡긴다. 이번 장에서는 이미 첫 번째 주제를 검토하였고, 그것은 제5장에서 더 자세하게 다루었다. 두 번째 주제는 분노, 비탄, 슬픔, 자부심에 대한 장에서 다루어질 것이다. 솔로몬은 그의 책 『우리의 느낌에 참인 것(True to Our Feeling)』에서 정서 프로파일을 검토하면서[28] 비탄부터 유머까지 많은 정서 프로파일에 중요한 기여를 하였다. 솔로몬은 또한 정서와 관련하여 진정성과 진실성 같은 주제를 다룬다. 불교에서도 진정성, 투명성, 자기지식, 기만과 같은 질문이, 특히 정서관리라는 맥락에서 중요하다. 아시아 또는 불교 관점에서 보면, 서양에서 제기하는 정서관리에 관한 질문은 '지배의 비유'에 포함되는 것 같다. 플라톤은 열정에 예속되는 것에 대하여 말하면서 이성을 마부로, 열정을 길들여지지 않은 말로 본다. 그는 기본적으로 이성과 열정 사이의 조화로운 관계를 탐색한다. 스피노자는 각각의 정서와 정념을 구성하는 사고의 요소를 매우 꼼꼼하게 연구한 정서의 비율 모델을 정념의 기하학으로 풀어내는 것에 매료되었다. 흄(David Hume)은 그 비유를 뒤집어서 "이성은 열정의 노예이고, 그래야만 한다."라고 말한다. 뉴(Jerome Neu)는 『정서, 사고, 치료(Emotion, Thought and Therapy)』[29]와 『눈물은 지적인 것이다(A Tear is An Intellectual Thing)』[30]에서 흄과 스피노자에게서 패러다임이 되는 두 가지 정서개념을 살펴본다. 그것은 정서관리에 대한 함의를 가지고 있다. 흄의 초점은 '느낌'

---

28) Robert C. Solomon(2001).

29) Jerome Neu(1977). *Emotion, Thought and Therapy*, London: Routledge Kegan Paul.

30) Jerome Neu(2000). *An Emotion Is An Intellectual Thing*, Oxford: Oxford University Press.

에 있고, 스피노자의 초점은 '생각'에 있다.

불교의 정서관리에 대한 연구에서[31] 나는 이성이나 느낌 또는 열정과는 달리 마음챙김이 중요하다고 말한다. 마음챙김 수행은 이성과 열정을 넘어서기 때문이다. 상담에서 인지치료를 마음챙김에 기반한 인지치료로 대체하는 것에서 정당성을 볼 수 있다. 우리는 정서에 대하여 인지적으로 설명을 잘할 수 있지만, 실제적인 정서는 다르다. "마음은 논리적이고 통제할 수 있는 방식, 의미 있는 방식을 좋아한다. 그것은 수학처럼 깔끔하고 깨끗하며 정확하지만 정서는 사방에 널려 있다. 그렇지 않은가? 그것은 정확하지도 않고 깔끔하지도 않기 때문에 쉽게 통제로부터 벗어날 수 있다."[32] 또한 단순한 이성적 확신은 비이성적 열정의 희생자가 되는 것을 예방하지 못한다. 마음챙김 기법은 이 책의 여러 장에서 예로 든 것처럼 다양하게 사용된다. 마음챙김 치료의 효율성과 알아차림의 차원의 가치는 삶에 대한 인지적·동기적·정동적 차원과 비교해도 매우 분명하다. 중독과 의지의 나약함(akrasia)을 논의할 때 아리스토텔레스는 '무엇인가를 아는 것'과 '유념하는 것' 사이에는 차이가 있다는 중요한 통찰을 제시한다. 마음챙김은 주의를 모으는 것이다.

에크만(Paul Ekman)은 그의 책 『얼굴의 심리학(Emotions Revealed)』에서 분노와 같은 부정적 정서가 출현하고 표현되는 여러 단계 동안 마음챙김 수행에 대하여 개방적인 관점을 제시한다.

우리가 만일 정서적 행동에 제동을 걸 수 있다면, 우리가 느끼는 방법에 변화를 줄 수 있다면, 우리는 다른 유형의 정서적 의식을 발달시킬 수 있을 것이다. 우리가 정서를 느낄 때 바로 한 발 물러설 수 있다면, 우리의 정서가 우리를 데려가는 곳으로 함께 가기를 원하는지 또는 우리의 정서에 대하여 어떻게 행동할 것인지를 선택할

31) Padmasiri de Silva(2005a). *An Introduction to Buddhist Psychology*, 4th Edition, Basingstoke: Palgrave Macmillan.
32) Sumedho, Ajahn(1992). *The Four Noble Truths*, Hemel, Hempstead: Amaravati Publications, p. 64.

수 있는지에 대하여 질문할 수 있다. 이것은 우리가 어떻게 느끼는지에 대하여 의식하는 것 이상이다. 그것은 설명하기 어렵지만 더 앞서간 형태의 의식이다. 그것은 불교 사상가들이 마음챙김이라고 말하는 것과 가깝다.[33)

에크만은 마음챙김 개념이 특정 이론, 철학과 연결되어 있기 때문에 '주의집중(attentiveness)'이라는 용어를 선호한다고 말한다. 그는 이 개념을 통해서 우리가 정서를 다루는 수많은 기법에 개방되어 있다고 말한다. 그로 인해서 우리는 자동적 평가 또는 인지치료사가 사고패턴의 자동화과정이라고 말하는 것을 자각할 수 있게 된다. 또한 에크만은 우리가 자동적 평가를 자각한 후에는 "충동을 자각할 수 있다."라고 말한다. 정서의 원인을 자각함으로써 주의집중을 발달시킬 수 있기 때문에 강한 정서적 방아쇠를 확인할 수 있고, 그것을 약화시키는 단계를 밟을 수 있다. 또한 이러한 기법을 더 발달시킬 때 다른 사람의 정서적 느낌과 반응을 관찰할 수 있다. 에크만은 이것은 어려운 기법이고, 훈련이 필요하다고 말한다.

마음챙김을 활용하는 행동수정 기법은 수년 동안 치료사들에 의하여 검증되었다. 그 기법은 자극 통제에 초점 맞추기, 불이 나기 전에 불씨를 인지하기, 시작하기 전에 위험 통제하기, 중독과 같은 특정 상황 회피하기, 조건반사 소거하기, 부당하게 침범하는 인지 통제하기, 바람직하지 않은 습관 수정하기 등이다.[34)

마음에 정서가 침투해 들어오는 것을 자각하도록 조용히 경청하는 기술을 사용할 때, 거친 감각적 사건에 대한 반응을 줄일 수 있고, 자신의 반응과 자동적으로 동일시하지 않게 되며, 개방성, 공정성, 유연성을 발달시킬 수 있게 된다. 그리고 '현명한 시각'을 갖도록 몸과 마음을 훈련시킬 수 있게 된다. 계속 그렇게

33) Paul Ekman(2003). *Emotions Revealed*, London: Weidenfeld and Nicolson, p. 73.
34) Padmal de Silva(1986). "Buddhism and Behaviour Change: Implications for Therapy", In G. Claxton (Ed.), *Beyond Therapy: The Impact of Eastern Religions on Psychological Theory and Practice*, N.S.W.: Unity Press, pp. 217-231.

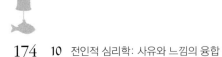

하면 우리의 인지 반복은 안정되고, 더 높은 수준의 이해를 하게 된다. 그리고 인간 정서에 대한 깊은 이해와 함께 '변형적 통찰'을 할 수 있게 되고, 정서를 이해할 수 있는 인식의 전환(epistemic shift)를 위한 새로운 문을 열게 된다.

11

명상의 철학, 심리학, 윤리학으로서 불교

> 떠돌아다니는 주의를 의식적으로 계속해서 돌아오게 할 수 있는 능력은 판단, 성
> 격, 의지의 근원이다. 이 능력을 향상시키는 교육은 탁월한 교육일 것이다. 그러나
> 그러한 교육을 이루기 위한 실제적인 지침을 주기보다는 그 교육의 이상을 정의하
> 는 것이 더 쉬울 것이다.[1]

카밧진은 제임스가 이 글을 썼을 당시에는 마음챙김 수행을 알지 못하였고, 떠
돌아다니는 주의를 계속해서 돌아오게 할 수 있는 능력을 계발하는 교육이 마음
챙김 수행에 분명히 있음을 발견하고는 기뻐했을 것이라고 말한다.[2]

기독교 사막 교부들, 히말라야 요가 수행자들, 수피 성자들, 토마스 머튼
(Thomas Merton), 불교 수행자들처럼 자신들의 관점을 내면화하는 사람들과 달
라이 라마, 힐데가르트 폰 빙겐(Hildegard von Bingen), 틱낫한(Thich Nhat Hanh),
마하트마 간디(Mahatma Gandhi), 마틴 루서 킹(Martin Luther King)처럼 외부 세

---

1) William James(1890, 1918, 1950). *The Principles of Psychology*, New York: Dover Publications.
2) Jon Kabat-Zinn(2005). *Coming to Our Senses*, New York: Piatkus, p. 117.

계와의 상호연결을 강조하는 다른 쪽에 있는 사람들까지 위대한 명상가들의 스펙트럼은 광범위하다.

교실에서의 명상교육은 삶을 위한 일종의 훈련으로 간주된다. "당신이 고요하게 순간순간 움직임을 자각할 때, 가장 창조적일 수 있고 새로운 선택을 하여 문제를 새롭게 해결할 수 있게 된다. 힘든 상황에서도 균형과 관점을 유지하는 것이 더 쉬울 것이다."[3]

1. 명상교육에 대한 인식론적 관점

비판적 사고는 사고의 일관성, 제시된 사고의 순서의 타당성, 논쟁에서 만들어지는 가정의 타당성을 탐색할 때 유용한 도구가 된다. 또 정보와 자료의 중요성을 강조하는데, 그것은 이론의 기초가 되고 그것들로부터 추론이 나온다. 사고의 명료성과 초점은 학습기술을 형성하기 위한 철학적 기법이고 훌륭한 장점이 된다. 사실 붓다는 이성적 분석을 주장하는 분석철학자로, 독단론자가 아닌 분석가로 묘사된다.[4] 붓다는 질문을 네 가지 유형으로 나눈다. ① 단언적으로 설명할 수 있는 유형, ② 반대 질문으로 대답해야 하는 유형, ③ 예를 들어, 촛불이 꺼진다면 그게 어디로 갔는지에 대한 질문이 의미가 없듯이, 한쪽으로 치워 놓아야 하는 유형, ④ 분석적으로 설명해야 하는 유형이 있다.[5] 또한 믿음, 권위, 좋고 싫음, 대부분의 사람들이 그것을 받아들인다는 이유로 어떤 것을 받아들여서는 안 된다고 붓다는 말한다. 이러한 이성적 특성은 붓다가 제시한 명상적 전통에 반대되는 것이므로 매우 놀랍다.

오늘날 명상교육을 권장하는 사람들은 논리적이고 분석적인 기법과 함께 경

---

3) J. Kabat-Zinn(1990). *Full Catastrophe Living*, New York: Delta Publishing, p. 269.
4) MN. II. 197.
5) AN. II. 46.

험적 · 자기반성적 · 명상적 차원의 학습을 발달시킬 필요가 있다고 말한다. 학급에서 명상교육의 가치를 논의하던 한 교사는 명상교육이 침묵, 바라보기, 의식의 내용을 증명하기 등을 포함한다고 말한다.[6] 명상 수행은 광범위한 명상, 내면 바라보기, 교육 커리큘럼을 통합하고, 사회적 종교적 또는 민족적으로 다른 특징을 가진 집단이나 타인에 대한 연민과 공감이 함께 조화를 이루고 있다. 또한 명상교육은 학교에서 현재 이성적이고 경험적 관점을 대체하는 과목이 아니라 보완과목으로 커리큘럼에 추가될 수 있다는 것도 언급하여야 한다. 시(詩)에서 명상까지 다양한 명상 기법은 마음의 습관적인 수다를 조용히 하게 하고 변화시키도록 고안된 것이기 때문에 마음은 자각, 집중, 자기지식을 깊게 하는 기법, 내면의 확신과 신뢰를 발달시킨다. 또한 명상 커리큘럼 안에서 제기되는 질문은 본질적으로 빨리 대답할 수 있는 것이 아니고, 컴퓨터를 사용하여 정보와 자료를 찾거나 하지 않는다. 이러한 질문은 깊은 몰입, 질문과 거의 함께 살 것을 요구한다.

　불교의 맥락에서 '자기의 본성', 무아의 개념과 같은 기본적인 모든 주제를 이해하는 데는 다양한 이해의 층들이 있다. ① 경전을 읽음으로써 얻어지는 붓다의 가르침은 일종의 책을 통한 지식이다. 경전에 기초한 가르침(sutamaya-ñāṇa, 聞所成智)을 들을 때, 이 지식은 보다 성찰적일 수 있다. ② 분석과 토론을 통한 지적 차원의 앎(cintāmaya-ñāṇa, 思所成智)이다. ③ 스승의 지도하에 구조화된 명상 수행을 통한 가장 깊은 수준의 경험적 차원의 앎(bhāvanāmaya-ñāṇa, 修所成智)이다. 이것은 자신에게 일상의 삶에서 마음을 깊이 성찰하고, 일상의 삶과 일상의 윤리를 수행과 연관시키는 자기지식이 있다는 것을 알게 한다. 다른 맥락에서 붓다는 '실존적 지식'과 삶의 역경인 실존적 동요의 차원을 추가한다.[7] 자신

6) Toby Hart(2004). "Opening the Contemplative Mind in the Classroom", *Journal of Transformative Education*, 2,1, pp. 28-46.

7) Padmasiri de Silva(2007). *Explorers of Inner Space: The Buddha, Krishnamurti and Kierkegaard*, Ratmalana: Sarvodaya Vishva Lekha.

의 취약성을 이해하며 자기연민을 갖고 마음을 열고 자애, 연민, 이타적 기쁨, 평정심이라는 네 가지 청정한 마음상태(四梵住)를 계발하면, 통찰명상과는 다른 명상 경험의 차원에 이르게 된다. 이것은 마음과 정서의 변화를 가져온다. 이 차원은 다른 종교에 대해서도 열려 있고, 집단의 장벽을 뛰어넘도록 돕는다. 이 개방성은 질문이 변화를 위한 자원으로, 변화를 돕는 데서 나온다. 명상적 접근법은 빠른 대답을 구하는 것이 아니라 질문을 통하여 격려한다.

> 당신의 마음 안에서 해결되지 않은 모든 것을 인내하여라. 그리고 그것들이 닫힌 방에 있거나 외국어로 쓰인 책인 것처럼 질문 자체를 사랑하도록 하여라. 지금은 답을 구하지 마라. 왜냐하면 답은 답을 살릴 수 없기 때문이다. 요점은 모든 것을 사는 것이다. 지금 질문을 살아라. 아마도 먼 미래에 당신은 점차 그것을 알아차리지도 못한 채 답을 살고 있을 것이다.[8]

　명상적 지식 중에서 가장 중요한 측면 가운데 하나는 자기성찰적 특성이다. 크리슈나무르티(Jiddu Krishnamurti)가 관찰하였듯이, 그것은 자신의 마음의 작용을 경청하는 것이다. 크리슈나무르티는 자신에 대한 앎을 자유의 시작으로 본다. 자신의 마음을 경청하는 사람은 다른 사람의 마음에도 열려 있을 것이다. 그는 또 말한다. "만일 사람이 축적된 학습과 사실과 이론으로 짓눌린다면, 놀랍게도 이것은 자신의 마음과 다른 사람의 마음에 장애로 작용할 것이다."[9]

　클랙스턴(Guy Claxton)은 '토끼 머리'와 '거북이 마음'을 구별한다. 속도가 중요한 시대를 살면서 마음은 결단력 있고 빠르며 사업가적 사고방식을 추구하는데, 그는 이것을 '토끼 머리'라고 한다. '거북이 마음'을 묘사하기 위하여 그는 인디언

---

8) Maria Rainer Rilke(1984). *Letters to a Young Poet*, Trans. Stephen Mitchell, New York: Modern Library.

9) Jiddu Krishnamurti(1995). *The Book of Life*, New York: Harper Collins; Padmasiri de Silva(2007). p. 13.

의학에 나오는 비유를 든다. 인디언의학에서는 명상하는 과정을 그림으로 묘사한다. 거북이는 생각을 계란처럼 모래에 묻는다. 그리고 태양이 그것을 부화하도록 한다. 거북이가 알을 품고 있듯이, 우리는 분노, 조급함, 불안, 스트레스, 긴장, 두려움을 없애지 않고 그냥 품고 있다. 다만 그것을 무질서한 형태로 담고 있으면서 우리를 고요하게 하고, 힘을 주는 학습의 선물로 그것을 바라본다.

2. 명상적 관점, 심리학의 첨단

명상적 접근법에 대한 불교의 자원을 가장 분명하게 볼 수 있는 곳은 첨단의 심리학이다. 이것은 마음챙김에 기반한 치료의 발달로 제12장에서 자세하게 검토할 것이다.

최근에 과학과 의학의 배경을 가진 심리치료사들은 치료적 맥락에서 불교적 기법을 사용할 가능성을 탐색하기 시작했다. 나는 이것이 모든 지각 있는 존재의 고통을 극복하고 행복을 향상시키려는 목표와 전적으로 일치한다고 생각한다. 불교명상을 생생하게 경험하는 것은 상담에 대한 심오한 지식, 마음의 본성, 물리적 세계에 대한 우리의 이해를 보완하기 위한 내면 과학을 제공한다.[10]

제12장에서 논의하겠지만, 엡스타인(Mark Epstein)은 자신이 '순수한 주의'로 설명하는 것의 가치와 불교명상적 전통을 가장 잘 통합한다. 내담자의 이야기를 경청하면서 비판적 능력을 유보하고, '고르게 떠 있는 주의'를 주장하는 프로이트의 기법은 붓다의 기법과 매우 유사하다고 엡스타인은 생각한다. 그러나 프로이트가 붓다의 영향을 받았다는 증거는 없다. 이 책에서 설명하는 다양한 마음챙김에 기반한 치료와는 달리 '명상적 심리치료' 과정이 있는데, 그것을 나로파(Naropa)대학의 커리큘럼에서 도입하고 있다. 이것은 불교, 특히 티벳불교의 영감을 받은 명상전통 가운데 가장 먼저 학문적으로 인정된 치료이다. 나는 대학

---

10) Dalai Lama & Paul Ekman(2008). *Emotional Awareness*, New York: Henry Holt and Company, p. ix.

에 자리를 잡기 전에 운 좋게도 나로파연구소에서 객원연구원으로 있으면서 이
과정의 잠재성을 매우 일찍 배우게 되었다. 미국과 영국에 있는 많은 대학과 연
구소에서 마음챙김에 기반한 치료는 치료사를 훈련시키기 위하여 공식적인 학
교 프로그램과 코스로 통합되었다. 이 책은 전체적으로 불교명상의 방법이 심리
학과 상담에 미치는 영향에 많은 주의를 기울이기 때문에 이제 붓다의 가르침에
서 영감을 받은 '명상윤리'라고 할 수 있는 과정을 살펴보고자 한다.

3. 불교 명상윤리를 위한 기초

명상윤리는 명상교육, 명상의 철학, 명상치료가 유용한 것과는 다르게 드러날
것이다. 최근에 그러한 가능성을 탐구하면서 불교의 명상윤리를 발달시키기 위
한 커다란 잠재력을 발견하였다. 과거 불교윤리학에 대한 나의 글은 서양윤리학
모델의 영향을 받았다.[11] 그러나 이제 이러한 소논문의 가치와 내용을 평가하면
서 나는 새로운 기반을 만들어 가고 있다. 특히 이 분석이 주변 세계의 혼돈, 갈
등, 모순을 적절히 해결할 때 그러하다. 어떤 사람은 당신이 가지고 있는 유일한
도구가 망치라면, 당신이 보는 유일한 문제는 벽에 못을 박는 것이라고 말한다.
명상윤리는 새로운 도전에 대응하는 것이다.

윤리는 일반적으로 메타윤리와 일상윤리로 나뉜다. '메타윤리'라는 용어는
우리가 윤리를 실천하는 데 참여하지 않으면서 윤리의 실천을 검토하며 성찰하
는 것을 말한다. 메타윤리는 게임의 규칙을 알고 어떻게 하면 경기를 가장 잘할
수 있는지를 아는 축구선수라기보다는 축구경기가 아직 낯선 관람객과 같다고
할 수 있다. 일상윤리는 옳고 그름 그리고 선악을 바로 판단하면서 행동에 직

---

11) Padmasiri de Silva(1993). "Buddhist Ethics", In P. Singer (Ed.), *A Companion to Ethics*, Oxford: Basil
Blackwell; Padmasiri de Silva(2002). *Buddhism, Ethics and Society: The Conflicts and Dilemmas of
Our Times*, Clayton: Monash Asia Institute; Padmasiri de Silva(2005b). "Exploring Buddhist Ethics",
In D. Kollak, & R. Martin (Eds.), *Experience of Philosophy*, Oxford: Oxford University Press.

접 영향을 미치는 것이다. 만일 우리가 동물을 죽이는 것 또는 거래에서 정직하지 않은 것을 판단한다면 일상적인 판단을 하고 있는 것이다. 그러한 행동을 평가할 때 우리는 의도, 결과, 규칙을 어김, 권리침해 등을 살펴볼 것이다. 그리고 행동을 판단하기 위하여 사용하는 기준의 상대적인 중요성 위에서 이론이 만들어진다.

메타윤리와 일상윤리 다음으로 세 번째 차원은 견해의 양극화와 갈등을 겪는 사람들, 그리고 타인의 관점을 듣지 않으려는 집단에서 대화에 참여하는 방법을 확대하고 다양화하려는 서양의 윤리학자들 사이에서 나온다. 표준적인 윤리교육은 아리스토텔레스적 관점, 실용주의 윤리, 칸트 이론과 같은 윤리 이론에서 도출해 낼 수 있는 사실, 정보, 추론에 대한 타당성, 합리적 일관성을 강조할 것이다. 의사소통보다는 증명과 반증에 초점을 맞추는 것이 학계에 지배적이어서 의사소통된 것을 이해하는 능력보다는 비판하는 능력이 더 가치 있게 여겨진다. 피터가 아내의 생명을 구하기 위해 약을 훔쳐야 하는지와 같은 도덕적 딜레마를 논의하는 것이 윤리교육의 중요성을 강조한다. 윤리교육에서는 이야기, 소설, 드라마를 통해서 도덕적 상황을 상상하여 설정하기도 한다. 사실 키르케고르의 『또는(Either/Or)』과 같은 책에서 보이는 실존주의 윤리는 삶의 대안적 철학을 검토하기 위하여 학교에서 활용될 것이다.[12]

4. 험한 길을 위한 윤리

우리가 실제적인 언어를 더 자세하게 검토하면 할수록 언어와 우리의 요구 사이의 갈등은 더 날카로워진다. 왜냐하면 논리의 순수성은 물론 탐구의 결과가 아니고 필

---

12) Padmasiri de Silva(2011b). "Ethics for the Rough Road: Exploring New Dimensions for Inter-faith Ethics", In C. Ariane & S. Premawardhana (Eds.), *Sharing Values: A Hermeneutics of Global Ethics Series*, Geneva.

요조건이기 때문이다. 갈등은 참을 수 없게 되고, 이제 필요조건은 없어질 위험에 처해 있다. 우리가 마찰이 전혀 없는 미끄러운 얼음 위를 가고 있다면 그것은 어떤 의미에서는 이상적 조건이지만, 그것 때문에 우리는 걸을 수 없다. 우리는 걷고 싶기 때문에 마찰을 필요로 한다. 거친 땅으로 돌아가라.[13]

앞의 글에서 나오는 마찰의 의미는 우리 삶의 불확실성과 혼돈을 말하는 것으로 해석할 수 있다. 그러나 비트겐슈타인(Ludwig Wittgenstein) 시대에 만연한 철학적 세계관은 잘 공식화된 깔끔한 답을 찾으려 했던 이성적이고 경험적 모델의 지배를 받고 있었으므로 윤리적 딜레마, 도덕적 주제에 대한 양극화되고 갈등하는 견해, 혼돈과 불확실함을 위한 공간은 없었다. 그 모든 것은 삶의 험한 길 위에 있었다. 자기성찰적이고, 경험적이고, 명상적인 윤리는 험한 길에 더 적합하다. 분명한 모순, 역설, 변증법을 다루는 데에는 명상적 접근법이 유용하다. 역경이라는 맥락에서 우리는 혼돈에 대한 논리적 공식화보다는 마음집중과 마음의 성찰이 필요하다. 제임스가 말했듯이, 판단, 성격, 의지의 근원은 그러한 관점이다. 이것은 불교 윤리에서 핵심적인 규칙과 계율의 중요성을 부인하는 것이 아니라, 우리에게 도덕성에 대한 성찰적 관심, 더 중요한 것은 순간순간의 도덕성의 흐름에 집중하는 마음이 필요하다는 것이다.

서양의 탁월한 철학자 머독(Iris Murdoch)은 윤리에 대한 명상적 관점을 가장 잘 설명하는 사람으로, 도덕적 여정을 순례의 길을 가는 사람으로 비유한다. 머독은 선택할 때 적용되는 윤리 외에도 중요한 것은 계속해서 순간순간 삶의 흐름 속에 들어 있는 도덕적 관점이라고 말한다. "나는 매일매일 매 순간 시도하는 의식의 정화를 도덕성의 핵심적이고 근원적인 영역으로 본다."[14] 이것은 불교에서 선과 악을 평가하기 위한 기준, 이론적 관점과 인식, 도덕원리의 가치를 부인

---

13) Ludwig Wittgenstein(1953). *Philosophical Investigations*, Oxford: Basil Blackwell, p. 127.
14) Iris Murdoch(1956). "Vision and Choice in Morality", *Proceedings of the Aristotelian Society*, 30, pp. 30-58.

하는 것이 아니다. 우리는 불교 윤리의 더 깊은 성찰적이고 명상적인 기반에 있는 원천을 살펴볼 필요가 있다. 윌리엄스(Bernard Williams)는 우리가 언제나 이론으로 무장된 삶에 직면하는 것이 아니기 때문에 성찰적 도덕성이 똑같이 중요하다고 말한다. 따라서 도덕성은 분명하게 결정하는 것을 넘어서 철저하고 더 깊은 수준의 성찰을 포함한다.

명상 스승으로 잘 알려진 골드스타인(Joseph Goldstein)은 하버드 신학대학원에서 개최한 강연에서 다음과 같은 이야기한다.

> 우리가 도덕을 크게 개혁할 수 있음을 알 때 진짜 자각이 온다. 그것은 주어지는 것이 아니라 훈련과 함께 온다. 우리가 이것을 이해할 때 우리의 도덕성은 어느 곳에서 시작하든지, 이로움에 대해서 어느 정도 헌신하든지, 점점 더 향상될 수 있다. 이것이 도덕성 연습을 그렇게 강력하게 만드는 것이다.[15]

골드스타인은 불교의 도덕성이 정신적 삶의 근본이고 실천이라고 말한다. 그가 명상에 대하여 말한 것 가운데 하나는 오늘날 명상의 상업화가 정신적 삶에 자양분을 주는 도덕적 기반을 뿌리째 뽑는다는 것이다. 실제로 도덕적 행동에 근거하지 않고 위대한 영적 통찰을 원하는 사람은 엄청난 노력으로 배의 노를 저어 강을 건너려 하지만 부두에 매어 놓은 배의 밧줄을 풀지 않은 것과 같다고 지적한다. 아리스토텔레스는 불교와 가장 가까운 서양 철학자이다. 그는 덕을 성격 형성, 변화, 개선의 과정이라고 본다. 서양의 지배적인 도덕 전통과는 달리 불교의 도덕성은 영성의 기초이다. 거기에서 두 측면은 서로를 풍요롭게 하고 있다.

---

15) Joseph Goldstein(1994). *Transforming the Mind, Healing the World*, Harvard University, Wit Lectures. New York; Paulist Press, p. 32.

5. 불교명상 수행의 정신적 차원

이 점에서 명상적 차원에 대한 불교의 관점은 현재 여러 가지 철학적 · 심리적 · 윤리적 체계와는 매우 다른 면을 가지고 있다. 정신적 맥락에서 빨리어 아누빠사띠(anupassati, 隨觀)는 명상의 개념을 보여 준다. 그 용어는 '보다'를 의미하는 빠사띠(passati)라는 동사에서 유래된 것이고, 강조하는 접두사 아누(anu)는 계속해서 보고, 철저하게 관찰하거나 명상하는 것을 의미한다. 붓다의 가르침은 명상하는 특별한 방법을 말하기 위하여 명상이라는 용어를 사용한다. 또는 무상한 것(aniccānupassī)으로, 지속적인 만족을 주지 못하는 것(dukkhānupassī)으로, 그리고 무아인 것(anattānupassī)으로 몸을 바라보는 관점을 언급하기 위하여 그 용어를 사용한다. 이 관점은 잘된 치료적 변화에서 일어나는 것보다 훨씬 깊은 의미를 가진다. 예를 들어, 치료에서 무아개념은 슬픔과 동일시하지 않게 하고, 그것을 멀리서 보게 하고, 분리와 상실의 개념에 익숙해지게 한다. 그리고 반응하지 않고 고통을 수용한다. 정신적 변화는 치료적 변화 이상이다.

제 2 부

마음챙김에 기반한 상담

12

상담의 성격과 심리치료이론

상담의 핵심에는 도움을 구하는 사람과 상담사의 실제적인 만남이 있다. 상담사가 내담자의 문제를 이해하기 위하여 이론을 활용할 수 있고, 또 이 문제를 밝히고 해결하기 위하여 기량을 발휘할 많은 기법을 가지고 있을 수는 있지만, 실제로 이론과 기법은 인간으로서의 상담사. 즉 상담사 개인의 존재와 현존을 통하여 전달된다. 치료관계에 대한 관심은 모든 치료사와 이론가들의 공통적인 관심이다. 비록 상담에 대한 각각의 접근법은 내담자와 치료사의 관계를 각각의 방식으로 이해하지만, 그 접근법은 모두 이러한 관계가 어떻게 작용하는지, 그 관계가 잘못될 때 어떤 일이 일어나는지. 그때 그 관계를 어떻게 수정하는지에 따라 상담의 효율성이 달라진다는 데 동의한다.[1]

몇 시간의 상담으로 이루어지는 단기상담에서조차 상담사는 내담자의 관점에서 문제를 보려고 할 것이고, 내담자를 존중하고 돌보는 마음으로 대할 것이며,

---

[1] John McLeod(2003). *An Introduction to Counselling*. Maidenhead: Open University Press, pp. 293-294.

상담 과정에 대한 비밀을 엄격하게 지킬 것이다. 예를 들어, 로저스(Carl Rogers)는 인간중심치료의 원리에서 관계의 핵심적인 특징을 내담자에 대한 무조건적이고 긍정적인 존중, 공감, 일치성(진실성)에 초점을 맞추어 규정하였다.[2] 직장에서의 스트레스, 가정에서의 긴장, 사별과 중독을 경험할 때의 고통, 정서적 혼란, 불안과 같은 다양한 문제를 가지고 있는 내담자들은 상담사에게 도움을 구한다. 상담은 그들이 억압된 생각과 감정을 표현하여 상담 과정에서 털어놓을 수 있도록 돕는다. 그러면서 자기자각을 발달시키고 자신의 내면으로 들어가게 한다. 때때로 상담은 과거 속으로 들어가서 외상적 경험을 기억해 내기도 한다. 상담사는 경청하면서 내담자가 대화를 이어 가도록 돕는다. 대부분의 상담사들은 직접적으로 충고하지 않으면서 내담자가 스스로 결정하도록 돕는 비지시적 접근법을 사용한다. 일주일에 한 번 50분의 상담은 상담의 표준이지만, 다양한 방식을 활용할 수 있다. 따뜻함과 공감능력이 중요하지만, 치료사 자신이 자신의 강점과 약점, 자신의 인생사에 대해서 스스로 이해하는 것, 마음 안에서 일어나는 생각과 감정에 대해서 열려 있는 것도 중요하다. 상담 과정을 설명하면서 소개할 마음챙김에 기반한 상담은 자기이해와 자기지식의 함양에 기초하고 있다. 상담훈련과정에서 비판단적 태도를 배우고 내담자를 있는 그대로 수용하는 것은 대단히 중요하다. 적응성과 자발성, 자기평가능력, 통찰과 공감은 유능한 상담사가 될 수 있도록 돕는다.

1. 상담과 심리치료

'치료'라는 단어는 '치유'를 의미하는 그리스어 '테라피아(therapia)'에서 유래한 것이다. 심리치료는 적절한 훈련을 받고 자격을 갖춘 상담사들이 마음을 치유하는 것이다. 심리치료와 정신의학은 의학과 연관되어 있지만, 상담은 비의학적

---

2) Carl Rogers(1980). *A Way of Being*, Boston: Houghton Mifflin.

맥락에서 이루어진다. 상담은 일상적인 생활에 더 가깝고, 종종 자연재해나 사고를 당한 가족, 청소년 문제와 같은 교육적 주제로 확장될 수도 있다. 스트레스 관리, 슬픔 상담, 중독, 가벼운 우울증, 가정과 직장에서의 문제를 다루는 것이 상담사의 관심사이다. 심리치료사나 임상심리학자는 상담사보다 오랜 시간 훈련을 받는다. 상담사들은 이론을 활용하는 경향이 있고, 때로는 몇 개의 이론과 방법을 함께 활용하기도 한다. 가장 많이 사용하는 이론으로는 프로이트의 정신분석과 정신역동이론, 행동치료, 인지치료, 인간중심치료, 실존치료, 그리고 최근에는 정서중심치료가 있다.

이들 주요 이론을 간략하게 살펴본 후, 다음 장에서는 우선 다음을 매우 명료하게 설명할 것이다. ① 명상의 성격과 명상 수행, ② 마음챙김 개념을 치료에 통합하는 방법, ③ 마음챙김에 기반한 정서중심치료를 포함한 마음챙김에 기반한 치료의 유형들을 설명할 것이다. 그리고 결론에서는 교사와 상담사로서의 붓다의 역할을 설명할 것이다. 이러한 배경분석에 이어서 치료, 특히 마음챙김에 기반한 정서중심치료를 구체적인 주제에 적용하는 것을 설명하고자 한다. 스트레스 관리, 슬픔 상담, 중독, 구체적인 정서 다루기와 같은 일련의 문제들에 관한 사례연구에 치료이론과 방법을 적용할 것이다. 그리고 마지막 장에서는 관대함이라는 긍정적 정서에 대한 불교적 관점으로 결론을 맺을 것이다.

2. 프로이트의 정신분석

프로이트(Sigmund Freud, 1856~1939)는 서양에서 처음으로 치료전통을 확립한 사람으로 여겨진다. 그는 처음에는 뇌연구에 초점을 맞춘 의학훈련을 받았고, 점점 마음과 정신건강의 관계에 관심을 갖게 되었다. 처음에는 최면을 통하여, 다음으로는 내담자와 대화하는 '자유연상'이라는 방법으로 많은 내담자를 연구한 후, '신체적' 측면 대신 '마음이 만드는(ideogenic)' 정신적 질병의 측면에 더 많은 관심을 갖게 되었다. 그는 '히스테리 환자들은 마치 해부학이 존재하지 않는 것처럼 행동한다'는 혁명적인 논제에 도달하였다. 이 '마음이 만드는' 것은 일상 의식의 한계점 아래에서 일어나는 것에 자리 잡고 있다. 전의식은 쉽게 떠올릴 수 있는 생각과 기억으로 구성되어 있는 반면, 무의식의 내용들은 억압되어 있다. 상담 회기에서 치료사는 내담자가 무의식의 내용을 자각하게 한다. 때때로 과거에 깊이 묻힌 경험도 있을 수 있는데, 프로이트는 그것을 '역동적 외상'이라고 설명했다. '역동적'이라고 한 이유는 그것이 억압되어 있음에도 불구하고 내담자의 문제에 영향을 미치기 때문이다. 때때로 내담자는 실제로 이 경험을 '다시-살기'도 한다. 환자가 이 과정을 거친 후 안도감을 느낄 때 프로이트는 '카타르시스'라는 용어를 사용하여 이 경험을 설명하는데, 이 용어는 아리스토텔레스로부터 나온 것이다. 아리스토텔레스는 사람들이 그들 자신의 갈등과 긴장 그리고 수치심, 죄책감, 두려움이 종종 연극무대 위에서 재연되는 것을 관람하고 극장을 나오면 안도감을 느끼는 것을 보았다.

　프로이트는 정신적 인격의 본성을 설명하기 위하여 두 가지 개념적 모델을 소개하였다. 의식, 전의식, 무의식모델과 본능, 자아, 초자아모델이다. 본능은 제어되지 않는 원초적 충동과 열정을 나타내는 반면, 자아는 본능을 조절하며, 초자아는 양심과 도덕의 목소리이다. 마음은 감각적 만족에 대한 추동, 이기주의적이고 자기애적인 추동, 공격과 자기파괴적인 추동과 같은 역동적 본능의 상호작용으로 설명된다. 이 추동들은 감각적이고 성적인 만족을 위한 갈애(kāma-taṇhā), 이기적인 추구를 위한 갈애(bhava-taṇhā), 회피의 갈애(vibhava-taṇhā)라는 불교의 개념과 비교할 수 있다.[3] 융(Carl Jung, 1875~1961)은 프로이트와 결별하여 분석치료 학파를 설립하였다.[4]

---

3) Padmasiri de Silva(2010a). *Buddhist and Freudian Psychology*, 4th edition, Carlton North: Shogam Publishers.

4) Carl Jung(1964). *Man and His Symbols*, New York: Doubleday.

3. 행동주의와 치료

1960년대에 '내성(introspection)'과 프로이트 심리학은 도전을 받았다. 왓슨 (J. B. Watson)은 첫 번째 행동주의자였고, 스키너(B. F. Skinner)는 행동주의를 가장 잘 설명한 주창자였다.[5] 현대 행동치료는 대부분 파블로프(Ivan Pavlov)의 고전적 조건화이론, 스키너의 조작적 조건화이론, 반두라(Albert Bandura)의 사회학습이론을 결합한 것이다.

엘리스(Albert Ellis)와 벡(Aaron Beck)은 행동치료와 인지치료를 융합했다. 행동치료에서 가장 중요한 유산은 행동수정 방법으로, 행동치료는 자극통제에 초점을 맞추어 불길이 번지기 전에 불씨를 알아차리듯이, 알코올 중독을 차단하기 위해서 술집과 같은 상황을 회피하고 바람직하지 않은 습관을 탈조건화하고 수정하는 것이다. 코리(G. Corey)에 의하면, 행동주의는 여러 가지 방식으로 심리학에 기여하였다. 과학적 치료 방법의 중요성을 강조하였고, 내담자의 과거보다는 현재에 초점을 맞추었으며, 내담자가 구체적인 행동과정에 적극적으로 참여하도록 하였고, 구체적인 자기관리 기법을 가르쳤으며, 모든 것을 종종 내담자 개인의 구체적인 욕구에 맞추게 하였다.[6]

4. 엘리스의 합리적 정서행동치료

엘리스(Albert Ellis)는 벡의 인지치료의 토대가 되는 '합리적 정서행동치료 (REBT)'라는 자신의 체계를 세웠다. 엘리스가 정서의 역할을 치료에 통합시킨 선구자라는 점에서 관심을 갖게 되었다. 1955년에 처음으로 소개된 엘리스의 주

---

5) B. F. Skinner(1971). *Beyond Human Dignity*, New York: Knopf.
6) Gerald Corey(2005). *Theory and Practice of Counselling and Psychotherapy*, Southbank, Victoria: Thomson Learning.

장에 따르면 사고와 정서는 매우 밀접하게 관련되어 있으며, 두 가지는 자기이야기 또는 마음의 '내적 대화'라는 형태를 가진다고 한다. 이 내적 대화는 건강하지 않은 정서를 만들어 내고 수정할 수 있으며, 장기간의 행복에 장애가 될 수도 있다. 이 주제와 연관하여 정서적 관점과 삶의 도전 사이에 균형을 확립할 필요가 있다. 예를 들어, 지나친 불안과 근거 없는 두려움은 종종 비합리적인 사고의 결과로 나타난다. 분노는 때때로 해결해야 할 문제가 있다는 것을 말해 주지만, 단순한 반응은 상황을 더 안 좋게 만든다. 부정적 정서는 때때로 메시지를 전한다. 합리적인 신념은 건강하고 생산적이며 사회적 현실과 일치하지만, 비합리적인 신념은 경직되고 독단적이며 건강하지 않다. 신념은 '해야 한다(must, should, ought)'와 같은 단어로 표현되는 '요구'를 선호하는 사고와 연결되어 생겨난다. 엘리스는 '중요한 것은 사건이 아니라 어떻게 해석하는가이다.'라고 주장한 스토아 철학자들을 따랐다. 엘리스는 우리의 정서가 신념, 해석, 평가와 연결되어 있다고 주장했고, 정서의 인지이론을 제안하였다. 엘리스는 치료과정에서 건강하지 않은 자신을 파괴하는 사고와 싸우려고 노력하였다. 우리는 자기주장을 하고 이를 반복하는 과정에서 자기를 파괴하는 신념의 희생자가 되는데, 그것이 인지치료와 마음챙김에 기반한 인지치료에서 '자동적 사고패턴'으로 설명되는 특징이다. 사고패턴에 대한 마음챙김은 불교의 마음챙김 수행에서 핵심적인 것이다.

ABC이론은 정서를 이해하고 분석하는 하나의 방법이다. 'A'는 사건을 활성화하기(activating event), 'B'는 신념(belief), 'C'는 정서적 · 행동적 결과(emotional and behavioural consequences)이다. 정서장애는 '나는 직장을 얻을 수 없다.' '나는 언제나 실패한다.' '미래는 허망해 보인다.'와 같은 자기파괴적 신념에 의하여 생긴다. 'D'는 신념을 논박하는 것으로, 내담자로 하여금 신념을 바꾸도록 한다. 치료사는 비합리적인 신념을 변화시키려 하므로 정신역동이론과 달리 과거가 아닌 현재에 초점을 맞춘다. 신념을 논박하는 것 외에 치료사는 내담자에게 많은 과제를 내주기 때문에 내담자는 부정적 신념을 다루는 데 필요한 기법을 계발할 수 있다.

5. 벡의 인지치료

인지치료(CT)는 1960년부터 1963년 사이에 나왔다. 벡(Aaron Beck)은 정신역동이론을 거부하면서 엘리스와 마찬가지로 현재에 초점을 맞추어 부정적이고 부적응적인 사고와 신념을 인식하고 변화시키려 하였다. 벡은 자신의 치료를 확장하여 임의적 추론, 선택적 추상화, 지나친 일반화, 확대와 최소화, 개인화(하나의 사건을 자신과 연관시켜서 절대적으로 동일시하는 것), 양극적 사고, 흑백사고로 인하여 전부 아니면 전무로 사물을 해석하고 분류하는 것을 포함하였다. 그러나 엘리스의 합리적 정서행동치료(REBT)와 벡의 인지치료(CT)는 약간 다르다. 합리적 정서행동치료는 직접적으로 내담자를 설득하려 하고, 내담자를 종종 직면시키지만, 인지치료는 소크라테스의 대화법과 같은 형태를 사용한다. 합리적 정서행동치료는 치료사를 선생님으로 인식하지만, 인지치료는 치료적 관계를 강조한다. 인지치료사들은 내담자가 직접 자신의 치료사가 되도록 내담자를 훈련시킨다. 벡은 우울증 치료를 발달시키는 데 기여한 것으로 잘 알려져 있다.

6. 로저스의 인간중심치료

로저스(Carl Rogers, 1902~1987)는 1951년에 인간중심치료의 토대를 놓았는데, 거기에는 치료적 관계가 핵심을 차지한다. 진솔한 따뜻함, 정확한 공감, 비판단적 수용, 내담자와 신뢰 형성하기는 인간중심치료에서 중요한 부분이다. 로저스의 체계는 비지시적 치료로 설명할 수 있으며, 내담자로 하여금 그들을 불행하게 하는 것을 탐색하게 한다. 그리고 자기방향성을 발견하여 건설적인 개인적 변화를 하게 한다. 핵심적인 것은 치료적 관계이다. 그 관계에서 치료사는 자신의 방법을 강요하지 않으며, 내담자로 하여금 자신의 성장 잠재력을 발달시키도록 격려한다. 이것은 인본주의적 접근법으로, 다른 치료적 전통에도 영향을 미쳤다. 로저스는 자신의 치료를 제도권 내의 학파로 승격시키는 것에 반대했기에 치료를 위한 구체적인 이론이라기보다 치료에 대한 접근법으로 남아 있다. 그는 또한 경험적·임상적 테스트를 통하여 자신의 가설을 검증하였다. '무조건적 긍정적 존중, 공감과 진실성(일치성)'에 대한 로저스의 논문은 치료에 대한 자신의 지속적인 기여를 간결하게 요약하고 있다.

7. 실존치료: 프랭클, 메이, 얄롬

실존치료는 지금까지 설명한 치료와는 많이 다르다. 그것은 철학을 배경으로 처음 나왔다. 덴마크 철학자 키르케고르(Soren Kierkegaard, 1813~1855),[7] 독일 철학자 하이데거(Marin Heidegger, 1889~1976),[8] 프랑스 철학자 사르트르(Jean Paul Sartre, 1905~1980)[9]는 실존치료에 철학적 배경을 제공하고 있다. 실존치료의 계보는 프랭클(Victor Frankel, 1905~1997),[10] 메이(Rollo May, 1909~1994),[11] 얄롬(Irwin Yalom)으로 이어지는데, 이 가운데 얄롬은 오늘날 가장 잘 알려진 실존치료사이다.

코리(Gerald Corey)는 실존치료의 여섯 가지 요소를 다음과 같이 요약한다. 자기자각 능력, 자유와 책임, 정체성에 대한 추구와 타인과의 관계, 의미 추구, 삶의 조건으로서 불안, 죽음과 의미의 자각이 그것이다. 실존주의는 내담자들이 참된 삶을 살고 있지 않다는 것을 충분히 인식하게 하고, 그들이 존재할 수 있도록 인도하는 선택을 하게끔 내담자들을 초대한다. 치료에 제한하지 않고, 인간 고통의 핵심적 주제인 불안, 죄책감, 외로움, 소외, 죽음에 초점을 맞춘다. 실존

7) Soren Kierkegaard(1959). *Either/Or*, Vol I & II, New York: Anchor Books.
8) Martin Heidegger(1962). *Being and Time*, New York: Harper and Row.
9) Jean Paul Sartre(1956). *Being and Nothingness*, New York: Washington Square Press.
10) Victor Frankel(1963). *Man's Search for Meaning*, Boston: Beacon.
11) Rollo May(1950). *The Meaning of Anxiety*, New York: Ronald Press.

주의는 내담자가 자기 자신을 정의하고, 필요하면 선택하고, 참된 삶에 헌신하게 한다. 이것은 기계적이고 자동적이며 기만적인 삶에 반대하는 것이고, 지금까지 자신이 가지고 있던 정체성을 포기하는 것이다.

이 모든 전통은 인간의 괴로움의 뿌리를 진단하고 거기에서 벗어나서 출가자의 삶의 방식 또는 재가자의 균형 잡히고 올바른 삶의 방법을 탐색하는 붓다에게서도 발견할 수 있다.

13
마음챙김에 기반한 치료전통

1. 마음챙김에 대한 불교적 개념

붓다의 기본적인 메시지는 괴로움의 수레바퀴로부터 자유를 추구하는 것이다. 따라서 붓다의 기본적인 목표는 현대적 개념에서 사용하듯이 '정신건강을 위한 치료'를 제공하는 것이 아니다. 그럼에도 불구하고 질병과 건강에 대해서 논의할 때처럼, 붓다를 몸과 마음을 치료하는 의사로서, 치료사로서 생각할 수 있는 유사점은 분명히 있다. 그러나 오늘날 서양에서 행해지고 있는 마음챙김 치료는 괴로움을 완전히 소멸시키고 성인(arahant)에 이르는 길을 제시한다는 의미에서 자유의 추구를 제공하지 못하고 있다. 또, '마음챙김'이라는 용어는 그 치료적 목표에서 보면 마음챙김에 기반한 치료가 지향하는 것과는 다르다. 개인적인 차원에서는 불교신자와 치료사라는 두 가지 차원이 서로를 풍부하게 할 수 있지만, 이것은 개인적인 것이어서 두 가지를 융합하는 하나의 방법만이 있다고 판단할 수는 없다.

마음챙김 기법을 치료에 사용하는 치료사도 있지만, 그들은 불교의 교리적인 면을 치료사와 내담자의 관점에서 신중하게 고려하지 않았을 수도 있다. 불교 신자들은 도덕적 삶, 명상, 궁극적 목표인 열반까지 광범위한 스펙트럼을 넘나든다. 그러나 상좌부불교에서 마음챙김 수행은 현대의 마음챙김에 기반한 치료와는 다른 그만의 독자적인 위치가 있다는 것을 강조하여야 한다. 「마음챙김: 불교와 임상심리학의 대화」[1]라는 소논문에서 불교적 맥락을 다음과 같이 명료화하고 있다. 마음을 닦는 과정에서 붓다, 그의 가르침, 수행공동체에 귀의하는 것은 강한 믿음을 준다. 자신의 수행에 대한 깊은 확신에서 윤리를 실천하고, 유익한 것을 계발하고, 유익하지 않은 것을 피하며, 이렇게 흠 없는 삶을 수행하는 것은 결과적으로 열반과 가벼운 마음을 낳게 된다. 초기의 가장 중요한 수행은 일상의 삶에서 감각을 제어하고 마음을 챙기는 것이다. 주의를 기울이고 마음챙김 수행을 하는 것은 내면의 만족감을 주는데, 그것은 마음챙김 수행을 집중적으로 하게 한다. 따라서 어떤 치료사들에게는 앞에서 언급된 수행을 결합하여 치료사로서의 역할을 하는 것이 필요하다. 그러나 마음챙김에 기반한 많은 치료사는 이러한 것과 상관이 없다. 나중에 말하겠지만, 하나의 좋은 예는 수용전념치료(ACT)이다. "임상심리학 안에서 마음챙김을 이해하고 수행하는 것의 대부분은 수용전념치료를 제외하고는 불교전통과의 대화를 통해서 생겨났다."[2]

2. 열반으로 나아가는 길에서 행하는 마음챙김

열반으로 나아가는 길에서 행하는 마음챙김 수행은 일반적으로 마음챙김에 기반한 치료에서 사용되는 기법보다도 집중명상이나 통찰명상의 다른 국면들에 대한 체계적인 이해와 더 많은 노력을 요구한다. 특히 통찰명상 기법은 더 복잡

---

1) Chris Kang & Koa Whittingham(2010). "Mindfulness: A Dialogue Between Buddhism and Clinical Psychology", *Mindfulness*, 1, pp. 161-173.

2) Chris Kang & Koa Whittingham(2010). p. 161.

하지만 활기차며, 일상적인 삶 속에서 정상적인 기능으로 돌아가기 위하여 단기 목표를 세우는 맞춤식 치료방법보다 더 많은 에너지를 만들어 낸다.

마음챙김은 마음을 현재의 움직임으로 가져오는 과정이다. 우리가 마음을 현재의 움직임으로 가져오려고 할 때, 얼마나 습관적으로 방황하는지, 백일몽과 환상을 꾸는지를 관찰하게 되고, 그 움직임의 진실한 본성을 관찰하게 된다. 우리는 언제나 과거와 미래에 사로잡혀 있다. 마음은 거의 현재에 있지 않다.

특정 순간에 하나의 대상에 초점을 맞추면, 우리는 마음이 방황하는 것을 볼 수 있다. 들숨과 날숨에 초점을 맞추면 처음에는 매우 피상적으로 보이지만, 점차 정밀해지고 지속적으로 호흡에 마음챙기는 과정이 일어난다. 호흡에 주목하고 관찰하면, 점차 다섯 가지 장애물[五蓋]인 감각적 욕망, 분노, 나태와 무기력, 불안과 걱정, 의심으로부터 안정감을 얻는 방법을 발견한다. 완전한 도덕적 행동은 더 나은 발전을 위한 전제조건이다. 정화 과정은 점차 기법적인 훈련처럼 보이고, 매우 정밀한 과정으로 발전한다. 여기서의 명상의 초점은 치료에서 사용되는 보통의 마음챙김 수행보다 더 복잡하고, 더 열반으로 향하여 나아간다.

들숨과 날숨 전체를 관찰할 때, 수행자는 점차 호흡이 더 미묘해진다는 것을 알고, 지속적인 마음챙김을 유지해야 한다. 그것은 정확해야 하고 방심하지 않아야 한다. 그리고 수행자는 몸 전체로 호흡하는 것을 본다. 이것은 신체적 경향성(kāya-saṅkhāra)이 고요해질 때 드러나는 일종의 움직임이다. 우리가 점차 마음과 정신적 경향성(citta-saṅkhāra)이 고요해지는 것을 식별할 때 몸(rupa)과 마음(nāma) 사이의 여백을 본다. '이것은 실제로 통찰명상의 여정에 있는 교차로이다.' 치료의 핵심에 있는 마음챙김 수행과 열반으로 나아가는 길에서 행하는 마음챙김 수행 사이에는 중요한 차이가 있음을 밝히면서 마음챙김에 기반한 다른 치료법에 대해 설명할 것이다.

3. 치료에서의 마음챙김

현재 서구에서 사용되는 치료법에서 마음챙김의 유용한 역할에 대하여 거머
(Christopher K. Germer)는 마음챙기면서 자각하는 것에 대한 간단한 분석을 다음
과 같이 설명한다.

> 마음챙김은 비개념적이다. 마음챙김은 사고과정에 몰두하지 않고 자각하는 것이
> 다. 마음챙김은 언제나 현재의 움직임 안에 있는 현재 중심적이다. 마음챙김은 비
> 판단적이고 의도적이다. 관찰에 참여하고 비언어적이다. 탐색적이고 해방되는 것
> 이다. 조건에 의해서 발생하는 괴로움으로부터 자유로워지는 것이다. 이러한 특성
> 들은 마음챙김의 모든 움직임 안에서 동시에 일어날 것이다.[3]

신경과학자 시걸(Daniel Siegel)은 통계 연구에 기초하여 마음챙김의 다섯 가지
국면과 그 유용성에 대하여 말하였다. 첫째, 내적 경험에 대한 비반응성이다. 예
를 들어, 감정과 정서에 반응하지 않고 그것을 인식한다. 둘째, 감각, 인식, 사고,
느낌을 관찰하고, 알아차리고, 주의를 기울인다. 예를 들어, 감각과 느낌이 불쾌
하거나 고통스럽더라도 그곳에 머물러 있는다. 셋째, 자각하면서 행동하고, 자
동화된 패턴에 조정당하지 않고, 집중하고, 산만하지 않고, 부주의하지 않는다.
넷째, 단어로 기술하고 이름을 붙인다. 다섯째, 자신을 판단하지 않고 어떠한 부
정적인 정서도 비판하지 않는다.[4] 그는 성찰, '메타인지', 이차자각이라는 용어
도 인용한다.

---

3) Christopher K. Germer(2005). "Mindfulness; What is it? Does it matter?", In C. K. Germer, R. D.
   Siegel, & P. R. Fulton (Eds.), *Mindfulness and Psychotherapy*, New York: Guilford Press, p. 9.
4) Daniel Siegel(2007). *The Mindful Brain*, New York: W. W. Norton and Company, pp. 12-13.

4. 마음챙김에 기반한 스트레스 감소 프로그램(MBSR)

카밧진(Jon Kabat-Zinn)은 스트레스 감소 프로그램을 통한 치유와 마음챙김, 명상에 대한 실제적인 지침을 계발한 선구자이다. 스트레스, 고통, 질병에 직면하기 위하여 몸과 마음의 지혜를 활용하는 데 초점을 맞춘 그의 책『마음챙김 명상과 자기치유(Full Catastrophe Living)』는 마음챙김에 기반한 치료를 계발하는 데 기준이 되는 책으로 여겨진다.[5] 두 번째 단계에서 마음챙김센터(Center for Mindfulness)에 있는 카밧진과 그의 동료는 마음챙김에 기반한 인지치료가 출현하도록 도왔다. 이 프로그램의 주요 기둥을 구성하는 태도적 요소들은 다음과 같다. 비판단, 인내, 초심자의 마음, 신뢰, 애쓰지 않고 수용함, 사물들을 현재 있는 그대로 두면서 보는 것과 같은 태도이다. 그것들은 모두 상호 연결되어 있다.

1. 비판단: 우리 자신의 경험에 대해서 공정한 증인이 된다. 우리는 계속해서 내적 경험과 외적 경험에 반응하고 판단하고 있음을 자각할 필요가 있다. 판단하고 분류하는 습관은 딱딱한 껍질 위에 만들어진 기계적 반응에 우리를 가두는 것이다. 따라서 '자동화된 패턴'에 의해서 만들어진 자동적 판단을 자각하는 것은 중요하다.

2. 인내: 지혜의 한 형태이다. 사물이 제때에 드러나는 상황을 받아들이고, 각각의 움직임에 열려 있다. 그리고 그것을 완전히 수용한다.

3. 초심자의 마음: 처음으로 명상을 하는 것처럼, 명상의 각 단계를 기꺼이 보려는 마음이다.

4. 신뢰: 자신의 직관을 신뢰한다.

5. 애쓰지 않고 수용함: 우리는 무엇인가를 얻기 위하여 명상하지 않는다.

6. 사물들을 현재 있는 그대로 본다.

---

5) Jon Kabat-Zinn(1990). *Full Catastrophe Living*, New York: Delta Publishing.

7. 있는 그대로 둔다.

그는 전념, 의도성, 자기훈련을 추가한다. 마음챙김에 대한 카밧진의 정의는 마음챙김 기법을 사용하는 많은 치료사에게 전달되고 있다. "있는 그대로의 사물에 비판단적으로, 현재의 순간에 의도적으로 주의를 기울이면서 자각한다."[6]

5. 마음챙김에 기반한 인지치료(MBCT)

시걸(Zindel Segal), 윌리엄스(Mark Williams), 티즈데일(John Teasdale)과 함께 연구하면서 카밧진(Jon Kabat-Zinn)은 지금 마음챙김에 기반한 인지치료로 알려져 있는 것을 계발하는 데 영감을 주었다. 그것은 특히 우울증치료를 위해서 계발되었다.[7] 이어서 매우 광범위한 독자층을 위하여 보다 일반적인 연구서적 『우울증을 다스리는 마음챙김 명상(The Mindful Way Through Depression)』이 나왔다.[8] 엘리스와 벡의 초기 인지치료와 비교하면, 마음챙김에 기반한 인지치료(MBCT)는 인지를 변화시키기보다는 인지와의 관계를 변화시키는 것이다. 또한 논박모델 대신 해석이나 투사 없이 내담자의 마음 안에서 일어나는 것을 밝히기 위하여 현재에 초점을 맞춘다. 사실 엡스타인(Mark Epstein)이 말하듯이, 이것은 프로이트가 '고르게 떠 있는 주의' 또는 '판단의 유보'로 기술했던 것이다.[9] 이것은 깊은 경청으로, 초기 인지치료의 '논박모델'과는 매우 다른 것이다. 탈중심화기법의 사용 또한 중요하다. 그것은 '뒤로 물러서서' 자신의 생각이나 느낌을 자기동

6) Jon Kabat-Zinn, Mark Williams, John Teasdale, & Zindel Segal(2007). *The Mindful Way Through Depression*, New York: Guilford Press.
7) Zindel V. Segal, Mark Williams, & John Teasdale(2002). *Mindfulness-based Cognitive Therapy for Depression: A New Approach to Preventing Relapse*, New York: Guilford Press.
8) Jon Kabat-Zinn, Mark Williams, John Teasdale, & Zindel Segal(2007). *The Mindful Way Through Depression*, New York: Guilford Press.
9) Mark Epstein(1995). *Thoughts Without A Thinker*, New York: Basic Books, p. 114.

일시가 아닌 방식으로 관찰할 수 있는 능력이다. 예를 들어, 마음 안에서 일어나는 분노는 너의 것도 나의 것도 아니고, 좋은 것도 나쁜 것도 아니다. 그것은 비개인적인 과정이다. 그들은 '자동화된 패턴'이라는 용어를 사용하여 마음이 습관적이고 기계적인 방식으로 움직인다고 말한다. 예를 들어, 그것이 분노라면 '그는 약속을 어겼다.' '그는 그렇게 하지 말았어야 했다.' '나는 그가 왜 그렇게 했는지 이해하지 못한다.' 등으로 반추하는 생각이 계속될 것이다. 마음챙김에 기반한 인지치료(MBCT)를 우울증에 적용하는 것은 '행동하는' 양식을 '존재하는' 양식으로 바꿔 주는 것이다. 그것은 문제를 즉각적으로 해결할 필요를 내려놓고, 불쾌함을 회피하거나 쾌락에 집착하려는 경향성을 자각함으로써 문제와 '함께 존재하는' 방식이다. 이는 개념적으로 행동하기보다 현재 중심적이 되는 것이다. 그들이 도입했던 기법이 다양함에도 불구하고, 핵심 기법은 저절로 계속되는 반추에서 '밖으로 나오는' 것이다.

마음챙김에 기반한 인지치료의 기본전제는 다음과 같이 요약할 수 있다. 마음챙김명상을 통해 자각을 계발할 수 있다. 수용하고, 애쓰지 않고, 경험에 대해 참된 관심을 가지는 것이 핵심적인 태도이다. 불교의 핵심교리, 인간의 취약성, 괴로움을 이해하는 것이다. 자기비판적·자기중심적·반복적·부정적 사고와 같은 특정한 방식으로 반추하고, 경험을 회피하고, 도전적 사고, 정서, 몸의 감각과 직접적으로 접촉하지 않으려고 시도하는 것을 이해한다. 현재에 초점을 맞추고, 세계와 몸을 만난다. '행위모드'와 '존재모드'를 구별한다.

6. 불교와 행동수정이론

마음챙김에 기반한 스트레스 감소 프로그램(MBSR)과 마음챙김에 기반한 인지치료(MBCT)의 커다란 영향 때문에 불교가 행동수정이론에 대해서 초기에 기여한 것은 무시되었다. 그러나 이것은 중요하다. 왜냐하면 심리학이론으로서 행동주의는 인지심리학보다 앞서 있기 때문이다. 드 실바(Padmal de Silva)는 행동변화에 마음챙김수행을 통합하자고 말한 초기 주창자였다. 그리고 나중에 요약할 것이지만, 그는 불교연구를 통해서 임상 실제에서 사용했던 수많은 기법을 인용하였다. 행동수정의 중요한 특징으로 다음과 같은 일곱 가지가 있다. 우선, 측정할 수 있는 행동의 차원으로 정의할 것을 강하게 강조한다. 둘째, 치료 기법은 충분하게 기능하도록 돕기 위하여 개인보다 현재의 환경을 변화시키는 방법이다. 셋째, 그들의 방법과 근거는 정확하게 기술할 수 있다. 넷째, 기법은 일상의 삶에 적용된다. 다섯째, 이 기법은 대부분 학습원리, 특히 조작적 조건화와 반응적 조건화에 기초하고 있다. 여섯째, 어떤 특정한 기법이 구체적인 행동변화를 일으킨다는 사실은 과학적인 방식으로 설명할 수 있다. 마지막으로, 행동수정 프로그램은 모든 사람에게 책임을 강조한다.[10]

드 실바(Padmal de Silva)는 다음과 같이 말한다. "초기불교에서 발견되는 이러한 행동변화 전략의 예는 다양하고 수없이 많다. 흥미롭게도 이 중 몇몇은 현대 행동주의 심리치료에서 사용하는 기법과 그리 다르지 않다." 그는 다음과 같은 기법들을 인용한다. 타인의 행동을 수정하고 영향을 미치는 방법으로 사용하는 수많은 모델링의 예, 두려움을 줄이기 위한 기법으로 상호 억제하는 예, 다양한 행동주의 기법으로 바람직하지 않은 습관을 수정하는 예, 바람직하지 않은 행동을 다루는 방법으로 자극을 통제하는 예, 바람직한 행동을 유도하고 격려하는 방법으로 보상을 사용하는 예, 원하지 않는 인지가 침입하는 것을 통제하는 예, 행동전략에서 사용되는 위계적 접근법과 같이 자애를 계발하기 위하여 점진적으로 자극에 접근하는 예, 잘못된 신념을 다룰 때 우화와 비유를 사용하여 불확실한 경험에 반복적으로 노출시키는 예가 있다.[11] 드 실바의 때 이른 죽음은 마음챙김에 기반한 치료의 미래에 기여할 것이라는 기대에 큰 타격을 주었다.

---

10) Padmal de Silva(1986). "Buddhism and Behaviour Change", In G. Claxton(Ed.), *Beyond Therapy*, N.S.W.: Unity Press.
11) Padmal de Silva(1986). pp. 217-231.

7. 수용전념치료(ACT)

마지막으로, 다양한 복합성을 가진 수용전념치료(ACT)와 마음챙김에 기반한 치료에 대한 중요한 질문을 제기했던 주제를 다루고 싶다. 앞에서도 말했듯이, 수용전념치료는 불교와는 독립적으로 발달하였기 때문에 수용전념치료와 불교 사이의 관계에는 모호함이 있다. 사실 헉스터(Malcolm Huxter)는 마음챙김 기법을 사용하는 치료 중 몇 가지는 전통적 불교의 본질적인 요소들인 윤리나 지혜와는 분리되어 있음을 관찰한다. 그리고 그에 따르면 수용전념치료에는 특별한 문제가 있다.[12] 그는 불교적 맥락에서 마음챙김을 제거하면 임상적 유용성의 깊이와 넓이가 없어질 것이라는 점을 강조한다. 그는 수용전념치료와 같은 시스템이 현대 과학적 모델을 가지고 있다고 말한다. 현대 과학적 모델은 물질주의적이고, 주관적 경험의 형태인 의식의 현상학과 맞지 않다. 제1장에서 최근 신경현상학의 발달과 명상경험은 불교에 대한 과학적 접근법과 결합할 수 있음을 보았다. 그러나 수용전념치료는 그 자신의 방식으로 치료에 기여하였고, 그 방법을 따르는 사람들과 활기차게 접촉하고 있다. 나는 인간 괴로움의 보편성에 대한 수용전념치료의 성찰은 매우 '불교적'이고, 오늘날 그 주제가 적절하다는 것을 발견하였다. 슬픔과 우울증에 대하여 기술하고 있는 제16장에서 살펴보겠지만, 임상적 장애로 분류할 수 없는 수많은 심리적 장애가 있다.

수용전념치료에서 중요한 것을 요약하자면, '경험회피'에 초점을 맞춘 것이다. 그리고 이 문제에 대응하기 위하여 다양한 마음챙김 기법들을 권장한다. 수용전념치료는 '통증'과 '괴로움'을 분명하게 구별한다. 우리가 괴로운 일을 만나면, 언제나 그래왔듯이 고치고, 해결하고, 제거하고 싶어 한다. 그러나 이 과정은 괴로움을 더 확대시켜서 더 복잡하게 한다. 수용은 패배자의 태도가 아니다. 그것은

---

12) Malcolm Huxter(2012). "Buddhist Mindfulness Practice in Contemporary Psychology: A Paradox of Incompatibility and Harmony", *Psychotherapy in Australia*, 18, pp. 26-39.

궁극적으로 지혜와 통찰을 발달시키는 관용의 방법이다.

여기서 사용하는 수용의 의미는 허무주의적인 자기패배도 아니고, 괴로움을 참고 견디는 것도 아니다. 그것과는 매우 다르다. 이러한 무겁고, 슬프고, 어두운 형태의 '수용'은 우리가 의도하는 적극적이고 활기찬 포용과는 정반대이다.[13]

8. 변증법적 행동치료(DBT)

변증법적 행동치료(DBT)는 미국의 심리학자 리네한(Marsha Linehan)에 의해 처음에는 경계선 성격장애를 진단하기 위하여 계발되었다. 그녀는 치료도구로 선불교의 통찰을 통합하였다. 변증법이라는 용어는 갈등과 양극화된 사고, 예를 들어 수용과 변화 사이에서 중도를 매개한다는 개념을 내포하고 있다. 선불교는 일반적으로 분명한 역설과 모순을 다루는 것을 지지하는 이상적 체계이다. 그렇기 때문에 이 치료는 불교의 영감을 받은 치료 중에서 약간 독특하다. 이 치료의 핵심 구성요소는 정서조절, 관계의 기술, 괴로움의 인내, 마음챙김이다.

마음챙김은 파괴적으로 자기를 해치는 것에 대항하는 방법으로, 괴로움을 인내하는 기법을 배우고 적용할 때 매우 중요하다. 마음챙김은 내담자가 느낌에 반응하기보다는 느낌에 머물러 있을 수 있게 하는 중요한 기술이다. 마음챙김은 분리에 대한 직접적인 해결책이고, 힘든 기억을 다루기 위한 강력한 도구이다. 또한 마음챙김은 파괴적인 사고과정을 검토하여 통과하기 위한 도구이고, 그 과정에서 생기는 것을 수용하기 위한 기법이다.[14]

---

13) Steven C. Hayes et al.(1999). *Acceptance and Commitment Therapy*, New York: Guilford Press, p. 7.

14) Ivan Milton(2011). "Mindful Paths to Well-being and Happiness", *Psychotherapy in Australia*, 17, p. 66.

9. 정신역동적 심리치료

거머(Germer)는 프로이트의 정신분석이 마음챙김 명상과 공통적인 특징을 공유했기 때문에 행동주의자들보다도 먼저 정신역동적 심리치료사들이 마음챙김을 치료에 사용하고 있음을 발견하였다고 말한다.[15] 엡스타인은 프로이트가 불교의 영향을 직접 받았다는 증거는 없지만, 프로이트가 주의집중을 권고하는 것과 붓다의 말씀 사이의 유사성을 부인할 수 없다고 말한다.[16] 엡스타인은 프로이트의 판단의 유보, 단지 듣기만 하는 상태, '고르게 떠 있는 주의', 비반응적, 비판단적, 열린 경청을 강조하였다.[17]

신프로이트학파의 프롬(Erich Fromm)은 불교의 영감을 받은 치료사이다. 먼저『선불교와 정신분석(Zen Buddhism and Psychotherapy)』에서, 이후 유작인『듣기의 기술(The Art of Listening)』에서 그는 치료장치로서 마음챙김의 중요성을 분명하게 수용하였다. 그리고 스리랑카에 살고 있는 독일 출신의 냐나뽀니까 스님(Ven. Nyanaponika)과 중요한 서신 교환을 하였다. 엡스타인은 불교가 이론적인 면에서 '정체성 혼란'과 관련된 주제에 대한 답을 가지고 있으며, 치료적인 면에서 마음챙김에 기반한 정신역동적 관점을 발달시킨다고 말한다. 엡스타인의『붓다의 심리학(Thoughts Without a Thinker)』은 최근 서구의 치료 방향성과 불교를 연결시키는 데 중요한 기여를 하고 있다. 그는 "순수한 주의는 우리의 마음과 정서를 다루는 불교적 접근법을 가장 잘 정의한 기법이다. 그것은 공평하고, 열려 있으며, 비판단적이고, 관심을 가지고, 인내하고, 두려움 없는 것이다."라고 말한다.[18] 엡스타인은 정신적 장애물을 명상의 대상으로 변형시키는 명상가의 능력에 주목한다. 그는 스즈키 선사(Suzuki Roshi)를 인용한다. 선사는 "당

---

15) Christopher K. Germer(2005). p. 21.
16) Mark Epstein(1995). p. 114.
17) Mark Epstein(1995). p. 126.
18) Mark Epstein(1995). p. 126.

신이 잡초를 뽑아서 그것을 나무 근처에 묻으면, 그 잡초는 자양분이 된다. 그래서 잡초에게 감사해야 한다."라고 말했다. 대중적으로 잘 알려진 프로이트이론은 언제나 깊이 묻힌 외상적 무의식과 연관되어 있지만, 엡스타인은 프로이트이론이 깊이 묻힌 무의식에서 현재하는 잠재의식까지 광범위한 영역을 다룬다고 말한다. 그는 프로이트가 세 단계를 거친다고 말한다. 첫 번째는 카타르시스로, 외상적 사건을 재연하고 재생시키기 위하여 최면을 사용하는 단계이고, 두 번째는 최면을 포기하고 방해 없이 기억을 되살리는 '자유연상법'을 사용하는 단계이고, 세 번째는 프로이트가 잊혀진 과거를 추구하는 것으로부터 직접적인 현재로 옮겨가는 단계이다. 프로이트에 대한 많은 해석자와 비판가들은 프로이트가 「기억하기, 반복하기와 경험하기」라는 논문에서[19] 구체적으로 밝힌 세 번째 단계를 보지 못했다. 이러한 변화는 매우 흥미로우며, 『불교와 프로이트심리학(Buddhist and Freudian Psychology)』의 최신판에서 '무의식'의 영역에 대한 불교적 관점을 설명할 때 이러한 변화를 알 수 있었다.[20] 나는 과거를 캐는 고고학적 비유로부터 의식에 가까운 빨리어 '잠재적 경향성(anusaya)'이라는 개념으로 옮겨 왔다. 이는 제4장의 무의식에 대한 부분에서 볼 수 있다. 예를 들어, 인지치료에서 반복되는 자동적 사고패턴은 의식 주변을 맴돈다. 프로이트는 역동적 외상 개념을 사용하는데, 그것은 무의식의 더 깊은 층을 탐색하는 하나의 차원이다. 그러나 그는 일상에 더 가까운 매일매일의 삶에서 나타나는 정신병리도 말한다. 기억하기와 경험하기에 대한 이 논문은 잠재적 경향성이라는 불교적 견해에 더 가까이 다가간다고 엡스타인은 말한다. 페렌찌(Sandor Ferenczi)와 페니첼(Otto Fenichel) 같은 프로이트와 동시대의 치료사들은 프로이트의 새로운 견해를 수용하지 않았다. 아마도 그들은 프로이트 논문의 전체적인 논지를 이해하지 못했을

---

19) Sigmund Freud(1953b). "Remembering, Repeating and Working-Through (Further Recommendations on the Technique of Psycho-Analysis II)", *The Standard Edition of the Complete Psychological Works of Sigmund Freud*, V.12, London: Hogarth Press, p. 148.

20) Padmasiri de Silva(2010a). *Buddhist and Freudian Psychology*, 4th ed. Carlton North: Shogam Publishers.

것이다. 나는 이 부분을 엡스타인의 말로 결론 내리고자 한다.

> 궁극적으로 많은 사람에게 치료적인 것은 그들의 괴로움을 설명하기 위하여 과거를 이야기로 구성하는 것이 아니라, 상담실에서 정서, 정서적 사고, 또는 그들이 고착되어 있는 정서적 사고의 신체적 잔재를 직접 경험하는 것이다. 이 느낌들은 침묵에서 살짝 엿보이고, 상담실이 조용할 때 모습을 드러낸다. 종종 결핍에 화가 난 형태로, 시무룩한 상처 또는 희망 없는 격노의 형태로 드러나는 그것은 왜 그런지 알지 못한 채 파괴적인 행동을 반복하는 사람들이 가지는 기본적 결함의 증거이다.[21]

10. 정서중심치료(EFT) 그리고 마음챙김에 기반한 정서중심치료

상담사로서 나는 내담자가 보여 주는 분노, 두려움, 슬픔, 비탄, 자만심, 탐심과 같은 정서에 특별히 초점을 맞춘다. 내담자의 문제와 거기에서 벗어나는 길을 탐색하기 위하여 마음챙김 기법을 사용한다. 심리철학과 상담의 연관성은 큰 자원이 되었고, 이것은 자연스럽게 심리학과 상담으로 확장되었다. 이에 대한 관심은 하와이 동서센터(East-West Center)의 문화학습연구소(Culture Learning Institute)에서 운영하는 '정서와 문화' 전문가 훈련 프로그램에 참여하면서 생겼다. 이 프로젝트는 다른 문화와 정서 이야기에 포함되어 있는 정서와 관련된 단어를 모으는 데 집중되었다. 그것은 에크만이 재활성화시킨 기본정서에 대한 다윈(Charles R. Darwin)의 연구에 특별히 초점을 맞추는 것이었다.

치료방법으로 마음을 챙기면서 정서에 초점을 맞추는 치료를 점차 계발하면

서 정서중심치료(EFT)가 인지치료보다 더 복잡하다는 사실이 인상적이었다. 인지치료는 사고패턴에 주로 초점을 맞추었지만, 정서중심치료는 신체감각에도 초점을 맞추었다. 가장 두드러진 정서는 상황에 대한 지각, 평가, 반응을 포함하는데, 이것들은 욕망, 의도, 쾌락과 고통의 첫 느낌, 신체의 첫 느낌에 의해서 길러진다. 또한 신경과학의 최근 연구는 정서의 복합적 측면들에 빛을 비추어 준다. 따라서 '정서의 요소이론'을 사용하여 사고, 해석, 느낌, 욕망, 심리적 각성, 의도 등과 같은 구성요소들은 어떤 것이라도 특별히 초점을 맞추어 치료에서 사용할 수 있다. 사실 불교의 마음챙김 수행을 위한 헌장은 오직 몸, 느낌, 욕망이나 사고패턴을 사용하는 것이다. 그것들은 질투와 시기처럼 혼합되어 나타나기도 하고, 때로는 무더기로 나타나기도 한다. 그것들은 종종 탐심, 분노, 자만심이 지배하고 있는 잠재적 경향성의 층을 이룬다. 탐심은 소유하고 모으며 축적하려는 태도로, 결과적으로는 중독이 된다. 반면 분노는 반응적인 것 전부를 나타낸다. 내담자가 마음챙김 기법을 발달시킨다면, 이러한 잠재적 경향성 또는 '잠자고 있는 열정'을 자각할 수 있고, 생각과 신체적 행동을 자제할 수 있다. 『마음챙김에 기반한 상담개론(An Introduction to Mindfulness-Based Counselling)』에서 마음챙김에 기반한 정서중심치료(EFT)에 대한 기록을 볼 수 있다.[22] 또한 이 책에는 특정 정서에 대한 몇몇 장이 있다.

캐나다 심리학자 그린버그(Leslie Greenberg)는 정서중심치료(EFT)의 선구자로 세계적으로 유명한 주창자이다. 시드니에서 있었던 그의 워크숍에 참석하여 그의 연구를 공부한 후, 나의 정서중심치료를 만들어 갈 수 있었다. 그린버그의 선구자적 연구의 도움으로 태국 마히돌대학 컨퍼런스에서 「마음챙김에 기반한 정서중심치료 계발의 근거(A Rationale for Developing Mindfulness-Based Emotion-Focused Therapy)」라는 논문을 발표하였다.

명상적 접근법은 회피에 대한 대안으로서 특별한 방식으로 정서에 주의를 기

---

22) Padmasiri de Silva(2008a). *An Introduction to Mindfulness-based Counselling*, Ratmalana: Sarvodaya Vishva Lekha.

울인다. 명상 과정은 마치 내담자들이 또 다른 사람에게 말하고 있는 외부 관찰자인 것처럼, 객관적으로 내담자 자신의 경험을 스스로에게 묘사하는 기법을 가르치는 것이다.

　일단 사람들이 실제 정서와 거리를 둘 수 있다면, 그들은 더 이상 분노, 슬픔, 두려움, 수치심에 압도되는 느낌을 갖지 않을 것이다. 불타오르는 정서에 기름을 계속 붓는 생각의 의미가 그들을 더 이상 압도하지 않을 것이다.[23]

11. 서막

　'생각'에 초점을 맞춘 마음챙김에 기반한 인지치료가 서구 치료전통의 주류에 들어오면서 마음챙김에 기반한 정서중심치료의 실제를 자세하게 설명할 필요가 생겼다. 불교심리학의 맥락 안에서 정서는 생각보다 훨씬 복합적이다. 정서는 인지(saññā, citta), 느낌(vedanā), 의도(saṅkhāra) 측면들의 혼합이지만, 더 넓은 의미에서 동기라는 용어는 의도, 의욕(chanda), 욕망(rāga)을 포함할 것이다. 여기에 우리는 몸이라는 신체적 차원(rūpa)을 추가할 수 있다. 해석과 평가는 분리되어 있지만, 인지적 측면과 밀접하게 연관되어 있다. 인지과학과 정서 연구 사이에 융합이 있었다. 오늘날 이것은 '정서를 이해하는 것이 지적 체계를 이해하는 데 핵심적'이라는 개념으로 수용되고 있다. 그린버그는 정서 연구에 새로운 혁명을 일으키고 있는 사람들, 예를 들어 '정서의 뇌',[24] 에크만의 '얼굴 표정으로 본 정서와 생물학', 골만이 편집한 '정서의 치유',[25] '뇌의 신경가소성',[26] '두 번째 뇌인 신

---

23) Leslie Greenberg(2008). *Emotion-Focused Therapy*, Washington, DC: American Psychological Association, pp. 206-207.

24) Joseph Ledoux(1988). *The Emotional Brain*, London: Weidenfeld and Nicolson.

25) Daniel Goleman(1997). *Healing Emotions*, Boston: Shambhala.

26) Richard Davidson(2003). "Neuroplasticity Thesis", In D. Goleman(Ed.), *Destructive Emotions*, London: Bloomsbury, pp. 21-23.

체이론'[27] 가운데 한 명이다. 또한 정서를 제한적으로 사용하는 다른 치료도 있음을 언급할 필요가 있다. 탈조건화와 노출 개념을 활용하는 행동치료이론이 있고, 인지적 접근법은 정서를 이성적으로 도전할 만한 믿음에 의하여 변화될 수 있는 인지 이후의 현상으로 본다.

이미 말했듯이, 마음챙김에 기반한 많은 치료법이 있다. 부부 관계에 초점을 맞춘 그린버그의 이론과 수많은 이론적 설명 사이에는 몇 가지 다른 점이 있지만, 나는 이 분석에서 몇 가지 유사점을 말하려 한다. 유사점에는 네 가지 중요한 특징이 있다. 첫째, 정서는 강한 인지적 경향성을 가진 '의미'와 관련되어 있다. 둘째, 정서는 동기요인으로, 능동적이고 의도적인 경향성을 가진 목표를 지향하고 있다. 셋째, 정서는 강한 정동적 구성요소를 가지고 있다. 넷째, 정서를 관리하는 것은 정서적 변화를 조절하고 변형하는 주의의 차원을 포함한다. 몇 가지 차이점은 분명히 불교의 정신적 · 윤리적 특색 때문이다. 그린버그는 보다 세속적 기반 위에 서 있음에도 불구하고, 자신의 치료에서 내담자의 웰빙에 초점을 맞추도록 영감을 불어넣고 있기 때문이다.

12. 정서변화의 원리

1. 정서중심치료에서 변화의 핵심기제는 새로운 의미를 만드는 과정과 정서 과정이고, 정서의 자각(awareness)이 기본원리이다. 우리가 느끼는 것에 대하여 자각하기만 하면, 정서로 표현되는 욕구를 다시 만나게 되고, 우리의 욕구로 인하여 동기가 유발된다. 그린버그에 따르면 치료자는 내담자가 정서를 수용할 뿐만 아니라 정서에 다가가고, 인정하고, 조절하도록 돕기 위하여 내담자와 함께 작업한다.[28] 정서회피와는 반대되는 정서수용은 정서

---

27) Candace Pert(1997). *Molecules of Emotions*, New York: Scribner.
28) Leslie Greenberg(2010). *Emotion-Focused Therapy*, Workshop Handbook, Sydney: IEFT, p. 22.

변화에서 중요한 단계이다.

2. 정서를 표현한다. 내담자는 자신의 정서와 생생하게 접촉하여야 하며, 이
전에는 회피했던 느낌을 효과적으로 드러내야 한다. 정서에 깨어 있고, 정
서를 허용하는 것은 필요한 반면, 최적의 정서 과정은 인지와 정서가 통합
된 것이다.

3. 정서를 조절하는 것은 그 정서가 수치심이든, 두려움이든, 무기력감이든,
맥락적으로 중요한 정서가 무엇이든, 구체적인 정서와 '어느 정도 거리'를
두는 것이다. 혼란스러운 정서를 느끼지 않도록 하는 것, 정서를 철회하는
것, 정서를 회피하는 것, 기분 전환 전략을 사용하는 것, 최악의 경우에는
정서를 신체적인 불편감으로 변형시키는 것, 심지어 기분전환을 하려다가
불쾌함으로 빠져들게 하는 자극과 같은 방법을 통해서 정서를 조절하려는
시도는 모두 역효과를 내는 기법이다. 이것에 대하여 그린버그는 다음과
같이 말한다.

> 호흡을 조절하고, 마음챙기면서 비판단적으로 관찰하고, 자신의 정서상태를 묘사
> 하는 것은 정서조절의 중요한 수단이다. 기본적인 정서조절에는 정서에 대하여 이
> 름 붙이기, 신체로 느껴지는 정서를 묘사하기, 정서를 유발하는 정서적 사건을 명
> 료화하기, 정서에 의하여 촉진되는 행동과 상황에 대한 자신의 해석을 이해하기가
> 있다.[29]

4. 정서 경험을 깊은 경험적 수준에서 성찰하는 것이 공고화의 방법으로 권장
된다.

5. 하나의 정서를 다른 정서로 변형하는 것은 마지막 방법이다. 그는 이 점을
설명하면서 스피노자(Spinoza)를 인용한다. "정서는 억눌리거나 제거되는

29) Leslie Greenberg(2008). *Emotion-Focused Therapy*, Washington D.C.: American Psychological Association, p. 206.

것이 아니라 반대의 정서나 더 강한 정서로 바뀔 수 있을 뿐이다."[30]

13. 정서조절에 대한 불교적 관점

불교적 맥락 안에서 정서는 총 다섯 무더기[五蘊]로부터 생성되는 상호작용하는 복합체 또는 구조를 말한다. 그것은 인지, 동기, 느낌, 생리적 각성이론 요소들이 융합된 것이다. 또한 의존적 발생[緣起]이라는 인과적 패턴에 따라 하나의 네트워크가 형성되어 있다. 감각적 자극을 조건으로 느낌이, 느낌을 조건으로 갈애가, 갈애를 조건으로 집착이 발생한다. 그리고 탐심, 증오, 망상[貪嗔痴]은 부정적 정서를 키우는 반면, 관대, 연민, 지혜[慈悲慧]는 긍정적 정서를 풍성하게 한다. 현대의 상담용어로 부정적 정서의 뿌리는 중독, 반응성, 정체성 혼란이 될 것이다. 정서를 구성요소로 설명하는 것은 「염처 경」에서 제시하는 네 가지, 즉 신체[身], 감각과 느낌[受], 생각패턴[心], 현상[法]을 치료자가 사용할 수 있도록 돕는다. 치료자는 하나의 대안으로서 감각접촉을 조건으로 느낌이, 느낌을 조건으로 갈애가, 갈애를 조건으로 집착이 생기는 인과론적 정신역동패턴을 사용할 수 있을 것이다. 잠재적 행동이 중요하다. 마치 우리는 즐거운 느낌에 대하여 '브레이크'를 사용하지 않는 것처럼, 즐거운 느낌은 욕망에 대한 잠재적 경향성(rāgānusaya)에 의해서 야기된다. 만일 우리가 괴로운 느낌에 대하여 '브레이크'를 사용하지 않는다면, 혐오와 인지왜곡에 대한 잠재적 경향성(diṭṭhānusaya), 부정적 정서로 채색된 경향성(paṭighānusaya)이 발생할 것이다. 이렇게 다양한 도식에 있어서 그것이 일상의 삶에서 일어나든, 치료의 맥락에서 일어나든 피해 대책보다는 예방법을 사용하기를 권장한다.

마음챙김 수행은 부정적 정서를 조절하고(saṃvara), 일단 그것이 일어나면 그것을 버리고(pahāna), 새로운 긍정적 기법을 계발한다(bhāvanā). 일단 마음챙김

---

30) Benedict Spinoza(1963), *Ethics*, ed. James Gutmann, New York: Haffner, iv, p. 195.

기법이 발생하면 그것을 확립시킨다(anurakkhanā). 붓다는 이 방법을 설명하기 위하여 많은 은유를 사용한다. 문지기의 경계심, 조련사의 말 훈련, 끝까지 요새를 지키는 군대, 게으름과 흥분 사이의 올바른 균형과 연습, 곡예사의 균형 잡힌 기술, 현악기처럼 잘 조율된 악기에 비유한다.

부정적 정서에 대해서는 그린버그의 방법과 유사하게 해독제 사용을 권장한다. 즉, 갈망에 대해서는 신체의 매력적이지 않고 역겨운 측면들을 보고, 나쁜 의도에 대해서는 인간의 좋은 특성, 인내, 용서, 자애, 평정의 측면을 보며, 비탄에 대해서는 떠난 사람에 대한 존중, 존경, 감사를 보면서 자신의 삶에서 떠난 사람의 좋은 특성들을 재작업한다. 나쁘게 만들기보다는 변형하는 것이 불교의 고전적인 방법이다. 특히 그것은 티벳불교 전통에서 두드러진다. 융은 이 과정을 일반 금속을 금으로 바꾸는 것에 비유하면서 '정서적 연금술'이라고 부른다. 마지막 방법은 분노가 나타났다가 잠시 머무르고 사라지는 것처럼 정서 과정의 비영원성을 보는 것이다.

14. 정서적 경험을 하는 신체

사람들은 정서적 경험이 자신의 몸에서 뜨겁게 또는 차갑게 느껴지는지, 큰 공이나 작은 매듭처럼 느껴지는지에 주의를 기울일 필요가 있다. … 당신이 만일 느낌의 특성과 위치를 알아차려서 '나의 가슴에서 뜨거움이 느껴져요.'라고 말할 수 있거나 또는 그 강도가 '보통 정도'이고, 그 모양이 '둥근 공'과 같다는 것을 알아차리면, 강렬한 감정이 진정될 것이다.[31]

비구들이여, 마치 공중에 이 모양 저 모양으로 부는 바람 같이, 동쪽에서 불어오는 바람, 서쪽에서 불어오는 바람, 북쪽에서 불어오는 바람, 남쪽에서 불어오는 바람,

---

31) Leslie S. Greenberg(2008). p. 206.

먼지를 싣고 오는 바람, 맑은 바람, 차가운 바람, 뜨거운 바람, 산들바람, 센 바람같
이 이처럼 신체에서 부는 바람도 다양하다. 즐거운 느낌, 괴로운 느낌, 괴롭지도 즐
겁지도 않은 느낌이 생겨난다.[32]

정서에 대한 인지이론은 정서연구와 정서치료의 선두에 서 있다. 그 이유는
부분적으로는 인지과학의 새로운 혁명으로, 신체에 기반한 치료와 정서이론의
생리적 측면에 대한 관심이 다시 커졌기 때문이다. 정서에 신체를 처음으로 등
장시킨 사람은 제임스(William James)이다. 그는 "먼저 울고 나서 슬픔을 느낀다.
먼저 도망치고 나서 두려움을 느낀다."라고 말한다. 이 말은 앞에서 논의했던 한
계에도 불구하고, '직감적 반응' '몸으로 표현되는 구체적 평가'라고 부르는 측면
에서 다시 관심을 모으고 있다.[33] 제임스는 몸을 마음의 공명판으로 묘사한다.
기타의 몸통이 줄의 소리를 증폭시키듯이, 몸은 정서의 신호와 공명한다. 즉, 자
동적인 신체변화에 대해 마음을 챙기면서 자각하거나 억제함으로써 우리는 정
서를 통제하게 된다. 그린버그와 불교의 마음챙김 수행은 신체와 정서가 연결되
어 있음을 인식하게 한다.

15. 정서균형계발(CEB)

정서균형계발(CEB)은 기본적으로 몇 가지 치료적 요소로 구성된 교육 프로
그램이다. 정서 연구에서 가장 잘 알려진 사람 가운데 한 명인 에크만과 유명한
티벳불교 학자인 월러스가 계발한 이 프로그램은 다음과 같이 설명하고 있다.
"정서균형계발(CEB)의 광범위한 목표는 많은 사람에게 마음을 수행하는 기법

---

32) SN. IV. 218.

33) Jesse J. Prinz(2004). *Gut Reactions: A Perceptual Theory of Emotions*, Oxford: Oxford University Press.

과 마음을 조절하는 기법에 기반한 웰빙과 성취를 소개하는 것이다."[34] 커리큘럼은 세 가지 기본 기법, 즉 정서유발인자 인지하기, 정서적 행동 인지하기, 타인의 감정 수용하기에 기초한다. 이 프로그램에서 명상 수행은 핵심 요소로서 심리적 문제를 완화시키며, 집단을 위한 교육 프로젝트의 구성요소인 친사회적 행동을 계발할 수 있게 한다. 명상 수행과 주의 기법을 통한 자기자각을 계발하는 것은 이 프로그램의 핵심 기법이고, 인간의 번영과 웰빙이 교육의 목표이다.

---

34) Ivan Milton(2011).

불교명상의 내용과 방법론

1. 어떻게 적은 것이 많아지는가

마음챙김 수행이 서양심리학과 치료의 주류가 되고 많은 관심을 얻게 되었지만, 실제 마음챙김(sati) 수행은 드러나지 않은 많은 특성을 가지고 있다.

> 만일 마음챙김 수행을 의인화한다면, 마음챙김 수행은 사실 잘 드러나지 않는 성격을 가지고 있다. 그것과 비교하여 헌신, 에너지, 상상, 지성과 같은 심리적 요소들은 분명히 다채로운 성격을 가지고 있어서 사람과 상황에 직접적이고도 강한 영향을 미친다. 이러한 심리적 요소들이 마음을 점령하는 것은 때때로 불안정하지만 빠르고 광범위하다. 반면 마음챙김은 그리 야단스럽지 않다. 마음챙김의 장점은 내면에서 빛나고, 대부분의 장점은 일상의 삶에서 일반적으로 인정받는 다른 심리적 요소들로 넘어간다. 마음챙김을 잘 알고 계발하고서야 우리는 마음챙김의 가치와 은근한 영향력을 평가할 수 있을 것이다.[1]

---

1) Nyanaponika Thera(1986a). *The Power of Mindfulness*, Kandy: Buddhist Publication Society, p. 1.

붓다는 작아 보이는 것의 힘을 인식하는, 어떻게 '적은 것이 많아지는지'를 설명할 줄 아는 천재성을 지녔다.

마음챙김은 올바른 목적을 분명하게 이해하는 것(sampajañña)과 연결되어 있고, 앉아서 수행하는 동안 활성화된다. 그리고 분명하게 이해한다는 이 개념은 마음챙김 수행을 걷기, 스트레칭, 구부리기, 돌기, 한쪽 바라보기 등 일상의 삶을 구성하는 다른 모든 활동으로 확장시킨다. 만일 당신이 수행처에서 마음챙김 수행을 한다면 사회적 관계, 대화, 쓰기와 읽기를 하지 않을 것이다. 점심 식사 등을 할 때 조심하라. 이번 장은 상담과 치료적 주제의 배경이 없는 것을 다루기 때문에 마음챙김을 깨달음의 일곱 가지 요소[七覺支] 안에서 다루고자 한다. 만일 당신이 정신건강과 마음챙김 이상의 방법을 추구한다면, 열반으로 나아가는 수행[七覺支]은 마음챙김[念], 택법(擇法), 정진(精進), 희열[喜], 평안[輕安], 집중[定], 평정[捨]을 포함할 것이다. 우 빤디따 사야도의 『바로 이번 생에(In this Very Life)』는 '열반을 추구'하고자 하는 사람들에게 훌륭한 지침이 될 것이다.[2]

2. 명상에서의 호흡

서점가에 다양한 '명상지침'에 대한 책이 있지만, 나는 먼저 신체의 자세를 살펴볼 것을 제안한다. 그것은 당신이 선택한 앉는 자세, 등받이가 곧은 의자나 명상용 의자를 사용하는 것에 따라 다르다. '신체 살펴보기'의 자세한 단계는 이번 장 뒷부분에서 다룰 것이다. 두 번째 단계는 숨을 쉴 때 들숨과 날숨을 '알아차리는 것'으로, 호흡의 감각을 알아차리고, 가장 두드러진 접점인 코끝이나 입술 끝을 알아차린다. 두 가지 핵심적인 초점은 먼저 들숨과 날숨을 구별하여 경험하는 것, 다음으로 숨이 들어오고 나갈 때 자극이 생기는 바로 그 지점을 관찰하는 것이다. 호흡이 전체적인 특성에서 보다 정교한 특성으로 변하고, 지속적으로

---

2) Sayadaw Panditha(1993). *In this Very Life*, Boston: Wisdom Publications.

2. 명상에서의 호흡   221

고요해지는 호흡의 특성에 초점을 두고 난 후에 호흡의 길이에 초점을 두어야
한다. 마음이 차분하게 가라앉고, 공기를 들이마시는 호흡이 점점 짧아지고, 들
숨과 날숨 사이의 차이가 분명해지지 않을 때, 이러한 변화는 나의 명상 스승에
따르면 성장하고 있다는 좋은 신호이다. 호흡이 현저하게 줄어들 때의 지침은
호흡을 몸 전체(sabba-kāya)로 보라는 것이다. '명상은 그 자체의 운동량을 모을
것이고, 당신은 명상의 대상으로 더 깊이 스며들 것이다. 당신의 노력이 균형을
맞추고 당신의 주의가 정확하고 지속적일 때, 마음챙김은 강해질 것이고 집중은
더 계발될 것이다.' 만일 당신이 집중명상을 더 많이 한다면, 호흡은 마음의 어떤
방향으로 가든 상관없이 고요하게 될 것이라고 담마지와(Dhammajiva) 스님은 말
한다.

  통찰명상에서 호흡을 '호흡'으로 주의를 집중하는 대신, 우리는 기어를 바꾸어
호흡을 공기 또는 바람의 요소로 경험한다. 바람의 요소는 '대상(ārammaṇa)'으로
묘사된다. 기본적인 대상은 접점, 즉 코끝이나 입술 위다. 우리는 뜨거움이나 차
가움, 문지르는 감각, 확장과 수축의 경험을 알아차린다. 이것은 점화 또는 불의
요소다. 또 다른 기본적인 요소는 '딱딱함'의 경험이다. '물의 요소'는 언제나 다
양한 지점에 있다. '물질성'이 진동의 형태로 항상 변화하는 비개인적 성격을 가
진다는 것을 이해할 때, 네 가지 요소에 초점을 맞추는 것은 통찰명상 수행을 위
한 하나의 방법을 제공한다. 명상이 발전하면서 진동은 때때로 혼동을 줄 수 있
지만, 첫 번째 위빠사나 자나(vipassanājhāna)에 접근하면서 하나의 역동, 일종의
변화하는 환경 안에 상대적인 균형과 평형이 있다. 명상의 대상이 변화하는 환
경 안에 있을 때, 균형과 평형은 더 큰 기법을 요구한다. 담마지와 스님은 이러
한 점에서 집중명상에서 초점을 맞추는 것은 움직이지 않는 사슴에 화살을 쏘는
것과 같고, 통찰명상에서 초점을 맞추는 것은 움직이는 사슴을 맞추는 것과 같
다고 말한다. 두 가지 명상에 모두 익숙한 전문명상가는 그것들을 다양한 방식
으로 결합시킬 수 있다. 그리고 자애(mettā)명상은 두 가지 형태의 명상과 함께
할 수 있다. 통찰명상은 두드러지게 구별하는 관찰을 필요로 한다. 두 가지 형태

의 명상 모두 첫 번째 단계에서 '집중'과 초점은 필수적이다. 그리고 담마지와 스님은 명상을 선택하는 데 성격요인들이 중요하다고 말한다. 그러나 일상에서의 마음챙김은 모든 형태의 명상에 절대적으로 필요하다. 이 점에서 명상가와 치료자는 서로를 풍요롭게 한다. 그러나 치료자는 내담자의 배경을 이해하기 위하여 많은 유연성을 필요로 하고, 마음챙김 수행의 어떤 요소들이 내담자를 도울지를 '발견하기' 위하여 상황에 맞는(upaya-kausalya, 善巧) 지혜를 필요로 한다. 붓다는 도움과 가르침을 받기 위해서 왔던 사람들의 성격에 따라 다양한 방법과 가르침을 활용했다. 명상은 어떤 사람이 집중수행을 하고 그 방법으로 매일 마음챙김 수행을 30분씩 의식처럼 하는 단순한 하나의 기법이 아니라, 그 기법을 이해하고 수행하는 것과 함께 삶에서 반향을 일으키고, 삶에서 의미를 발견하고 성취하게 할 것이다. 이것이 내가 하고 싶은 말이다. 그러면 점차 당신의 수행은 더 깊은 수준에 이르게 되고, 동시에 마음챙김[念], 택법(擇法), 정진(精進), 희열[喜], 평안[輕安], 집중[定], 평정[捨]과 같이 명상의 여러 구성요소와 조화를 이루는 기법을 배우게 될 것이다(제8장을 보아라).

3. 명상 수행에서 호흡의 개념

호흡은 삶의 기본이고 모든 살아 있는 존재에게 공통적인 것이다. 그것은 자각하지 않고서도 자동적으로 움직이는 것이다. 호흡에서 가장 중요한 점은 우리가 고요하게 명상을 하면서 호흡관찰을 통하여 우리가 호흡을 조절할 수 있다는 것이다. 그리고 호흡의 흐름을 리드미컬하고 부드럽게 계발하는 것이 가능하다. 호흡에 초점을 맞추어 자각을 계발하고, 조용하고 리드미컬한 패턴을 계발하는 것이 집중명상(samatha)의 기초를 형성한다.

우리가 스트레스 상황에 빠져 있을 때, 흥분이나 분노를 경험할 때, 우리의 일상적인 호흡패턴은 변화한다. 호흡에 대해서 마음을 챙기는 것은 신체와 마음의 불안을 진정시키는 데 도움이 된다. 그리고 호흡패턴의 갑작스러운 변화가 예상될 때 '한 걸음 물러나 생각하도록' 돕는다. 예를 들어, 우리가 회사에 늦어서 급하게 운전 중인데 교차로에 빨간 불이 켜질 때, 만일 신체감각에 점진적으로 브레이크를 걸고 호흡에 초점을 맞추면, 스트레스 상황에서 갑자기 혈압이 오르게 된다는 것을 알게 될 것이다. 호흡은 우리의 기분과 정서의 온도가 오르내리는 것을 나타내는 일종의 정서 온도계이다. 알아야 할 가장 중요한 점은 호흡이 자발적 신체 기능과 비자발적 신체 기능 사이의 문턱에서 몸의 의식적 통제영역을 확장시키기 위한 방법을 제공한다는 것이다. 네 가지 마음챙김을 확립하는 명상(satipaṭṭhāna)에서 우리가 눈을 감고 감각의 문으로 들어오는 자극을 막을 때 우리의 자각 안으로 들어오는 것은 호흡과 신체감각이다. 그리고 체계적으로 계속 수행하면, 느낌과 생각이 마음챙김의 초점이 된다. 명상 수행의 첫 단계에서는 호흡을 경험하는 것에 주의가 맞추어진다. 신체에 맞추고 있던 주의를 정서로 옮길 때, 우리는 더 미묘하고 정교한 자각을 하게 되며, 그때 즐거움, 괴로움, 중립적 느낌에 대하여 의식적으로 반응하는 것을 구별할 수 있게 된다. 정서에 대한 장에서 보았듯이, 느낌은 정서가 생각 요소들과 혼합되어 드러나게 하는 기반을 제공한다. 그러면 우리는 마음에 대한 명상의 매우 초기 단계에서 느낌은 윤리적인 특징을 가지기 시작하고, 감각적 욕망, 악의, 무기력, 불안, 회의적인 의심과 같은 번뇌를 멀리하라는 충고를 듣는다. 기본적으로 마음챙김 수행은 몸[身]으로 시작하여 느낌[受]으로 그리고 생각패턴[心]으로 이어지며, 마지막으로 현상[法]의 본성 그리고 몸과 마음의 작용을 다스리는 방법으로 나아간다. 그것은 몸에 대한 마음챙김(kāyānupassanā, 身隨觀), 느낌에 대한 마음챙김 (vedanānupassanā, 受隨觀), 생각패턴에 대한 마음챙김(cittānupassanā, 心隨觀), 현상에 대한 마음챙김(dhammānupassanā, 法隨觀)이다.

　호흡의 기능과는 달리 감각능력, 즉 시각, 청각, 후각, 미각, 촉각의 작용은 우리가 직접 경험하는 기능이지만, 우리가 이 기능에 주의를 기울이는 방식은 생각에 의한 방식이 아니다. "먹을 때 맛을 느끼지 못하고, 비 온 후에 젖은 땅의 냄새를 맡지 못하며, 타인을 만질 때 전달되는 느낌을 알지 못하기 쉽다."[3] 생각에 의한 방식으로 우리는 느낌과 접촉할 수 없지만, 마음챙김은 감각세계와 더 민감하게 접촉하게 할 수 있다.

우리의 호흡이 자율신경체계(autonomic nervous system: ANS)의 통제를 받는다는 사실은 중추신경체계(CNS)의 통제를 받을 때를 제외하고, 호흡체계와 신체의 정서적·화학적 작용 사이에 매우 전략적인 관계가 있음을 나타낸다. 퍼트(Candace Pert)의 획기적인 연구는 '신체가 두 번째 뇌'라는 것을 보여 준다. 그녀는 화학물이 몸과 마음 사이의 메신저로 작용한다고 말한다.[4] 그리고 몸과 마음 사이를 실제로 연결하는 것이 정서라는 점을 강조한다.

4. 호흡과 신체에 대한 마음챙김 수행의 기초

호흡을 서너 번 길게 들이마시고 길게 내쉬어라. 들이마시고 내쉬는 것을 분명하게 알아차려라. 그리고 점차 뒤통수 아래에서 들이마시는 호흡의 감각으로 주의를 옮겨서, 그다음 호흡이 척추 아래로 내려가도록 하라. 그리고 주의를 오른쪽 다리 앞쪽으로 옮겨서 호흡이 무릎에서 내려가도록 하라. 그런 다음 왼쪽 무릎과 다리도 똑같이 하라. 또 호흡이 오른쪽 팔꿈치를 따라 손가락 끝으로 흘러가게 하고, 왼쪽 팔꿈치도 똑같이 반복하라. 이제 호흡을 목 아래로 옮겨 가서 천천히 몸 앞쪽에서 아래로 내려가게 하고, 허파와 간을 지나 신장과 내장을 따라 내려가도록 하라. 이 연습을 세 번 반복하라. 모든 호흡 감각이 몸 전체로 퍼져 나가서 감각들이 연결되어 함께 흐르도록 하라. 활기찬 에너지와 함께 다시 코로 돌아가라. 주변의 침묵에서 엄청난 감각을 느껴 보아라. 당신은 조용한 현재의 호흡을 자각하기 시작하고, 잠시 들숨과 날숨의 흐름을 지속하면서 리듬을 탈 수 있게 될 것이다.

---

3) Jon Kabat-Zinn(2005). *Coming To Our Senses*, New York: Piatkus. p. 118.
4) Candace Pert(1997). *Molecules of Emotion*, New York: Scribner. p. 71.

5. 감각과 느낌에 열려 있기

숨을 들이마시고 내쉴 때마다 당신에게 들어오는 어떤 것에도, 즉 감각, 느낌, 생각패턴, 내면의 소리에 대해서 의식이 열려 있도록 유지하라. 감각과 느낌에 머무를 수 있는 능력은 매우 중요하다. 이것들은 신체 또는 마음의 스트레스와 긴장, 신체적 고통일 수 있다. 마음챙김 수행은 충분히 계발되면 다른 수준에서, 즉 감각 채널, 신체와 호흡, 느낌과 감각, 마음과 생각의 내면의 소리, 신체적 작용을 일으키는 욕망과 의도에서 작용한다. 만일 부정과 억압이 있다면 일종의 나태와 무기력(thīna-middha)이 생길 것이다. 이것은 다섯 가지 장애물[五蓋] 가운데 하나로, 물에 낀 이끼에 비유된다. 마음 안에는 보다 정교한 수준에서 실제 사고과정을 위장하고 기만하는 것이 있을 수 있다. 마음챙김 수행은 이 억압적인 마음의 층을 돌파하여 자기지식과 자기통제 영역을 확장하도록 돕는다.

6. 결론

치료를 위하여 마음챙김 기법을 사용하려고 계획하는 치료자들을 위한 예방책이 있다. 이러한 두려움을 이 영역의 선구자들은 다음과 같은 충고의 말로 요약한다.

> 특별한 관심과 열정을 가지고 이 영역에 들어오는 사람들은 마음챙김의 특징을 명상 수행으로 인식하기 때문에 마음챙김은 단순한 행동 기법이나 훈련으로 볼 수 없고, 행동 변화를 가져오게 하거나 부서진 것을 고치려는 목표를 가진 행동 패러다임과 연결되어 있다고 볼 수 없다.[5]

---

5) Kabat-Zinn(2005) p. 145.

15

스트레스 관리와 삶의 리듬

　상담에서 중요한 주제의 측면에서 보면, 스트레스의 본성과 스트레스 관리를 이해하면 먼저 두려움과 불안, 자기확신의 상실과 우울, 갑작스러운 공격성과 분노를 이해하고, 슬픔에 대처하며, 알코올과 약물 복용을 이해하기 위한 유용한 배경지식이 생길 것이다. 스트레스에 대한 이해가 중요한 두 번째 이유는 스트레스가 보통의 일상적 삶에 필수적인 구성요소이기 때문이다. 스트레스의 논리를 이해한다면, 정신건강에 대한 보다 심각한 염려에 빠지지 않게 된다. 얄롬(Irwin Yalom)은 다음과 같이 말하였다.

　스트레스의 보편성은 학자들이 정상성(normality)을 정의하고 설명하려 할 때 어려움을 겪는 주요 이유 가운데 하나이다. 정상과 병리의 차이는 질적인 것이 아니라 양적인 것이다.[1]

---

1) Irwin Yalom(1980). *Existential Psychotherapy*, New York: Basic Books, p. 13.

표준적인 상담개론서에서 굿과 바이트만(Good & Beitman)도 얄롬의 생각을 따른다. 그들은 스트레스가 우리 삶의 모든 부분에서 발견되지만, 다양한 유형의 압박이 문제가 아니라 그 압박에 반응하는 우리의 방식이 문제라고 말한다. "스트레스는 살아 있는 동안 피할 수 없는 측면이다. 그렇기 때문에 사람들이 스트레스에 어떻게 반응하는지가 대부분 삶에서 스트레스의 영향력을 결정한다."[2] 내담자 중 대부분은 정상적인 생활을 하지만, 나는 종종 스트레스 수준과 스트레스 유형을 탐색하는 것이 내담자를 이해하는 데 매우 유용하고 효율적인 방법이라는 것을 알게 되었다. 타니사로(Thanissaro) 스님과 같은 저명한 불교학자들도 이제는 첫 번째 고귀한 진리인 '둑카'(dukkha, 苦)라는 불교 개념을 '스트레스'로 번역한다.

이번 장은 상담사가 치료현장에서 내담자를 만날 때, 상담사가 부딪히는 가장 기본적인 주제를 소개하고자 한다. 스트레스는 정상적인 삶에 가깝다. 그렇기 때문에 이번 장은 상담 과정에 대한 아이디어를 주는 첫 번째 장이다. 이 책은 중독 상담, 슬픔 상담, 우울증과 같은 특수한 상담 주제, 그리고 대부분의 상담이 관심을 가지는 매우 중요한 주제인 스트레스, 분노 관리와 같은 보다 일반적인 주제를 모두 다룬다. 상담을 처음 접하는 독자들은 특히 스트레스가 일상적인 삶의 한 부분이라는 것을 쉽게 이해할 수 있다.

1950년대에 '스트레스'라는 용어를 처음으로 유행시킨 셀리에(Hans Selye) 박사는 스트레스를 '반응(response)'으로, 스트레스 요인(stressor)을 '자극(stimulus)'으로 정의한다. 그는 스트레스 반응이 특수한 것이 아님을 강조하면서 스트레스는 기본적으로 경험의 압박에 대한 적응이고, 이 압박에 어떻게 적응하는지가 결정적이라고 말한다. 그는 스트레스는 잠재적인 스트레스 요인이 아니라 당신이 스트레스를 어떻게 인식하는지, 그것을 어떻게 다루는지에 따라서 그것이 실제적인 스트레스가 된다는 것을 관찰한다. 때때로 사소한 사건에 과잉반응할

---

2) Glen E. Good & Bernard D. Beitman(2006). *Counselling and Psychotherapy Essentials*, New York: W. W. Norton & Company, p. 229.

수도 있고, 큰 비상사태를 고요하고 차분하게 다룰 수도 있는 것이다. 마음챙김에 기반한 스트레스 관리 프로그램에서 카밧진(Jon Kabat-Zinn)은 다음과 같이 말한다.

> 선택을 해야 하는 스트레스 상황에서 우리의 반응의 타당성과 효율성에 대해 마음챙김으로써 우리는 스트레스 경험을 통제할 수 있고, 그 경험이 스트레스로 이어질지 말지에 영향을 미칠 것이다.[3]

스트레스의 유형에는 어떤 것이 있는가? 먼저 알람시계가 울리면 일어나는 것, 회사에 가는 것, 때로는 아이들을 학교에 데려다주는 것, 교통 체증에 간히는 것 등 삶에는 매일매일 귀찮은 일이 있다. 그리고 저녁에는 세탁기를 체크해야 하고, 청구서의 금액을 곧 지불해야 한다. 겨울에 정말로 추운 것, 여름의 뜨거운 햇볕, 프로젝트를 완성해야 하는 마감일, 새로운 전문기술을 습득해야 할 필요성, 당연히 하는 승진 축하하기, 당신에게 부과되었던 새로운 프로젝트를 즐기지 못하는 것, 가족 관계에서 오는 집안의 스트레스, 다이어트, 흡연과 음주에서 오는 생활양식의 스트레스 등 환경적 스트레스 요인도 있다.

스트레스 상황이 무엇이든 스트레스에 대한 반응은 힘든 상황에 대한 정신적·신체적 반응이다. 이러한 상황은 '도피' 또는 '투쟁'처럼 몸의 응급기제를 동원하는데, 만일 그렇지 않으면 침착하게 무엇을 해야 할지를 탐색한다. '스트레스'라는 용어는 '물리적 압력'을 가리키는 말에서 온 은유이다. 일반적으로 스트레스 반응은 심장박동, 혈류, 소화, 성적 반응과 같은 다양한 신체기능을 조절하는 자율신경체계(ANS)를 매개로 한다. 자율신경체계의 '교감적' 측면은 신체를 흥분시키는 경향이 있고, '부교감적' 측면은 이완이나 명상으로 신체를 가라앉게 한다. 자율신경체계의 활동은 의식적 자각 없이 일어나기 때문에 우리는 이 기

---

3) Jon Kabat-Zinn(1990). *Full Catastrophe Living*, New York: Delta Publishing, p. 239.

제를 이해할 필요가 있다. 그리고 몇 가지 지침을 가지고 규칙적으로 마음챙김 수행을 한다면, 의식적 자각 없이 일어나는 과정에 대하여 마음챙기는 데 도움을 준다. 때때로 스트레스 반응은 우리의 생존에 필수적인 부분이고, 중요한 메시지를 준다. 예를 들어, 긴급한 일에 주의하도록 한다. 스트레스가 일어나는 과정에 대한 자각을 계발한다면, 모든 스트레스가 건강하지 않은 것은 아니다.

일반적으로 스트레스 관리는 네 가지 중요한 영역에서 일어난다. 마음챙김 기법은 네 가지 수준, 즉 생리적 수준, 정서적 수준, 행동적 수준, 인지적 수준에서 스트레스를 관리하는 데 효율적이다.

1. **생리적 수준**: 심혈관계, 근골격계, 신경계, 면역계에서 발생한다. 증상은 불안, 신체의 긴장, 두통, 요통, 고혈압으로 나타난다.
2. **정서적 수준**: 분노, 짜증, 분개, 슬픔에서 우울까지의 스펙트럼, 걱정, 두려움과 불안과 같은 스트레스 반응으로 나타난다.
3. **행동적 수준**: 일에 주의를 기울이지 못하고, 집중을 못 하고, 대인관계를 유지할 수 없고, 일을 생산적으로 하지 못하고, 유연성을 가지지 못한다.
4. **인지적 수준**: 자신에 대한 확신이 약해지고, 자신감이 없어지고, 열정이 부족해지고, 비관적이 된다.

보통 수준의 스트레스는 뇌를 운동시킨다고 여겨지기 때문에 모든 스트레스가 나쁜 것은 아니다. "스트레스가 전혀 없다는 것은 뇌가 어떤 운동도 하지 않는다는 것이다. '사용하든지 아니면 잃어버리든지'라는 상투적인 문구가 적용될 수 있을 정도로 뇌는 근육과 같다. 보통 수준의 스트레스는 우리가 마음을 유지하고, 온전해지도록 돕는다. '좋은 스트레스'는 학습을 도와주는 신경호르몬의 성장을 촉진한다."[4] 역설적으로 어떤 스트레스 상황은 문제에 대한 해결책을 요구

---

4) Philippa Perry(2012). *How to Stay Sane*, Basingstoke: Macmillan, p. 57.

하기 때문에 잘 해결되면 초기에 스트레스가 사라진다. 이 점을 보여 주는 다음 사례는 상담사 없이도 초기에 '싹을 자르는' 시도가 가족 차원에서 아이의 스트레스를 다룰 수 있음을 보여 주는 좋은 예이다.

1. 사례연구

월슨(Wilson)은 17세의 학생으로, 대학에서 공학을 전공하고 있다. 그는 아직 어린아이일 뿐이고, 월슨의 부모는 그런 그를 좋아한다. 월슨의 가족은 식사 시간이나 차 마시는 시간에 여러 가지 흥미로운 일을 이야기하지만, 월슨의 친구에 대한 이야기, 특히 여자 친구에 대한 이야기는 하지 않았다. 월슨은 원래 매우 수줍어하고 여자들에게는 약간 내성적이다. 월슨은 같은 과의 에이미(Amy)와 만나고 있다. 이 감정은 월슨도 모르는 사이에 점점 사랑의 열병으로 자라고 있었다. 에이미에 대한 감정을 잘 드러내지 않는 월슨에 대하여 그녀는 약간 의심이 들었지만 솔직한 대화를 하지 못했다. 월슨은 대학 마지막 1년여를 앞두고 정기적으로 제출하는 학급과제와 개인과제를 잊어버리곤 했다. 월슨은 가족을 위해서 정기적으로 장을 보던 것도 대충하였다. 그는 레스토랑의 파트타임 일도 그만두었다. 그리고 그날그날 해야 할 일상적인 일도 미루고 있었다. 부모는 점차 그 아이가 스트레스를 받고 있다는 것을 행동뿐만 아니라 표정으로도 알게 되었다. 월슨의 아버지 존(John)은 월슨과 공원을 산책하면서 마음을 터놓고 편안하게 이야기했다.

아버지는 월슨에게 "월슨, 너는 올해 마지막 학기를 마칠 거다. 그 후에 보물을 찾게 될 거다. 내 말은 멋진 여자를 만나게 된단 말이지."라고 말하였다. 월슨은 얼굴이 빨개지면서 그것을 부인하려 했지만, 이내 마음을 열기 시작했다. 월슨은 지난 두 달 동안 어떤 마음이었는지를 말했다. 아버지는 월슨에게 지혜로운 말을 하였다. "너의 마음이 누군가에게 열려 있다니 기쁘구나. 이제 천천히 에이미가 누구인지 보자. 어디에 얽매이지 말고 얘기해 보자. 네가 한 주 동안 이것을 해야 한다는 명령이 아니야. 이제 너가 일상으로 돌아와 기말고사를 잘 본다면 간섭하지 않을 거다. 그 사람이 에이미이든 다른 누구든 선택은 전적으로 너에게 달려 있어." 월슨의 아버지가 약간의 마술을 부린 것처럼 월슨은 평상시의 자기로 돌아왔다.

이 사례연구는 중요하다. 왜냐하면 젊은이들을 지혜롭게, 조용하고 유머 있게, 부모의 성격대로 따르기를 강요하지 않고 다루는 것이 얼마나 필요한지를 보여 주기 때문이다.

나는 나의 아내 칼리야니(Kalyani)로부터 이러한 통찰을 배웠다. 우리는 아이들을 친구처럼 대해 왔다. 아내는 가족의 분위기를 말끔하게 정리하는 악의 없는 농담을 많이 했다. 상담과 치료는 나름의 특별한 영역을 가지고 있지만 월슨의 사례와 같은 경우도 있다. 가족 안에 지혜, 이해, 유머가 풍부하게 있다면, '치료적 문화'를 발달시킬 수 있을 것이다.

이제 좀 더 복잡한 사례이지만, 오랜 시간을 일하는 요즘의 젊은 전문직업인들 사이의 공통적인 스트레스 관리 사례를 살펴볼 것이다. 이 사례연구는 스트레스 관리와 유사한 맥락이다.

서른 살의 아쉬옥(Ashok)과 스물여섯 살의 암리타(Amrita)는 5년 정도 퀸즈랜드(Queensland)에서 살았던 아시아 이민자이다. 그들은 아들과 딸 두 아이를 두었다. 아쉬옥은 회사에서 고위 간부이고, 암리타는 백화점에서 일한다. 모든 일이 잘 되어 가고 있다. 아쉬옥은 직장이 매우 멀어서 집에서 일찍 나가지만 직장 근처에 있는 체육관에도 다닌다. 아쉬옥은 오후 7시경에 귀가하고, 암리타는 아이들을 학교에 데려다주고 다시 그들을 데려온다. 회사가 새로운 영역에 진출할 때 재편성이 있었고, 대부분의 간부들이 새로운 기술을 익히기 위하여 회사의 계획에 따른 훈련과 워크숍에 참여하도록 권장받았다. 정리해고의 위협은 없었지만 직장에 약간의 유동성이 있을 뿐 분명한 지시가 없었다. 그것이 염려와 불안의 문제가 되었다.

　아쉬옥은 직장에서 매우 내성적인 사람이다. 그리고 일상적으로 일어나는 일의 한 부분인 스트레스와 화를 매우 억누르는 습관이 있다. 그는 집에서 자신의 문제를 이야기하고 싶어 하지 않았고, 다만 매우 무심하게 회사에서 새로운 분야에 대한 워크숍과 시험이 있다고 말할 뿐이다. 시험 보기 한 달 전에 가까운 친척인, 어렸을 때 암리타를 돌보았던 리타(Rita) 이모가 한 달간 머무르러 왔다. 아쉬옥은 평소 매우 다정한 사람으로, 암리타의 손님들에게 매우 개방적이었다. 그러나 이번에는 분명히 좋지 않은 때다. 아쉬옥은 자신에게 문제가 있을 때, 손님에게 지나치게 잘 보이려고 하면서 자신의 스트레스를 억압하였다. 이렇게 안 좋은 일 외에도, 아쉬옥의 직장에 새로운 직원이 있었는데 그는 사장이 좋아하는 사람인 것 같았다. 보통 때에 이러한 일은 아쉬옥에게 문제가 되지 않았을 것이다. 그는 직장에서 잘 나가는 사람들을 시기하지 않는다. 아쉬옥같이 좋은 성격을 가진 사람이 리타 이모의 존재를 참고 있을 때, 내면은 스트레스로 부글부글 끓고 머리가 아프기 시작했다. 다행스럽게도 리타 이모가 떠났을 때, 그것은 아쉬옥에게 큰 위로가 되었을 뿐만 아니라 아내와 솔직한 이야기를 할 시간도 마련할 수 있었다. 그는 자신의 문제를 위한 희생양을 찾을 필요 없이 가장 침착하고 부드럽게 암리타와 논의하여 결국 자신이 먼저, 그다음에는 암리타와 함께 상담을 받게 되었다. 상담사는 아쉬옥의 문제 요소들을 구분하여 일상의 삶에서 주기적인 명상과 함께 마음챙김 수행을 하도록 제안하였다. 약 2주 후에 아쉬옥은 미래에 대해서 반추하는 사고패턴에 사로잡히지 않고 직장에 충분히 전념할 수 있게 되었다. 상담사는 아쉬옥이 상담에서 '경험회피'라고 말하는 것을 하고 있다고 말했고, 아쉬옥은 자신의 생각과 감정의 변화에 대하여 놀랐다. 아쉬옥은 새로운 워크숍에 참여하는 데 문제가 없었고, 어떤 불안도 없이 직장에 잘 다니면서 새로운 기술을 배우는 데 많은 흥미를 가지게 되었다.

　스트레스와 관련된 문제를 위한 상담 지침과 그것에 따른 상담 실제는 기본적으로 억압, 부인, 회피 없는 '자신에 대한 앎'에 초점이 맞추어져 있다. 다음의 지침은 내담자의 스트레스 관리를 다룰 때 도움이 된다.

1. 판단하거나 부인하거나 반응하지 않고 자각을 높인다.
2. 내면의 고통스럽고 실제적인 문제를 수용하고 자각하는 것이 변화에 도움이 된다는 역설을 이해한다.
3. 반추하는 사고패턴이나 '자동적 사고패턴'에 대한 마음챙김을 발달시키는 것은 예비적인 개방 단계이고, 신체감각과 느낌에 대한 마음챙김으로 이어진다.
4. 신체의 살아 있음과 주변 세계에 대한 감각을 발달시킨다.
5. 타인과 편안하게 연결되어 있다는 감각을 발달시킨다. 가까운 친구와 편안하게 즐기는 것은 타인과의 연결을 발달시키기에 매우 좋은 자원이다. 당신은 직장에서도 친구와 즐거울 수 있다.

아쉬옥은 문제를 억제하기 위하여 알코올이나 다른 것에 의존하지 않고도 변화되었다. 그는 자신의 아이들과 아내와 함께 때로는 휴가를 가는 등 더 많은 시간을 가질 수 있었다.

2. 스트레스에 대한 불건전한 반응

억압, 부인, 다른 것으로 회피, 과잉행동, 과로, 과식, 물질 의존, 약물, 음주, 흡연, 자해, 자살 충동 등이 스트레스에 대한 불건전한 반응이다.

3. 스트레스에 대한 건전한 반응

스트레스 문제를 가족이나 친구와 나누는 것은 상담의 한 형태이다. 많은 학교, 직장, 상담센터가 상담 서비스를 제공한다. 전문상담사는 스트레스와 관련된 복잡한 주제를 잘 다룬다. 모나쉬대학(Monash University) 의학부의 하시드 박사(Dr. Craig Hassed)가 계발한 마음챙김 수행을 활용한 스트레스 감소 프로그램 같은 프로젝트도 있다.[5] 그리고 신체적 운동, 걷기, 레크리에이션, 음악에 초점을 맞춘 프로젝트도 있다. 자기에게 맞는 다양한 매일 또는 매주의 프로그램이 최선이다. 친구관계, 사회사업, 도서관 가기 등은 일에서 벗어나 시간을 사용하는 또 다른 방법이다.

　결론적으로 직장 환경의 조직적인 면과 사회적인 면은 매우 빠르게 변화하지만, 가족이나 친구와의 응집적이고 활기찬 관계는 빠르게 변화하는 사회를 사는 데 큰 자원이 된다. 마음챙김 수행과 같이 꾸준하고 생각을 덜 하는 수행은 스트레스와 관련된 문제, 특히 삶에서의 불확실성과 장애를 다룰 때 효율적이라는 경험적 증거가 있다.[6] 클락스톤(Guy Claxton)은 속도, 정확성, 목표 추구의 세계를 '토끼 머리'로 상징화하였고, 천천히 가기, 이완된 생활, 침묵, 명상적 삶을 '거북이 마음'으로 상징화하였다. 명상의 철학과 심리학에 대해서 제11장에서 대안이 되는 삶의 여정들을 검토하고, 마음챙김 수행의 생생한 배경을 설명하였다.

5) Craig Hassad(2006). *Know Thy Self: The Stress Release Program*, Melbourne: Michelle Anderson Publishers.

6) Guy Claxton(1997). *Hare Brain, Tortoise Mind*, New York: Eco Press.

16
슬픔의 논리 그리고 슬픔과 연합된 감정들: 우울, 멜랑콜리, 지루함

최근에 '정상적인 괴로움을 병으로 잘못 말하는 것', 즉 슬픔을 질병으로 말하는 것에 대하여 흥미로운 대화를 나눈 적이 있다.[1] 괴로움이라는 맥락에서 삶을 성찰하고 삶에 의미를 부여하는 것 그리고 그것을 포용하는 것은 삶과 죽음에 대해서 통찰하고 식별하는 길이다. 붓다는 첫 가르침에서 첫 번째 고귀한 진리로 이것에 대하여 설명하였다. 호로비츠(Allan V. Horowitz)와 웨이크필드(Jerome C. Wakefield)는 그의 획기적인 연구 『슬픔의 상실(The Loss of Sadness)』에서 정상적인 슬픔이 정신 장애로 바뀔 위험이 있다고 말한다.

슬픔은 정신 장애가 아니라 인간에게 내재된 조건의 일부분이다. 따라서 정신의학이 우울 장애라고 부당하게 정의한 것을 직면하는 것은 인간성의 고통스럽지만 중요한 부분을 성찰하는 것이다. 우리는 인간 문제를 현대 의학화하면서 인간성을 고려하지 않는 경향이 있다. 과학은 정서 상태를 더 많이 통제하도록 하기 때문에 우

---

1) Liz Sheean(2012). "Turning Sorrow Into Sickness: An Interview with Jon Jureidini", *Psychotherapy in Australia*, 18, 2, pp. 40-45.

리는 정상적인 강한 슬픔이 어떤 보상적 특색을 가지고 있는지 또는 우리의 삶에서 없어져야 하는지에 대한 질문에 불가피하게 직면하게 될 것이다. 그렇게 중요한 과학적이고 도덕적인 주제는 의미의 혼란을 주는 '정신 장애의 진단 및 통계 편람'(DSM)을 사용함으로써 거짓되게 해결되어서는 안 된다. '정신 장애의 진단 및 통계 편람'은 강한 슬픔을 의학적 장애로 잘못 분류하고 있다. 우리가 정상적 슬픔을 정신 장애와 분명하게 구별한다면 복잡하고도 중요한 문제를 직면할 수 있게 된다.[2]

건강전문가를 위한 기준으로 삼고 있는 사람 중에서도 '정신 장애의 진단 및 통계 편람(Diagnostic and Statistical Manual of Mental Disorder: DSM)' 분류를 반대하는 목소리가 나오고 있다. 비글러(Paul Biegler)는 "정신 장애의 진단 및 통계 편람은 역경을 당하여 당연히 슬퍼하는 많은 사람을 '과잉병리화'한다는 호로비츠와 웨이크필드의 말이 궁극적으로 옳을 수 있음을 보여 준다."라고 한다.[3] 따라서 우리는 "비탄이 정상적인 삶의 태도로부터 멀리 떨어져 있기는 하지만, 결코 비탄을 병적인 상태로 보고 슬퍼하는 사람을 정신과 의사에게 보내지는 않는다. 시간이 흐르면 그것을 극복할 것이라고 확신하기 때문에 그것을 방해하는 것은 현명하지 못하고, 때로는 해롭기까지 한 것으로 여긴다."[4]

이번 장에서는 슬픔을 우울증, 멜랑콜리, 지루함과 함께 다루는 개념적 틀에서 살펴볼 것이다. 다음 장에서는 슬픔과 상실을 경험하는 사람들을 정신의학적으로 보지 않고 슬픔을 다루는 기법을 설명할 것이다. 슬픔은 정상적 삶에 가깝고, 슬픔이 성찰을 가져올 때 슬픔은 중요하다. "슬픔은 슬퍼하는 사람이 그 아픈 사람의 삶 전체에 초점을 맞춘 결과이고, 그 슬픔은 성찰을 위한 시간이 될 수

2) Allan V. Horowitz & Jerome C. Wakefield(2007). *The Loss of Sadness*, Oxford: Oxford University Press, p. 225.

3) Paul Biegler(2011). *The Ethical Treatment of Depression*, Cambridge, MA: MIT Press, p. 66.

4) Sigmund Freud(1917, 1956). "Mourning and Melancholia", In *Collected Papers*, Volume 4, ed., Jones, E., authorised translation under the supervision of John Rivere, London: Hogarth Press, pp. 152-170.

있다. 슬픔은 종종 사회적 실패나 우울증과 연관해서 설명되므로 성찰과 관련해서는 거의 논의되지 않는다. 그러나 슬픔에 빠진 사람들은 아픈 사람들에 대하여, 삶과 죽음의 의미에 대하여, 시간의 흐름에 대하여 생각하면서 성찰하는 시간을 자주 갖는다."[5] 호로비츠와 웨이크필드 또한 슬픔의 본성이 생물학적으로 비언어적 표현에 기반해 있으며, 모든 문화의 보편성이고, 사회화 이전의 유아와 인간이 아닌 영장류에게도 있음을 강조한다. 그리고 사랑하는 사람, 의미 있는 관계, 직장, 신분을 상실했을 때의 슬픔 그리고 만성적 스트레스와 같은 다른 차원의 슬픔이 있다. 최근 자연재해와 전쟁은 위태로운 슬픔을 가져왔는데, 그것은 '공황장애'[6]로 비탄과 슬픔을 논의하는 곳에서 다룰 것이다.

이번 장은 기본적으로 '슬픔이라는 잃어버린 기법'에 초점을 맞추고자 한다. 프로이트는 애도의 본성을 검토하면서 맬랑콜리와 구별하고, 애도가 의학적 장애라는 주장을 분명하게 배제한다. 따라서 심리치료 역사상 매우 초기의 주장은 "슬픔은 인간 조건에 내재한 부분이지 정신 장애가 아니다."라는 호로비츠와 웨이크필드의 주장을 뒷받침하고 있다. 프로이트의 '멜랑콜리' 개념에는 두 가지 흐름이 있다는 것을 강조할 필요가 있다. 하나의 흐름은 '우울증'으로 대표되고, 다른 하나는 버튼(Robert Burton)의 『멜랑콜리의 해부학(Anatomy of Melancholy)』[7]에서 '실존적 불안(existential angst)'으로 설명한 것과 매우 유사하다. 버튼은 우울증을 '깊이 있고 탁월한 염려, 신중하고 현명하며 재치 있는 것'으로 설명하면서 우울증을 두 가지 측면에서 바라본다. 하나는 임상적 장애이고, 다른 하나는 버튼의 사상을 보다 세련되게 발전시킨 것으로, 특별히 실

5) Janet McCracken(2005). "Falsely, Sanely, Shallowly: Reflections on the Special Character of Grief", *International Journal of Applied Philosophy*, 19, p. 145; Robert C. Solomon(2001). "Grief", In *True to Our Feelings*, Oxford: Oxford University Press, pp. 73-78.

6) Padmal de Silva(2006). "The Tsunami and its Aftermath in Sri Lanka and its Aftermath: Explorations of a Buddhist Perspective", *International Review of Psychiatry*, 18, 3, pp. 281-287.

7) Robert Burton(1621, 1927). *Anatomy of Melancholy*, Dell, Floyd and Jordon-Smith, Paul, (Eds.), New York: Farrar and Reinhart.

존심리치료사 얄롬(Irwin Yalom)이 발달시킨 측면이다. 이그나티에프(Michael Ignatieff)는 이것을 '잃어버린 패러다임' 그리고 교정되어야 할 병리가 아니라 '이해받아야 할 담론'이라고 말한다.[8] 얄롬의 실존치료는 방대한 임상자료를 바탕으로 이 관점을 보다 세련되게 발전시킨 것이다. 그는 의미와 죽음의 주제를 검토하면서 도스토옙스키, 톨스토이, 카프카, 카뮈의 말을 통합한다. 나는 『내면의 탐구자들(Explorers of Inner Space)』에서 철학과 치료의 관점으로 불교와 실존주의 사이의 접점을 모색하였다.[9] 그리고 다음 장에서 슬픔을 관리하는 불교적 방법을 다루면서 슬픔, 상실과 애도의 개념은 잃어버린 기법인 슬픔에 초점을 맞추는 데 핵심이 될 것이다.

또한 슬픔이 괴로움의 보이는 측면이라면, 지루함(boredom, ennui)은 설명되거나 인식될 수 없는 괴로움의 침묵적인 측면이다. 이 경험은 임상적 우울증과는 달리 '일상적 우울증'으로 부를 수 있다. 그것은 삶의 흐름 속에서 순간순간 나타났다가 숨어 버려서 무시되는 정서이다. 이것은 이번 장 뒷부분에서 설명할 것이다. 불교와 아시아의 심리학 전통은 슬픔, 멜랑콜리, 지루함에 대한 주제를 이해하는 데 도움을 준다. 불행하게도 호로비츠와 웨이크필드의 연구는 대안이 될 수 있는 비서구적 치료전통을 탐색하지 않았지만, 슬픔 관리를 다루는 장과 마음챙김에 기반한 치료를 다루는 장에서 이것을 논의할 것이다.

상담 실제에서 사용하는 나의 치료 방향성은 마음챙김에 기반한 정서중심치료(mindfulness-based emotion-focused therapy)로 설명할 수 있을 것이다. 나는 정서 연구를 치료에 보다 분명하게 통합할 수 있었다. 시드니에서 있었던 그린버그(Leslie Greenberg)의 정서중심치료(EFT) 워크숍에 참석하면서 많은 것을 배운 나는 정서중심치료를 마음챙김 수행에 통합하였다. 정서조절 접근법을 교육하는 데 치료적 가치가 있는 마음챙김 훈련을 실제로 도입하였다. 정서와 얼굴 표

---

8) Michael Ignatieff(1987). "Paradigm Lost", *Times Literary Supplement*, September, p. 4.
9) Padmasiri de Silva(2007). *Explorers of Inner Space: The Buddha, Krishnamurti and Kierkegaard*, Ratmalana: Sarvodaya Vishva Lekha.

정 연구의 선구자인 심리학자 에크만(Paul Ekman)과 불교 철학자 월러스(Alan Wallace)가 발전시킨 정서균형계발(CEB)은 마음챙김에 기반한 정서중심치료에 대한 나의 개념에 큰 영향을 주었다.

이번 장의 맥락에서 보면, 월퍼트(Lewis Wolpert)는 우울증 이해의 핵심으로 정서 연구의 중요성에 대해서 매우 통찰력 있는 분석을 제시한다. 그는 '우울증은 정서 장애'라고 말한다.

> 만일 우리가 우울증을 이해하려면 정서를 이해할 필요가 있다. 병리적 우울증이 된 슬픔은 정서의 장애라고 생각한다.[10]

1. 인간 고통의 보편성

세 가지 중요한 정서와 그것들의 의미는 '우울증'이 임상적 장애라는 선입견에 압도당하여 그 자취를 깊이 감추게 된다. 그 정서는 슬픔, 실존적 불안으로서 멜랑콜리, 지루함이다. 이 정서는 마음을 열고 수용해야 하고, 통찰을 통해서 이해할 필요가 있다. 수메도(Sumedho) 스님에 의하면, 네 가지 고귀한 진리에 대한 붓다의 첫 번째 가르침을 듣고 안냐 꼰단냐(Aññā Koṇḍañña)는 먼저 해방되었고, '생겨난 모든 것은 변화한다.'라는 보편적 통찰이 생겼다고 한다.[11] 이것은 단순히 마음을 고요하게 하는 방법이 아니다. 물론 마음을 고요하게 하는 것이 수행의 한 부분이기는 하다. 여기서 적절한 명상은 지혜를 탐구하는 것에 집중하는 것이다. 이것은 애착과 강박, 혐오적으로 반응하는 것, 게으름과 지루함 같은 잠정적 경향성, 비극에 의해 유발되는 것과 비극에 압도당하는 것 사이의 미세한

---

10) Lewis Wolpert(1999). *Malignant Sadness: The Anatomy of Depression*, London: Faber and Faber.

11) Sumedho Ajahn Thero(1992). *The Four Noble Truths*, Hemel Hempstead: Amaravati Publications, p. 41.

경계선 등에 대하여 마음을 여는 것이다. 여기서 작동하는 것은 불건전한 것을 소멸시킴으로써 불건전한 것을 '제거하려는' 욕망이 아니라 소멸은 생겨난 것의 자연스러운 끝이라는 것을 이해하는 것이다. 그러한 경험은 열반(nirodha) 또는 중지(cessation), 공(空), 비애착이다. 이것은 '정서적 성숙'을 향해 나아가는 불교의 여정이고, 내가 실제 상담에서 크게 가치를 두는 개념이다. 몇 회기 상담을 하면서 내담자들은 자신의 분노, 다양한 유형의 반응과 혐오, 강박과 애착, 둔함과 우울한 순간들을 보기 시작한다. 내담자들은 그것을 예술작품처럼 보고, 이러한 상황에서 생기기 쉬운 당혹감, 수치심, 죄책감에서 벗어나게 된다. 정상적인 불행과 괴로움을 객관적으로 보게 될 때, 그것들은 거짓 괴로움과 신경증의 형태로 바뀌지 않는다. 정서적 명료함, 정서적 균형, 정서적 성숙은 치료가 성공적이라는 표시이다. 프로이트는 다음과 같은 불후의 명언을 남겼다. "나는 단지 히스테리를 일상적인 불행으로 바꿔 놓으려고 할 뿐이다." 드루리(Drury)는 다음과 같이 말한다.

> 정신분석의 목표가 신경증적 불행을 보통의 불행으로 대체시키려는 것이라고 말했을 때, 프로이트는 진정한 깊이를 보여 주었다. 순수하게 쾌락주의 윤리에 기초한 정신의학은 불안의 시기와 멜랑콜리의 시기가 모든 인간의 삶에 필수적인 부분이라는 것을 인식하지 못한다. 그러한 정신의학은 피상적일 뿐이다. 우리의 과제는 단순히 증상을 없애는 것이 아니라 해석하는 것이다.[12]

'단어의 위험'이라는 주제에 대하여 집필하면서 드루리는 우울증이라는 단어를 몇몇 사람이 의학화하는 것에 대하여 비판하고 있다.

인간 고통의 보편성은 서양의 치료전통에서도 다루고 있다.

---

12) M. O. C. Drury(1973). *The Danger of Words*, London: Routledge and Kegan Paul, p. 22.

몇몇 정신건강 문제는 전통적 의미에서 병리적이다. 그러나 거의 모든 사람에게 하나 또는 그 이상의 증상의 꼬리표를 붙여 주지 않는 한, 병리적 질병 영역이 아무리 진보하더라도 그것이 인간 고통의 보편성을 설명하거나 다룰 필요성을 없애지 못할 것이다.[13]

외로움, 소외, 지루함, 의미 없음, 낮은 자존감과 같이 임상적 장애가 아닌 심리적 장애가 또한 많이 있다. 보통 사람들은 그들의 심리적 문제가 정상적 삶과 가까운 것일지라도 상담을 통하여 효과를 얻는다. 나의 내담자 대부분이 여기에 해당한다.[14] 붓다 시대에는 비정상성이라는 임상적 개념이 없었다. 그러나 붓다는 갈망, 중독, 자기탐닉, 분노부터 공격성까지를 아우르는 반응적 행동에 의해서 생겨나는 문화 전체를 보았다.

2. 애도와 멜랑콜리아

프로이트의 『애도와 멜랑콜리아(Mourning and Melancholia)』는 많은 통찰을 포함하고 있는 훌륭한 책이다. 그러나 레이든(Jennifer Radden)은 그 책이 훌륭하기는 해도 불투명하고 모호해서 그 책을 읽으려면 시의 복잡한 의미를 파악할 때나 필요할 기술이 요구된다고 한다.[15] 이 책에서 비탄과 슬픔을 임상적 우울증과 구별하는 것의 중요성에 초점을 맞춘 것은 아마도 정신의학 문헌 가운데 가장 초기의 연구일 것이다. 이 영역에서 에이브러햄(Carl Abraham)의 연구는 프로이트에 대한 유용한 배경지식을 제공하고 있음을 언급할 필요가 있다. 레이든

---

13) Steven C. Hayes et al.(1999). *Acceptance and Commitment Therapy*, New York: Guilford Press, p. 6.

14) Padmasiri de Silva(2008a). *An Introduction to Mindfulness-based Counselling*, Ratmalana: Sarvodaya Vishva Lekha.

15) Jennifer Radden(2000). "Love and Loss in Freud's "Mourning and Melancholia": A Rereading", In Michael P. Levine(Ed.), *The Analytic Freud: Philosophy and Psychoanalysis*, New York: Routledge.

은 프로이트에게 한편으로는 멜랑콜리적 경향성이 드물고 병리적이라는 믿음과 다른 한편으로 그런 경향성이 일상적이며, 심지어는 인간 조건의 한 부분이라는 믿음 사이에 흥미로운 긴장이 있다고 말한다. 멜랑콜리를 인간 조건의 한 부분이라고 생각하는 개념은 버튼의 『멜랑콜리의 해부학(Anatomy of Melancholy)』에서 예로 제시한 전통에 프로이트가 어느 정도 빚을 지고 있다.[16] 레이든은 멜랑콜리가 천재성, 고양된 기분, 창조적 에너지와 연관되어 있다고 말한다. 멜랑콜리가 인간 조건과 연관되어 있을 가능성은 다음과 같은 언급에서도 확인할 수 있다. "상처받고, 다치고, 무시당하고, 사랑받지 못하고, 실망시키는 모든 상황은 사랑과 미움이라는 반대 감정을 관계 속으로 가져오거나 양가감정을 강화시킬 수 있다."[17] 나는 이 긴장을 해결하는 방법이 멜랑콜리의 두 가지 흐름이라는 것을 확인하였다. 하나는 긍정적 측면인 실존적 불안이고, 다른 하나는 부정적 측면인 병리적 우울증이다. 호로비츠와 웨이크필드의 연구에서 살펴보았듯이, 프로이트는 자신의 입장을 분명하게 설명한다. 또한 호로비츠와 웨이크필드는 슬픔은 자기치유의 과정이고, 애도하는 사람은 정상적 심리 상태로 돌아갈 것이라고 말한다.[18]

3. 우울증과 지루함

페니첼(Otto Fenichel)은 "지루함은 우리가 원하지 않는 것을 해야 할 때 또는 원하는 것을 하지 못할 때 생겨난다."라고 분명하게 기술한다. 그는 지루함은 활동하고 싶은 욕구가 강하지만 그 활동을 하지 못한다는 특징을 가진다고 말한다.

에리히 프롬은 노년에 스리랑카에 있는 독일인 스님인 냐나뽀니카(Nyanaponika)

---

16) Robert Burton(1621, 1927).
17) Sigmund Freud(1917, 1956). p. 161.
18) Hayes et al.(1999). p. 74.

스님과 심오하고 매력적인 서신 왕래를 하면서, 그가 '불안의 시대(la malaise du siècle)'라고 말하는 것과 불교의 연관성에 대해서 흥미로운 통찰을 한다. 어떤 증상은 없으나 불행하고 이상한 느낌만 있어서 마치 삶의 의미도 없고 열정도 없이 막연한 불안만 있는 상태와 같다[19]고 그는 말한다. 많은 사람이 경험하는 불행은 대부분 그들이 아프다는 사실 때문이 아니라 삶에서 재미있거나 아름다운 모든 것과 분리되었기 때문이라고 그는 말한다. 그리고 그들은 삶을 확장시키고 강화시킬 필요가 있다고 말한다. 그는 '지루함'을 우리 시대의 병이라고 생각한다. 지루함과 연결되는 것은 소외의 느낌이고, 타인과 연결되지 않은 느낌이다. 지루함은 오늘날 현대인의 기계적 생활양식에서 생겨난다. 스키토프스키(Tibor Scitovsky)는 그의 책『기쁨 없는 경제(Joyless Economy)』에서, 그리고 프롬은 그의 책『소유냐 존재냐(Have or to Be)』와『듣기의 기술(Art of Listening)』에서 이러한 문제를 강조한다. 스키토프스키는 사람들이 자기 자신을 위하여 추구하는 활동에 초점을 맞춰야 한다는 개념을 제시한다. 이 개념은 '몰입(flow)' 경험을 말하는 것으로, 칙센트미하이(Mihaly Csikszentmihalyi)의 경험과 관련된 연구에서 나온 것이다. 그는 예술가, 등산하는 사람, 체스 두는 사람, 외과 의사, 작가, 노동자 등 다양한 사람을 인터뷰하고 연구하면서 '활동의 순수한 기쁨이 동기가 되는 원리이다.'라는 것을 발견한다. 몰입 경험은 순간순간 삶의 흐름을 포착하여 질적으로 가치 있는 삶을 사는 것이며, 경험의 패러다임은 명상 수행이 된다.

페니첼(Otto Fenichel)은 지루함이 가치 통제에 의한 것이라고 말한다. 그리고 칼혼(Cheshire Calhoun)이 발달시킨 지루함의 개념은 지루함이 일에 가치를 두지 않는 것에서 생긴다는 것이다.[20] 따라서 페니첼의 심리학적 근거와 칼혼의 철학적 근거에서 보면 가치의 부재는 지루함을 유발할 수 있는 역할을 한다는 것이다. 프롬은 사회에서 생활양식이 지루함에 영향을 미친다고 말한다. 명상가로 잘 알려진 골드스타인은 지루함의 근원에 주의집중의 위기가 있다고 본다.

19) Erich Fromm(1994). *The Art of Listening*, London: Constable, p. 67.
20) Cheshire Calhoun(2011). "Living With Boredom", *Sophia*, 50, pp. 269-279.

지루함은 우리가 주의를 기울이는 '대상'으로부터 오는 것이 아니라 주의집중의 '질'에서 오는 것임을 깨닫는 것이 실제로 통찰에 변화를 가져온다. 게슈탈트치료의 창시자인 프리츠 펄스는 '지루함은 주의집중이 안 되는 것'이라고 말한다. 이러한 사실을 이해하는 것은 우리의 삶에 큰 변화를 가져올 것이다.[21]

칙센트미하이가 말하듯이 음악, 예술, 요리처럼 자신이 하는 일에 완전히 몰두할 수 있는 능력이 기술을 발달시키는 기쁨과 성공의 핵심이다. 명상의 맥락에서 보면 더 깊은 차원으로 몰두하는 것이다. 월러스는 우리가 주의를 집중하는 기법을 다음과 같이 유용하게 분석한다.

주의집중이 부족한 것은 선택한 대상에 대하여 초점을 맞출 능력이 없는 것을 특징으로 한다. 마음이 떠나고 자신의 내면 과정에 참여하지 않는다. 주의력과잉은 마음이 지나치게 각성되어 결과적으로 강박적으로 산만해지고 파편화된다. 우리가 고통스럽게 집중할 때 주의집중은 역기능적으로 작용하고, 우리 자신이나 타인의 웰빙으로 이어지지 않는다.[22]

4. 슬픔의 정서 프로파일과 정서 작업

솔로몬(Robert Solomon)은 다음과 같이 말한다. "트라우마가 모두 슬픔은 아니다. 슬픔의 전제조건이 사랑이라는 것은 슬픔의 다른 측면이다. 따라서 나는 슬픔이 상실을 슬퍼하는 것만이 아니라, 사랑을 계속 유지하려는 방식이라고 말하고 싶다."[23] 그는 또 말하기를 슬픔에는 기념할 만한 요소가 있다는 것이다. 사

---

21) Joseph Goldstein(1993). *Insight Meditation: The Practice of Freedom*, Boston, MA: Shambhala, p. 80.

22) Alan B. Wallace(2007). *Contemplative Science*, New York: Columbia University Press, p. 8.

23) Robert C. Solomon(2001). pp. 74-78.

람들은 소설을 누군가에게 헌정하고, 빌딩에 누군가의 이름을 붙이고, 장학금을 누군가의 이름으로 기탁한다. 슬픔은 하나의 고립된 정서가 아니라 종종 무리를 이룬다고 솔로몬은 말한다. 퀴블러 로스(Kubler-Ross)는 슬픔은 부인, 분노, 분리, 죄책감, 비탄을 겪는 풍부한 과정이라고 말한다. 따라서 깊은 슬픔은 그러한 과정을 겪음으로써 정제된다. 마오리족의 의식을 살펴본 그는 슬픔이 삶을 방해하는 것이 아니라 삶의 리듬을 지속시키는 것이라고 생각했다.

정서를 다루는 다양한 치료적 접근법이 있다. 인지치료에서 정서적 과정을 촉진하는 것, 행동치료에서 상상적 자극으로 두려움을 각성시키는 것, 정신역동치료에서 정서를 통찰하는 것, 경험치료에서 경험의 깊이를 더하는 것, 상호작용치료에서 느낌을 소통하는 것 등은 모두 각각의 관점에서 중요하다고 보는 정서로 작업하는 것이다.[24] 이 모든 접근법은 치료에 많은 영향을 미치지만 이번 장에서는 주로 정서중심치료(EFT)를 다룰 것이다. 그것은 그린버그(Leslie Greenberg)가 창시한 것을 마음챙김에 기반한 정서중심치료로 발달시킨 것이다. 나는 오래전부터 정서 연구에 관심을 가지고 있었고, 2010년 시드니 워크숍에서 그린버그와 만나게 되면서 더 확신을 가지고 정서에 기반한 상담으로 방향성을 잡아 갔다. 치료이론의 발달과는 상관없이 최근에 정서 연구에 혁명적인 흐름이 있었다. 이것은 제5장에서 논의한 것이다. 정서 연구의 발달은 정서, 인지, 정서의 동기적 차원과 주의집중의 차원이 통합되어 이루어지고 있다. 완전히 표현된 정서는 이 모든 측면과 정서의 생리학적 차원을 가지고 있으며, 그것이 정서 경험의 핵심이다.

마음챙김 수행을 기반으로 정서작업을 할 때, 마음챙김 수행의 특징은 「마음챙김의 확립 경(Satipaṭṭhāna Sutta)」에 나타난다. 여기서 몸[身], 느낌[受], 사고패턴[心], 현상 또는 심신관계[法]라는 네 가지에 대한 가르침을 구체적으로 보여 주

---

24) Leslie Greenberg & Sandra Paivio(2003). *Working With Emotions in Psychotherapy*, New York: Guilford Press, p. 1.

고 있다.[25] 이것의 기본적인 구조는 「들숨날숨에 대한 마음챙김 경(Ānāpānasati Sutta)」에서도 발견된다.[26] 당신이 분노, 두려움, 슬픔과 같은 패러다임이 되는 정서를 가지고 있을 때, 그리고 정서의 여러 구성요소에 초점을 맞출 때, 이러한 다양한 구성요소, 즉 몸, 느낌, 지각, 생각, 사고패턴, 심신관계는 자각과 마음챙김의 초점이 될 것이다. 나는 정서의 구성요소이론이 내담자와 체계적으로 작업할 때 유용하다는 것을 발견했다. 슬픔을 다룰 때 첫 번째로 초점을 맞출 것은 몸이다. 그것을 '느껴진 감각'이라고 말한다. 몸의 신호, 압박감과 떨림, 호흡, 심장박동, 혈류, 신체각성을 자각하는 것이 중요하다. 한편 얼굴 표정은 치료사에게 의미 있는 실마리를 제공한다. 마음챙김 수행에서 핵심적인 것은 호흡패턴이다. 오감과 마음의 문은 외부 세계로부터 들어오는 정보의 채널인 반면, 불교에는 '여섯 번째 감각'으로 불리는 것이 있는데 그것은 손발, 몸동작, 몸의 기관, 폐, 심장, 내장을 포함한 내면에서 일어나는 긴장이나 이완, 근육과 손발과 얼굴에서 느껴지는 감각이다. 우리는 이 차원을 '내부감각(interoception)'이라는 용어로 설명한다. 그것은 빨리어로 '오감과 독립적인 비감각적 의식(anindriya-paṭibhattha-viññāṇa)'으로 불린다. 명상에서 모든 감각의 문은 닫혀 있지만 내부감각은 가능하다. 통찰명상에서 이것에 초점을 맞추는 것은 몸을 통하여 몸을 아는 것으로 설명된다. 통찰명상은 네 가지 요소, 즉 공기, 고체, 물, 불로 이루어진 진동패턴에 초점을 맞춤으로써 발달된다. 몸을 고요하게 한 후에 '느낌'에 초점을 맞춘다. 고통스러운 느낌, 혐오, 불행한 느낌에서 마음을 챙기는 데 익숙한 사람은 그 느낌에 제동을 걸 수 있으며, 더 이상 분노나 깊은 슬픔으로 빠지지 않게 된다. 사고패턴에 초점을 맞추는 것은 또한 '자동적 사고패턴'을 다루는 인지치료에서 핵심적인 것으로, 자동적이고 반복적인 사고패턴을 극복할 수 있게 한다.

슬픔의 정서 프로파일을 살펴보면 '일차적인 슬픔'에는 헤어지고 분리되는 경험, 상실, 홀로 남겨진 느낌, 의사소통의 문제가 있다. 의사소통의 순수한 욕구가

---

25) MN. Ⅰ. Sutta 10.
26) MN. Ⅲ. Sutta 118.

금지되어서 상처를 입었다면, 의사소통이 문제의 핵심적인 요소이다. 사랑하는 사람과의 이별, 사라진 희망, 직업 상실, 자연재해로 인하여 안전하고 편안한 삶의 패턴이 뿌리째 뽑힌 것 등은 슬픔의 이유들이다. '이차적인 슬픔'은 보다 복잡하고, 상처받고 무시당한 느낌, 인지되지 못하고 거절당한 느낌이다.[27] 특히 돌이킬 수 없는 상실의 상황에는 공감받고 싶은 정서적 욕구 그리고 타인과 느낌을 나누고 싶은 욕구가 있다. 좀 더 창조적인 사람들은 음악을 듣거나 문학을 활용할 것이다. 가장 중요한 치료 단계는 '수용(acceptance)'이다.

마음챙김 치료의 목표는 내담자가 정서와 관련된 모든 경험을 다른 방식으로 하도록 돕는 것이다. 슬픔, 걱정, 불안을 제거하는 것이 아니라 그것들이 일어날 때의 상황을 다른 각도로 보도록 돕는 것이다. 생각과 느낌은 우리가 통제할 수 있는 것이 아니라 저절로 오고 가는 것이다.[28]

5. 정서중심치료

그린버그의 정서중심치료(EFT)에서 자각과 수용은 치료의 출발점이다. 치료자는 내담자로 하여금 자신의 정서에 다가가서 견디고 조절하며 수용하도록 돕는 작업을 한다.[29]

1. **정서표현**: 내담자는 정서와 접촉하는 삶을 살면서 이전에는 회피했던 감정을 효율적으로 드러낼 수 있어야 한다. 정서에 깨어 있고 정서를 허용할 필요가 있는 반면, 최적의 정서표현 과정은 인지와 정서의 통합을 포함한다.

2. **정서조절**: 슬픔, 수치심, 두려움, 무력감이 사람들을 압도할 때 그 감정으로

---

27) Leslie Greenberg & Sandra Paivio(2003). p. 163.

28) Thomas Bien(2006). *Mindful Therapy*, Boston, MA: Wisdom Publishers, p. 69.

29) Leslie Greenberg(2010). *Emotion Focused Therapy*, Workshop Handbook, Sydney: IEFT, p. 22.

부터 거리를 둠으로써 정서를 조절하도록 도울 필요가 있다. 혼란스러운 정서를 느끼지 않기 위해서 물러서거나 회피하며, 분리 전략을 사용하고, 심리신체 중상으로 정서를 변형시키거나, 심지어는 쾌락에 빠짐으로써 정서를 조절하려는 시도는 모두 역효과를 낸다. 불교수행에서는 개인의 정체성을 느슨하게 하고, 슬픔이 나타나면 잠시 머물렀다 사라지는 사람 사이의 과정으로 볼 것을 권장한다.

　사실 이 관점에서 그린버그는 마음챙김 수행의 몇몇 측면을 정서중심치료와 통합한다. 정서를 조절하는 중요한 방법인 호흡조절과 마음챙김 가운데, 마음챙김은 정서상태를 비판단적으로 관찰하고 묘사하는 것이다. 기본적인 정서조절 기법은 정서에 이름을 붙이고, 자신의 몸에서 느껴지는 정서를 묘사하며, 정서를 일으킨 사건을 명료화하여 그 정서에 의하여 촉진된 행동과 상황에 대하여 해석한 것을 이해하는 것이다.[30] 정서에 이름을 붙이는 것은 불교의 마음챙김 수행에서 사용하는 기법이다. 깊은 경험의 수준에서 정서 경험을 성찰할 것을 권장한다.

　한 정서가 다른 정서로 변형되는 것은 그린버그가 제시한 마지막 방법이다. 그는 스피노자의 말을 인용한다. "하나의 정서는 더 강한 반대의 정서가 아니고서는 다른 정서에 의해서 억제되거나 제거될 수 없다."[31]

6. 부정적 정서를 다루는 불교의 방식

　'조절하는 방법'은 위험 통제가 아닌 예방 차원에서 이루어지는 것이다. 뒤로

30) Leslie Greenberg(2008). *Emotion-Focused Therapy*, Washington, D.C.: American Psychological Association, p. 206.

31) Benedict Spinoza(1677, 1963), *Ethics*, ed. James Gutmann, New York: Hafner, iv, p. 195.

물러서서 성숙한 선택을 하는 것이 중요하다. 이때 선택은 정서를 다룰 때 중요한 역할을 한다. 마음챙김 수행을 잘하는 것은 여러 가지 면에서 유용하다. 만일 나타나는 정서가 분노라면 그 사람은 분노가 올라오는 것을 볼 것이다. 그런 다음 그것을 조용히 가라앉힌다. 분노가 더 공격적으로 올라온다면 충동적 행동이 해로운 결과를 가져온다는 것을 예상할 수 있다. 맥락에 따라서 그는 분노의 대상에 대하여 용서와 연민 같은 자원을 활용할 수 있다. 이 과정은 '불꽃으로 타오르기 전에 불씨를 보는 것'으로 묘사되며, 조절하는 방식이다. 감각적 욕망에 대해서는 오랜 기간의 조절연습이 가장 좋은 방법이다. 개인적 이야기와 함께 슬픔을 다루기 위하여 사용한 특별한 기법은 다음 장의 주제이다.

'치료 방법'으로 앞에서 말한 스피노자의 이야기는 해독제를 사용하는 방식을 생각나게 한다. 자애, 연민, 함께 기뻐함, 평정의 네 가지 숭고한 상태는 매우 효과적이다. 다음 장에서 이것을 자세하게 설명할 것이다. 죄책감과 자책감 없이 자기 자신을 포용할 수 있는 능력 그리고 타인과 연결될 수 있는 능력은 모든 자기중심적 괴로움에서 벗어나도록 돕는다. 불교에서 괴로움과 상실은 타인도 함께하는 공통적인 관심이다. 또한 숭고한 상태는 사회적으로 참여하는 자선행사 외에 명상적 차원도 가지고 있다. 불교의 평정은 삶의 역경을 이겨내도록 우리의 삶 속에 현실감과 조화를 가져온다.

'부정적 정서를 악마로 만들지 않고 변형시키는 것'은 분노와 슬픔을 인내로 바꿀 수 있는 기법이다. 각각의 특정한 정서유형은 다른 유형의 자원을 가지고 있다. 냐나뽀니카 스님은 부정적 정서는 긍정적인 정서로 변형될 수 있으므로 버리지 말라고 말한다. "한 가지를 버리면 그것은 사라진다. 무엇인가를 가지고 있었지만 지금은 아무것도 없다. 당신 손은 비어 있다. 작용할 어떤 것도 없다. 그러나 당신이 버린 것 대부분은 약간의 마술을 부려서 이전의 모습과는 반대로 당신에게 영향을 미칠 수 있다."[32]

---

32) Nyanaponika Thera(1986a). *The Power of Mindfulness*, Kandy: Buddhist Publication Society, p. 55.

'통찰함으로 부정적 정서로부터 해방'될 수 있다. 여기서 우리는 정서의 구성 요소 이론을 활용할 수 있다. 정서를 신체감각, 느낌, 사고패턴으로 만들어진 하나의 구조물로 보는 것이다. 당신이 그것들을 예리하게 관찰하면, 점차 그것들이 나타났다가 사라지는 것을 보게 된다. 그것들은 사라지고 비어 있다. 이때 '바위처럼 단단해 보이는 현상'에 무상하다는 개념이 적용된다.

다음 장은 슬픔과 상실을 핵심적으로 다룬다. 거기에서 인용되는 몇 가지 방법들은 슬픔, 우울증이라는 주제와도 어떤 맥락에서는 연관되어 있다.

7. 불교와 우울증: 인류학적 연구

호로비츠와 웨이크필드의 연구에 의하면, 어떤 인류학자들은 우울증이 모든 문화에 걸쳐 발생하는 보편적 범주라는 것을 부인하는 것처럼 보인다고 한다. 스리랑카의 인류학자 오베이세케라(Gananath Obeyesekera)는 다음과 같이 주장한다. 스리랑카 사람들은 희망 없음, 의미 없음, 슬픔을 질병이 아니라 문화적으로 조건 지어진 삶의 철학으로 본다. "서구의 우울증이라는 진단 용어가 불교 사회에서는 어떻게 표현되는가? 불교의 두드러진 이념은 삶이 괴로움이고 슬픔이라는 것, 괴로움의 원인은 애착이나 갈망이라는 것, 일반적으로 명상을 통하여 슬픔을 이해하고 극복할 방법이 있다는 것을 말한다."[33] 호로비츠와 웨이크필드는 오베이세케라가 분명히 정상적인 슬픔에 대하여 말하고 있는 것이지 임상적 장애로 설명할 수 있는 만성적 우울증을 논의하는 것은 아니라고 주장한다.[34] 이팔룩(Ifaluk) 문화에 대한 루츠(Catherine Lutz)의 기념비적인 연구 또한 슬픔을 다루는 이 문화의 천재성을 관찰한다. 이 문화에서 '파고(fago)'라는 용어는 연민,

---

33) Gananath Obeyesekera(1985). "Depression, Buddhism, and the Work of Culture in Sri Lanka", In A. Kleiman, Arthur and Good, Byron (Eds.), *Culture and Depression, Studies in the Anthropology and Cross-cultural Psychiatry of Affect and Disorder*, Berkeley: University of California Press, p. 13.

34) Allan V. Horowitz & Jerome C. Wakefield(2007). p. 197.

사랑, 슬픔의 정서를 모두 말한다. 파고(fago)는 '삶이 깨지기 쉽다는 것, 타인과의 관계는 소중하지만 죽음과 여행으로 단절될 수 있다는 것, 그리고 사랑은 죽음과 같다는 것'에 대하여 말한다.[35] 이 연구의 위대한 가치를 인정하는 호로비츠와 웨이크필드는 루츠가 이팔룩 사람들의 정상적인 슬픔을 훌륭하게 설명해준다고 말한다. 그녀의 비평은 서양 정신의학이 우울증 장애를 지나치게 확장해서 정의하는 것에 초점을 맞추고 있다. 서양 정신의학에서는 이러한 반응을 역기능이라고 분류하지만 그것은 잘못된 분류일 수 있다.[36] 우울증 장애가 보편적이라는 것, 그리고 정상적인 슬픔까지도 흡수하는 우울증에 대한 광범위한 정의, 두 가지 논지를 모두 받아들일지라도, 루츠의 획기적인 연구는 잃어버린 슬픔의 기법이라고 부르는 것을 받아들이는 문화적 의미체계의 힘을 조명한다고 말할 수 있다. 스리랑카의 현대화, 사회 변화, 쓰나미와 같은 자연재해가 괴로움, 슬픔, 우울 같은 주제에 대하여 새로운 변화를 주었음에도 불구하고 앞에서 말한 것은 스리랑카에서도 진실이다.

호로비츠와 웨이크필드의 연구는 우울증과 슬픔에 대하여 다문화적 관점에서 탐색했을지라도, 그들이 우울증 치료에 초점을 맞춘 것은 서양치료라는 제한점을 가지고 있다. 최근에 서양에서 마음챙김에 기반한 치료가 발달한 것은 동양, 특히 불교에 많은 빚을 지고 있지만, 중요한 것은 그들이 우울증을 이해하고 다룰 때보다 더 심리학적으로 접근한다는 것이다. 이 치료는 제13장에서 검토했기 때문에 여기서 자세하게 설명하지는 않고, 단지 이 치료가 우울증을 겪고 있는 내담자가 일상적인 삶을 더 많이 의식하도록 한다는 것은 말할 수 있다. 시걸 등이 저술한 『우울증에 대한 마음챙김에 기반한 인지치료』는 우울증에 대해서 마음챙김에 기반한 접근법을 잘 설명한다.[37] 그들의 접근법은 초기의 벡(Aaron Beck)

35) Catherine Lutz(1995). "Need, Nurturance and Emotions on a Pacific Atoll", In J. Marks & R. T. Ames (Eds.), *Emotions in Asian Thought*, Albany: State University of New York Press, p. 235.

36) Allan V. Horowitz & Jerome C. Wakefield(2007). p. 198.

37) J. Williams, Zindel Segal & John Teasdale(2002). *Mindfulness-based Cognitive Therapy for Depression*, New York: Guilford Press.

의 인지치료적 접근법과는 달리 부정적 사고를 논리적으로 분석하여 논박하지 않고 '생각과 감정을 변화시키기보다는 그것들에 대한 자각을 유지'하도록 한다. 벡은 결국 그의 치료법에 마음챙김 기법을 통합한다. 우리의 주요 주제와 관련하여 마음챙김에 기반한 슬픔 상담과 마음챙김에 기반한 우울증 상담은 잃어버린 슬픔의 기법을 회복하고, 호로비츠와 웨이크필드의 연구에 대한 우리의 논의에 새로운 차원을 더해 준다. 검증할 수 있는 객관적이고 과학적인 연구를 한 시걸 등의 연구와는 달리[38] 모건(Stephanie Morgan)의 연구는 보다 주관적이고 현상학적인 접근법을 사용한다.[39] 이 접근법은 우울증을 정신의학이라는 지배적인 시각이 아닌 새로운 관점에서 보게 한다.

마음챙김에 기반한 정서중심치료적 접근법은 우울증을 하나의 사물로 대상화하는 것이 아니라 상황 인식, 신체감각, 느낌, 사고패턴, 행동의 의도라는 구성요소들로 구성된 정서로 보는 것이다.[40] 또한 이 구성요소적 접근법은 슬픔과 만성 우울증을 구별하도록 돕는다. 월퍼트(Lewis Wolpert)의 책 『우울증에 관한 희망의 보고서(Malignant Sadness: The Anatomy of Depression)』에서 우울증은 슬픔이 잘못 다루어진 것이고, 슬픔이 병리적으로 된 것이라고 말한다.[41] 지금까지의 흐름을 결론 내자면 호로비츠와 웨이크필드의 연구는 슬픔의 위치를 '자율정서' 또는 에크만(Paul Ekman)이 '기본 정서'라고 말한 것으로 확립했다고 말할 수 있다.

에크만에 따르면 우울증은 복합 정서로 볼 수 있다.

만일 우울증에서 슬픔이 지배적이라면 우리는 그것을 지연된 우울증이라 말하고,

---

38) J. Williams, John Teasdale, Zindel Segal, & Jon Kabat-Zinn(2007). *The Mindful Way Through Depression*, New York: Guilford Press.

39) Stephanie P. Morgan(2005). "Depression: Turning Towards Life", In C. K. Germer, R. D. Siegel, & P. R. Fulton, (Eds.), *Mindfulness and Psychotherapy*, New York: Guilford Press, p. 133.

40) Jeffrey K. Zeig(2008). "Depression: A Phenomenological Approach to Assessment and Treatment", *Psychotherapy Psychotherapy in Australia*, 14, p. 31.

41) Lewis Wolpert(1999).

고통이 더 두드러진다면 격정적 우울증이라고 말한다. 우울한 사람들은 자신의 삶을 변화시키는 데 무력감을 느낄 뿐만 아니라 절망도 느낀다. 그들은 삶이 나아질 것이라고 결코 믿지 않는다. 슬픔과 고통 외에도 죄책감과 수치심도 강하게 느낀다. 왜냐하면 우울한 사람들은 자신이 무가치하다고 느끼고 … 분노는 안팎으로 향하고 종종 두려움도 나타난다.[42]

8. 지루함

지루함은 그 자체로 정서 프로파일을 가지고 있다. 만일 당신이 지루함에 대하여 잘 알고 있다면, 그것은 단지 슬픔을 관리하는 차원이 아니라 슬픔을 극복하기 위한 긍정적인 방법을 발견하는 차원이다. 칼혼은 가치와 의미는 지루함을 이해하는 데 중요하다고 말한다. 가치를 제약하는 것도 지루함에 결정적인 역할을 하기 때문이다.[43] 지루함은 또 다른 관점에서 보면 주의집중의 위기로 설명할 수 있다.

9. 주의집중 위기로서의 지루함

만일 당신이 삶에서 아주 신나고 아름다운 어떤 것에 몰두할 수 있다면 마음에 지루함이 들어올 공간이 없을 것이다. 대상이 음악, 미술, 정원 가꾸기, 요리, 독서, 그 밖의 무엇이든, 중요한 것은 당신 내면의 즐거움이라는 주관적 상태이다. 슬픔을 다룰 수 있는 한 방법은 삶에서 흥미를 확장하고 강화하는 것이다. 삶에 에너지를 주는 가치와 관심이 있어야 하고, 상실했지만 소중한 것은 긍정적 목표를 추구하기 위한 영감의 원천이 될 수 있다. 셀리그만(Martin Seligman)

---

42) Paul Ekman(2003). *Emotions Revealed*, London: Weidenfeld and Nicolson, p. 93.

43) Cheshire Calhoun(2011). "Living With Boredom", *Sophia*, 50, pp. 269-279.

은 정신병리에 대한 선입견의 대안으로 긍정적 정서의 가치를 강조한다. 미래에 대한 그의 긍정적 비전은 다음과 같은 말로 요약할 수 있다.

> 환자들은 약물과 치료가 일시적인 증상 완화제일 뿐임을 알아야 한다. 그리고 치료를 멈추면 재발할 것을 예상해야 한다. 그러므로 그러한 증상이 겉으로 잘 처리되고, 잘 기능하는 것은 치료에서 진지하게 생각해 보아야 할 부분이다.
>
> 다음으로 치료는 고통이 완화되어도 종결되어선 안 된다. 환자들은 긍정심리학의 구체적인 기법을 배워야 한다. 보다 긍정적인 정서, 더 많은 참여, 더 많은 의미, 더 많은 성취, 더 좋은 인간관계를 위한 방법을 배워야 한다. 불행을 최소화하는 기법과는 달리 이 기법은 스스로 유지해야 하는 것이다.[44]

주의집중을 잘하면 긍정적 정서 발달에 도움이 된다. 교육과 심리학 영역에서 몰입 경험의 심리학 전문가인 칙센트미하이는 삶과 일을 즐기는 사람들은 호기심, 삶에 대한 관심, 인내, 낮은 자기중심성을 가지고 있으면서 내적인 보상에 마음이 끌린다고 한다.[45]

상실, 슬픔과 함께 오는 지루함을 이해하기 위하여 우리는 주의집중 위기의 성격을 보다 면밀하게 검토할 필요가 있다. 그것은 종종 자연스러운 결과이지만 균형감각을 가지고 다룰 필요가 있다. 인지적, 의지·의도적, 정서적, 주의적 차원의 정신적 웰빙이라는 다차원적 측면에 대한 월러스와 샤피로(Wallace and Shapiro)의 유용한 연구는 제 8장에서처럼 주의집중 위기의 세 가지 측면을 분석한다.

---

44) Martin Seligman(2012). *Flourish*, N.S.W.: Random House, p. 54.

45) Mihalyi Csikszentmihalyi(1990). *Flow: The Psychology of Optimal Experience*, New York: Harper Perennial.

10. 삶의 정서적 리듬

솔로몬(Robert Solomon)은 심리철학 영역에서 나타나는 다양한 정서 프로파일의 논리에 대한 연구를 하였고, 그의 정서 연구에 관한 기념비적인 저서가 발간되었다.[46] 이 책의 편집자와 시리즈 편집자 덕분에 이번 장에서 약간 다른 버전을 포함시킬 수 있었다. 그것은 상실과 슬픔, 애도와 멜랑콜리, 우울증과 지루함에서 생겨나는 네트워크와 연관된 다양한 '삶의 정서적 리듬'에 특별히 초점을 맞춘 것이다. 나는 솔로몬이 슬픔, 상실, 사색적 기질에 대한 그의 성찰 다음에 오는 웃음과 유머에 대하여 쓰면서 겪었던 이상한 '변화'를 언급하였다. 『죽음과 죽어감(On Death and Dying)』을 쓴 퀴블러로스는 정서가 일종의 네트워크에서 생겨난다고 말한다.[47] 나는 종종 잠재의식 수준에서 상호 연결된 정서 네트워크의 흐름이 조용한 상담환경에서 드러나는 것, 그것이 정서생활의 리듬감 있는 모습이라고 설명하곤 한다. 상담작업은 내가 철학적 분석을 통하여 알고 있었던 정서 프로파일에 새로운 차원을 제공한다. 마음챙김에 기반한 정서중심치료는 삶의 정서적 리듬의 풍부한 측면을 열어 준다.

11. 정서적 진실성과 영성

정서적 진실성에 대한 솔로몬의 개념은 정서를 상담작업에 통합하기 위한 또 다른 깊은 차원을 보여 준다.

> 정서적 진실성은 선한 삶, 타인에 대하여 우리의 존재를 완전히 받아들이고, 우리의 가치 그리고 타인의 가치와 일치하는 삶을 사는 데 본질적으로 필요하다.[48]

---

46) Katherine Higgins & David Sherman(2012). *Passion, Death and Spirituality*, London: Springer.
47) Elisabeth Kubler-Ross(1975). *On Death and Dying*, New York: Harper and Row.
48) Robert C. Solomon(2001). *True to Our Feelings*, Oxford: Oxford University Press, p. 268.

정서적 진실성에 대한 이러한 생각을 따라 솔로몬은 다양한 영적 전통의 본성이 무엇이든, 실제로 가치 있는 영적 전통은 정서적 삶의 리듬에 관한 전체 이야기를 핵심적으로 통합하고, 생각과 성찰과 지혜가 드러나게 한다고 말한다. 나의 대부분의 삶을 불교전통 안에 있는 정서적 삶의 리듬을 검토하는 데 헌신한 것은 솔로몬의 성찰적 정신 때문이다. 붓다는 그의 아들 라훌라에게 거울로 보듯이 자신의 마음을 살펴보라고 말하였다. 자기지식과 자기이해는 불교의 여정을 밟아가는 데 필요한 도덕적·심리적 성숙의 기초가 된다. 규칙적인 상담은 정서에 대한 관심을 풍부하게 하는 새로운 여정을 열어 준다. 이 책은 정서 프로파일, 즉 분노, 두려움, 탐욕과 중독, 자만심과 자부심, 비탄, 슬픔과 우울증, 자애와 연민, 관용, 두려움, 불안, 질투에 초점을 맞추고 있다.[49] 유머는 상담의 중요한 측면이다. 나는 이 주제를 다른 논문에서 논의하고 있다.[50] 따라서 이 책에 전체적으로 흐르는 하위 주제는 삶의 정서적 리듬이라고 말할 수 있다.

---

49) Padmasiri de Silva(2008a). *An Introduction to Mindfulness-based Counselling*, Ratmalana: Sarvodaya Vishva Lekha.

50) Padmasiri de Silva(2008b). "Theories of Humour: A Buddhist Perspective", *Conference on Asian and Comparative Philosophy, A Symposium on Emotions: Tribute to Robert Solomons*, Melbourne: University of Melbourne.

17
비탄을 이해하고 다루기:
사막이 꽃을 피우기 시작할 때

이번 장은 잃어버린 슬픔의 기법에 대한 이전 장과 밀접하게 연관되어 있다. 중복되는 주제도 있지만 이번 장은 비탄, 슬픔, 가벼운 우울증을 지나서 내 안에서 활기차게 확장되고 있는 풍부한 '새로운 자기감이 출현하는 것'으로 다시 돌아가는 여정을 구체적으로 기술하고자 한다. 그 주제는 상실, 비탄, 넓은 의미의 사랑과 연민을 비슷하게 겪은 내담자와 치료사 모두가 쉽게 공유할 수 있다. 그리고 개인적 이야기를 다른 차원에서 살펴봄으로써 이번 장은 앞 장의 주장을 뒷받침할 것이다.

비탄을 부인하거나 무시하기보다는 자각함으로써, 그리고 이 고통으로 몰고 가는 것을 이해하기 위한 작업을 함으로써 당신은 있는 그대로, 그리고 원하는 대로 될 수 있다. 달리 말하자면, 비탄에 대해서 마음챙기면서 자각함으로써 당신은 삶에서 가장 중요한 사람들에게 더 가까이 다가갈 수 있고, 완전하게 살지 못하게 하였던 습관이나 생각을 변화시킬 수 있다. 행동과 느낌의 패턴에 대해서, 특히 비탄에 대해서 충분히 자각하는 것은 불행과 불만의 삶으로부터 개방과 열정의 삶으로 데려

갈 수 있다.[1]

쿠마르(Samit Kumar)는 비탄의 순간을 자기를 자각하는 여정으로 바꿀 수 있다고 말한다. 톨스토이(Tolstoy)는 비탄을 사랑 또는 불교에서 말하는 자애와 연민의 연장선으로 볼 수 있다고 말한다. 이번 장에서 우리는 비탄을 새로운 차원, 즉 자연재해와 내면의 전쟁으로 인해서 위협받고 있는 공포문화 속에서 살펴볼 것이다.

비탄 상담은 상실을 받아들이는 능력 그리고 고통을 정서적 성장의 방향으로 향하게 하는 능력에 초점을 맞춘다. 이것은 비탄과 상실을 이해할 수 있는 매우 긍정적인 방법이다. 비탄에 대해서 성찰하는 것은 삶의 의미와 관련해서 정신적 변화를 더 깊게 하고, 사랑의 개념을 확장시킨다. 상실을 넘어서 삶을 더 깊이 성찰하게 하고 또한 마음의 놀라운 회복력을 더해 주는 비탄이 가지는 변화의 힘은 비탄을 적절하고도 성숙하게 다룬 결과이다.

『자비의 심리학(The Lost Art of Compassion)』에서[2] 래드너(Lorne Ladner)는 비탄과 사랑을 다룰 때 오랫동안 서양심리학을 지배해 온 병리학에 배타적으로 초점을 맞추지 말아야 한다고 말한다. 래드너는 셀리그만(Martin Seligman)의 말을 인용한다. "상담 훈련을 너무나 많이 지배해 온 병리학에 배타적으로 초점을 맞추는 것은 결과적으로 삶을 가치 있게 만드는 긍정적 특성을 상실한 인간존재모델을 만든다."[3] 이러한 질병모델을 따르는 상담은 긍정적인 정신건강에 목표를 두기보다는 병리적인 것을 회복시키려 한다고 래드너는 보고 있다. 그러나 작지만 진실한 해결책이 오늘날 서양에서 생겨나고 있는데, 그것은 마음챙김에 기반한 치료의 영향 때문이다.

앞 장에서 이미 말한 것처럼, 루츠의 획기적인 연구는 이팔룩 문화와 같은 특

---

1) Samit Kumar(2005). *Grieving Mindfully*, Oakland, CA: New Harbinger Publications, p. 9.

2) Lorne Ladner(2004). *The Lost Art of Compassion*, New York: Harper Collins.

3) Lorne Ladner(2004). p. xv.

정 문화에는 한 사람의 고통과 타인의 돌봄 사이에 지속적이고도 자동적인 연결고리가 있다고 말한다. 비탄과 상실을 개인적 맥락에서 보면, 스리랑카의 불교문화도 슬픔에 빠져 있는 사람을 타인과 연결되도록 돕는 특징을 가지고 있다. 루츠는 서양의 관점에서 표면적으로 보았을 때 사랑은 긍정적이고 슬픔은 부정적이라는 분명한 모순이 있지만, 더 깊은 수준에서 보면 연민으로서의 사랑은 일종의 충격 흡수 장치이기 때문에 우리는 슬픔이 연민으로서의 사랑으로 발전하는 긍정적인 면을 본다. 이것은 동양문화에는 슬픔과 연민 사이에 자동적인 연결고리가 있기 때문이다.

염리(saṃvega, 厭離)라는 용어는 자애[慈], 연민[悲], 함께 기뻐함[喜], 평정[捨]이라는 네 가지 숭고한 상태[四梵住]가 뒷받침하는 비탄의 맥락에서 나타나는 정신적 정서를 말한다. 따라서 불교문화에서 비탄을 억압하거나 회피하지 않고 이해하려는 것은 그 경험을 삶과 죽음에 대한 통찰로 변형시키고 이해하며 성찰하려는 것이다.

1. 개인적인 이야기

개인적인 이야기는 비탄 상담에 대한 깊은 성찰과 참된 느낌을 더할 것이다. 비탄에 초점을 맞춘 정서 연구는 비탄과 관련된 정서들, 즉 사랑, 자애, 연민을 구성요소로 포함한다. 당신이 예기치 않게 비탄에 빠지게 될 때 당신 주변에 혼란이 생겨나기 시작할 것이다. 전체 정서, 즉 두려움, 불안, 슬픔, 죄책감, 낮은 자기가치, 절망, 대상 없는 분노, '왜 나에게 이런 일이 생긴 걸까?'라는 말 없는 불평으로 인해서 혼란이 생겨난다. 누스바움(Martha Nussbaum)의 책 『사고의 대변동(Upheavals of Thought)』은 어머니의 죽음을 계기로 쓴 인간정서에 대한 방대한 연구이다.[4] 비탄의 성찰적 차원에 엄청난 영향을 미친 이 책은 비탄과 슬픔에

4) Martha Nussbaum(2001). *Upheavals of Thought: The Intelligence of Emotions*, Cambridge:

의하여 생긴 정서적 혼돈 안에서 빛과 깨달음과 지성을 추구한다.

나의 통찰은 비탄을 성찰하고 명상하는 차원에서 비롯된다. 나는 1994년 2월에 스리랑카를 방문했다. 나의 아내 칼라(Kalla)는 콜롬보(Colombo)에서 갑자기 아팠다. 급히 병원으로 데려갔지만, 심각한 심장병으로 이틀 후에 병원에서 세상을 떠났다. 싱가포르에서 2월 10일은 중국 설날이었지만, 스리랑카에서 나는 내 생애 가장 충격적인 비극을 경험하고 있었다. 그녀가 만일 아프기 전에 호주로 가는 행운이 있었다면 완벽한 검진을 받았을 것이고, 상황은 아마도 달라졌을 것이다. 그녀는 마지막까지 싱가포르에서 온 힘을 다하여 짐을 쌌다. 의지가 강한 그녀는 호주로 가는 것에 대한 불안을 이겨 내느라 모든 에너지를 다 써 버렸다.

우리가 아이들과 함께 호주에 정착하기로 했을 때, 칼라는 이민 서류를 작성하고 싱가포르에 있는 아파트를 청소하면서 배에 실을 짐을 싸고 있었다. 스리랑카에 머물렀던 초기에는 매우 좋았다. 오래되고 익숙한 장소를 방문하고 친척과 친구를 만나는 기쁨과 즐거움이 있었다. 사찰 방문, 사색과 기도, 고요한 순간, 주변의 고요함, 이 모든 것은 앞으로 몰려오게 될 정서적 폭풍과 혼돈을 준비하기 위한 여정이었다.

나의 아내는 겨우 56세에 죽었지만 매우 활동적인 삶을 살았다. 그녀는 성실한 교사였고, 세 아이에게 좋은 엄마였으며, 32년을 함께한 사랑하는 아내였다. 스님께 보시하는 의례에서 삐야다시(Piyadassi) 스님은 '삶의 가치는 얼마나 오래 살았느냐가 아니라 삶의 질로 정해지는 것이다.'라는 주제로 법문을 하였다. 그것은 오랫동안 내가 성찰해 온 주제이다. 다음날 강에 재를 뿌리자 재는 원을 그리면서 사라져 갔고, 집착과 무상의 전체 드라마도 나의 마음에서 빠져나갔다.

나는 차분하게 생각하면서 비극의 첫 단계를 넘어갈 수 있었다. 그러나 호주로 떠나기 전 친척과 함께 싱가포르에 며칠 머무는 동안 공허함과 무미건조함이

Cambridge University Press.

나를 압도했다. 싱가포르에서 그런 일이 있은 지 거의 18년이 지난 지금은 시간이 흐르면서 나는 성숙해졌고, 그 일과 거리를 둘 수 있게 되었다. 5년 넘게 이민자들을 무료로 상담해 준 일은 내가 철학자에서 상담사로 바뀌는 데 마술과 같은 힘을 발휘했다. 이는 칼라의 이름과 기억을 위한 새로운 방법을 보여 주었다.

그러나 나는 18년 전 싱가포르에서 공허함과 무미건조함이 얼마나 나를 힘들게 했는지를 기억한다. 그것은 학생 시절에 배운 엘리엇(T. S. Eliot)의 시에서 커피 스푼 소리와 강을 떠다니는 빈 담뱃갑을 묘사한 것을 생각나게 했다. 그것은 삶의 의미와 목적 없이 사는 피상적인 삶의 증상이었다. 그러나 내가 이런 기분에 푹 빠져 있을 때 칼라와 나는 의미 있고 목적 있는 삶을 살았다고 느꼈다.

이렇게 나를 맴돌고 있는 공허함에 나 자신을 열자, 깊은 침묵이 있음을 발견하였다. 희미한 저녁 빛이 비추듯이, 몸과 마음에서 들리던 소음은 가라앉았다. 마치 사막이 그 안에 치료를 위한 꽃을 피우고 있는 것 같았다. 나는 게슈탈트 치료의 창시자 펄스(Fritz Perls)가 "때로는 사막이 꽃을 피운다."라고 한 말이 생각났다.

우리는 종종 얄팍한 매일매일의 삶과 일상의 단조로움을 견디려고 하지만, 공허함과 얄팍함이 주는 충격적인 느낌은 변화를 위한 기회와 정신적 각성의 시간을 제공한다. 냐나몰리(Nyanamoli) 스님은 공허함의 경험이 자유로 나아가는 보이지 않는 문을 제공한다고 말한다.

비탄은 몇 주간의 명상 수련으로 진정되지 않는다. 쿠마르의 말처럼 비탄은 선형적 과정이 아니라 나선형으로 경험되며, 그 영향이 잠깐은 가벼운 형태로 남아 있다. 당연히 가벼운 우울증이 저변에 흐르고 있다. 정신과 의사인 한 친구는 내가 활동적이고 연민이 많은 정상적인 나 자신으로 돌아와 멋지고 흥분되는 미래를 보도록 도왔다. 또 나는 브라흐마왐사(Brahmavamsa) 스님과 매우 고무적인 대화를 나누었다. 그는 장난기 있으면서도 진지한 목소리로 "우울증은 재미있는 것이에요. 그것을 바라보고 거기에서 배우세요. 그건 멋진 것이죠. 당신이 잃어버린 모든 에너지를 다시 얻을 거예요."라고 말하였다. 이제 나는 주변 환경을 변화시키기 위하여 렉싱턴 가든으로 이사했다. 그곳은 싱가포르에 있는 은퇴 마을로, 상쾌한 공기, 나무와 꽃, 좋은 친구들이 있다. 나는 거의 10년간 그곳에서 살고 있고, 불교상담에 대한 나의 최근 연구는 이때 나온 것이다. 나는 정서치유를 위한 '비베카 센터(Viveka Centre)'를 열어서 '마음챙김에 기반한 정서중심치료'라는 기법을 계발하였다.

2. 자유로워지는 네 가지 방법

1) 통찰과 이해 발달시키기

비탄을 다루는 것은 분노나 두려움 또는 스트레스를 다루는 것보다 더 복잡하다. 나의 개인적 이야기에 나오는 비탄처럼, 비탄에 대한 대부분의 관심은 매우 자연스러운 것이어서 우리는 분노와 강박적 탐욕을 묘사하듯이 비탄을 '부정적'으로 말하지 않는다. 그러나 사랑하는 사람을 상실해서 오는 고통을 다루는 방식으로 지나치게 비탄하는 것은 역효과를 낸다. 끼사 고따미(Kisa Gotami)가 붓다를 찾아와서 자신의 아이를 살려 내는 방법을 가르쳐 달라고 했을 때 붓다는 사랑하는 사람이 죽지 않은 가족에게서 겨자씨를 가져오면 살릴 수 있다고 말했다. 마을을 돌아다니던 고따미는 죽음이 인간의 고통의 한 부분이라는 것을 발견하였고, 이는 고따미에게 자유로 나아가는 여정을 열어 주었다. 잘 나가던 삶에 갑작스러운 반전이 생기고 우리의 안전지대를 뒤흔드는 예기치 못한 격변이 일어나지만, 이러한 것들은 변화무쌍하고 불확실한 실제 세계를 우리에게 열어 준다. 이것을 '사물의 본성(dhamma-niyama)'이라고 한다. 비탄은 없앨 것이 아니라 그것을 변화시켜서 '생겨난 것은 잠시 머물렀다가 사라진다.'라는 생멸의 법칙 안으로 가져와야 한다. 생멸의 법칙을 이해한 첫 제자인 안냐 꼰단냐(Añña Koṇḍañña)는 이러한 변화를 경험하였다.

꼰단냐는 무엇을 알았는가? 붓다가 설법 마지막에서 칭찬했던 그의 통찰은 무엇이
었는가? 그것은 '생겨나는 모든 것은 소멸한다.'는 것이다.[5]

2) 네 가지 숭고한 상태

네 가지 숭고한 상태(四梵住)는 자애(mettā, 慈), 연민(karuṇā, 悲), 함께 기뻐함
(muditā, 喜), 평정(upekkhā, 捨)이다. 자애는 모든 존재에게로 확장된다. 우리 모
두는 윤회하는 여행자이고, 괴로움의 법칙을 똑같이 따른다. 자애와는 달리 연
민이 특별한 것은 인간과 동물, 다른 존재의 괴로움에 직접 초점을 맞춘다는 것
이다. 붓다가 자세하게 설명하고 있는 「자애 경(Karaṇīya-metta Sutta)」은 자애를
실천하기 위한 일종의 헌장이다. 자애의 실천은 사람들을 변화시키는 힘이 있
고, 분노와 시기심에 대한 최선의 해결책이다. 자애는 주변 사람들을 변화시킨
다. 붓다락키따(Buddharakkhita) 스님은 『자애의 철학과 수행(The Philosophy and
Practice of Universal Love)』에서 「자애 경」은 치료적 변화를 위한 금광이라고 말
한다.[6] 자애는 먼저 자기 자신에게 향하고, 그다음으로 가까운 사람들, 잘 모르
는 사람들, 좋아하지 않는 사람들 순서로 향한다. 자기 자신에 대한 자애는 죄책
감이나 자책감 없이 자기 자신의 모든 부분을 수용할 수 있게 한다. 그리고 이것
은 타인과 연결할 수 있는 능력을 만들 수 있고, '분리'의 망상에 대한 최고의 해
결책이다. "개인적으로 괴로움에서 자유로워진 때에도, 괴로움이라는 사실은 연
민(karuṇā)을 통하여 우리 마음에 생생하게 남아 있다. 괴로움이 우리에게 닥쳐
올 때 그것에 직면할 힘을 강화시킨다면 연민은 괴로움을 풍부하게 경험하게 할
것이다."[7]

---

5) Ajahn Sumedho(1992). *The Four Noble Truths*, Hemel, Hempstead: Amaravati Publications, p. 41.
6) Acharya Buddharakkhita(1989). *The Philosophy and Practice of Universal Love*, Kandy: Buddhist
   Publication Society.
7) Nyanaponika Thera(1963). *The Four Sublime States*, Kandy: Buddhist Publication Society, p. 10.

함께 기뻐함(muditā)은 타인의 행복을 공유함으로써 얻어진다. 그것은 시기심 과는 반대이다. 그러한 함께 기뻐함은 숭고한 마음을 나타낸다. 평정(upekkhā)은 통찰에 근거하여 마음이 흔들리지 않고 완벽하게 균형을 잡는 것이다. 자연재 해와 지구촌의 전쟁이 수많은 생명을 파괴할 때, 희생자를 도우려는 치료사들은 이른바 '공감피로'를 느끼게 된다. 평정은 그들에게 현실감을 갖게 하고 주변 사 람들의 괴로움을 수용하도록 돕는다. 웰빙의 차원을 다룬 제8장은 평정을 잘 설 명하고 있다.

3) 감사를 통한 헌신

태국과 스리랑카 같은 불교 문화권에서 감사(kataññū Katavedī)는 가족 관계에 배어 있는 문화적 가치이다. 이 덕은 특히 부모가 늙었을 때 부모에 대한 자식 들의 의무에서 나타난다. 부모나 가까운 친척이 돌아가신 이후의 의례에서 헌 신적인 모습을 볼 수 있다. 예를 들어, 쓰나미가 있었던 때 외국에 살고 있는 많 은 스리랑카 사람들은 쓰나미 기금을 냄으로써 감사를 표현하였다. 그것은 자애 (mettā)와 결합된 정서이다.

4) 선한 삶

괴로움과 위기의 때에 최선의 보호책은 선한 삶을 사는 것이다. 강한 도덕의 식이 있을 때 연민과 감사는 빛이 나고, 삶에 새로운 활기를 더해 준다. 마음챙김 수행과 자애명상은 자애가 소멸되는 정서가 아니라 자신의 성격에 뿌리를 둔 것 임을 신뢰하고 새롭게 확신하는 느낌을 더해 준다. 비탄은 예측할 수 없는 운명 과 변화에 취약하다는 것을 보여 주므로 비탄은 진리에 더 가까이 다가갈 수 있 는 변형적 경험이 될 수 있다.

18

분노의 개념: 정신역동과 분노 다루기

인류의 초기에 만들어진 모든 고대 신화, 마지막 순간에 용이 공주로 변한다는 신화를 어찌 잊을 수 있겠는가? 아마도 우리 삶의 모든 용은 아름다움과 용기를 가지고 딱 한 번만 우리가 사랑해 주기만을 기다리는 공주일지도 모른다. 우리를 놀라게 하는 모든 것은 가장 깊은 본질에서 무기력하게 우리의 사랑을 원한다는 것이다.

당신이 지금까지 느꼈던 것보다 훨씬 큰 슬픔이 느껴져도, 당신이 하는 모든 것 위에, 그리고 당신 손 위에 그림자처럼 불안이 따라다녀도 당신은 놀랄 필요가 없다. 당신에게 어떤 일이 일어나고 있다는 것을, 삶이 당신을 잊지 않고 있다는 것을, 삶이 당신 손을 잡고 당신을 놓지 않고 있다는 것을 깨달아야 한다. 이러한 상황들이 당신 내면에서 무엇을 하고 있는지 당신이 모른다고 해서 당신의 삶에서 불편함, 불행, 우울증을 없애려 할 필요가 있는가?[1]

---

1) Maria R. Rilke(1984). *Letters to a Young Poet*, trans. Stephen Mitchell, New York: Modern Library.

대부분의 사람들은 물리적으로, 지적으로, 도덕적으로 잠재력을 매우 제한시키는 방식으로 산다. 그들은 자신의 의식 중에서 매우 작은 부분만을 활용한다. … 우리 모두는 잠재력을 이용할 수 있지만 아직 그것을 꿈꾸지 않은 저수지로 가지고 있다.[2]

1. 분노의 개념

비록 어떤 사람들은 이것을 믿지 않지만, 우리 모두는 화를 낸다. 분노는 우리의 자존감, 몸, 소유물, 세계를 보는 방식 또는 욕망에 위협이 있을 때 일어날 수 있는 정서이다. 사람들은 저마다 자신을 분노하게 하는 것이 다르다. 하나의 사건에 대하여 어떤 사람들은 위협적으로 인식하고, 다른 사람들은 위협적으로 느끼지 않는다. 분노에 대한 반응도 매우 다르다. 어떤 사람들은 분노를 이성적이고 효율적인 문제 해결 방법으로 사용할 수 있지만, 어떤 사람들은 자신의 분노를 내면으로 돌려서 자기파괴적인 행동을 한다. 또 어떤 사람들은 분노를 느낄 때 벌컥 화를 낸다. 다른 사람들은 분노를 인정하지 않거나 또는 취약함이나 두려움과 같은 정서와 혼동한다.[3]

분노하는 데에는 다양한 이유가 있지만 깊이 성찰하면 분노가 괴로움(dukkha)의 상태라는 것을 발견할 것이다. 그리고 마음의 상태로서 분노는 우리의 건강과 웰빙에 영향을 미칠 수 있다. 최근 의학과 건강 분야의 연구에 따르면, 분노, 적대감, 불안, 억압, 부인은 면역계와 심혈관계에 영향을 미칠 수 있는 반면, 고요함, 낙관주의, 기쁨, 자애는 웰빙에 유익하다는 것이 밝혀졌다. 윤리적 차원에서 보면 분노는 번뇌(kilesa)이고, 선정을 방해하는 다섯 가지 장애[五蓋] 가운데 하나인 악의(vyāpāda, 惡意)이다. 사회적 차원에서 보면 분노는 갈등을 일으킨다.

---

2) William James & Daniel Nettle(2005). *Happiness*, Oxford: Oxford University Press, p. 159.
3) 제5장을 보라.

이러한 상태가 악화될 때 대치와 폭력이 생긴다. 마음에 관한 불교의 분석에 의하면, 분노는 잠재의식적 토대 또는 잠자고 있는 분노의 경향성(paṭighānusaya)을 가지고 있다. 이것은 신체적 활동이나 생각의 수준에서 생긴다. 사고패턴에 대한 자기분석과 마음챙김 수행은 생각 차원에서 분노를 다룰 수 있도록 돕는다. 이러한 자각이 물리적 행동을 하지 않도록 예방한다. 침대에 누워 있는 아기도 몸에 집착하여 소리나 신체적 표현으로 분노를 일으키는 성향을 가지고 있다. 사람들이 폭력의 기원은 일반적으로 분노의 형태라는 사실을 종종 무시한다는 것을 아는 것도 중요하다.

　분노를 관리하는 방법을 설명하기 전에 분노의 정서 프로파일을 이해하는 것이 좋겠다. 분노는 도덕적 토대 위에서 정당화될 때 더 오래간다. 사실 철학자 아리스토텔레스는 '정당한 분개'라고 묘사하면서 분노를 정당화한다. 도덕적 정서를 흥미롭게 설명하고, '중도'를 통찰력 있게 설명하는 아리스토텔레스는 적절한 때에 적절한 이유로 분노하는 것을 '정당한 분개'라고 묘사한다. 구나라뜨네 기념강의(V. F. Gunaratne Memorial Trust Lecture)에서 도덕적 분개의 윤리에 대하여 광범위하게 다루고 있지만,[4] 이번 장에서는 '도덕적 분노'와 관련하여 요점을 중심으로 다룰 것이다.

2. 분노의 정서 프로파일

　분노를 다루기 전에 분노의 정서 프로파일을 검토할 필요가 있다. 단순한 분노는 무언가가 우리의 계획을 방해할 때 나타나는 반응이다. 예를 들어, 좌절하게 되면 땅을 발로 걸어찬다. 정당한 분노는 공격해야 한다는 신념과 정당하게 공격하거나 보복하려는 욕망에 기초하고 있다. 분개는 자신이 소중하게 여기는

---

4) Padmasiri de Silva(1984). *The Ethics of Moral indignation and the Logic of Violence: A Buddhist Perspective*, V. F. Gunaratne Memorial Trust Lecture, Colombo: Public Trustee.

도덕 원리를 침해한 것에 대한 분노로, 약속을 지키지 않거나, 우정의 본질적인 부분을 침해하거나, 순진한 사람에게 값싼 노동력을 강요하는 등 객관적으로 불공정한 것을 보았을 때 생긴다. 분노의 느낌은 가벼운 짜증부터 격노까지 다양하다. 부루퉁한 것은 수동적인 분노인 반면, 격분은 인내의 한계를 넘어선 것이다. 복수는 시간을 두고 생각하는 것이고, 원한을 품는 것은 오랫동안 지속되는 분함을 말한다.

증오는 분노보다 지속적이고 더 강한 느낌이다. 그것은 또한 누적되어 무의식으로 들어갈 수 있다. 분노가 잠재의식에 있게 되면 빈정댐과 냉소와 같은 왜곡된 형태를 취할 수 있다. 분노는 높은 곳에서 미운 사람에게 혐오와 경멸과 같은 느낌을 가질 수 있다. 증오는 보다 기질적인 것으로 단순히 간헐적으로 일어나는 정서와는 다르다. 분노는 또한 두려움과 의심 같은 다른 정서들과 혼합되어 나타나기도 한다. 시기심과 질투도 복합 정서로 분노에 의지해 존재한다. 악의적인 시기심은 누군가의 행운에 대하여 부당한 증오를 보이면서, 이 행운을 가질 수 없음에도 불구하고 그것이 사라지기를 바란다. 감탄하는 시기심은 타인을 모방하는 일종의 순진한 욕망이다. 질투는 강한 분노가 가미된 정서다. 여자 친구처럼 사랑하는 누군가를 상실하는 것에 대한 두려움도 있고, 자신의 이익이 제삼자의 도전을 받을 때 생기는 수치심도 있다. 슬픔은 매우 소중하게 여겼던 사람을 잃었을 때 느끼는 것이고, 여자 친구에 대하여 사랑과 증오가 혼합되는 양가감정도 있다. 이미 지루함의 특징을 검토했듯이, 분노는 감옥에 있는 사람처럼 지루함을 구성하는 요소로 들어갈 수 있다. 보다 단순한 형태의 분노는 혐오에 대한 반응적 태도로, 지루함과는 다르다. 그것은 종종 우울증의 요소로 병리적 탐욕의 말 없는 파트너가 된다.

이상하게도 부유한 사람들 사이에 미묘한 형태의 분노가 있는데, 이것은 우울한 기분의 밑바닥에 있다. 이 주제는 알랭 드 보통의 『불안(Status Anxiety)』의 주제이다. 그것은 풍부함 속에 있는 일종의 불안함이고, 특별히 연민보다는 경쟁심과 시기심을 일으키는 외적 상품을 과대평가하는 사회에서 생겨난다. 그는

'그것이 풍부함 속에서 종종 민주 국가의 시민들을 괴롭히는 이상한 멜랑콜리'라고 관찰한다.[5]

3. 도덕적 분노와 정당한 분개

아리스토텔레스는 잘못된 것에 대하여 분개할 수 없는 사람은 겁쟁이이고, 도덕적 민감성이 떨어진다고 한다. 그러나 내가 다른 곳에서도 말했듯이, 문제는 아이러니하게도 분개의 느낌은 강한 도덕적 뿌리를 가지고 있어서 진정성 있고 따뜻해 보이지만, 이상한 형태의 폭력으로 변형될 수 있다는 것이다.[6] 분개의 맥락과 그것이 어떻게 표현되는지는 정당한 분개인지 아닌지를 알 수 있는 가장 중요한 요소이다. 분개는 세 가지 형태를 취할 수 있다. 타인의 나쁜 행동 때문에 생기는 분개, 우리 자신이 겪었던 나쁜 행동에 대한 분개, 우리 자신이 저질렀던 나쁜 행동에 대한 반성적 분개가 있다. 분개는 사람과 행동 그리고 자연이나 세계 질서와 같은 비개인적 개념을 향할 수 있다. 분개의 느낌은 옳고 그름에 대한 인식, 신뢰나 정당성과 같은 개념이 깨어짐으로 인해서 채색된 상처, 억울함, 분노가 복잡하게 얽혀 있다. '상실감'은 비탄의 핵심이고, '위협감'은 두려움의 핵심이며, '부당함'은 정당한 분개의 핵심이고, 정당한 분개는 행위자, 의도, 책임의 중요성과 연결되어 있다. 따라서 정당한 분개의 정서는 가장 고결한 것과 비열한 것 사이에 놓여 있는 것처럼 보인다. 그것이 보복과 억울함에 의해서 증폭되면 폭력으로 악화될 수 있다.

불공정한 시스템과 도덕적으로 타락한 행동은 다양한 폭력의 표적이 될 수 있다. 네블렛(William Neblett)은 바람직하지 않은 조건이 바뀌지 않을 때 분개는 완

5) Alain de Botton(2004). *Status Anxiety*, London: Penguin Books, pp. 52-53.
6) Padmasiri de Silva(2002a). *Buddhism, Ethics and Society*, Clayton: Monash Asia Institute, p. 64.

전히 부정적일 수 있음을 관찰한다.[7] 또한 분개가 '행동지향적'이 아니라 '사람지
향적'이라면 건강하지 않다. 비폭력적 시위의 한가운데에는 분개와 보복의 씨앗
이 잠재의식 수준에서 있을 수 있다. 분개의 감정은 대화로 표현할 필요가 있고,
분개를 좋게 되돌려 놓는 현실적인 방식이 필요하다. 앞에서 언급된 연구에서
나는 분개의 가치 있는 면을 복원시키려 하였다. 따라서 우리는 잘못된 행동에
항의하는 분명한 목소리를 냄으로써 잠정적인 분노와 원한으로부터 벗어나고,
도덕적 책임 개념을 회복하게 된다.[8]

4. 분노의 정신역동

알 수 없는 세계 체험이 고통스러운 느낌과 접촉할 때, 그 사람은 슬퍼하고 비통
해 하며 애통해 한다. 그는 가슴을 치고 울면서 제정신이 아니게 된다. 그는 신체
적·정신적 느낌 둘 다를 느낀다. 이 경험은 두 개의 화살에 맞은 사람과 비교될
수 있다. 고통스러운 느낌을 느낄 때 그는 저항하거나 저항하려는 잠재적 경향성
(paṭighānusaya)이 마음속에서 일어난다. 또한 그러한 사람은 이 고통에서 나올 다
른 방법이 없어서 감각적 쾌락으로 회피하게 된다. 그러면 쾌락에 대한 잠재적 경
향성(rāgānusaya)이 활성화된다.[9]

동기의 순환은 분노가 일어나는 것을 이해하는 데 매우 중요하다. 감각 접촉
을 조건으로 느낌이, 느낌을 조건으로 갈애가, 갈애를 조건으로 집착이 생긴다.
욕망에 대한 잠재적 경향성은 즐거운 느낌을 키우고, 혐오에 대한 잠재적 경향
성은 괴로운 느낌을 키운다. 탐심이라는 근원적 동기는 애착의 토대가 되고, 증

---

7) William Neblett(1979). "Indignation: A Case Study in the Role of Feelings in Morals", *Metaphilosophy*, April.
8) Padmasiri de Silva(2002a). *Buddhism, Ethics and Society*, Clayton: Monash Asia Institute, p. 77.
9) SN. IV. 208.

오라는 근원적 동기는 혐오감의 토대가 되며, 망상이라는 근원적 동기는 자아지향적 정서의 토대가 된다. 정신역동적 분석에 따르면, 분노, 두려움, 슬픔, 우울은 혐오의 정서이고, 감각적 열정과 탐욕, 부와 소유는 탐심의 토대 위에서 생기고, 자만과 교만과 허영은 자아에 대한 망상에 의해서 길러진 자아지향성에 뿌리하고 있다는 것을 관찰하게 될 것이다.

5. 분노 다루기

> 못생기고 추하게 보이는 악마(yakkha)가 신들의 통치자인 삭까(Sakka)의 자리에 앉게 되자, 신들은 (그중 33신들은) 매우 이상하게 생긴 그 모습을 보고 약이 오르고 짜증이 나서 분개하였다. 그들이 약 오르고 짜증 나서 분개하는 만큼 그 악마는 더 잘 생겨지고 더 그럴듯하게 보이고 매력적이게 된다. 신들은 혼란스러워서 그들의 통치자인 삭까에게 그 일을 보고한다. 그러자 삭까는 "존경하는 신들이여, 분노를 일으키는 것이 이 악마인가?"라고 하였다.
>
> 그리고 나서 삭까는 악마에게 다가가 한쪽 어깨에 옷을 걸치고 오른쪽 무릎을 꿇으면서 두 손을 모으고 자신의 이름을 세 번 부르고, "친애하는 그대여, 나는 신들의 통치자 삭까입니다."라고 하였다.
>
> 삭까가 이렇게 하자 악마는 점점 못생겨지고 추해지다가 결국 그곳에서 사라진다. 삭까는 신들에게 말한다. 악마의 안에 분노의 자리는 없다고.[10]

 분노의 개념, 분노의 프로파일, 분노의 정신역동을 묘사하고 분석하면서 우리는 분노 관리에 대한 불교의 기법을 탐색할 수 있는 풍부한 배경을 알게 되었다. 앞의 이야기는 우리가 올바른 태도를 갖는다면 분노의 방향을 돌릴 수 있고, 겸손한 자세로 분노를 다룰 수 있으면 분노의 맥락을 변형시킬 수 있고, 분노의 견

---

10) *Kindred Sayings.*

고함을 부드럽게 할 수 있다는 통찰을 보여 준다. 잘 알려진 명상가 골드스타인 (Joseph Goldstein)이 말하였듯이, 우리는 종종 어떤 정서가 현재 있는지 또는 그 것이 좋은 것인지 또는 좋지 않은 것인지를 정확하게 자각하지 못한다. 그는 우 리가 올바른 방향으로 나아가도록 몇 가지 단계를 제시한다.[11] 우선 마음에서 일 어나는 정서가 분명한 경계선도 없고 시작과 끝에 대한 분명한 느낌이 없을 때 일어나는 각각의 정서를 인식하고, 그 정서의 미묘한 차이를 구별하도록 주의를 기울일 필요가 있다. 두 번째 부정적 정서가 느껴질 때 우리는 그것을 인정하지 않으려는 경향이 있지만, 그것을 인정한 후 그것을 분명하게 인식해야 한다. 왜 냐하면 정서는 하나의 정서로 나타나는 것이 아니라 종종 하나의 군을 형성하기 때문이다. 세 번째는 가장 힘든 것으로 정서 또는 느낌과 동일시하지 않으면서 모든 정서와 느낌에 우리 자신을 열고 그것을 관찰할 수 있도록 거리를 둔다. 이 러한 맥락에서 일종의 역설을 알 필요가 있는데, 그것은 부정적 정서의 집합이 통찰명상의 원자료를 제공한다는 것이다. 핵심은 먼저 자신의 정서에 책임을 질 필요가 있다는 것이다. 그런 다음 그 정서와 동일시했던 기제를 없앤다. 그러면 긍정적 정서도, 부정적 정서도 우리의 마음을 관찰할 기회를 제공한다.

냐나뽀니까 스님은 마음챙김의 가치를 논의하면서 다음과 같이 말한다. "세 상에서 인간이 만든 괴로움 가운데 많은 부분은 의도적인 사악함에서 오는 것이 아니라 무지와 무심함과 부주의, 그리고 무모함과 통제하지 못함에서 오는 것이 다. 마음챙김이나 지혜로운 성찰의 순간은 막대한 영향을 끼치는 불행이나 죄책 감을 매우 자주 예방할 수 있다."[12] 자기를 통제할 수 있는 내면의 브레이크를 밟 는 연습을 하고 천천히 행동하면, 우리는 불쾌한 상황과 경험에 반응하지 않고 자유로운 삶을 살게 될 것이다.

---

11) Joseph Goldstein(1993). *Insight Meditation: The Practice of Freedom*, Boston, MA: Shambhala.

12) Nyanaponika Thera(1973). *The Heart of Buddhist Meditation*, New York: Samuel Wiser, p. 39.

6. 분노 관리를 위한 명상기법

사마타(samatha)라는 용어는 고요를 얻게 하여 마음이 방황하지 않도록 호흡에 초점을 맞추고 집중하는 마음의 상태를 말한다. 이런 유형의 명상을 하고 그 명상에 익숙해지면 빨리어로 사마디(samādhi)라고 불리는 집중의 첫 번째 단계에 이를 수 있게 된다. 그리고 점점 더 진전된 단계로 들어가서 고요하고 명료한 상태가 된다. 통찰명상의 첫 번째 단계는 '집중명상(samatha)'과 공통적이다. 명상하는 사람이 호흡을 숨이 들고 나는 것으로 보기 시작하며, 감각의 마찰에 초점을 맞추면서 점차 공기, 고체, 액체 그리고 불(뜨거운 감각과 체온)의 네 가지 요소와 연관된 진동패턴을 식별하게 된다. 그것은 통찰(vipassanā)을 얻기 위한 토대를 마련해 준다. 통찰명상을 하는 사람은 현실을 보지 못하게 하는 망상을 다루기 위한 도구로 집중을 활용한다. 통찰명상을 하면 점차 '나' 그리고 '나의 것'이라는 생각으로부터 멀어져서, 분노를 단순히 생겨나서 잠시 머물러 있다가 끝나거나 사라지는 하나의 경험으로 보게 된다. 따라서 명상가가 자기 자신과 지나가는 분노의 정서상태 사이에 '거리'를 만들게 될 때, 그 거리는 숨기거나 강박적으로 메이거나 합리화하거나 회피하지 않고 그 정서상태를 직면하도록 돕는다. 냐나뽀니까 스님이 지적하였듯이, 거기에는 좌절된 욕망, 억압된 원망, 망설임, 양가감정 같은 몽롱한 세계가 있다. 이 모든 것은 빨리어 '아누사야(anusaya)'로 설명할 수 있는 잠재의식적 경향성에서 생겨난다. 일곱 가지 잠재의식적 경향성(anusaya) 가운데 세 가지, 즉 분노와 증오(paṭigha), 욕망과 탐심(rāga), 자만심과 교만과 열등감(māna)은 부정적 정서와 연결되어 있다. 통찰명상을 잘하는 것은 이 잠재의식적 경향성을 극복하는 데 도움이 된다. 열반으로 나아가는 여정에서 분노와 욕망은 초기 단계에서 다스려지지만 자만심은 마지막 단계까지 남아 있게 된다.

규칙적으로 명상을 하는 동안 혼란스러운 생각과 느낌이 침입할 때, 부정적 정서와 느낌에 이름을 붙이고 확인하는 방법은 유용하다. 우리는 그 정서와 느낌을 '명상의 대상'으로 삼을 수 있다. 네 가지 마음챙김을 계발하기 위한 방법(satipaṭṭhāna)은 분노를 다루기 위한 통로를 제공하는데, 그것은 몸과 호흡(kāya), 괴로운 느낌, 즐거운 느낌, 중립적 느낌(vedanā), 욕망과 관련된 사고 패턴(citta), 현상들(dhammā)이다.

7. 분노할 때 몸과 호흡

호흡은 자율신경체계의 통제를 받기 때문에 우리가 특별한 기법으로 호흡을 자각하지 않으면 일상적 의식에서는 자각할 수 없다. 우리가 신호를 받고 처리해서 의식적으로 선택할 때 중추신경계는 기능한다. 우리가 스트레스를 받거나 갑작스럽게 분노를 경험하면 호흡패턴이 변한다. 생물학적 유전이나 진화는 두려움 때문에 도망가거나, 분노 때문에 싸우는 '위기반응'을 다루는 방법을 발달시켰다. 그러한 감정은 중요한 메시지를 담고 있다. 신경과학자 르두(Joseph Ledoux)는 그러한 경고음이 울릴 때 정서의 뇌는 이성의 뇌를 장악한다고 한다. 그는 충동적 반응을 할 때, 신피질(neocortex)이 정보를 처리하고 이성적 반응을 하기 전에 편도체(amygdala)라는 뇌의 부분이 활성화되어 반응하기 시작한다고 말한다.

마음챙김 수행은 고요하게 명상하는 순간의 호흡을 관찰하면서, 호흡패턴이 리드미컬하고 고요하며 꾸준한 흐름으로 길들어 건강하고 건전한 패턴이 되도록 돕는다. 충동적 행동이 일어난 후에 피해를 수습하기보다는 마음챙김을 함으로써 예방하는 것이 더 좋다. 정서 연구의 선구자인 에크만(Paul Ekman)은 불교의 영향을 받아 다음과 같이 관찰한다. 분노할 때 주의를 기울이고 마음챙기기는 쉽지 않다. 그러나 만일 마음챙김을 계발한다면 한 발 뒤로 물러서서 어떻게 반응해야 할지를 선택하는 연습을 할 수 있다. 예를 들어, 나를 화나게 하고서는 변명하는 사람을 이해할 수 있게 된다.[13] 불교윤리학과 불교심리학에서는 의도에 대해서 마음을 챙기는 것이 중요하다. 마음챙김 수행을 통해서 얻을 수 있는 명료함과 함께 개방, 수용, 용서와 연민은 마음에 새로운 공간을 만든다.

8. 느낌

제5장에서 정서와 관련된 느낌의 본성을 살펴보았다면, 여기서는 즐거운 느낌, 괴로운 느낌, 중립적 느낌이 정서로 발달할 수 있는 것을 씨앗의 형태로 가지고 있다는 것에 대하여 간략하게 말할 것이다. 그것들은 분노와 욕심과 자만으로 발달할 수 있는 잠재의식적 경향성을 기른다. 느낌에 대한 경전적인 자료를 자세하게 조사하고 탐구하기를 원하는 사람들은 세 가지 중요한 가르침, 즉「많은 느낌 경(Bahuvedanīya Sutta)」「교리문답의 짧은 경(Cūḷavedalla Sutta)」「여섯 감각장소의 분석 경(Saḷāyatanavibhaṅga Sutta)」을 읽을 필요가 있다.[14] 부정적 정서를 다룰 때 생각은 결정적인 역할을 한다. 수행자가 마음챙김을 계발하면 욕망이 있는 마음(rāga)과 욕망이 없는 마음(vītarāga, 離貪)을 알 것이다. 미움이 있는 마음(dosa)과 미움이 없는 마음(adosa, 無瞋)을 알 것이고, 망상이 있는 마음(moha)과 망상이 없는 마음(amoha, 不妄)을 알 것이다. 앞에서 언급했던「사유를 가라앉힘 경(Vitakkasaṇṭhāna Sutta)」은 인지치료를 위한 불교의 헌장으로 여겨진다. 용서, 삶과 살아짐, 이해와 같은 분노와는 다른 대상을 살펴보아라. 분노의 위험한 결과를 살펴보아라. 생각을 무시하여라. 이 방법들이 모두 실패하면 더 많은 노력을 하라. 마음챙김에 기반한 인지치료는 반복되는 자동적 사고패턴을 다루기 위한 전체 시스템을 가지고 있다. 분노가 좋은 예이다. 네 가지 마음챙김을 확립(satipaṭṭhāna)하는 마지막 부분에서 현상들(dhammā)의 본성을 광범위하

---

13) Paul Ekman(2003). *Emotions Revealed*, New York: Weidenfeld and Nicolson, p. 73.

14) MN. Sutta 44, 59, 137.

게 다룰 때 중요한 점은 분노를 명상의 대상으로 삼아서 분노가 일어나고 사라
지는 것을 살펴보고, 그것이 망상에 의해서 만들어진 것임을 보는 것이다. 그리
고 분노와 동일시했던 것을 풀고 그 분노가 괴로움의 형태임을 알게 되면 무상
(anicca, 無常), 괴로움(dukkha, 苦), 무아(anattā, 無我)의 가르침에 초점을 맞추게
된다. 이 관점은 분노를 명상의 대상으로 바꿔 놓는 깊이 있는 접근법을 요약해
서 보여 준다.

9. 분노와 방어기제

'방어기제'의 개념은 프로이트 이론에서 나온 것이다. 일반인과 수행자 모두
거울을 보듯이 자신의 마음을 보고 자기 자신에 대한 앎을 발달시킬 필요가 있
다. 그러나 사람들은 종종 자신의 갈등과 욕망을 잠재의식이나 무의식으로 밀어
넣는다. 무의식적 수준에서 갈등과 욕망을 억압시킴으로써 그것은 좌절을 다루
는 기제로 사용되어 왔다. 욕망, 분노, 자만과 관련된 충동은 이 기제와 관련이
있을 것이다. 그러한 기제에 대한 체계적인 분석은 없지만 방어기제로서의 분노
와 관련해서 경전에서 참고할 만한 것이 있다.

2,600년 전 붓다가 분노를 다루는 것에 대하여 제자들에게 가르친 내용 가운
데 기본적인 방어기제가 포함되어 있다는 사실은 놀랄 만한 일이다.[15]

1. **억압**: 수행자들이 계율을 어긴 동료 수행자를 꾸짖을 때, 꾸지람을 들은 수
   행자는 잊었다고 답한다. "잘 모르겠어요. 기억이 안 나요."
2. **공격성**: 수행자들이 계율을 어긴 동료 수행자를 꾸짖을 때, 꾸지람을 들은 수
   행자는 화를 내면서 말한다. "당신이 무슨 권리로 말하는 거야, 이 멍청아."
3. **투사**: 수행자들이 계율을 어긴 동료 수행자를 꾸짖을 때, 꾸지람을 들은 수

---

15) AN. IV. 190-194.

행자는 "어긴 사람은 당신이야."라고 말한다.

4. **퇴행**: 수행자들이 계율을 어긴 동료 수행자를 꾸짖을 때, 꾸지람을 들은 수행자는 질문을 피하고 어린아이처럼 제멋대로 행동을 한다.

5. **보상**: 수행자들이 계율을 어긴 동료 수행자를 꾸짖을 때, 꾸지람을 들은 수행자는 이야기를 안 듣고 대중 앞에서 많은 몸짓과 손짓으로 말한다.

6. **소외**: 수행자들이 계율을 어긴 동료 수행자를 꾸짖을 때, 꾸지람을 들은 수행자는 그것을 무시하고 문제로부터 소외된다.

7. **부인**: 수행자들이 계율을 어긴 동료 수행자를 꾸짖을 때, 꾸지람을 들은 수행자는 자신은 죄가 없고 그것에 관심이 없다고 말한다.

8. **신체적 소외**: 수행자들이 계율을 어긴 동료 수행자를 꾸짖을 때, 꾸지람을 들은 수행자는 자신에 대해서 걱정할 필요가 전혀 없다고 말하면서 수행자가 되기를 포기한다.

19

중독, 자기통제 그리고 자발적인 자기파괴

헤이만(Gene Heyman)의 책 『중독 또는 선택장애(Addiction: A Disorder of Choice)』는 중독의 본성에 대한 신선하고도 풍부한 개념과 자기파괴적 행동에 대한 논의를 제공한다.[1] 그 책에 대한 서평에서 쉬안(Liz Sheean)은 헤이만의 연구 중 다음과 같은 글을 강조한다. "인간의 다양한 자발적 파괴성은 인간 조건에 대한 많은, 대부분은 아니지만, 문학적 주제의 핵심에 놓여 있다."[2] 헤이만은 중독이 강박적이고 자기도 모르게 하는 행동이라는 일반적인 관점과는 대조적으로 중독되는 것도 선택하는 것이고, 중독에서 벗어나는 것도 선택할 수 있다고 말한다. 나는 이런 생각을 배경으로 불교의 심리치료, 특히 마음챙김에 기반한 상담에 근거하여 중독 상담에 대한 관점을 설명하려고 한다.

---

1) Gene Heyman(2010). *Addiction: A Disorder of Choice*, Cambridge, MA: Harvard University Press.

2) Liz Sheean(2011). "*Addiction: A Disorder of Choice*: An Interview with Gene Heyman", *Psychotherapy in Australia*, vol.17, 4, pp. 26-31.

1. 자기통제와 중독에 대한 불교적 관점

우리가 용기와 인내를 가지고 현명한 이해와 동기와 마음챙김의 도움을 받으면서 자신의 가치에 따라 살 능력을 가지는 만큼, 자기통제는 자신의 가치에 따라 사는 덕목이 된다. 자기통제가 되지 않는 것은 의지가 약한 것으로 묘사된다. 그러한 약함은 가끔 그럴 수도 있지만, 습관적으로 그럴 수도 있다. 때로는 특별한 악이 되기도 하고, 다양한 정도의 통제와 자각 안에 있기도 한다. 정말 궁금한 것은 '사람들은 왜 알면서도 자기패배적인 행동을 자초하는가?'이다. 저항할 수 없는 중독은 도박, 흡연, 마약, 알코올, 무책임한 성적 행동에서 볼 수 있다. 통제할 수 없는 분노는 중독의 형태는 아니지만, 도덕적 약함과 의지의 약함의 영역에서 드러난다. 이번 장에서는 특별히 알코올 중독과 관련하여 도덕적 약함과 중독의 일반적인 본성에 대하여 살펴볼 것이다.

인지적·동기적·정서적·주의집중적 차원에서 중독을 다룰 수 있는 불교의 치료적 자원을 탐색할 것이다. 그런 다음 내담자와 관련한 치료적 방법론 계발에 대하여 설명할 것이다. 이러한 성찰에 기초한 상세한 사례 연구는 나의 논문에 나와 있고,[3] 이 연구를 수정한 것이 이번 장의 마지막에 나올 것이다. 여기서 언급되는 사례 연구는 실제 장소와 이름과 특징을 사실과 다르게 처리하였다.

실제 상담과 관련하여 중요한 점을 언급하자면, 나는 불교신자가 아닌 내담자를 많이 만났고, 그때 나는 상담을 방해하는 어떤 이론적 요소도 배제하면서 마음챙김에 기반한 인지치료, 행동치료, 정신역동치료, 정서중심 기법을 사용하였다. 로저스의 내담자중심 접근법도 유용했다. 한 예로, 내담자 안나(Anna)는 사회적 신분과 관련해서 가벼운 우울증을 겪고 있는 독실한 가톨릭 신자였다. 그녀는 좋은 남편과 좋은 가정이 있었고 단순하고 만족스러운 삶을 살 수 있는 기

---

3) Padmasiri de Silva(2008a). *An Introduction to Mindfulness-based Counselling*, Ratmalana: Sarvodaya Vishva Lekha.

반도 있었지만, 친척들이 방문할 때 '신분 불안'으로 불안한 마음이 활성화되었다. 나는 그녀로 하여금 가까운 친척들은 현재의 안나 대신 옛날의 안나를 보고 싶어 할 것이기 때문에 비싼 카펫으로 집을 장식하거나 가장 유행하는 옷을 입을 필요가 없다는 사실을 이해하도록 하였다. 안나는 완전히 변화하여 남편과 함께 이후의 삶을 행복하게 살았다. 만족스러운 삶과 즐거운 여가와 일이 그녀의 회복에 열쇠가 된다는 것을 보여 줌으로써 자동적 사고패턴으로부터 벗어나게 되었다. 이때 어떤 이론적 설명도 없이 마음챙김 기법을 사용한 것은 매우 효과적이고 생산적이었다. 그녀는 회복되어 자신의 신앙이 더 굳건해진 것에 대하여 고마워했다. 만족은 모든 집단과 신앙에 영향을 미친다. 나중에 다루겠지만 중독자였던 나의 내담자를 변화시킨 열쇠는 만족, 평화, 삶의 단순한 기쁨에 대한 단순한 철학이었다. 그것이 중독을 멀리할 수 있게 하였다. 내담자에게 사용했던 이 자원은 상담에 대한 논문 「일상의 마술과 작은 일의 우아함」에서 소주제로 요약하고 있다.[4] 이번 장의 마지막 사례연구에서 볼 수 있다.

2. 알코올과 약물 중독의 본성

> 우리가 용기를 갖고 인내하고 단순한 훈련을 하면서 자신의 가치에 따라 살 수 있는 능력을 소유하는 만큼, 자기통제는 자신의 가치에 따라 사는 덕목이 된다. 자기통제가 되지 않는 것은 종종 의지의 약함으로 나타난다. 이때 우리는 뭔가를 해야 하고 그렇게 할 힘을 가져야 한다고 판단하지만, 그렇게 하지 못한다. 판단이 특별히 도덕적일 때 그것은 도덕적 약함이 된다.[5]

스토커(Michael Stocker)는 냉담하고 피곤해하며 절망하는 사람들은 모든 좋은

---

4) Padmasiri de Silva(2008a).

5) Mike W. Martin(2007). *Everyday Morality*, Belmont: Thomson Wadsworth, p. 190.

것을 얻을 수 있다고 보지만, 관심도 욕망도 힘도 없다고 본다.[6] 이런 종류의 약함은 극적인 형태로 나타나서 곧바로 매우 비참하거나 매우 따분한 상태로 가끔 또는 습관적으로 들어간다는 것을 깨닫게 될 것이다. 그것은 제한적으로 나타나는데, 예를 들어 학습 계획표를 제대로 지키지 못하는 학생일지라도, 다른 삶의 영역에서는 그렇게 방종한 행동을 보이지 않는다. 즉, 약속을 잘 지키지 않거나 무책임한 성적 행동, 도박이나 알코올 중독의 희생자가 되지 않는다. 삶의 모든 영역에서 자기통제를 한다는 것은 놀라운 성취일 것이다. 또한 자기통제는 전부냐 전무냐의 문제가 아니라 정도의 문제일 것이다. 자기통제에 대한 주제는 순수하게 심리학적이고 치료적인 담론에서 검토할 수 있다. 일반적으로 도덕적 차원은 불교에서는 중요하다. 예를 들어, 오계 중 마지막은 술을 삼가라는 것이다. 그러나 명상 수행에서는 맥락에 따라 도덕적 관점에 대하여 괄호를 칠 수 있다. "나의 분노는 좋은 것도 나쁜 것도 아니다. 나의 것도 너의 것도 아니다. 그것은 나타나서 잠깐 머물러 있다가 사라지는 비개인적인 과정이다." 나는 종종 정서에 초점을 맞추면서 마음챙김에 기반한 인지치료를 사용한다. 중독뿐 아니라 다른 문제에서도 필요하다면 맥락에 따라서 비불교신자에게 때로는 도덕적이고 영적인 주제를 말하지 않는다.

자기통제에 관한 주제를 논의했던 그리스 철학자들은 그리스어로 '의지의 약함'을 말하는 아크라시아(akrasia)를, 그리고 '자기통제'를 말하는 엔크라티아(encratia)를 사용한다. 윤리학에 대한 연구에서 아크라시아를 포괄적으로 연구한 아리스토텔레스에 따르면, 탐심과 욕망에 관하여 의지의 약함은 비난받아야 하지만, 무절제하게 버럭 화를 내는 것은 다르다. 분노는 일반적으로 약점을 보이는 것이기 때문이다. 선한 도덕 원리를 가지고 있지만 그것에 따라 살지 못하는 무절제한 사람과 비교해서 나쁜 도덕 원리를 가진 악한 사람을 교육하는 것이 더 어렵다고 아리스토텔레스는 말한다. 이것을 아는 것은 매우 중요하다.

---

6) Michael Stocker(1979), "Desiring the Bad: An Essay in Moral Psychology", *Journal of Philosophy*, 76, p. 744.

사실 아크라시아는 덕이 악에게 지불하는 대가로 보인다. 소크라테스는 참으로 도덕적 지식을 가진 사람은 "아는 것이 덕이다."라는 격언에 담겨 있는 선한 행동을 해야 한다는 것에 의문과 역설을 제기한다. 이것은 사람들이 도덕규범에 대하여 필수적인 지식을 가지고 있지만 유혹에 넘어가는 많은 예가 있는 만큼 역설적으로 보인다. 또 다른 중요한 점은 이 격언에 '이다(is)'에서 '해야 한다(ought)'로 옮겨 가는 불합리한 면이 있다는 것이다. 한 사람이 도덕규범에 대하여 가지고 있는 지식은 자신의 지식 상태를 묘사하는 것이지 그러한 사람이 그 규범을 지켜야 한다는 규범적 논리는 아니다.

중독에 저항할 수 없다는 주제는 행동주의 이론과 심리연구의 주제로, 엘스터(Jon Elster), 에인슬리(George Ainslie), 멜레(Alfred Mele), 그리고 필레(Stanton Peele)의 연구에서도 발견된다. 약물, 알코올, 흡연 그리고 강박적 도박을 하는 사람들은 나중에 후회할 것이라는 것을 알면서 선택한다. 그러한 행동패턴의 논리와 심리학, 즉 자기패배적 행동을 이해할 필요가 있다. 왜 사람들은 알면서도 재앙을 자초할까? 소크라테스는 도덕적으로 올바른 것이 무엇인지를 아는 것은 그것을 행하는 것이라고 생각한다. 아리스토텔레스는 소크라테스와 달리, '자기통제'를 잘하는 사람은 약한 사람들이 희생당하는 열정을 통제할 수 있다고 생각한다. 아리스토텔레스는 중독의 인지적 요소뿐 아니라 동기적 요소도 강조한다. '마음챙김 기법'을 활용한 나의 상담 경험으로 보면, 자기통제를 이성적 능력과 동일시했던 소크라테스와 아리스토텔레스의 사고에는 분명히 한계가 있다. 불교는 그 외에도 '주의집중적 요소', 즉 마음챙김에 초점을 맞춘다. 말랏(Alan Marlatt)[7] 그리고 비엔과 비엔(Bien and Bien)[8]은 중독을 다루면서 수년 동안 마음챙김 기법을 성공적으로 활용한다. 멜레에 따르면, 아리스토텔레스의 분석은 동

---

7) Alan Marlatt(2002). "Buddhist Philosophy and the Treatment of Addictive Behaviour", *Cognitive and Behavioural Practice*, 9, pp. 44-50.

8) Thomas Bien & Beverly Bien(2002). *Mindful Recovery: A Spiritual Path to Healing from Addictions*, New York: Wiley.

기적 요소를 보기는 하지만 주로 이성적 능력에 초점을 맞춘다.

멜레는 그리스 철학자가 이성적 능력을 강조한 것은 중독을 이해하는 데 한계가 있다고 지적한다.

> 아리스토텔레스가 자기통제와 아크라시아를 동전의 양면으로 이해하는 주장에 나는 동의한다. 그러나 형이상학적 문제에 대해서는 아리스토텔레스와 나는 입장이 다르다. 아리스토텔레스는 자기통제의 자아(self)와 그 사람의 '이성적' 영역을 동일시하지만, 나는 보다 폭넓게 생각해서 그 자아를 전인적으로 그 사람과 동일시한다. 자신의 최선의 판단에 위배되는 욕망과 정서는 전혀 이상한 힘으로 보이지 않는다.[9]

불교는 중독을 다룰 때 전인적으로 인지, 동기, 정서, 주의집중의 요소에 고유의 방식으로 초점을 맞춘다. 가장 중요한 출발점은 마음이 중독의 마술에 사로잡힌다는 사실에도 불구하고 중독에 빠지거나, 빠져나오기를 자유롭게 결정한다는 것을 아는 것이다. 마음챙김 수행, 역경에 직면하여 열심히 지속적으로 전념하는 것, 목표지향적 행동이 가지는 목적적 본성, 마음의 현존과 같은 것들은 중독의 악순환에서 벗어나도록 돕는 마음의 특성들이다. 의도와 의도적 행위는 불교윤리학과 도덕심리학의 핵심이기 때문에 자유의지는 중요한 전제조건이 된다. 건전한 것이든, 불건전한 것이든 도덕적 평가의 주제가 되는 것은 의도에서 나온 행동뿐이다. 따라서 중독은 질병이 아니라 선택장애라는 헤이만(Gene Heyman)의 주장은 중독에 대한 불교적 치료의 핵심이다.

하비(Peter Harvey)는 책임, 의무, 의도(cetanā)와 관련하여 행동을 분류하는 유용한 방법을 다음과 같이 제시한다.

---

9) Alfred Mele(1996). "Addiction and Self-control", *Behaviour and Philosophy*, 24, p. 100.

1. 해칠 생각 없이 우연히 개미를 밟은 것처럼, 의도하지 않고 하는 행동은 비난과 나쁜 업의 결과를 일으키지 않을 것이다.

2. 악인 줄 알지만 냉정하지 못하고 자신을 충분히 통제하지 못한 상태에서 하는 행동 유형, '동요되어 제정신이 아닐 때'(visaññā) 하는 행동은 덜 악할 것이다.

3. 그 행동이 미칠 영향에 대하여 분명하지 않을 때 하는 악한 행동은 중간 정도의 비난을 받을 만하다.

4. 충분한 의도를 가지고 하는 행동, 그 행동을 하는 것을 충분히 알고 그 행동이 악하다는 것을 알고 한다면, 특히 그 행동이 미리 계획된 것이라면 분명히 나쁜 행동이다.

5. 의도적으로 하는 악한 행동, 4번에서처럼 자신이 하는 행동을 충분히 알고는 있지만 그것이 나쁜 행동이라는 것을 인식하지 못한다면 그것은 모든 행동 중에서 가장 나쁜 행동이다.

이 유용한 분류는 의도와 의지의 위치 그리고 도덕적 약함과 의지의 약함의 개념을 발달시키는 데 다양한 유형의 지식과 무지가 역할을 한다는 것을 살펴보는 데 도움이 된다. 다섯 번째 분류를 보면 누군가에게 해를 끼치고 있음을 모르는 것과 감각적 존재를 해치는 것은 나쁘다는 것을 깨닫지 못하거나 생각하지 못하는 것 사이의 차이를 알 수 있다. 또한 우리는 감각적 존재를 해치는 것이 나쁘다는 것을 알지만, 여전히 그렇게 하고 있다. 마음챙김이 안 되는 경우는 매우 다양하다. 예를 들어, 아리스토텔레스는 우리가 중독에서 벗어나려고 노력하지만 갑자기 '막다른 골목의 아크라시아(akrasia)'에서 굴복한다고 말한다. 또한 신중하게 생각하지 않고 무슨 일을 저지르는 것을 아리스토텔레스는 '충동적 아크라시아(akrasia)'라고 한다.

이성적 신중함과는 달리 정서는 중독과 중독에서 벗어나는 것 둘 다에서 중요한 역할을 한다. 분노, 참을성 없음, 죄책감, 욕망은 무절제를 키우는 반면, 자기

연민, 남을 돌봄, 인내, 꾸준함, 자기지식은 무절제에 대한 강한 의지와 상황에
대하여 분명하게 마음챙기는 인식을 강화한다. 때때로 우리는 대화할 때 수동적
으로 '화가 치밀어서' '유혹에 빠져서' '죄책감과 후회로 괴로워서'라고 말하지만,
에이브릴(Averill)은 그것이 책임을 지지 않게 한다고 말한다.[10] 이 책에서 정서를
다루는 장은 어떤 의미에서는 불교 도덕심리학의 일부분이고, 의사결정을 할 때
정서의 역할을 조명한다. 나는 책임과 의지의 약함에 대하여 자세히 설명하였
다. 에인슬리(George Ainslie)와 같은 서양학자들은 무절제에 관한 불교의 입장을
분명히 오해하고 있다. 그의 책 『의지의 붕괴(Breakdown of Will)』에서 에인슬리
는 불교와 도덕적 약함에 대하여 다음과 같이 말한다.

> 불교는 '세속적 열정의 구속'으로부터 해방되는 것에 관심을 갖고 정화의 단계를 다
> 섯 가지로 설명한다. 첫째, 분명한 생각을 갖는 것, 둘째, 마음을 제어함으로써 감
> 각적 욕망을 피하는 것, 셋째, 욕망의 대상을 있는 그대로 두는 것, 넷째, 인내, 다섯
> 째, 미리 유혹을 경계하는 것이다. 그러나 동양의 종교가 자기패배적 행동에 대한
> 원인과 해결책으로 제시하는 방법은 좋은 것을 최대화하기 위한 조작적 관점에서
> 나온 잡동사니처럼 보인다.[11]

에인슬리는 일본의 불교전도협회(Bukkyo Dendo Kyokai, Buddhism Promoting
Foundation)에서 펴낸 『붓다의 가르침(Teaching of the Buddha)』이라는 책을 인용
하고 있다.[12] 불교에 대한 에인슬리의 언급에는 비판할 점들이 많이 있다. 먼저
앞의 책에서 인용한 참고문헌이 정확하지 않다. 『맛지마 니까야』의 「모든 번뇌
의 경」을 보면 이 방법은 세속적 욕망(kāmāsava)뿐만 아니라 존재에 대한 집착

---

10) James Averill(1980). "Emotion and Anxiety: Sociocultural, Biological and Psychological Determinants",
    In Amelie Rorty (Ed.), *Explaining Emotions*, Berkeley: University of California Press, p. 38.

11) George Ainslie(2001). *Breakdown of Will*, Cambridge: Cambridge University Press, p. 5.

12) Bukkyo Dendo Kyokai(1996). *The Teaching of Buddha*, Tokyo: Kosaido, pp. 228-242.

(bhavāsava) 그리고 옳지 않은 견해에 대한 집착을 말하고 있음을 알 수 있다. 이러한 번뇌는 봄, 제어, 사용, 인내, 회피, 제거, 계발과 같은 방법으로 없앨 수 있다. 이러한 방법의 목적은 자기패배적 행동을 다루는 것을 넘어섬에도 불구하고, 에인슬리는 이 방법이 가지는 맥락을 완전히 이해하지 못한 것 같다. 에인슬리는 불교적 기법이 효율적 가치가 없다고 주장하지만, 마음챙김에 기반한 기법은 중독 관리를 포함하여 치료의 주류가 되고 있다. 예를 들어, 비엔과 비엔의 연구는 수십 년간의 광범위한 임상 활동을 통하여 그 효과를 보여 준다.[13] 또한 나의 경우도 중독 관리를 위하여 마음챙김 기법을 사용하고 있다.[14] 필레(Stanton Peele)는 비엔과 비엔에 대하여 다음과 같이 논평하고 있다.

> 마음챙김을 통한 회복은 지금까지 관계가 없었던 두 세계, 즉 현대 인지치료와 불교를 결합하고 있다. 이 결합은 놀라운 효과를 가져온다. 왜냐하면 불교는 생각과 경험의 방향을 알려 주는 방법으로서의 종교이지 전통적인 의미에서의 종교가 아니기 때문이다. 지금 여기에서 자신의 살아 있는 경험에 집중함으로써 중독자는 유아성, 후회, 자기파괴적 행동의 기초가 되고 무익한 결과를 추구하려는 노력을 피할 수 있다.[15]

오늘날 마음챙김은 정신건강뿐만 아니라 보다 긍정적인 방식으로 살도록 깨우침을 주는 긍정심리학에도 적용된다.

내가 전달하고자 하는 세 번째 포인트는 에인슬리가 중독 연구에 미친 불교의 기여를 잘못 이해하고 있음에도 불구하고, 그가 중요한 기여를 하였다는 것이다. 사실 에인슬리의 주장은 자기통제를 하였음에도 중독의 포로가 되는 사람은 가까이 있는 순간적인 쾌락의 포로가 되어 장기간의 고통을 무시한다는 것이다.

---

13) Thomas Bien & Beverly Bien(2002).
14) Padmasiri de Silva(2008a).
15) Stanton Peele, in Bien and Bien(2002). p. ii.

그러나 인간 존재는 일시적인 보상의 노예가 되어선 안 된다. 장기간의 만족을 추구하는 행동을 해야 한다. 이 통찰은 우리가 일시적으로 지나가는 쾌락의 마법에 빠져서는 안 된다는 붓다의 주장과 일치한다.

3. 알코올 중독에 대한 유해 감소모델

실제 상담 장면에서 나는 때때로 절대적인 금욕과 이상적인 절제라는 두 목표 사이에서 갈등한다. 나와 유용한 연락을 주고받았던 말랏(Alan Marlatt)은 자신이 만든 '유해 감소모델'을 설명하였다. 그것은 알코올 중독자를 절주자로 변화시키는 실용적이고도 인간적인 방식인데, 그 방식을 효율적인 대안으로 사용할 수 있다. 또한 절주는 완전한 금주로 나아가는 중간 단계라고 할 수 있다. 이때 내담자는 완전한 금주라는 목표를 향하여 가고 싶어 하고, 그렇게 될 것을 확신한다.[16] 말랏은 즉각적인 금주를 강요하는 것이 종종 치료를 단념하게 한다는 것을 깨닫고, 완전한 금주에 도전하기 위해서 깊은 연민과 함께 알코올을 줄여 가게 하였다. 그는 불교철학, 마음챙김 기법, 불교가 주요 계율 가운데 하나로 금주를 고수한다는 것에 크게 매료되었고, 이 실용적인 접근법은 긍정적인 결과를 가져왔으며, 그 방법은 불교신자가 감탄할 만한 것이었다. 말랏은 중독치료와 연구에 새로운 길을 개척하였다. 그리고 깊은 공감과 연민이 이 유해 감소모델에 포함되어 있다. 중독치료를 위한 탁월한 불교적 모델을 제시하고 있는 비엔과 비엔은 사실 절주를 잘할 수 있을 때 일반적으로 단주를 할 수 있다고 본다.

불교적 관점에서 보면 다양한 요소가 의지의 약함이라는 현상과 관련되어 있다. 무절제의 희생자들은 그들의 삶에서 엄격하고, 노력하는 안정된 성격을 되찾도록 교육받을 필요가 있다. 신념이 강력한 동기적 토대 위에서 만들어지지

---

16) Alan Marlatt(2002).

않고, 그러한 동기적 토대가 중독에 대한 신념이나 판단을 강화하지 않는 한 알코올 중독이나 도박 중독이 나쁜 이유에 대하여 단순히 신념을 갖는 것만으로는 충분하지 않다. 심리학자 앳킨슨(John Atkinson)은 다음과 같이 말한다. "반응의 규모와 행동의 지속성은 경쟁하는 행동동기의 강도를 변수로 하는 행동동기의 강도 함수다."[17] 우리가 강하게 동기부여된 행동을 의도적으로 할 때도 좋은 판단은 특별하게 동기를 부여하지 않는다고 멜레는 주장한다. 욕망은 대부분 충족될 것이라고 인식하는 것 또한 유혹에서 중요한 역할을 한다. 따라서 붓다는 사람들에게 특정 장소와 사람들을 회피하라고 한다. 실제 보통의 삶에서 주의를 기울이는 자세는 중요하다. 그리고 일상의 삶에서 마음챙김 수행을 하는 것은 유혹으로부터 자신을 지키는 가장 좋은 방법이다. 멜레가 말하듯이, 우리는 이루고 싶은 목적에 대한 평가와 욕망의 동기적 강도가 잘 조절되었는지를 살필 필요가 있다. 이러한 접근법은 "아는 것이 덕이다."라는 소크라테스식 역설을 퍼뜨릴 것이다. 물론 이 해석에는 한 가지 조건이 있다. 불교는 일반인의 세속적 삶을 넘어서 더 높은 수준의 지혜와 정신적 완전함을 추구한다는 것이다. 여기서 그릇된 행동의 배제를 도출할 수 있다. 그러나 우리는 완전한 성인의 삶이 아니라 보통 사람들의 삶을 검토하고 있다. 완전함에 이르는 길에도 앎과 좋음의 스펙트럼이 있다. 더 높은 지식은 일반적인 지식이나 관습적 지식과 비교해서 높은 인식의 차원에 있다.

4. 알코올 중독 예방

루덴(Ronald Ruden)은 그의 책『갈망하는 뇌(Craving Brain)』에서 다음과 같이 말한다. "붓다의 지혜로운 해결책은 갈망이 일면 그것과 싸우는 것이 아니라 갈

---

17) John Atkinson(1957). "Motivational Dimension of Risk-taking Behaviour", *Psychological Review*, 64, p. 361, Alfred Mele(1996)에서 재인용.

망이 일기 전에 인식과정의 패턴을 예방하는 것이다."[18] 붓다는 예방이 이미 벌어진 해로움을 통제하는 것보다 낫다고, 즉 불이 타오르기 전에 불씨를 보는 것이 낫다는 것을 강조한다. 이러한 입장은 절제를 훈련하고, 특정 장소와 사람들을 피하라는 것을 의미한다. 루덴은 신체적 조화와 결합된 마음챙김 수행을 권장한다. 엘스터(Jon Elster) 또한 갈망을 중독의 중요한 원인으로 본다. "쾌락적 결과든, 비쾌락적 결과든 갈망의 상태에 영향을 미친다. 이 갈망의 상태는 중독과 그 결과에 대한 행동연구에서 핵심적인 설명변수이다."[19]

5. 자기파괴적 행동에 대한 프로이트와 불교의 관점

붓다는 인간의 갈망을 세 가지 형태로 나누어 설명한다. 첫째, 감각적 쾌락에 대한 갈망(kāma-taṇhā), 둘째, 이기적인 추구에 대한 갈망(bhava-taṇhā), 셋째, 불쾌한 대상과 상황, 스스로를 없애고자 하는 자신과 사람들의 공격성과 파괴성에 대한 갈망(vibhava-taṇhā)이다. 세 번째 갈망은 혐오 또는 분노(dosa)에 뿌리를 두고 있다. 『불교심리학과 프로이트심리학』에서 이 세 가지 갈망을 프로이트의 감각적 쾌락에 대한 추동, 자아 본능, 죽음 본능과 비교한다.[20] 이 세 가지 갈망패턴은 모두 중독과 연관성이 있지만, 특히 죽음 본능과 공격성과 파괴성에 대한 갈망(vibhava-taṇhā)을 비교하는 것은 특정 형태의 자기파괴적 행동을 이해하도록 돕는다. 프로이트의 『쾌락원칙을 넘어서(Beyond the Pleasure Principle)』에서 설명한 죽음 본능의 개념은[21] 풍부한 자료를 담고 있으며, 플루겔(John Flugel)은

18) Ronald A. Ruden(2000). *The Craving Brain*, New York: Harper Collins, p. 87.

19) Jon Elster(1999). *Strong Feelings: Emotion, Addiction and Human Behaviour*, Cambridge, MA: MIT Press, p. 194.

20) Padmasiri de Silva(2010a). *Buddhist and Freudian Psychology*, 4th ed, Carlton North: Shogam Publishers.

21) Sigmund Freud(1953a). *Beyond the Pleasure Principle, The Standard Edition of the Complete Psychological works of Sigmund Freud*, Volume 18, London: Hogarth Press.

많은 구성요소를 확인하고 있다.[22] 이 연구는 얼핏 보기에는 이해할 수 없는 죽음 본능의 여섯 가지 요소를 인용하고 있다. 1915년경 프로이트는 이후에 공격 본능이라고 불리는 증오의 요소가 성적 본능과 별개임을 깨닫게 된다. 그러나 그 후에 프로이트는 자아의 자연스러운 자기사랑을 위협하는 본능이 있다는 사실에 당황한다.

> 자아의 자기사랑은 너무 커서 우리는 그것을 본능적 삶의 일차적 상태로 인식하게 되고, 자기애적 리비도는 너무 커서 삶을 위협하는 두려움도 이긴다. 그리고 자아가 자신의 파괴성에 어떻게 동의할 수 있는지를 우리는 알 수 없다.[23]

죽음 본능의 다양한 요소에서 나온 증오, 불쾌한 대상에 대한 파괴성, '반복강박'이라 불리는 것은 중독을 이해하는 것과 연관되어 있다. 재발하는 중독자는 자기증오와 죄책감의 악순환으로 들어가서 또 다른 음주로 불쾌한 느낌을 없애려는 경향성을 발달시킨다. 이것은 불쾌하고 반복적인 사고패턴을 극복하기 위하여 노력하는 반복강박의 한 예이다. 거기에는 일종의 악마적 강박이 있다. 붓다가 사용한 은유를 보면 그것은 피부 가려움증을 없애기 위하여 피부에 상처를 내는 사람과 같다. 자살 연구의 전문가 슈나이드만(Edwin Schneidman)은 자살을 시도할 때, 자기 몸을 파괴하고 싶으면서도 도움을 요청하는 양가감정이 있다고 말한다. 중독자에게는 마실 것인지, 마시지 말 것인지 사이에서 왔다 갔다 하는 일종의 표류 상태가 있다. 예를 들어, 아리스토텔레스는 우리의 마음이 알코올이나 약물의 유혹에 사로잡혀 있을 때, 그것은 마치 자신의 행동 결과를 아는 것 같기도 하고 모르는 것 같기도 하다고 말한다.

엘스터(Elster)에 의하면, 의존신호의 기제는 잘 정리되어 있다고 한다. "단순히 음주나 약물남용과 관련된 환경만 보면, 중독자는 조건학습의 기제에 의하여

---

22) John Flugel(1955). *Studies in Feeling and Desire*, London: Duckworth.
23) Sigmund Freud(1953a).

행복과 갈망을 충족시킨다."[24] 갈망의 촉매제 역할을 하는 '의존신호'는 중독의 중요한 요소를 불교적으로 분석하는 데 매우 핵심적이다.

아리스토텔레스는 분노의 아크라시아(akrasia)를 탐심의 아크라시아만큼 중요하게 보지는 않지만, 개인적인 상담 경험에서 볼 때 특히 알코올 중독이 재발하는 데 반응적 분노가 영향을 많이 준다는 것을 볼 수 있다. 일단 특히 배우자와 아이들에 대한 분노 요소를 제거하면 중독적 기질이 오르내리는 것을 조절할 수 있는 여유가 생긴다. 종종 중독자와 그 배우자를 상담하면서 그 근거를 분명하게 하게 되었다. 직장이나 가정에서 경험한 좌절 때문에 생기는 반복강박적 행동은 축적된 잠재의식의 분노를 촉발한다. 지루함과 삶에 집중하지 못하는 것, 기쁘지도 않은 일을 억지로 하는 것, 원하는 직업을 얻지 못하는 것, 계속 일만 하는 것, 일상적인 삶에서 다양한 재미가 없는 것, 이러한 요소들은 모두 알코올, 약물, 흡연, 도박에 중독될 수 있는 비옥한 토양을 제공한다. 수많은 분노와 우울증이 삶에 배어나게 된다.

마지막 분석으로, 특히 불교적 관점에서 결정하고 자유롭게 선택할 수 있는 개인의 능력은 중요하다. 약물중독은 잘 치료될 수 있다고 말하는 필레(Stanton Peele)는 중독을 변하지 않는 행동패턴 속으로 몸을 가두는 특별한 생물학적 기제의 결과로 보는 것 같다.[25] 물론 지속적인 알코올 남용 때문에 이미 생화학적인 변화가 있다면 해독제와 같은 기법이 필요하겠지만, 필레의 주장도 수용할 수 있다. 단순히 예방적 차원에서가 아니라 실제로 회복과 웰빙으로 나아가려면 제어, 헌신, 인내, 방향감각을 회복할 필요가 있다. 즉, 이것은 헤이만(Gene Heyman)의 주장과 같은 것으로 중독은 질병이 아니라 선택장애이다.

---

24) Jon Elster(1999). p. 196.
25) Stanton Peele(1998). *The Meaning of Addiction*, San Francisco: Jossey Bass.

6. 아크라시아의 사회적 차원

개인도 중요하지만, 사회도 잠재적 중독자를 건강한 삶의 여정으로, 중독자를 건강한 회복의 여정으로 나아가게 하는 데 핵심적인 역할을 한다. 로티(Amelie Rorty)는 아크라시아(의지의 약함)에 대하여 정치학과 사회병리학 차원에서 매우 잘 분석하면서 다음과 같은 말을 한다.

1. 분노의 아크라시아의 구조는 탐욕의 아크라시아의 구조와 다르지만, 고집과 완고함에 대한 설명은 유사하다.
2. 분노의 아크라시아와 탐욕의 아크라시아는 모두 일회적이기보다는 전형적으로 기질의 문제이다. 두 가지 모두 완고한 습관들 사이의 갈등을 표현한다.
3. 많은 아크라시아가 사회적 · 정치적 · 경제적 방식에 의하여 유지되고 강화되기 때문에 아크라시아의 패턴은 종종 사회병리학의 공통적인 형태가 된다.
4. 아크라시아를 개선하는 데 가장 효율적인 형태는 개인적 사례를 촉진하는 즉각적인 신념이나 욕망을 수정하려는 시도보다는 전염병적 기원 또는 그것의 사회적 · 정치적 · 경제적 기원을 개선하는 데 있다. 거기에는 아크라시아의 사회적 뿌리에 대한 진단이 있다.

붓다의 시대에는 오늘날과 같은 중독에 대한 사회병리학이 없었다. 그러나 붓다는 인간의 탐심 때문에 생기는 일정한 사회적 패턴을 보았다. 로티의 유용한 분석을 인정하기는 하지만 오늘날 중독에 대해서 개인상담과 집단상담을 대신할 만한 것은 없다. 오늘날 도덕적으로 활성화된 사회의식이 필요하고, 또 알코올 중독, 약물 중독, 미묘한 형태의 도박을 이용하는 상업적 관심과 광고 같은 것은 비판적으로 평가받아야 한다.

7. 중독에서 신체의 위치

알코올 중독과 약물 중독에서 가장 중요하고 의미 있는 비판은 건강과학 연구의 최신 성과에서 볼 수 있다. 신체중심 심리치료사 칼드웰(Christine Caldwell)은 매우 상세하게 건강한 신체의 매력을 묘사한다.

> 많은 독소에 노출되면 우리의 삶은 위협받는다. 가족과 사회의 구조를 파괴하거나 만성 질병의 원인이 되는 중독에 빠지게 되면 우리의 삶은 해를 입게 된다. 성장하지 않을 때, 활기가 없거나 심란할 때, 타인에게 헌신하지 못할 때 우리의 삶은 제한적이게 된다. 우리의 행복과 타인의 행복에 헌신할 때 우리의 삶은 풍요로워진다. 위협적인 삶에서 촉진적인 삶으로 변화하는 것은 엄청난 발전이다.[26]

8. 알코올 중독 관리를 위한 불교의 제안

지금까지 아크라시아와 특별히 약물 중독에 관한 이론적·치료적 주제를 검토하고 논의했다면, 여기서는 상담에 활용할 수 있는 자원을 소개하고자 한다.

1. 중독을 가진 내담자는 자신의 삶을 책임지기로 결심하는 정도만큼 회복될 수 있다. 자신의 삶을 책임지는 것이 출발점이다.
2. 내담자는 중독이 자신에게 상처를 주었고, 그것을 극복하고 싶다는 것을 인정할 필요가 있다. 내담자는 이 중독이 고통의 원인이 된다는 것을 깨달아야 한다. 인지치료에서 치료사는 자동적 사고패턴을 검토함으로써 중독자가 끊임없는 유혹의 상황을 인식하는 방법을 변화시키려 한다. 붓다의 기념

---

26) Christine Caldwell(1996). *Getting Our Bodies Back*, Boston, MA: Shambhala, p. 51.

비적인 가르침인 「사유를 가라앉힘 경(vitakka-saṇṭhāna Sutta)」은 마음을 챙기면서 알아차리는 것을 활용하는 문헌적 근거이다.

3. 일단 중독자의 인지적 틀이 좋게 바뀌면, 다음으로 동기의 강도가 중요해진다. 내담자는 술을 마시지 않는 동안의 시간을 효율적으로 잘 관리할 수 있다는 확신을 가질 필요가 있다. 치료사는 내담자의 동기의 힘을 계발시킬 수단과 방법을 찾아야 한다. 이때 가족과 가까운 친구도 유용한 역할을 할 필요가 있다. 이 단계의 비밀은 작고 효율적인 단계를 밟아가는 데 있다. 유혹은 세밀하고 섬세한 부분에 있다.

4. 마음챙김과 주의를 기울이는 자세가 필요하다. 내담자는 단순히 마음챙김 수행을 하면서 중독행동의 자극반응 기제를 극복할 수 있도록 노력해야 한다. 내담자가 바쁘게 돌아가는 빡빡한 일상에서 벗어나 여유로운 시간을 보낼 대안을 찾고, 사찰이나 가정에서 고요한 저녁을 즐길 수 있다면 중독자에게 오는 공허함을 이겨낼 수 있게 된다. 음악, 정원 가꾸기, 산책 즐기기는 중독자에게 에너지를 주고 새로운 마음을 가질 수 있게 한다. 만일 중독자가 특히 직장에서 돌아온 후 저녁에 여유시간을 할애해서 무언가에 몰두해 재미있게 보낼 방법을 찾을 수 없다면, 지루함이라는 악마가 그들에게 침입할 것이다. "약물을 선택하지 않으면 그전에 약물을 먹었던 그 자리에 구멍이 날 것이다. 갑자기 무엇을 해야 할지 모르는 공허한 시간이 당신에게 남겨진다."[27]

5. 컴퓨터로 일하는 우리 시대는 속도와 정확성을 내는 프로그램과 통계가 우리의 삶을 지배하기 때문에 사람들은 불확실성, 직장에서 일어나는 갑작스러운 차질, 모호함과 혼란에 부딪히면 완전히 당황하게 된다. 클랙스톤(Guy Claxton)은 토끼의 생각의 속도에 익숙한 사람들은 느린 거북이의 마음에 익숙해질 필요가 있다고 말한다.[28] 오늘날 속도와 정확성에 길든 우리는 자

---

27) Thomas Bien & Beverly Bien(2002). p. 37.
28) Guy Claxton(1977). *Hare Brain, Tortoise Mind*, New York: Eco Press.

신의 마음과 몸의 소리를 천천히 들을 수 있어야 한다.

6. 이러한 문제에 대한 해결책으로 칙센트미하이는 '흐름(flow)'이라는 완전한 몰입과 기쁨의 학습모델을 제시한다. 그 상태의 사람은 자신이 하는 일에 몰입하여 다른 어떤 것도 문제가 되지 않는다.[29] 예술가, 등산가, 운동선수, 음악가, 그 외의 다양한 직업을 가진 사람들은 자신이 하는 일에 완전히 몰두하기 때문에 값싼 오락이나 알코올이 들어설 여지가 없다.

7. 틱낫한 스님은 영감을 주는 에세이 『귤 까먹기(Eating a Mandarin)』에서 '일상의 마술과 작은 일의 품위'를 보여 준다.[30] 그것은 차 한 잔을 만들어 마시는 것과 같은 단순한 일을 즐기는 것이다. 우리는 자기연민을 발달시켜야 하고 삶에서 단순한 일에 기초한 웰빙을 회복하여 멋지게 살아야 한다. 만족의 철학은 매우 치료적인 요소를 가지고 있다. 자기연민은 자신과 타인이 연결되어 있다는 의식을 계발하고, 자신과 가까운 타인이 치유적 관계를 가지는 것에 의해서 보완되어야 한다. 외로움은 중독자에게 침입하는 악마와 같은 것이다.

이러한 것들은 중독으로부터 긍정적인 웰빙으로 회복해 가는 여정에서 중요한 이정표이다.

9. 사례연구: 일상의 마술

앤서니(Anthony)는 도박꾼도, 흡연자도, 알코올 중독자도 아니다. 그는 가정에 매우 헌신적이다. 그는 높은 수준의 삶을 즐기고, 지위를 중요하게 여기며, 금

---

29) Mihalyi Csikszentmihalyi(1990). *Flow: The Psychology of Optimal Experience*, New York: Harper Perennial.

30) Padmasiri de Silva(2008a).

전적으로도 매우 관대하다. 불행하게도 그는 사장과 갈등이 있어서 회사의 다른 지점으로 전근을 갔지만, 그곳에서의 신분과 수입은 좋지 않았다. 직장 분위기가 유쾌하지 않아서 평소보다 더 많은 술을 마시기 시작했다. 자신이 중독으로 빠져 들어가고 있다는 의식은 없었는데, 가족 중 특히 아내가 불안해했다. 그의 행동에 대한 아내의 반응은 일을 더 악화시켰다. 어느 날 그는 음주운전을 하다가 다른 차를 받을 뻔했다.

다행히도 앤서니는 그 도시에 있는 사회복지사의 도움으로 상담을 받게 되었다. 상담은 그가 중독으로 빠져 들어가고 있음을 자각하게 했다. 앤서니는 피곤하고 우울했지만 어떻게 할 수가 없었다. 상담사는 앤서니의 아내를 만나서, 앤서니가 집에 와서 아이들과 이야기할 때 특별히 차를 준비하는 등 남편에게 친절하게 대해 줄 것을 요청했다. 점차 앤서니는 상담사의 말에 귀를 기울이게 되었다. 앤서니는 음주가 재발했다가 거기에서 빠져나오기를 반복했다. 상담사는 완전한 금주가 아니라 절주가 목표라고 말했다. 그는 집에서 술병을 숨길 필요 없이 기분이 좋을 때는 술을 마셔도 괜찮다고 생각했지만, 파티에서는 의식적으로 자제를 해야 했다. 상담사는 정원 가꾸기, 요리하기, 저녁 산책, 음악 듣기, 한 달에 한 번 외출하기 등 다양한 제안을 했다. 상담사는 앤서니가 긍정적인 분위기와 매우 밝은 전망을 가진 새로운 직업을 찾도록 도왔고, 그는 특별 훈련을 받게 되었다.

그는 일상에서 마음챙김 수행을 하고, 창조적이며 집중적으로 일을 할 수 있게 되었다. 그는 사찰에서 연등을 만들고, 자신이 하는 일에 집중하면서 즐겼다. 그는 마침내 '일상의 마술'이라고 부르는 것을 발견하였다. 그는 냉장고에서 술병을 찾는 대신 아내가 준비해 주는 케이크와 차를 즐기기 시작했다. 틱낫한 스님이 말했듯이, 행복하고 만족하는 사람은 '귤 까먹기'와 같은 단순한 일을 즐긴다고 그에게 말해 주었다.

20
자부심과 자만심: 자기평가에 대한 정서

　최근 정서에 대하여 처음으로 포괄적 연구를 한 사람으로 잘 알려진 솔로몬 (Robert Solomon)은 정서의 핵심적인 특징은 '자아가 포함된 것(self-involved)'이라고 주장한다.[1] 그는 또 말하기를 많은 정서 가운데 자아에 대한 판단이 내포되어 있거나 숨겨져 있다고 한다. 그 의미는 자아가 칭찬, 분노, 시기심과 같은 정서에 그림자를 드리우고 있다는 것이다. "자기 자신이 불쾌하게 침범당하고 있다는 판단을 언제나 포함하고 있는 분노는 타인을 향하여 열정적으로 화를 낸다. 분명히 자아를 포함하고 있고 개인을 방어하는 입장에 기초하고 있음에도 불구하고, 분노는 객관성으로 투사된 갑옷으로 자기를 보호한다."[2] 또한 그는 모든 경우에 자아는 정서적 판단의 핵심적인 축이며, 솔로몬조차도 정서의 본성은 자아에 대한 이론 없이는 이해할 수 없을 것이라고 한다.[3] 그러나 궁극적으로 정서에서 자아는 주관성을 함의하고 있는 기준점이다. 오늘날에도 정서와 자아 사이의

---

1) Robert C. Solomon(1977). *The Passions*, New York: Doubleday Anchor.
2) Robert C. Solomon(1977). p. 188.
3) Robert C. Solomon(1977). Chapter 4.

관계를 검토할 때 자기의 실재(reality of the self), 정서에 대한 도덕적 비판(moral criticism of the emotions)에 대한 질문을 깊이 탐구하지 않으려 한다.

질투에 대하여 매우 풍부하고 흥미로운 분석을 하면서 자아를 언급하고 있는 또 다른 연구자 토브루허(Leila Tov-Ruach)는 다음과 같이 말한다. 질투는 그 중심에 놓여 있는 자아에 대한 위험을 인지하는 정서이다. 그리고 모든 종류의 질투는 그 사람의 자아가 맥락적으로 결정된 상태에 따라 다르다.[4] 질투를 자아와 관련하여 이미 잘 분석하였다면 '자아' 개념의 지위를 더 검토하고 분석하기가 어려울 것이다. 자아와 자아를 보호하는 것이 연합된 느낌이 망상을 일으키는지 여부는 우리가 다른 경우에서 살펴보아야 할 질문이다.[5]

테일러(Gabrieli Taylor)의 『자만심, 수치심 그리고 죄책감: 자기평가의 정서 (Pride, Shame and Guilt: Emotions of Self-Assessment)』는 정서 연구에 매우 중요한 기여를 하고 있다.[6] 자아와 정서 사이의 관계는 이 연구에서 핵심적인 위치를 차지하고 있을 만큼 중요하다. 그녀는 한편으로는 분노와 두려움, 다른 한편으로는 자만심과 수치심과 죄책감의 차이를 구별한다. 예를 들어, 피터가 경험한 두려움은 피터가 뱀에게 독이 있다고 믿기 때문에 생긴 것이라고 설명할 수 있을 것이다. 이것은 어린 시절의 다른 나쁜 경험 때문에 두려움이 생긴 프레드에게는 적용되지 않을 수도 있는 인과적 설명이다. 그러나 자부심과 수치심은 '자아' 의식의 영향을 아주 많이 받는다. 그 이유는 어떠한 정서를 경험하는 사람이 그 상황을 평가적으로 보지 않고 자신이 소중하게 여기는 것과 경시하는 것을 성취와 실패의 구도로 이해하기 때문이다. 자부심의 경우, 성취와 실패에 대한 그의 평가를 변화시키고 자기 자신에 대한 관점도 바꿀 것이다. 분노와 두려움의 정서 그리고 자부심과 수치심의 정서 사이의 차이가 언제나 그렇게 명료하지는 않

4) Leila Tov-Ruach(1987). "Jealousy, Attention and Loss", In Amelie Rorty(Ed.), *Explaining Emotions*, Berkeley: University of California Press, p. 477.
5) Leila Tov-Ruach(1987). p. 480.
6) Gabrieli Taylor(1985). *Pride, Shame and Guilt: Emotions of Self-Assessment*, Oxford: Clarendon Press.

을지라도, 자기 자신에 대한 관점은 자기평가에 대한 정서에 영향을 미친다.

자기 자신을 평가하는 다양한 정서들을 분석하는 것은 유용하다. 또 자아에 대한 이해는 이 분석에서 매우 핵심적이지만, 이 '자아'에 대한 개념은 어떤 비판적인 분석도 수용하지 않는다. 테일러는 지나가는 말로, '자아'라는 것만큼 의식에서 변화하지 않는 대상은 없다고 한다. 그러나 도덕적 행위자로서의 인간에 대한 개념은 의식상태들의 사이가 어느 정도 연결되어 있기를 요구한다.[7] 이러한 분류와는 별개로 이 주제는 연구의 주요 구도 속으로 통합되지 않는다. 특히 자부심에 대한 흄(David Hume)의 개념이 이 연구의 주요 관심사이기 때문에 자아가 실재하는 것과 그 결과로 생기는 정서에 대한 함의를 더 집중적으로 논의하는 것은 의미가 있을 것이다. 흄은 자아를 '허구'로 생각하였기 때문에 자부심에 대한 논의는 더 지속적으로 검토할 만하다. 불교적 관점에서 보면 자아에 대한 거짓된 의식이 부정적 정서의 초점이 되고, 이 기만에서 해방되는 것이 긍정적 정서를 발달시키는 방법이 된다. 테일러의 분석에 의하면, 자부심, 수치심, 죄책감과 같은 특정 정서와 이들 정서의 출현과 관련된 믿음은 재귀적인 성격을 가진다. 그러나 흄이 관심을 가지고 있는 자아의 실재의 문제와 관련해서 테일러는 불교나 흄이 추구하는 방식으로 추구하지 않는다. 공정하게 말하자면, 테일러는 이 문제의 핵심에 가까이 다가갔다고 해야 할 것이다. 왜냐하면 자아라는 불변의 대상은 없고 또 도덕적 행위자로서의 인간은 의식의 상태와 접할 필요가 있다고 말하기 때문이다. 스스로 자기평가를 하는 것에 대한 테일러의 해석, 도덕적 행위자로서의 반성과 행동이 일치될 필요성은 분명히 불교적 관점과 일치한다. 그러나 '높은 윤리'라는 불교적 개념은 열반의 길을 가는 참된 여행자가 '나는 다른 사람들보다 더 순수하다.'와 같은 자만심을 드러내는 것을 주의해야 한다고 경고한다. 자만심은 마지막 단계까지 남아 있으므로 이렇게 지속적으로 자기를 성찰하는 것은 중요하다. 사실 테일러는 지나친 자부심은 악하다는

---

7) Gabrieli Taylor(1985). p. 108.

흄의 주장에 대하여 의문을 제기한다. 자부심이 현실적이지 않고 지나쳐서 균형을 이루지 못한다는 흄의 주장을 재검토한다. 테일러는 또 지나친 자부심이 악하다는 것은 과도한 자기몰두 때문일 것이라고 말한다. 이러한 해석은 우리가 자기 자신을 평가하는 정서의 논리를 검토하게 한다. 또 테일러는 정서연구에서 무시해 왔던 영역에 주목한다는 점에서 인정받을 만하지만, '자아'의 비실재성과 부정적 정서 사이의 관계를 더 깊이 성찰하기 위해서는 페넬홈(Terrence Penelhum)과 흄과 불교를 살펴볼 필요가 있다.

심리철학과 심리학은 정서를 잘 분류하여 정돈하기 위한 개념적 도구로서 자아 또는 에고처럼 강력하게 일반화하는 것을 잠정적으로 반대한다. 그러나 정서는 다양한 차원을 일반화하는 것을 통해서 이해할 수 있고, 이러한 일반화의 차원에서 서로를 배제시킬 필요는 없다. 사실 사르트르의 관점을 따른다면 정서는 세계를 향한 방향성 전체를 포함한다고 말할 수 있다. 정서를 분류하기 위하여 절대적 순서나 고정된 초점을 추구할 필요는 없지만, 어떤 정서에는 반복해서 남아 있는 압박감이 있어서 그림자를 더 길게 드리우고 비교적 더 크고 한결같은 초점이 있기도 하다. 정서를 이해할 때 우리는 두 가지 방향으로 움직인다. 하나는 다른 정서 프로파일과 관련해서 어떤 정서의 구체적인 조건을 찾는 것이고, 다른 하나는 통합적인 관점을 얻기 위해서 더 큰 틀을 찾는 것이다. 또한 자부심, 수치심, 죄책감은 자기평가와 관련이 있는 것처럼, 다른 종류의 정서 프로파일은 다른 논리적 특징을 가지고 있다. 자아와 정서의 관계는 서양과 동양, 고대와 현대의 모든 철학의 중요한 관심사이다.

페넬홈의 논문 「자아정체성과 자존감」은 우리의 정서생활 속에 있는 자아의 개념이라는 중요한 주제를 다룬다.[8] 그는 흄의 해석과 관련하여 질문을 제기하고 있고, 또 그 주제에 들어 있는 보다 일반적인 함의, 즉 흄이 말하는 정서생활

---

8) Terence Penelhum(1969). "Self-Identity and Self-Regard", In Amelie Rorty(Ed.), *Identities of Persons*, Berkeley: University of California Press, pp. 253-280.

의 영역에서 자아 개념이 하는 역할에 관심을 가지고 있다.[9] 논문의 마지막에서 그는 다음과 같이 말한다. "흥미롭게도 흄의 논증과정과 역사적으로 대조를 이루는 것이 있다. 흄이 이것을 알았다면 놀랐을 것이다. 붓다는 자아를 우주적 영혼과 동일시하는 힌두적 개념이 잘못됐다고 말한다. 그것은 흄이 자아를 실체라고 분석하는 것을 거절하는 것과 어느 정도 유사하다."[10]

페넬훔은 우리에게 중요한 주제를 제시한다. 우리의 정서생활에서 자아는 어느 곳에 있는가? 흄이 말하듯이, 만일 자아가 허구라면 자아는 우리의 정서생활에서 어떤 역할을 하는가? 마지막으로 불교와 흄 사이에 유사점이 있다면 불교는 이 문제를 어떻게 다루는가? 페넬훔 또한 자부심의 정서를 자아의식과 연결시키려는 흄의 시도는 문제를 야기한다고 생각한다. 자부심과 겸손 같은 단어를 사용하는 데에는 매우 모호한 부분이 있다.

> 자부심은 종종 신학적 맥락에서 논의되는데, 그것은 자기 자신에 대한 높은 평가뿐만 아니라 일상적이지 않은 모든 자기관심이나 자기몰입의 형태를 포함하는 것 같다. 자기몰입과 같은 것의 매우 공통적인 한 형태는 자기 자신에 대하여 부적절하게 집착하는 것이기 때문에, 자부심의 예로 겸손해 보이는 말을 하고 있는 자기 자신을 발견할 수 있다.[11]

이렇게 자부심에 대한 비판적인 해석을 하고 자아에 대한 흄의 개념과 연결된 것과는 별개로, 페넬훔은 흄의 책 제1권에서 말하는 생각과 상상의 자아에 대한 분석과 제11권에서 말하는 자아와 정념 사이에 모순된 것은 아니지만 일종의 긴장이 있음을 지적한다. 따라서 세 가지 논의할 주제가 생기는데, 그것은 첫째, 자부심과 겸손에 대한 주제, 둘째, 자아와 정념에 대한 주제, 셋째, 흄과 불교 사이

9) Terence Penelhum(1969). p. 253.
10) Terence Penelhum(1969). p. 277.
11) Terence Penelhum(1969). p. 275.

의 유사점이다. 페넬홈이 핵심적인 주제에 초점을 맞춘다는 사실은 인정하지만 나는 이 해석에 대하여 비판적이다. 그가 핵심적인 주제를 다루었다는 점에서 그의 분석은 가치 있는 것이다. 흄이 제1권에서 말하듯이, 만일 자아가 허구라면 정념도 허구라고 말할 수 있는가? 그리고 자부심과 겸손이 우리 안에 생기면 우리가 기만당하는 것인가?

1. 자아와 자부심에 대한 흄의 입장

흄(David Hume)은 '자아'라는 것이 한 다발의 지각일 뿐이라는 견해로 유명하다. 흄은 기본적으로 자아를 '마음(mind)'과 연관시키는데, 그에게 마음은 나타났다 사라지는 필름의 잔상을 볼 수 있는 극장이다. 그러나 흄은 사람들이 역설적인 습관을 가지고 있다는 것에 당혹스러워 했다. 즉, 사람들은 사물이 계속해서 변화하는 데에도 하나의 단일한 존재로 이야기하는 습관이 있다. 흄의 말을 빌자면, "그것은 이렇게 연속적인 지각에 하나의 정체성을 귀속시켜서 우리의 삶 전체를 통하여 우리 자신이 불변적이고도 연속적인 존재를 소유하고 있다고 가정하는 커다란 경향성을 제시한다".[12] 여기서 흄은 자아가 완전한 정체성과 단일성을 가지고 있다는 형이상학적 견해를 수용하기를 거부한다. 흄은 인간들 사이에서 망상의 마술이 너무 강하기 때문에 망상에 대한 유일한 해결책이 '무시와 신경 쓰지 않음'이라고 생각한다. 이것은 『인간이란 무엇인가(A Treatise of Human Nature)』 제1권의 일반적인 개관이다. 제2권에서는 약간의 변화가 있다. 제1권은 생각과 상상이란 개념을 중심으로 자아 개념을 다룬 반면, 제2권은 정서를 중심으로 다룬다.[13] 흄에 의하면, "개인적 정체성이 우리의 생각과 상상이

---

12) David Hume(1989). *A Treatise of Human Nature*, ed. L.A. Selby-Bigge, London: Oxford University Press, p. 253.
13) David Hume(1989). pp. 275-454.

든 우리의 정념이나 우리 자신에게 갖는 관심이든, 우리는 그 정체성 사이를 구
별해야 한다".[14]

흄은 제2권에서 정념에 대하여 분석한다. 정념에서 가장 중요한 것은 자부심
과 겸손인데, 이때 그 두 정서는 자아에 대한 우리의 생각과 관련되어 있다. 흄은
자신이 '마음의 지각'이라고 말하는 것을 인상과 관념으로 나누고, 인상을 제1 인
상과 제2 인상으로 나눈다. 제1 인상 또는 감각 인상은 '몸의 구성요소'로부터 또
는 '외적 대상의 관념이 적용됨'으로써 생긴다. 제2 인상 또는 반성적 인상은 제1
인상에서 비롯된다. 제2 인상은 즉각적으로 또는 관념의 내적 연관에 의해서 생
긴다. 첫 번째 것은 감각 인상, 모든 신체적 고통과 쾌락이고, 두 번째 것은 정념
과 그것을 닮은 다른 정서이다. 흄은 신체적 고통과 쾌락이, 예를 들어 통풍이 고
통을 낳을 때 특정 유형의 열정에 대한 원인이 될 수 있다고 말한다. 그러나 그의
초점은 반성적 인상에 있다. 반성적 인상은 고요한 정념과 격렬한 정념으로 나
뉜다. 전자는 시나 음악의 황홀함처럼 심미적 취향을 가진 것이다. 적절한 정념
은 사랑과 증오, 슬픔과 기쁨, 자부심과 겸손에 대한 정념이다. 이것들 중에서 자
부심과 겸손이 정념에 대한 흄의 분석에서 핵심적인 정서이다. 또한 정념에 대
한 연구는 허구적 자아의 개념에 새롭고 자극적인 항목을 추가하도록 한다. 로
티(Amelie Rorty)가 말하듯이, "정념은 자아라는 허구적 관념을 구성하는 독특한
요소이다".[15]

자부심이라는 정서를 더 상세하게 살펴보는 것이 유용할 것이다. 흄은 자부
심과 겸손에 대하여 다음과 같이 해석한다. "자부심과 겸손이라는 정념은 단순
하고 통일된 인상을 준다. 우리가 아무리 많은 말을 할지라도, 그것을 적절히
정의한다는 것은 불가능하다. 기껏해야 우리는 그것을 묘사할 뿐이다."[16] 따라

---

14) David Hume(1989). p. 253.

15) Amelie Rorty(1990). "Pride Produces the Idea of Self: Hume on Moral Agency", *The Australasian
Journal of Philosophy*, 68, 3, p. 257.

16) David Hume(1989). p. 277.

서 이 정서를 묘사하고자 할 때, 흄은 자부심과 겸손이 대조적으로 보일지라도 같은 대상을 가지고 있고, 그 대상은 자아라고 말한다. 우리는 자부심에 의해서 고무되고, 겸손함에 의해서 낙담한다. 자아를 고려하지 않는다면 자부심도 겸손도 없다. 자부심의 원인도 있다. 만일 어떤 사람이 자기가 가진 집 또는 자기가 지은 아름다운 집에 대하여 허영심을 느낀다면, 정념의 대상은 자아이고 그 원인은 아름다운 집이다. 원인 자체에는 두 가지 측면이 있다. 하나는 아름다움이라는 정념에 작용하는 특성이고, 다른 하나는 그 특성을 포함하고 있는 집이라는 주체다. 이 특성은 쾌락과 고통을 낳고, 이 특성을 담고 있는 주체는 자아와 관련되어 있다. 아름다운 집에 대한 첫 번째 쾌락은 자부심과는 상관이 없다. 자부심을 경험하는 최소한의 조건은 아름다운 집을 '나의 것'으로 여긴다는 것이다. 자아는 분석에서 자부심의 대상으로서 자부심이 지향하는 대상이라는 특징을 가진다. 따라서 다음과 같이 요약할 수 있다. '자부심은 '나의 것'이라는 것에서 유래하는 독특한 쾌락에 기초한 자아지향적 쾌락으로 구성되어 있다.' 흄이 말하는 '기쁨'과 '자부심' 사이의 차이를 살펴보면, 기뻐할 수는 있지만 그것이 자부심으로 변형되지는 않는다. 흄은 자부심과 헛된 영광에 대한 특징을 다음과 같이 말한다. 첫째, 자아와 마음에 드는 대상이 가깝게 연결되어 있다. 둘째, 대상의 내재적 가치를 보기보다는 타자와 비교한다. 셋째, 자부심의 대상은 상대적으로 지속된다. 넷째, 우리가 타인에게 아름답거나 덕 있게 보일 때 더욱 자부심을 느낀다. 다섯째, 관습과 의견은 이러한 방향의 열정에 영향을 미친다.

2. 흄의 입장에 대한 비판적 검토

흄은 한 사람의 동기의 구조에 대한 엄격한 정체성을 보여 주지 않는다. 그러한 변화가 지속적인 이야기를 형성한다는 것이 자아에 대한 상식적 개념이 요구하는 모

든 것이다.[17]

로티의 해석은 흄의 책 제1권과 제2권 사이의 불일치에 대한 페넬홈의 불만에 대하여 만족스러운 대답을 하는 것처럼 보인다.[18] 사실 로티는 추가로 다음과 같이 말한다. "파핏(Derek Parfit)이 인간을 관심과 동기를 특징으로 하는 엄격한 정체성을 가진 개인이라고 보기보다는 인간의 연속성을 옹호한 선구자로 흄을 보았다는 것도 놀랄 일은 아니다."[19] 콜린스(Steven Collins)의 『무아의 인간(Selfless Persons)』은 흄과 불교와 파핏 사이의 유사성에 대한 훌륭한 연구를 제공한다.[20]

제2권에서 흄은 자아의 개념이 어떻게 정념으로부터 유래하는지를 설명한다. 자부심과 겸손은 전형적인 정념으로, 자아 개념이 허구이기는 하지만 여기에 매어 있다. "따라서 정념은 자아라는 허구적 개념을, 외적 대상을 구성하는 관념과 인상을 재인식하는 것과는 구별되는 독특한 요소를 제공한다고 해도 놀라운 일은 아니다."[21] 흄은 허구적 자아라는 어쩔 수 없는 개념을 만들어 내기 위하여 정념보다는 다른 원인을 사용한다. 이 분석에서 우리는 자아와 열정에 대한 흄의 개념을 살펴볼 것이다.

제1권과 제2권에서 자아의 허구적 본성을 다루는 것과는 별개로, 정서에 대한 도덕적 비판이라는 주제를 페넬홈이 제기한다. 자부심과 겸손이 도덕적으로 악하거나 나쁘다고 여길 수 있는지에 대한 질문은 흄의 도식에 비추어 보면 대답하기 어려운 질문이다. 왜냐하면 흄은 때때로 자부심을 도덕적으로 중립적이라고 보다가 때로는 자부심과 자만심을 구별하기 때문이다. 이것은 불교와 흄의 중요한 차이점을 보여 준다. 불교는 긍정적 정서와 부정적 정서를 분명하게 구

---

17) Amelie Rorty(1990). p. 264.

18) Terence Penelhum(1969).

19) Amelie Rorty(1990). p. 264, n. 11.

20) Steven Collins(1982). *Selfless Persons: Imagery and Thought in Theravada Buddhism*. Cambridge: Cambridge University Press.

21) Amelie Rorty(1990). p. 257.

별한다. 그리고 부정적 정서는 자아는 영원하다는 개념에 집착함으로써 커진다는 사실을 강조한다. 부정적 정서와 허구적 자아 개념 사이에서 나타나는 이러한 집착은 불교 도덕심리학의 핵심적인 측면이다.

구체적인 정서가 건전한지를 어떻게 결정할 수 있을까? 우리는 한 사람의 자부심이 지나치다든가, 그의 성취가 생각대로 되지 않았다고 말할 수 있다. 사실에 대한 그릇된 평가, 예를 들어 부를 높이 평가하고 학문을 낮게 평가하기 때문이라고 말할 수 있다. 나아가서는 성취라고 생각하는 것이 실재하는지를 질문할 수도 있고, '자기와 정서가 연결되어 있다고 생각하지만 사실 그러한 것은 존재하지 않는다.'라고 말할 수도 있다. 페넬훔은 마지막 주장이 가장 중요하다고 생각한다. 그는 이것이 세 가지 토대 위에서 발생할 수 있다고 말한다. 첫째, 나의 아이들이 풍족한 것은 내가 자부심을 느낄 수 있는 문제이지 나의 이웃이 느낄 수 있는 것은 아니다. 그러나 그것이 자부심으로 이어지지 말아야 한다. 둘째, 만일 내가 아이들의 성공을 망친다면, 나의 부가 자부심으로 연결되지는 않는다. 셋째, 만일 자아의 개념이 자부심을 만들어 낸다면, 그것은 개인의 정체성을 잘못 가정하기 때문이다. 페넬훔은 다음과 같이 말한다. "개인의 정체성을 잘못 가정하는 것이 자부심과 겸손이 생기는 것을 막지는 못하지만, 그러나 그 자부심과 겸손은 근거가 없는 것이다. 왜냐하면 자부심과 겸손은 통합할 수 없는 개인의 역사를 통합시킨 주체의 높낮이를 가정하기 때문이다."[22]

3. 자아와 자부심에 대한 불교적 관점

페넬훔은 불교의 입장이 흥미롭게도 흄의 입장과 대조적이라고 보면서, 만일 흄이 불교적 관점을 들었다면 놀랐을 것이라고 말한다. 그는 자아에 대한 실체론자의 견해를 흄이 거부한 것과 그 당시에 인도에 유행한 자아라는 형이상학적

22) Terence Penelhum(1969).

개념을 불교에서 분석한 것 사이에 유사성이 있음을 지적한다. 페넬홈이 말하는 것은 붓다가 자아에 대한 영원성 개념을 거부한 것을 넘어서 개인의 견고한 정체성에 대한 관습적인 믿음을 부인하였다는 것이다.[23] 그러나 페넬홈은 '인간' 개념을 불교적으로 의미 있고 신중하게 사용한 것, 즉 개념적 함정을 자각하면서 사용한 것을 고려하지 않는다. 흄이 자아라는 망상적 마술에 대한 만병통치약으로 무시와 신경 쓰지 않음을 주장한 반면, 붓다는 망상 근절을 위한 다른 길을 제시한다.

붓다는 정서에 대하여 말하기 위해서 의미 있는 어휘와 신중한 논리, 그리고 엄격한 정체성보다는 개인적 지속성에 대한 중요한 개념을 사용한다. 붓다는 영원성과 쾌락에 기초한 실체론적 자아 개념을 수용하지 않는다. 붓다는 '제한된 지속성'이라는 개념을 의미 있게 사용할 여지를 수용한다. 붓다는 영원한 영혼의 존재를 거부하지만, 도덕적 행위자로서의 지속적인 인간이라는 개념을 비판적으로 사용하는 것은 거부하지 않는다. 그런 인간은 자신의 목적을 갖고 가치를 만들어 낼 수 있으며, 기억하고 생각하여 정서적 표현을 할 수 있다. 그것은 기본적으로 몸과 마음의 유동적인 과정이지만 우주적 도식 안에서 상대적인 개별성을 유지한다. 거기에는 기저층은 없지만 하나의 연속적인 과정이 다른 과정과 구별될 수는 있다. 무아론은 인간이 어떤 방향감각도 없이 단지 원형질일 뿐이라는 의미가 아니다. 강조되어야 할 것은 불교의 명상 수행에서 에고를 소멸하는 것이 조정하는 힘이 약해지는 것을 의미하는 것이 아니라는 점이다. 혼란과 허무주의, 그리고 잘못된 정체성의 함정 사이에서 좁은 정상 어디에선가 우리는 일시적이고 비판적인 정체성의 영역, 즉 날카로운 칼날을 통과해야 한다. 그것은 우리가 그것을 건너갈 때 해결되고, 우리가 그러한 내적 변증법을 가로질러갈 때 그것을 넘어선다.[24] 정체성에 대한 '망상가'와 '통합적' 관점 사이에는

---

23) Terence Penelhum(1969).

24) Padmasiri de Silva(1988). "The Logic of Identity Profiles and the Ethic of Communal Violence", In P. de Silva, et al. (Eds.), *Ethnic Conflicts in Buddhist Societies*, Boulder, CO: Westview Press.

분명히 긴장이 있기 때문에 이러한 긴장을 통과하기 위하여 불교에서 '여리작의 (yoniso manasikāra, 如理作意)'라고 묘사되는 적절한 개념적 명료화의 도움을 받아 정제된 성찰과 명상 수행을 해야 한다.

또 다른 중요한 점은 '거짓' 자기의식으로 묘사되는 것이 '현상학적 실재'를 가지고 있거나, 또는 흄의 용어로 말하자면 '지속성과 힘'을 가지고 있다는 것이다. 유신견(sakkāya-diṭṭhi, 有身見), 즉 자아 개념과 연관되어 있으면서 그릇된 견해의 마술이라 불리는 것은 출세간의 첫 번째 단계에서 제거될 것이다. 그러나 자만심(māna)은 마지막 단계까지 남아 있을 것이다. 물론 이러한 여정을 밟으면서 우리는 세속적 소유나 성취보다는 세밀한 수행을 자랑스러워하게 된다. 자만심에서 '나'라는 개념은 '거짓 자기'에 대한 믿음보다 더 미묘하다.

긍정적 정서와 관련하여 데릭 파핏은 무아론의 관점이 연민의 마음을 연다는 것을 보여 준다. 이때 지속성에 대한 느낌으로 구성되기 이전과 이후의 '자아', 다른 사람들의 '자아' 사이에 상동 관계가 있다. 콜린스의 말로 하자면, 불교가 제공하는 행동 근거는 단순한 자기관심도, 자기부인의 이타주의도 아니다. 모든 사람의 과거와 현재의 자아에 대한 태도, 과거와 현재와 미래의 타인에 대한 태도는 똑같이 자애, 연민, 공감적 기쁨, 평정이다.[25] 여기에는 약간의 역설이 있다. 허구적 자아를 더 강하게 깨달으면 깨달을수록 연민이라는 긍정적 정서는 더 강해지고 활기차게 된다. 경계가 없는 붓다의 연민을 '대비'(mahā-karuṇā, 大悲)로 묘사한다. 이것은 페넬홈이 질문한 '긍정적 정서가 어떻게 허구적 자아로부터 생겨날 수 있는지'에 대한 대답을 제공하는 하나의 방법이 될 것이다.

4. 불교에서 보는 자부심, 자만심, 겸손

페넬홈은 신학적 맥락에서 자부심이라는 용어는 자기 자신을 높게 평가하는

25) Steven Collins(1982). p. 19.

것 뿐만 아니라 모든 종류의 자기관심이나 자기몰두를 설명하는 데 사용된다고 말한다. 심지어는 감각적 욕망을 설명하기 위한 전반적인 용어로 사용된다. 이와는 대조적으로 붓다는 자부심, 겸손과 같은 용어를 신중하게 정의하며 그것이 적용되는 맥락에 따른다. 불교에서 부정적 정서로 여기는 것은 빨리어로 '자만(māna)'이다. 나는 이 용어를 보다 대중적인 단어 '자부심'보다는 계속해서 '자만심'으로 보고자 한다. 자부심은 영어나 다문화 표현에서는 보다 건강한 의미를 가지고 있다. 하와이에 있는 동서문화 학습연구소에서 싱할리어로 된 자료를 바탕으로 '스리랑카의 정서 분류학'에 대한 연구 프로젝트를 실시했다. 거기에서 밝혀진 자부심에 대한 정서군은 다음과 같다. 자부심(abhimāna), 자만심(ahaṅkāra), 교만(mahantatvaya), 열등감(hīna-māna)이 있다. 이 맥락에서 자부심은 자신의 것을 성취한 것에 대하여 느끼는 것이다. 다른 용어는 부정적 의미를 담고 있다.[26]

자부심에 대한 흄의 분석이 도덕적 관점에 근거하고 있지 않고, 또한 흄이 자부심을 악한 것으로 보기보다는 중립적인 형태로 보게 됨에 따라서 자만심에 대해서 불교가 도덕적·심리학적 측면을 강하게 강조하는 것이 주목받을 것이다. 두 번째, 붓다는 자만심(māna)이라는 용어를 모든 종류의 자기관심을 설명하는 데에만 사용하지 않는다. 자만심의 기원, 본성, 지속과 소멸 가능성에 관한 특성을 다음과 같이 분석하여 보여 준다. 붓다는 인간의 기본적인 자아중심성은 갈망, 자아에 대한 그릇된 개념, 자만심이라는 세 가지 형태로 나타난다고 말한다. 따라서 페넬홈이 자부심을 전반적인 용어로 느슨하게 사용한 것은 불교에 적용되지 않을 것이다. 세 번째, 불교에서는 겸손을 덕으로 여기고, 열등감(hīna-māna)과는 분명하게 구별한다. 자만심(māna)은 은유적으로 '깃발을 날리는 것'으로 묘사되는데, 그것은 자기 자신을 알리고 싶은 욕망이 내포되어 있다는 표현

---

26) Padmasiri de Silva(1981). *Emotion and Therapy: Three Paradigmatic Zones*, Lake House Investments, Colombo; Katz, Nathan (ed.) (1983). *Buddhist and Western Psychology*, Boulder, CO: Shambhala.

이다.[27] 그 용어는 어원적으로 존경하다(māneti) 또는 측정하다(mināti)에서 유래한 것으로, 우리에게 그릇된 개념을 생각해 보게 한다는 의미를 담고 있다.[28]

언어학적·지적·정서적·윤리적 등 다양한 수준에서 나타나는 실체가 영속한다는 그릇된 신념에 근거하는 자아중심성을 향한 경향성은 인간 안에 있다. 붓다의 가르침에서 반복적으로 등장하는 것에 의하면 획득적이고 소유적인 성격 구조는 갈망(taṇhā), 자만심(māna), 잘못된 관점(diṭṭhi) 세 가지이다. 갈망은 문자적으로는 '이것은 나의 것이야.'라는 의미이고, 자만심은 '이것이 나야.'라는 의미이며, 잘못된 관점은 '이것이 나 자신이야.'라는 의미다. 자아를 제한적으로 가정하는 관점을 내포하고 있는 유신견(sakkāya-diṭṭhi)과 자만심(māna)을 구별하는 것은 매우 중요하다. 유신견은 열 가지 속박 중에서 첫 번째 것으로, 예류과가 되면 사라진다. 반면 여덟 번째 속박인 자만은 자만하는 가벼운 감정부터 아라한 과를 성취하기 전까지 나타나는 분별하는 미세한 감정까지 다양하다. 따라서 나에 대한 감각(I-sense)은 자아에 대한 견해(self-view)보다 더 미묘하다. 이렇게 상세한 분석은 자만심(māna)이라는 용어가 모든 형태의 자기관심을 포괄할 수 없을 만큼 폭넓게 사용할 수 있다는 것을 의미한다.

자기자만에는 세 가지 형태가 있다. 첫째, '나는 다른 사람보다 우월해.'라고 생각하는 우월감(seyya-māna), 둘째, '나는 다른 사람과 같아.'라는 생각을 가진 우월감에 기초한 자만심(sadisa-māna), 셋째, '나는 다른 사람보다 열등해.'라는 생각을 가진 열등감에 기초한 자만심(hīna-māna)이 있다. 이것들은 잠재의식의 수준(mānānusaya)에 있다가 어떤 상황에 의하여 각성된다는 것을 아는 것이 매우 중요하다. 우월감과 열등감은 같은 뿌리에서 이중으로 나타나는 것으로, 팽창된 허영심(māna-mada)이다. 불교는 이러한 형태의 자만심을 건전하지 않은 것으로 본다. 불교의 분석으로 보면 중요한 차이는 열등감은 건전하지 않은 것인 반면,

---

27) AN. Ⅰ.340.

28) Bhikkhu Ñāṇananda(1971). *Concept and Reality in Early Buddhist Thought*, Kandy: Buddhist Publication Society, p. 10.

겸손은 위대한 덕이라는 것이다. 겸손은 부적절감에 기초해 있지 않고 자신의 성취에 압도당하지 않을 것이라는 통찰과 자기확신에 기초해 있다. 불교사회윤리에는 적절한 겸손이 칭찬받는 여러 상황이 있다. 그러나 흄이 겸손에 대하여 부정적 평가를 했다는 것을 알 필요도 있다.

> 따라서 우리는 우리 자신이 가지고 있는 아름다운 집이 자부심을 주는 것과 마찬가지로 우리 자신이 가지고 있는 똑같은 집이 겸손하게 한다는 것을 발견한다. 이때 어떤 경우에도 그 아름다움은 기형으로 변한다. 그렇기 때문에 자부심과 일치하는 쾌락의 느낌은 겸손과 연관해서는 고통으로 바뀐다.[29]

다치바나(Tachibana)는 불교윤리의 겸손을 성찰하면서 다음과 같이 말한다.

> 자기제어와 만족의 종교인 불교는 겸손을 당연히 높이 평가한다. 이것은 불교의 또 다른 중요한 가치이다. 한 수행자가 아래를 주시하면서 품위 있는 몸가짐으로 걷는다면 우리의 시선을 사로잡는 것은 그의 외모뿐만 아니라 그의 정신적 조건일 것이다. 외모는 단지 내적 심리를 볼 수 있게 드러난 모습이고, 품위 있는 몸가짐은 겸손하고 절제된 마음을 내포하고 있다.[30]

붓다는 유명한 「교계 싱갈라 경(Sigālovāda Sutta)」에서 겸손을 가정윤리의 핵심에 놓는다. 존경, 공경, 친절한 관심, 연민, 감사, 겸손은 가장 세련되게 결합된 매력적인 가족관계의 윤리이다. 또 붓다는 더 높은 영적 성취를 이루었어도 다른 수행자들의 성취와 비교하여 자만하지 말 것을 강조한다. 사실 사리뿟따(Sāriputta)는 두 번째 선정을 성취하면 '두 번째 선정을 성취한 사람은 나이다.'라는 생각으로부터 자유롭게 된다고 말한다. 나라는 의식과 나의 것이라는 의식에

---

29) David Hume(1989). p. 289.
30) Shundo Tachibana(1943). *The Ethics of Buddhism*, Colombo: Bauddha Sahitya Sabha, p. 124.

의지하는 것은 나로부터 비롯된 것이다.

5. 현대 심리철학에서의 겸손

앞에서 공식화했던 겸손에 대한 불교적 관점은 현재 서양철학의 흐름과 유사점을 가지고 있다. 리처드(Norvin Richards)는 겸손의 덕을 논의하면서 칭찬할 만한 행동을 부인하는 것이 아니라, 칭찬받을 만한 사람들이 겸손할 수 있음을 부인하는 것이 중요하다고 말한다.[31] 그는 테일러(Gabrieli Taylor)의 분석을 언급하면서 이 견해는 수정되어야 한다고 말한다. 테일러는 "자신의 낮은 위치가 자신에게 합당하다고 수용하는 사람은 겸손을 지닌 사람이거나 겸손한 사람"이라고 말한다.[32] 리처드는 테일러의 분석이 어려운 일을 통하여 성취한 높은 위치에 있는 사람이 겸손해지는 것을 불가능하게 만든다고 말한다. '우리는 보통 높은 위치에 있는 사람이 겸손할 수 있음을 받아들일 뿐만 아니라 그들이 겸손할 때 존경스럽다고 생각한다는 점에서, 이렇게 제한하는 것은 특별한 호소력이 없다.'[33]

6. 정서, 겸손, 자아

자부심과 자아에 대한 흄의 논의가 매우 보람있기는 하지만, 흄은 정서를 도덕적으로 비판하는 데 일관적으로 분석을 사용하지 않는다. 이러한 점에서 스피노자는 그의 정서 연구에서 정서의 도덕적 지위에 대하여 보다 전일적인 방식으로 검토한다. 햄프셔(Stuart Hampshire)는 스피노자의 입장을 다음과 같이 해석한다. "인간의 정념과 부정적인 정서는 지적인 자아중심성과 근시안의 오류에 의

---

31) Norvin Richards(1992). *Humility*, Philadelphia: Temple University Press, p. 2.
32) Gabrieli Taylor(1985). p. 17.
33) Norvin Richards(1992). p. 3.

지하고 있다. 우리는 우주가 자기 자신을 중심으로 돌아가고 자신의 관심이 우주의 중심에 있다고 본다."³⁴⁾ 최근에 머독(Iris Murdoch)은 자아중심성이 도덕적 객관성을 방해한다고 주장하면서 겸손에 대한 매우 통찰력 있는 이해를 다음과 같이 표현하고 있다.

> 겸손은 고귀하지만 인기 없는 미덕이다. 그리고 식별하기 어려운 미덕이다. 긍정적으로 겸손의 빛이 나는 사람, 놀랍게도 자기에게 탐욕스러운 촉이 없음을 이해하는 사람을 만나기는 매우 어렵다. 겸손한 사람은 자신이 아무것도 아니라는 것을 알기 때문에 다른 것도 있는 그대로 볼 수 있다.³⁵⁾

　자기중심성과 환상의 왜곡과 관련된 도덕적 객관성에 대하여 키커스(John Kekes)는 머독의 일반적인 관점에 동의하지만, 머독의 '자아 버리기(unselfing)'에 대한 개념을 완전히 따르지는 않는다. 키커스는 우리 자신이 아무것도 아님을 수용하는 머독의 개념은 도덕적 행동을 위한 여지를 주지 않는다고 말한다. 물론 키커스는 '자아 버리기'가 단지 은유일 뿐이고, 또 머독이 의미하는 것은 이기심으로 인해서 우리가 보는 것을 왜곡하지 않도록 습관을 형성해 가는 과정'이라고 논평을 한다.³⁶⁾ 그는 또 말하기를 우리는 자아를 버리는 것에 주의를 기울이기 전에 '튼튼하고 강한 자기'를 만들 필요가 있다고 한다. 물론 불교에서 말하는 것은 얼핏 보면 약간 역설적으로 보인다. 무아(anattā, 無我)를 더 많이 통찰하면 할수록 자기초월적 정서는 더 활기차게 된다.

34) Stuart Hampshire(1983). *Morality and Conflict*, Cambridge, MA: Harvard University Press, p. 50.
35) Iris Murdoch(1970). *The Sovereignty of Good*, London: Routledge and Kegan Paul, pp. 45-46, p. 106.
36) John Kekes(1988). "Purity and Judgment in Morality", *Philosophy*, 63, p. 460.

7. 현대의 사고

> 당신은 무아가 되려면 무엇인가가 되어야 한다. ─잭 엥글러(Jack Engler)

우리가 이기적이지 않은 행동을 하기 전에 우선 '강한 자기'를 발달시켜야 한다는 이 주제가 최근에 치료와 관련하여 떠오르고 있다. 엥글러는 거의 준비되지 않은 채 명상으로 뛰어드는 서양 학생들이 때때로 정서적 고통을 경험한다고 생각하기 때문에 심리치료가 영적 작업의 전주곡이 될 수 있다고 말한다.[37] 이 문제는 맥락에 따라서 살펴보아야 한다. 어떤 사람들에게 심리치료는 영적 작업을 위한 유용한 전주곡이 될 수 있고, 상담을 실제로 하는 사람들에게는 치료적 통찰이 명상을 향상시키거나, 명상이 치료적 통찰을 향상시키는 두 가지 상호작용이 있음을 알게 한다. 엡스타인은 치료사로서 다음과 같은 성장을 이루었다고 말한다. "내가 무엇인가가 되는 데 도움을 주었던 실제적인 치료를 받기 이전에 명상은 여러 가지 자기애적 문제를 이해할 수 있도록 도왔다." 이 문제에 대한 균형 잡힌 견해는 성격을 조직화하는 전제조건의 단계에서 명상과 치료는 유용하다고 말하는 것이다. 그러나 이번 장의 주요 관심사인 자만심이 불교에서 열반으로 가는 여정에 침투해 들어오는 것을 검토해 보면, 엡스타인의 해석은 이번 장의 맥락과 잘 맞을 것이다.

> 이 자기애적 잔여물이 삶의 주기, 정서적 목표, 열망, 대인관계와 공명을 일으키듯이, 명상의 여정에서도 공명을 일으킨다고 볼 수 있다. 이때 어린아이의 경험에서 비롯된 정신 구조는 여러 번 충족되고, 직면되고, 버려진다.[38]

---

37) Jack Engler(2006). "Promises and Perils of the Spiritual Path", In U. Mark(Ed.), *Buddhism and Psychotherapy Across Cultures*, Boston: Wisdom Publishers.

38) Mark Epstein(2007). *Psychotherapy Without the Self: A Buddhist Perspective*, New Haven, CT: Yale University Press, p. 15.

엡스타인은 명상 수행의 결실을 나타내는 이상적인 완전함인 아라한은 끝까지 남아 있는 자기애적 잔여물의 방향을 다시 잡아준다고 말한다. 나는 이 논쟁의 다양한 측면은 맥락에 따라야 한다고 생각한다.

불교적 입장에 대한 두 번째 비판은 다음과 같다. 엥글러에 따르면, 무아의 이상을 방어적으로 추구하게 되면 '개별화에 대한 두려움'을 갖게 되어 개인이 책임을 지고 주장하거나 경쟁하지 못하게 한다. 교리적 수준에서 무아(anattā)의 교리 때문에 피하게 되는 '개별화(attā-bhāva)'를 문제시 할 필요는 없다. 각 개인의 심리적 전일성과 응집력은 존재의 상태에 따라 매우 다양하다. 무아는 개인이 개별적 특성을 가지고 있다는 것을 부인하지 않는다. 붓다는 개인에게 맞는 명상 형태를 제시하면서 이 점을 존중한다.

나의 명상 스승인 담마지와 스님이 말하듯이, 명상 수행은 '처방전 없이 할 수 있는 것'이 아니라 붓다의 처방전에 따라서 이루어져야 한다. 다섯 가지 장애를 살펴보자면, 붓다는 이것들을 사람마다 다르게 다스려야 한다는 것을 깨닫는다. 붓다는 탐심, 증오, 망상의 뿌리에 있는 성격을 분석하기도 한다. 완전함에 이른 사람들에게도 매우 다양한 면이 있다. 붓다의 다양한 가르침은 다양한 기질과 관점을 가진 사람들의 맥락을 강조한다. 실제로 한 예를 들자면, 붓다는 어떤 사람에게 분노는 바위에 새겨진 것 같고, 어떤 사람에게 분노는 모래 위의 발자국 같고, 어떤 사람에게 분노는 물속의 발자국 같다고 한다. 분노와 반응성, 탐심과 욕심, 비반응성의 긍정적 특성, 평정심, 관대함과 정서적 균형은 사람마다 다르다. 부정성의 기원과 방향성을 이해하는 것, 그리고 부정성이 점차 약해지고 사라지는 것을 이해하는 것은 가장 깊은 통찰 명상 수행 가운데 하나이다.

책임과 의무를 회피하는 것이 엥글러가 말한 세 번째 문제 영역이다. 자기중심적 욕망으로부터 자유롭게 되고자 하는 목표는 불안을 회피하게 하여 결과적으로 삶에 대한 책임을 회피하게 하는 상황을 조성하게 된다고 그는 말한다. 불교교리에서 자유, 업의 상관관계, '순차적 개별화'는 책임의 개념에 의미를 부여하고 방향성을 제시한다. 그리고 일상의 삶에서 마음챙김에 초점을 맞추는 것이 중요하다. 마음챙김에 기반한 상담에서, 특히 중독과 같은 주제를 다룰 때, 내담자로 하여금 자신의 삶을 책임지게 하는 것은 책임의 개념을 키우기 위한 방법이다. 이러한 주제에 대해서 오해도 많이 있다. 예를 들어, 루빈(Rubin) 은 "자기중심성이라는 목욕물을 버릴 때 불교는 인간이라는 아기도 함께 버린다."고 한다.[39] 그러나 루빈은 행위자라는 개념과 연관된 '관습적 자기'와 무아 (anattā)의 교리가 가지는 완전한 함의를 수용하는 '보다 궁극적 의미에서의 자기'를 구별하지 못하고 있다. 엥글러의 비판적 견해와 관련된 다른 주제들이 많이 있는데 나는 다른 곳에서 그것을 살펴보았고,[40] 여기서는 자아에 대한 불교적 분석을 살펴보고 있다.

---

39) J. Rubin(1996). *Psychoanalytic and Buddhist Conceptions of the Self*, New York: Plenum Press, p. 66.
40) Padmasiri de Silva(2010c). "The Current Dialogue Between Buddhism and Psychotherapy", In P. de Silva(2010a), xxv-xxxi; Epstein(2007).

21
관대함의 문화와 이타주의 윤리

이번 장에서는 '보시(dāna)'와 관대함(cāga)에 대한 불교철학을 검토할 것이다. 그리고 동기, 선물의 본성, 관대함의 맥락, 성격과 문화에 미치는 영향에 따라서 행동을 어떻게 평가하는지를 논의할 것이다. 우리는 탐욕, 권력, 소유와 공격성의 지배를 받는 '소유양식'과 사랑, 나눔, 관대함의 '존재양식' 사이를 구별하는 프롬(Erich Fromm)의 개념을 활용할 것이다. 프롬의 성격유형을 불교에서는 탐심 유형(raga-carita), 관대함 유형(cāga-carita), 공격성 유형(dosa-carita), 자기기만 유형(moha-carita)으로 나눈다. 그런 다음 서양에서 나오고 있는 다양한 윤리의 모델, 예를 들어 싱어(Peter Singer)의 연구 『물에 빠진 아이 구하기(The Life You Can Save)』등을 검토할 것이다. [1] 그리고 실용적 윤리모델과 불교 윤리모델을 비교할 것이다.

준다는 것은 보편적으로 가장 기본적인 인간의 덕성 가운데 하나인 자기초월 능력

---

1) Peter Singer(2009). *The Life You Can Save*, Melbourne: Text Publishing.

과 인간성의 깊이를 증명하는 특성으로 인식된다. 붓다의 가르침에서도 보시를 실천하는 것은 특별한 명성, 즉 영적 성장의 토대와 씨앗의 의미로 주목할 수 있다고 주장한다. 우리는 빨리어 경전에서 자주 '보시에 대한 이야기(dānakathā)'가 붓다의 첫 번째 주제로 언제나 논의되고 있음을 본다.[2]

또한 붓다를 아직 스승으로 보지 않았던 사람들이 모인 자리에서 설법을 할 때마다 보시의 덕을 강조하면서 가르침을 시작하였다고 보디 스님(Venerable Bodhi)은 말한다. 도덕성, 업(kamma), 헌신에 대한 가르침은 나중에 말한다. 사실 준다는 행위는 더 많은 자기희생을 요구하는 행동으로 나아가게 하는 최소한의 자기표현이다. 가장 깊은 수준에서 그것은 보살의 보시바라밀로 이어진다.

1. 보시와 관대함의 도덕적 · 심리적 · 영적 차원

분석철학적 전통에서 동기의 윤리이론에 대한 핵심적인 가정 가운데 하나는 윤리는 개인에게 내재해 있는 이기주의나 이기심과 싸우는 기능을 한다는 것이다. 실제로 많은 사상가는 도덕성의 목표를 '무아(selflessness)' 또는 '이타주의'로 정의한다.[3]

도덕적 행동은 가장 일반적인 수준에서 이타적 행위이고, 자신의 행복과 타인의 행복을 증진시키기를 원하는 것에 의하여 동기화된다.[4]

---

2) Bhikkhu Bodhi(1995). *Dana: The Practice of Giving*, Kandy: Buddhist Publication Society, p. 1.

3) W. Schroeder(2000). "Continental Ethics", In H. LaFollette(Ed.), *Blackwell Guide to Ethical Theory*, Oxford: Blackwell, p. 396.

4) J. Rachels(2000). "Naturalism", In H. LaFollette(Ed.), *Blackwell Guide to Ethical Theory*, Oxford: Blackwell, p. 81.

　서양에서 특히 베버(Max Weber)의 연구의 영향을 받아서 불교는 자신의 선과 타인의 선을 이분법적으로 나눈다고 보는 경향이 있다. "구원은 절대적으로 자립적인 사람의 개인적인 수행이다. 누구도 어떤 사회 공동체도, 그를 도울 수 없다."[5] 그러나 불교 경전은 '자기 자신을 보호함으로써 타인도 보호하고, 타인을 보호함으로써 자기 자신을 보호한다.'라는 입장을 취한다. 냐나뽀니까(Nyanaponika) 스님은[6] 이 점을 아주 자세하게 설명한다.[7] 선도, 악도 전염된다. 사실 프롬은 '탐욕'과 '관대함'을 '소유양식'과 '존재양식'이라는 두 가지 문화적 방향성으로 본다.

　에리히 프롬은 『소유냐 존재냐(To Have or To Be)』에서 성격, 삶의 방식, 문화의 두 가지 방향성을 구별한다. 하나는 소유욕이 있는 성격, 즉 '소유양식'으로 이것은 탐심과 공격성에 기초하여 물질적 소유와 권력에 집중하는 것이고, 다른 하나는 '존재양식'으로 이것은 경험 공유, 사랑, 생산성, 관대함, 창조적이고 인간적인 기질을 표현하는 것으로 나타난다.

　보시(dāna)는 '주는 것'이고, 관대함(cāga)은 버림, 포기, 금욕 그리고 후덕함, 관대함이다. 보시는 기본적으로 자선과 관련이 있기 때문에 수행자에게 옷이나 음식 등을 제공하고, 반대로 수행자는 재가자에게 고귀한 선물을 준다. 붓다에 따르면, 설법을 통한 가르침(dhamma)은 다른 어떤 선물보다 고귀하다.[8] 재가자는 가르침(dhamma)을 담고 있는 서적을 출판하거나, 사경하거나, 절을 짓는 데 보시할 수 있다. 절을 지어 보시하는 것은 물질적 보시의 한 형태이기도 하다. 기부는 승가의 규칙에 따라서 적절한 때에, 적절한 것을 해야 한다. 개인의 관대함이라는 특성은 여전히 자기희생의 행위를 더 요구하는 내면의 경향성과 연관되어 있다. 또한 탐심을 없애는 불교의 방법과도 연관되어 있다.

---

5) Max Weber(1958). *The Religion of India*, Glencoe: Free Press, p. 213.

6) Nyanaponika Thera(1967). *Protection Through Satipaṭṭhana*, Kandy: Buddhist Publication Society.

7) Padmasiri de Silva(2002a). *Buddhism, Ethics and Society*, Clayton: Monash Asia Institute, pp. 25-26.

8) Dhammapada 354.

사실 탐심을 소멸하는 것은 보시와 관대함의 중요한 '기능'이다. 이것은 부
와 물질에 대한 집착(upādāna)과 자기중심적 행동이 가지는 소유적 구조를 약화
시키는 데 도움을 준다. 도덕적 탁월함의 차원에서 탐심과 탐욕에 의해서 더럽
혀진 것이 힘을 잃으면 우리는 후덕함과 연민이라는 긍정적 정서를 형성해 간
다. 심리적 차원에서 동기적 요소는 균형 잡히고 올바른 삶(sama-cariyā, dhamma-
cariyā)을 살게 한다. 인색함과 낭비는 모두 이러한 생활양식에 의해서 제거된다.
이것은 영적 여정의 기초가 되는 긍정적 힘을 발달시킨다. 붓다도 정당하게 얻
어서 필요한 사람에게 주는 사람을 칭찬한다.[9] 자신에게 주어진 부나 재능, 그
이상을 주는 실제적인 관대함은 마음에서 나온다. 안전을 제공하고 두려움으로
부터 자유롭게 하는 것은 보시(dāna)의 가장 높은 형태이다.[10] 다음의 예는 건전
하지 않아서 역효과를 내는 파괴적 형태의 보시이다. 사람을 모욕하는 것, 명성
이나 홍보를 위해 보시하는 것, 이익을 얻기 위해 보시하는 것, 다른 사람을 시기
하거나 경쟁하는 마음에서 보시하는 것이 그것이다. 이것들이 기만과 함께 행
해진다면 거기엔 무지가 추가로 존재한다. 마음을 닦는 것은 관대함을 실천하
는 사람이 투명한 동기를 갖도록 도움을 준다. 도덕적 탁월함과 마음을 닦는 것
은 영적 고양의 기초를 제공한다. 보시를 다양하게 구별하는 것은 또 다른 강점
이 된다. 보시의 세 가지 중요한 형태는 물질을 주는 것(āmisa-dāna, 財施), 용기
를 주는 것(abhaya-dāna, 施無畏), 가르침을 주는 것(dhamma-dāna, 法施)으로 나눌
수 있다.

---

9) Sn. 87.

10) Lily de Silva(1995). "Giving in the Pali Cannon", In Bhikkbu Bodhi(Ed.), *The Practice of Giving*, p. 13.

2. 인본주의 문화

오늘날 '보시'는 우리 시대의 복잡성, 예를 들어 쓰나미, 산불, 홍수, 지진, 비참한 빈곤, 기아와 질병 등으로 인하여 단순히 물질뿐만 아니라 시간, 에너지, 창조적 계획, 여행 등의 맥락으로 확장된다. 나는 기금모금을 위한 연주회장에 왔던 멜버른의 아이들에게 감동을 받았다. 그들은 쓰나미 기금을 위하여 작은 저금통에 모았던 돈을 건네 주었다. 그들은 처음으로 '보시를 함으로써' 얻을 수 있음을 배웠다. 그것은 손으로 만질 수 있는 것은 아니지만 멋진 일을 했을 때의 기쁨이었다. 기부하는 사람의 동기, 받는 사람의 순수한 마음, 선물의 종류와 크기는 불교에서 일반적인 평가요소가 된다. 그러나 보다 성숙한 마음을 가진 기부자의 의지와 동기가 가장 중요하다. 아이들처럼 순수하고 이익을 바라지 않으며 또한 자발적인 성향이 중요하다. 붓다의 시대에도 큰 보시를 하였던 부유한 후원자들과 마찬가지로 수입이 많지 않았던 소시민들의 마음의 보시도 크게 표현되었다.

오늘날 고통은 너무 강해서 자원봉사를 하는 사회복지사와 심리치료사들은 '공감피로'라는 것에 힘들어 한다.[11] 이러한 맥락에서 붓다는 연민에 지혜, 현실감, 평정심이 더해져야 한다고 조언한다. 그것이 자애, 연민, 이타적 기쁨 간의 균형을 잡는 원리이다.

우리가 살고 있는 현대문화에는 모순이 있기 때문에 금간 곳을 치유할 수 있는 인본주의 문화가 필요하다. 대학에 윤리 과목이 있고, 경영학부에 윤리학이 포함되어 있다. 모든 연구 프로젝트는 윤리위원회의 요구사항을 만족시켜야 한다. 그러나 최근의 경제위기에서 분명히 윤리와 가치는 피해를 당하고 있다. 우리가 '삶의 방식'에 윤리를 통합시키지 않을 때 모순이 생긴다. 윤리의 실천이 돌봄, 마음챙김, 지혜와 결합되어야 한다는 것이 붓다의 통찰이다.

---

11) Elsa Gingold(2005). "Compassion Fatigue and How to Avoid It", In M. Kostanski(Ed.), *The Power of Compassion*, Victoria: Victoria University, pp. 43-47.

3. 피터 싱어와 생명 구하기

서양에서 관대함의 인본주의 문화를 전 세계적으로 부활시키려는 새로운 신호가 있다. 싱어(Peter Singer)는 최근 연구『물에 빠진 아이 구하기(The Life You Can Save)』에서 다음과 같은 질문을 제기한다. 우리 대부분은 물에 빠진 아이를 주저하지 않고 구하지만 분명히 우리 자신은 상당한 대가를 치른다. 수천 명의 아이들이 매일 죽어 가지만 우리는 당연하게 여기는 것들에 돈을 쓴다. 그들이 거기에 없어도 찾지 않는다. 그것이 잘못인가? 그렇다면 가난한 자에 대한 우리의 의무는 어디까지 가야 하나?

싱어는 기부자가 얻는 유익에 대한 최고의 명분은 아프리카에서 고통스러워하는 아이들에게 하는 기부는 삶에 의미와 성취감을 준다는 것이다.

> 당신은 소비를 적절하게 할 필요가 있지만, 그러한 적절한 소비가 당신의 웰빙에 별 차이를 주지 않는다는 것을 발견할 가능성이 꽤 많다. 당신은 새 옷이나 새 차를 살 능력이 없거나 집을 개조할 돈이 없다고 사람들이 생각하지 않도록 외모를 유지하는 데 돈을 쓰는 대신, 이제는 편안하고 유용한 것들을 유지해야 할 명분을 갖고 있는 것에 돈을 쓴다.[12]

싱어는 가난한 사람들을 도우려는 집단적 노력이 삶에 더 큰 의미와 성취를 가져다준다고 결론 짓는다. 싱어는 수십 년 전에 '응용윤리학'을 만든 선구자이다. 이 학문은 매우 중요한 기여를 하였다.

싱어는 관대함에 대한 불교윤리를 논의하지 않지만, 이번 장은 관대함에 대한 불교적 관점을 조명할 것이다. 매우 감사하게도 싱어는 삶을 구하는 것에 대한 프로젝트에서 선구자적 역할을 하였다. 이제 우리는 최근에 '돌봄의 윤리'로 묘

---

12) Peter Singer(2009). p. 184.

사되는 것에 대한 불교적 관점을 조명하려 한다. 타인을 돌보는 것에 대한 새로운 차원을 검토할 때, 우리는 셀리그만의 이론을 따를 것이다. 그는 우리에게 필요한 것은 단순한 윤리가 아니라 '돌봄'을 위한 윤리라고 말한다. 예를 들어, 어머니가 화재가 난 건물로 자신의 아이를 구하러 뛰어들어 간다면, 어머니는 윤리적 원칙에 따라 행동하는 것이 아니라 아이가 염려되고 아이의 생명이 중요하기 때문에 뛰어들어 가는 것이다. 이 예를 든 후에 셀리그만은 프린스턴대학의 철학자 프랑크푸르트(Harry Frankfurt)의 새로운 윤리학적 관점에 관심을 갖는다. 우리가 관심을 갖는 것은 답이 없는 위대한 질문이다. 나는 이것이 불교적 관점의 보시(dāna)에 위치한다고 말하고 싶다.

4. 우주적 연민: 불교적 관점

싱어는 '우주적 연민'에 대한 불교적 관점을 검토하지 않는다. 그는 다음에서 살펴볼 '황금률'을 불교를 포함하여 모든 주요 종교전통에서 발견할 수 있다고 말한다. 그러나 이번 장에서 살펴보듯이, 불교는 관대함, 이타주의, 우주적 연민에 대하여 고유한 관점을 가지고 있다. 달라이 라마(Dalai Lama)와 에크만(Paul Ekman)의 대화에서 이 주제가 확장되는 것을 볼 수 있다.[13]

5. 돌봄의 윤리

돌봄의 윤리는 서양에서는 비교적 새로운 개념이다. 그것은 칸트윤리학, 공리주의, 덕이론과는 다르다.

헬드(Virginia Held)의 『돌봄의 윤리(The Ethics of Care: Personal, Political, and

13) Dalai Lama & P. Ekman(2008). *Emotional Awareness*, New York: Henry Holt and Company, pp. 185-225.

Global)』는 정치적·우주적 관심과 함께 개인적 관계에 관한 새로운 관점의 윤리를 제시한다.[14] 그는 정의, 평등, 개인의 권리와 같은 가치, 그리고 돌봄, 신뢰, 성찰, 결속과 같은 가치가 분리되어 있다고 보지 않는다. 이번 장의 주제에 비추어 보면 이는 매우 중요하다. 윤리가 개인적·가족중심적 차원에서 우주적 차원으로 확장되는 것이다. 돌봄의 윤리는 공감, 연민, 민감성, 반응성과 같은 정서를 가치 있게 본다. 또한 이 윤리는 자기에 대한 관심, 독립적인 이성적 행위자로서의 인간보다는 불교의 가족 관계처럼 관계적이고 상호의존적 관계에 초점을 맞춘다.

돌봄의 윤리는 붓다의 다음과 같은 유명한 가르침으로 요약된다. "어머니가 자신의 아이를 보호하기 위하여 자신의 생명을 내어 놓듯이, 우리도 모든 생명체에 대한 무한한 사랑의 마음을 계발해야 한다."

사실 셀리그만은 가치붕괴를 현대의 재정 위기의 배경으로 본다. 그리고 장기적으로는 결국 파탄날 것을 알고 있지만, 단기적으로 파생상품 판매로 어마어마한 이익을 보는 욕심 많은 사람들과 수학적 마법 때문에 가치가 하락될 것이라고 본다. 셀리그만은 질문을 제기한다. 윤리학은 도움이 될 것인가?[15] 학문적인 윤리학은 역설적이게도 사람들이 도덕적 삶에 열정적이지 않는 한 효과가 없다. 사람들은 정직과 진실성을 단순한 교훈으로 알고 있다. 그러나 그것은 현재 경제문화의 병리로 인해서 익사당하고 있다. 나는 그것을 밝히고 진단하여 치료조치를 탐색하기 위한 많은 진단도구를 제안했다.[16]

셀리그만은 '성격 강점' 개념으로 '돌봄'을 윤리학으로 가져오는 방법을 알고서 '긍정적 정서'에 대한 선구자적 프로젝트를 성공적으로 활용하고 있다. 이번 장에서는 '부정적으로' 묘사되는 정서를 관리하는 데 초점을 맞추는 대신 '관대

---

14) Virginia Held(2012). *The Ethics of Care, Personal, Political and Global*, Oxford: Oxford University Press.

15) Martin Seligman(2012). *Flourish*, North Sydney: William Heinemann, p. 229.

16) Padmasiri de Silva(2011a). "The Pathological Facets of the Culture of Economics", Paper presented at the Philosophy East and West Conference, Honolulu(unpublished).

함'과 연관된 이타적인 정서의 위치를 살펴볼 것이다. 또한 탐심의 뿌리를 검토하여 어떻게 하면 인간적 차원의 긍정적 정서로 나아갈 수 있는지를 살펴볼 것이다. 셀리그만은 자신이 성격 강점과 덕이라고 설명했던 것이 무엇인지를 탐색한다. 중국, 인도, 그리스, 로마에서 인정받고 있는 이 특성들은 어떻게 현대 서양문화에 적용되는지를 탐색한다. 다른 심리학자들의 연구를 보면 그들은 여섯 가지 성격 강점에 초점을 맞춘다. 지혜와 지식, 용기, 인간성, 정의, 절제, 초월이 그것이다. 이 성격 강점들은 모두 똑같이 중요하지만, 지혜와 인간성이 다른 특성들과 결합되어야 한다. 이 이론발달의 배경에는 매슬로(Abraham Maslow), 로저스(Carl Rogers), 프롬(Erich Fromm)과 같은 인본주의 심리학자들이 있다. 최근 긍정심리학자들은 인본주의 심리학에 대해서 경험적 지지를 보내고 있다.

셀리그만은 지난 반세기 동안 심리학이 하나의 주제, 즉 정신장애에 매진했기 때문에 이제는 인본주의 심리학자들이 정상적인 삶의 성격 강점과 덕을 발달시키는 사명을 따르도록 촉구한다. 이 관점은 정상적인 삶에서 성격 강점과 덕에 초점을 맞춘 붓다와 맥락을 같이한다. 붓다도 윤리학과 심리학을 함께 본다. '긍정심리학'의 관점은 '관대함'에 초점을 맞추기 위한 의미 있는 기초를 제공하고, 또 불교는 네 가지 지고한 덕, 즉 자애(mettā, 慈), 연민(karuṇā, 悲), 이타적 기쁨(muditā, 喜), 평정심(upekkhā, 捨)을 가지고 있는데, 이것은 셀리그만의 '인간성' 성격 특성과 일치한다. 비탄 상담을 다룬 장에서 설명한 네 가지 지고한 상태도 이 '인간성' 차원으로 들어가지만, 이번 장에서는 관대함과 연관된 이타적 정서를 살펴보고 탐심으로부터 해방되는 것을 살펴볼 것이다.

현실적 삶에서 사람들은 자신의 삶을 이끄는 도덕 논리를 연역적으로 추론하지 않는다. 불교에서처럼 가장 지고한 비개인적 진리에 도달하거나 칸트와 공리주의에서처럼 가장 바람직한 도덕규범에 따른 행동을 하기 위하여 사람들은 그것을 방해하는 욕망, 정서와 투쟁하여 가장 고귀한 느낌과 태도를 취하고 계발한다. 파핏(Parfit)에 의하면, "투쟁은 예술작품을 만드는 것처럼 창조적으로 사는 것이다".[17] 최근에 윤리교사는 우리의 도덕적 삶 속에 들어 있는 갈등과 창조성과 재미를 설명하기 위하여 소설과 짧은 이야기를 활용한다. 그리고 최근에 윤리적 실재론과 도덕심리학을 강조하는 것도 이 점을 증명한다.

사실 불교는 관대함 또는 보시(dāna), 도덕적 탁월함, 수행이 삼중으로 결합되어 있다. 우리가 논리와 윤리에 대한 질문을 일반적으로 논의할 때 그러한 관심은 세 가지 수준에서 고려해야 한다.

> 보시(dāna)는 관대함(cāga)이라는 개인적 특성과 일치할 수 있다. 이 측면은 목적이 자기 자신으로부터 타인에게로 옮겨 가는 행동, 즉 외적으로 드러나는 행동이 아니라 외적으로 주는 행동에 의하여 강화된다. 또 자기희생이라는 훨씬 많은 것을 요구하는 행동을 가능하게 하는 기질, 즉 줄 수 있는 내적인 기질로서 주는 행동을 강조한다. 관대함은 신앙, 도덕성, 학습, 지혜와 같은 특성들과 함께 좋은 사람(sappurisa)의 핵심적 속성에 포함된다. 관대함의 특성으로 보이는 보시(dāna)는 붓다의 여정에서 모든 행동과 특별히 밀접한 연관을 가지고 있다. 그 여정의 목표는 탐심과 증오와 망상을 없애는 것이다. 그리고 관대함을 계발하면 탐심과 증오를 직접적으로 약화시킬 수 있는 반면, 망상을 소멸시킬 수 있는 순종적인 마음을 촉진한다.[18]

불교에서 열반으로 나아가는 여정은 공덕을 짓는 행위(puñña-kiriya-vatthu)를 위한 세 가지 기초에서 나온다. 그중에 보시[施]가 첫 번째이고, 나머지 두 가지는 도덕적 탁월성[戒]과 마음을 계발하는 것[慧]이다.[19] 이 기초들은 상호작용한다. 예를 들어, 수행하는 사람은 보시에 대해서 고양된 관점을 갖게 된다. 보시는 탐심과 이기심을 대치할 수 있는 토대로 여겨진다. 도덕적·영적 강점을 가

---

17) Padmasiri de Silva(1998). *Environmental Philosophy and Ethics in Buddhism*, London: Macmillan, p. 89.

18) Bhikkhu Bodhi(1995). p. 1.

19) AN. IV. 241.

지고 있는 사람에게 보시는 쉽다.[20] 우리는 인색함, 무관심, 낭비를 피하고 보시 문화에 기여해야 한다. 이는 보시(dāna), 도덕적 탁월성(sīla), 지혜(paññā)가 결합된 성격을 계발하는 것이다.

보시의 기능 외에 동기는 긍정적 정서의 인본주의적인 면을 발견하는 것과 실제적으로 연결되어 있다. 주는 것은 매우 기계적일 수 있다. 실제로 그것은 성가시게 생각되는 거지에게 동전을 던지는 것처럼 성의 없는 일일 수 있다. 또 자기를 알려서 명성을 얻기 위하여 주는 사람은 어떤 결과를 원하는 것일 수 있다. '후원'과 '기부'에 대한 관심과 관련된 이미지가 다음과 같은 불교의 가르침에 있다. "기부자는 가난한 자를 위하여 집을 개방하는 사람으로 묘사된다(anāvaṭa-dvāro). 그는 은둔자, 브라흐만, 여행자, 방랑자, 궁핍한 자, 거지를 위한 우물(opāna-bhūto)과 같다. 그러한 사람이 되기 위하여 그는 공덕이 있는 행동을 한다. 그는 아낌없이 주는(mutta-cāgo) 사람이고 타인과 나누기를 좋아한다(dāna-samvibhaga-rato). 그는 가난한 자의 어려움을 아는 자선가이다(vadaññū)."

보시(dāna)와 연관된 인본주의적 가치의 관점에서 보면 이러한 행동을 평가하는 데 가장 적절한 분류는 자유의지(cetanā)의 요소일 것이다. 불교윤리에서 동기와 의도는 좋음과 나쁨 또는 좋은 행동과 나쁜 행동을 구별하는 기준이다. "불교의 가르침은 주는 것의 심리적 토대에 특별히 주의를 기울인다. 그리고 줄 때의 마음상태를 구별한다. 지혜가 없이 주는 행동과 지혜를 수반하여 주는 행동 사이에는 근본적인 차이가 있다. 후자가 전자보다 우월하다."[21]

원인과 결과의 업의 법칙을 이해하고 열반이라는 목표로 나아가는 행동은 주는 자와 받는 자 모두 영원하지 않다는 자각과 함께 깊은 이해와 지혜에 근거한 행동으로 여겨진다. 이 과정에서 중요한 특징은 올바른 형태의 보시를 계속함으로써 기질적 성격을 형성해 간다는 것이다. 이는 전체 인간이 긍정적 변화를 경험한다는 것을 의미한다. 나는 특별한 유형의 변화에 초점을 맞추고 싶다. 보시

---

20) MN. Ⅰ. 449.

21) Bhikkhu Bodhi(1995). p. 4.

의 맥락에서 형성되는 성격은 셀리그만이 말하는 '긍정적 정서'와 연관되어 있다. '정서적으로 관대한 사람'은 지속적으로 타인에게 긍정성, 행복, 사랑을 가져다준다. 이것은 '주는 성격'으로, 축적하고 소유하는 성격과는 반대이다. 이 주는 것은 행동을 넘어선 것으로, 프롬의 『소유냐 존재냐(To Have or To Be)』에서 적절하게 예로 든 존재방식이다. 프롬에 따르면, 위기의 시대에는 두 가지 존재방식이 있다. 하나는 '소유양식'으로 탐심, 시기심, 공격성에 기초하여 물질적 소유와 권력을 얻는 데 집중하며, 다른 하나는 사랑에 근거하여 나누는 경험을 기뻐하는 것이다. 소유양식은 오늘날 세계에 위기를 조성하고 있다. 그것은 도박과 위험을 무릅쓰는 일로 사람들과 각 나라를 파산의 위기로 몰아간다.

6. 이타주의의 두 가지 의미

네이글(Thomas Nagel)은 '이타주의는 단순히 다른 누군가가 이익을 보거나 해를 피하게 될 것이라는 신념에 의하여 동기화된 행동이다.'[22] 실제로 일반적으로 알려져 있는 이타주의의 의미 가운데 하나는 자기 자신보다 타인이 좋아하는 것을 더 중시하는 것이다. 두 번째 의미는 자기 자신을 포함하여 모든 지각 있는 존재가 잘되기를 똑같이 중시하는 것이다. 두 번째 의미의 이타주의는 공리주의 철학에서 많이 발견되고, 이와 비슷한 흐름이 불교에서도 발견된다.

---

22) Thomas Nagel(1970), *The Possibility of Altruism*, Oxford: Clarendon Press, p. 16, n.1; Stephen Stich, John M. Doris, and Erica Roedder(2010). "Altruism", In J. M. Doris(Ed.), *The Moral Psychology Handbook*, Oxford: Oxford University Press, pp. 147-205.

7. 이타주의의 다른 의미

싱어는 그의 책 『물에 빠진 아이 구하기(The Life You Can Save)』에서 이타주의를 다르게 해석한다. 하나는 '황금률'이다. 당신이 받고 싶은 대로 타인에게 하라. 이것은 타인이 마치 우리 자신인 것처럼 타인의 욕망을 헤아려야 한다는 것이다. 싱어는 이 격언이 예수의 말씀으로 잘 알려진 것이지만 불교, 힌두교, 유교, 이슬람교, 자이나교, 유대교에도 있다고 말한다. 그는 또 주는 것에 대한 게이츠(Bill Gates)의 철학도 인용한다. 세계 전체에 가장 좋은 일을 행하라.

8. 개인적 관점과 비개인적 관점에서 본 열반의 길

고통받는 사람에 대한 보편적인 자비심과 느낌의 개념, 그리고 가족, 가까운 친구, 마을 사람들, 수행자, 은둔자, 심지어는 동물들에게까지 베풀어야 하는 좋은 것, 이 둘 사이에는 일상에서 생활하는 재가자가 볼 때 흥미로운 긴장관계가 있다. 「교계 싱갈라 경(Sigalovada Sutta)」을 살펴보면, 연장자, 노인 등에게 특별히 해야 하는 의무를 포함하고 있는 관계망이 있다.

왕에게 조언할 때 붓다는 사람들의 삶의 조건을 광범위하게 집단으로 향상시킬 것을 권장한다. 현실감을 가지고 이 긴장을 해결할 필요가 있다. '특정한 것에 대한 애정'과 나중에 이타심으로 나타나는 '가장 광범위한 자비' 사이의 차이를 분명하게 자각하는 것이 중요하다.

싱어는 오랫동안 공리주의적 윤리를 따른다. 나의 관점에서 보면 개인적 관점과 비개인적 관점을 통합할 필요가 있다. 이렇게 통합할 수 있다는 생각에 대하여 여러 가지 반응이 있을 수 있다. 쿠퍼맨(Joel Kupperman)은 '비개인적 이타주의'는 공리주의적으로 너무 다양해서 물을 수량화할 수 있고 나눌 수 있는 것처럼 관심을 다룬다고 말한다.[23] 그러나 그것은 역사적으로 특별한 나라에 한정해서 정치철학으로서 역할을 하지만 전 세계적으로 나타나지는 않는다.

> 비인격성이 개인의 핵심을 압도하지 않거나 또는 개인적으로 해야 한다는 명목하에 비인간적 관점을 밀어붙이지 않으면서 삶에서 온전성을 성취하기란 쉽지 않다. … '나'라는 인간으로 살 수 있는 대안을 발견하는 것이 윤리이론의 과제일 수 있다.[24]

라폴레트(Hugh LaFollette)는 「개인적 관계」라는 소논문에서 개인적 관계의 윤리는 비개인적 윤리에게 권한을 줄 수 있다고 말한다.[25] 그의 입장은 우리가 친밀한 관계를 경험하지 않는 한 공정한 도덕성에 필요한 공감도, 도덕적 지식도 발달시킬 수 없다는 것이다.

실제로 불교의 비인격적 윤리와 공리주의의 비인격적 윤리 사이에는 중요한 차이가 있다.

1. 공리주의는 개인적으로 선호하는 것, 욕망, 그것들의 집합체를 분리시킬 것을 요구하는 윤리이론이다.
2. 불교는 개인적 열망과 욕망을 넘어서는 목표를 가지고 동기에 의한 경제학을 재구조화하기를 권장하는 윤리이론이다.

이러한 차이를 확장시킨 플래너건(Owen Flanagan)은 다음과 같이 말한다.

---

23) Joel Kupperman(1995). "The Emotions of Altruism, East and West", In J. Marks, & R. T. Ames(Eds.), *Emotions in Asian Thought*, Albany: State University of New York Press, p. 125.

24) Thomas Nagel(1995). *Other Minds*, New York: Oxford University Press, p. 171.

25) Hugh LaFollette(1991). "Personal Relationships", In P. Singer(Ed.), *A Companion to Ethics*, Oxford: Blackwell, pp. 327-332.

그러나 불교 교리에 따라서 또는 매우 공정하고 (두 번째 의미에서) 비개인적이거나 객관적인 형태에 따라서 진실하게 산다는 것은 극단적으로 복잡하고 훈련된 성격을 요구한다. 아마도 그것은 자유로운 사람들로 사는 데 필요한 것보다 더 풍부하고 더 복잡할 수 있다.[26)]

플래너건이 강조한 것은 하나의 관점을 가진 행위자로서의 인간이 된다는 것은 열반이라는 궁극적인 목표를 향하여 나아가는 데 필요한 전제조건이라는 것이다.[27)]

아라한조차도 사람들의 마음이 고통으로부터 벗어나도록 하는 공감, 연민, 이타주의라는 긍정적 정서를 풍부하게 가지고 있다는 점을 언급해야 한다. 아라한은 어떤 선한 과보도 가지지 않는다. 그럴 필요가 없기 때문이다. 그러나 오늘날에는 다양한 형태의 이타주의적 삶이 있다.

---

26) Owen Flanagan(1991). *Varieties of Moral Personality*, Cambridge, MA: Harvard University Press, p. 78.

27) Owen Flanagan(1991). p. 78.

독자를 위한 가이드

불교심리학의 기본적인 개념 구조

이 책에 나오는 빨리어는 구체적인 맥락에서 사용될 때 가장 잘 이해될 것이다. 그러나 이 가이드의 기본적인 관심은 이 책의 내용에 대한 불교적 개념과 개념 구조의 논리이다. 독자를 위한 좋은 불교사전으로 냐나띨로카(Nyanatiloka) 스님의『불교사전(Buddhist Dictionary)』을 소개한다.[1] 불교 개론서로 가장 좋은 것은「초전법륜경(Dhammacakkappavattana sutta)」이고, 이 설법에 가장 좋은 지침서는 수메도(Sumedho) 스님의『사성제(The Four Noble Truths)』다.[2]

이러한 연구의 목표는 독자가 불교심리학과 불교상담의 본질을 도식적으로 요약하도록 하는 것이다. 다음에 요약해 놓은 개념적 구조는 주로 이 책의 제1부

---

1) Nyanatiloka Thera(1980). *Buddhist Dictionary*, Sanagaraja Mawatha, Kandy: Buddhist Publication Society: http://www.budas.org/ebud/bud-dict/dic-idx.htm.

2) Ajahn Sumedho(1992). *The Four Noble Truths*, Hemel Hempstead: Amaravati Publications: http://www.buddhanet.net/pdf_file/4nobltru.pdf.

에 있는 것으로, 불교심리학을 다룬 것이다. 불교상담에 관심을 가진 독자를 위하여 선별된 책들은 추천도서에 추가한다.

1. 오온

오온(khandha, 五蘊), 즉 몸(rūpa, 色), 느낌(vedanā, 受) 지각(saññā, 想), 의도(saṅkhāra, 行) 의식(viññāna, 識)은 마음과 그 기능을 정하기 위한 기초를 제공한다. 이 오온은 제6장에서 논의된 '성격(personality)'과 마음에 대한 불교적 개념을 이해하는 데 중요하다. 그리고 인지, 의도, 정서의 세 차원이 위치한다. 제2장에서 6장까지는 이 세 차원과 관련이 있다. 심리학에서 마음챙김의 위치를 살펴볼 때 우리는 또 다른 차원, 즉 '주의집중'의 차원을 추가할 수 있다.

의도(conation)는 라틴어 '코나투스(conatus)'에서 유래된 용어로, 자연스러운 경향성, 충동, 추구, 방향성이 있는 노력을 의미한다. 이는 정서, 인지와 함께 마음의 세 부분 가운데 하나이다. 즉, 뇌의 인지적 부분은 지성을 측정하고, 정서적 부분은 감정을 다루고, 의도의 부분은 생각과 감정에 따라 행동한다.

'인지'가 '인식'과 '개념적 활동'을 뜻한다는 것을 추가할 필요가 있다. 의식(viññāna)은 맥락에 따라서 몇 가지 의미를 가지고 있지만, 오온의 맥락에서 보면 그것은 '감각적 의식'을 나타낸다. 전통적인 서양철학에서 '인지'는 이성적 능력과 연관되어 있다. 그러나 보다 정교한 분석에 의하면 그것은 인지적 · 정서적 · 의도적 차원을 포함한다. '정서'는 감정과 연관되어 있기 때문에 구별하기 쉽다. 제5장은 정서, 인지, 욕망과 의도 사이의 관계를 검토하고 있다.

동기가 순환하는 과정의 정신역동은 불교심리학의 핵심적인 특징이다. 분노의 출현과 그것의 정신역동을 살펴보자. 무지한 속인은 괴로운 느낌에 부딪힐 때 비통해 하고 애통해 한다. 그는 울면서 가슴을 치고 정신을 잃을 정도가 된다. 그는 신체적인 느낌과 정신적인 느낌 두 가지를 느낀다. 이 경험은 신체적인 화살과 정신적인 화살에 맞은 사람과 같다. 괴로운 느낌을 느낄 때 그는 저항한다. 저항하고자 하는 무의식적 경향성(patighānusaya)이 마음 안에서 생긴다. 그러한 사람은 이 괴로움에서 빠져나오는 법을 모르기 때문에 감각적 쾌락으로 회피한다. 이것이 감각적 쾌락에 대한 무의식적 경향성(rāgānusaya)의 원인이 된다.[3]

감각적 접촉(phassa)은 느낌을 일으키고, 느낌(vedanā)은 갈애를 일으키고, 갈애(taṇhā)는 집착(upādāna)을 일으킨다. 즐거운 느낌은 욕망에 대한 잠재적 경향성에 의하여 커지고, 괴로운 느낌은 혐오, 반응성, 분노에 대한 잠재적 경향성에 의하여 커진다. 탐심(lobha, 貪)이라는 해로운 마음에 뿌리를 둔(akusala-mūla) 마음은 집착의 토대를 제공하고, 증오(dosa, 瞋)는 혐오에 대한 정서와 감각의 토대를 제공하고, 어리석음(moha, 痴)은 이기적 성향과 기만하는 마음의 토대를 제공한다.

잠재적 활동의 개념은 불교의 동기이론에서 매우 핵심적이다. '잠재적 경향성'으로 번역되는 '아누사야(anusaya)'는 매일매일의 일상적인 의식 가까이에 있으면서 일상에서 마음챙김 수행을 통하여 자각 안으로 들어올 가능성이 있다. 잠재적 경향성의 차원(anusaya-bhūmi)은 활동하지 않고 있거나 잠자고 있는 정서의 영역을 나타낸다. 사고과정의 차원(pariyuṭṭhāna-bhūmi)은 생각이 초점이 되는 영역을 나타낸다. 만일 그것을 관리하지 못하여 고요히 할 수 없다면 충동적 행위의 차원(vītikkama-bhūmi)을 만들어 낼 가능성을 가지고 있다. 제4장에서 이 개념을 보다 명료하게 볼 수 있다.

2. 정서 극복하기

이것은 상담에서 핵심적인 주제다. 제16장에서 감사와 선한 삶을 통하여 규제하는 방법, 해결책, 부정적 정서의 변형, 통찰에 의한 해방을 언급하고 있다. 정화의 과정은 영적 탐구와 보다 직접적으로 관련되어 있다. 그것은 다음과 같이 간단하게 요약할 수 있다.

---

3) SN. IV. 208.

① 억압을 통하여 극복하기(vikkhambhana-pahāna)
  : 욕망, 혐오, 걱정과 불안, 게으름과 지루함, 의심의 다섯 가지 장애를 '고
    요명상'으로 일시적으로 억제함
② 통찰명상으로 반대를 통하여 극복하기(tadaṅga-pahāna)
③ 성스러운 팔정도를 통하여 파괴함으로써 극복하기(samuccheda-pahāna)
④ 족쇄를 벗어나 고요함으로 극복하기(paṭippassaddhi-pahāna)
⑤ 제거함으로 열반을 성취함으로써 극복하기(nissaraṇa-pahāna)

흥미롭게도 이것들은 모두 열반으로 나아가는 여정에 있다.

3. 윤리와 성스러운 팔정도
불교심리학의 배경에는 여덟 가지 고귀한 길이 있음을 강조해야 한다.

① 바른 견해(正見, right understanding, sammā-diṭṭhi, 지혜)
② 바른 사유(正思惟, right aspiration, sammā-saṅkappa)
③ 바른 말(正語, right speech, sammā-vācā)
④ 바른 행동(正業, right bodily action, sammā-kammanta, 도덕성)
⑤ 바른 생활(正命, right livelihood, sammā-ājīva)
⑥ 바른 노력(正精進, right effort, sammā-vāyāma, 집중)
⑦ 바른 마음챙김(正念, right mindfulness, sammā-sati)
⑧ 바른 집중(正定, right concentration, sammā-samādhi)

심리학에서 중요한 것은 도덕성과 집중과 지혜가 통합되는 것이다. 제11장에
서 이 관계를 설명하고 있다.

4. 불교심리학과 업의 법칙

업(kamma)의 법칙은 두 가지 측면을 가지고 있다. ① 삶에서 삶으로 이어지는 보살(Bodhisatta)의 여정에 대한 개인적 이야기, 우주 전체의 우주적 그림, 존재의 삶과 죽음 ② 도덕적 행동을 결정할 때 마음의 역할이 있다. 행동의 도덕적 특성은 '의도'에 달려 있고 '현재'에 초점을 맞춘다. '붓다의 두 번째 통찰에서 본질적인 것은 도덕적 행동을 결정할 때 마음의 역할을 깨닫는 것이다. 수행과정에 대한 붓다의 해석은 수행을 잘하는 것은 신체적으로 행동을 잘하는 것에 달려 있는 것이 아니라, 행동에서 역할을 하는 의도, 주의, 인식의 정신적 특성에 달려 있음을 보여 준다. 이 세 가지 특성 가운데 의도는 행동의 본질이다.'[4]

업(kamma, karma)은 행동을 의미하지만 불교적 맥락에서는 단지 '자발적 행동'만을 의미한다. 좋은 업은 좋은(kusala) 결과를 낳고, 나쁜 업은 나쁜(akusala) 결과를 낳는다. 좋은 업에 의해서 열반(nibbāna)으로 가는 여정은 활성화된다. 그 여정에서 뿐냐(puñña, puṇya, 공덕)는 우리가 이번 생과 사후생에서 쌓는 덕을 의미하고, 그 반대는 빠빠(pāpa)이다. 역설적이게도 공덕은 우리가 윤회(saṃsāra)에서 더 오랜 여정을 경험하는 동안 연료를 모으고 있다는 것이다. 우리가 모은 결과 또는 효과는 신적 존재에 의해서가 아니라 우주의 도덕질서의 본성에 의하여 결정된다.

5. 연기의 법칙

연기의 법칙은 윤회하는 삶의 매우 많은 부분과 연결되어 있다.

우리는 첫 번째 성스러운 진리인 괴로움이라는 성스러운 진리(Dukkha)에 대한 논의에서 우리가 존재 또는 개인이라고 부르는 것이 다섯 가지 무더기, 즉 오온으로 구성되어 있다는 것을 살펴보았다. 이것을 분석하고 검토해 보면 '나', 아트만,

---

4) Thanissaro Bhikkhu.

자아, 변하지 않는 실체로 여겨질 수 있는 것은 없다. 그것은 분석적 방법이다. 같은 결과가 연기의 법칙에서도 나온다. 이것은 종합적 방법이다. 이것에 따르면 세상의 어떤 것도 절대적이지 않다. 모든 것은 조건적이고, 상대적이며, 상호의존적이다. 이것이 불교의 상대성 이론이다.[5]

매우 중요한 차이 중에서 또 다른 것은 오온의 분석은 구조화된 지도로서 자아, 마음과 몸의 관계에 초점을 맞추었다는 것이다. 반면 연기와 앞에서 보여 준 정신역동의 모습은 과정으로서의 마음의 역동적 특징에 초점을 맞추고 있고, 다양한 지점에서 개입할 수 있는 가능성에 초점을 맞추고 있다. 예를 들어, '정서'가 올라올 때 진정시킬 수 있는 능력, 느낌이 부정적 정서로 바뀌기 전에 신체적으로나 정신적으로 괴로운 느낌에서 멈출 수 있다.

연기의 법칙은 조건성, 상대성, 상호의존성의 원리를 구체화한 것이다. 그것은 다음과 같이 간결하게 설명될 수 있다.

이것이 있을 때 저것이 있고, 이것이 생겨날 때 저것이 생겨난다.
이것이 없을 때 저것이 없고, 이것이 사라질 때 저것이 사라진다.
A가 있을 때 B가 있고, A가 생겨날 때 B가 생겨난다.
A가 없을 때 B가 없고, A가 사라질 때 B가 사라진다.

조건적 발생, 즉 연기의 법칙에서 12가지 고리가 있다.

① 무지[無明]를 조건으로 의지적 행동 또는 업의 형성이 생겨난다.
② 의지적 행동[行]을 조건으로 의식이 생겨난다.
③ 의식[識]을 조건으로 정신적 · 물리적 현상이 생겨난다.

---

5) Walpola Rahula(1978). *Zen and the Taming of the Bull: Towards the Definition of Buddhist Thought*, London: Gordon Fraser, pp. 52-53.

④ 정신적・물질적 현상[名色]을 조건으로 여섯 가지 감각능력이 생겨난다.

⑤ 여섯 가지 감각능력[六入]을 조건으로 감각적・정신적 접촉이 생겨난다.

⑥ 감각적・정신적 접촉[觸]을 조건으로 느낌이 생겨난다.

⑦ 느낌[受]을 조건으로 갈망이 생겨난다.

⑧ 갈망 또는 욕망[愛]을 조건으로 집착이 생겨난다.

⑨ 집착[取]을 조건으로 존재가 생겨난다.

⑩ 존재[有]를 조건으로 태어남이 생겨난다.

⑪ 태어남[生]을 조건으로 늙고 병듦이 생겨난다.

⑫ 늙고 병듦[老死]을 조건으로 쇠퇴, 죽음, 애통, 고통이 생겨난다.

논의와 성찰을 위한 주제

1. 불교철학은 어떤 방식으로 당신이 불교심리학을 더 깊이 이해하도록 도울 수 있을까?

2. 불교와 불교심리학을 참고로 하여 '불교와 과학의 결합'에 대하여 성찰한 것은 무엇인가?

3. 명상 수행은 어떻게 감각을 제어하는가?

4. 인지의 여러 수준은 어떻게 맥락화되는가? ① 테이블, 의자, 나무의 세계, ② 인지왜곡, ③ 보이는 것만 보는 것, 들리는 것만 듣는 것, 느껴지는 것만 느끼는 것, 인지되는 것만 인지하는 것(붓다가 바히야에게 충고한 것)

5. 자기소멸에 대한 열망의 본성(vibhava-taṇhā)을 탐색하는 데 불교가 기여한 것은 무엇인가? 이 개념을 삶과 상담의 실제적인 상황에 어떻게 적용할 것인가? 자기소멸에 대한 열망과 자기지향성에 대한 열망(bhava-taṇhā)은 반대인가? (제6장을 보라.)

6. 정서에 대한 불교 이론을 '구성이론'으로 설명할 수 있는가? 제5장에 나온 서양의 정서이론과 불교 사이의 대화에 관하여 논하라.

7. '인간' 개념에 대한 철학적 분석이 성격심리학의 주제를 어느 정도 밝혀 주는가?

8. 제8장을 참고로 하여 '정서적 균형'에 대한 자기 자신의 분석을 시도해 보라.

9. 마음과 몸의 관계에 대한 당신의 견해는 무엇인가?

10. '당신 자신의 치료사가 되는 것의 우아함'에 대한 개념이 당신에게 어떤 매력을 갖고 있는가?

11. 마음챙김에 기반한 치료에 대한 당신 자신의 평가를 지속적으로 하고 그것을 기록하라.

12. 각각의 그룹이 이 책에 나온 정서 프로파일 가운데 하나, 예를 들어 비탄, 슬픔, 스트레스, 탐심과 중독, 연민, 관대함을 선택하여 이야기를 나누고 그것을 기록하라.

13. 이상적인 치료사와 내담자의 관계에 대한 당신의 바람은 무엇인가? 치료사는 상담과정에 참여함으로써 자기 자신에 대한 앎과 이해를 어떻게 발전시키는가?

14. 당신의 상담이 '붓다의 기본적인 메시지'에 대한 이해와 실천을 풍요롭게 하는가?

15. 당신의 개인적인 삶을 예로 들어 마음챙김에 기반한 스트레스 관리의 개념을 조명하라.

16. '알코올 중독'의 초기 단계에 있는 사람을 어떻게 상담할 것인가?

17. '이타주의' 철학을 당신의 삶과 가족의 삶에 어떻게 통합시킬 것인가? '이타주의'에 대한 불교적 관점이 싱어의 '생명 구하기'와 어떻게 통합되는가? 그리고 이타주의, 헌신, 열반을 어떻게 분석할 것인가? (제21장을 보아라.)

추천도서

유용한 서적

Buddhist Dictionary by Venerable Nyanatiloka

What the Buddha Taught by Venerable Walpola Rahula

Meditation in Plain English by Venerable Henepola Gunaratana Thero

Buddha's Brain by Rick Hanson and Richard Mendius

The Wings of Awakening by Venerable Thanissaro Bhikkhu

Heart of Buddhist Meditation by Venerable Nyanaponika Mahathero

Satipaṭṭhāna: The Direct Path to Realisation by Venerable Bhikkhu Analayo

The Basic Method of Meditation by Venerable Ajahn Brahmavamso

In This Life Itself: Practical Teachings on Insight Meditation, by Venerable Uda
    Eriyagama Dhammajiva

In This Very Life: The Liberation Teachings of the Buddha, by Venerable Sayadaw U
    Pandita.

Wheel Publication Series of the Buddhist Publication Society, Kandy, Sri Lanka

최신 번역

Bodhi Bhikkhu(2000). *The Connected Discourses of the Buddha, Vol. I and II, Translation of the Saṃyutta Nikāya*, Kandy: Buddhist Publication Society.

Nanamoli Bhikkhu & Bodhi Bhikkhu(1995). *Middle Length Discourses of the Buddha, Translation of the Majjhima Nikāya*, Kandy: Buddhist Publication Society.

Nyanaponika Mahathera & Bodhi Bhikkhu(1999). *Numerical Discourses of the Buddha, Translation of the Aṅguttara Nikāya* (a selection), New York: Rowman and Littlefield.

Maurice Walsh(1987). *The Long Discourses of the Buddha: A Translation of the Dīgha Nikāya*, Boston: Wisdom Publications.

PTS판 텍스트와 번역

Aṅguttara Nikāya, H. Morris & H. Hardy (Eds.), vol. I - V.

Gradual Sayings, vol. I, II, V trans. by F. L. Woodward, vol. III, IV trans. by E. M. Hare.

Dīgha Nikāya, T. W. Rhys Davids & J. E. Carpenter (Eds.), vol. I, II and III.

Dialogues of the Buddha, Part I, II and III trans. by T. W. & C. A. F. Rhys Davids.

Kindred Sayings, Part I and II trans. by C. A. F. Rhys Davids Parts III, IV and V trans. by F. L. Woodward.

Majjhima Nikāya, vol. I - V, V. Trenkner, R. Chalmers, C. A. F. Rhys Davids (Eds.).

Middle Length Sayings, vol. I, II and III trans. by I. B. Horner.

Saṃyutta Nikāya, vol. I - VI, L. Freer (Ed.).

상담과 심리치료를 위한 가이드

Colledge, R. (2002). *Mastering Counselling Theory*, Basingstoke: PalgraveMacmillan.

Corey, G. (2005). *Theory and Practice of Counselling and Psychotherapy*, Southbank, Victoria: Thomson Learning.

de Silva, P. (2010). *Buddhist and Freudian Psychology* (4th ed.), Carlton North: Shogam Publishers.

Eagan, G. (2002). *The Skilled Helper* (7th ed.), Wadsworth Group, Pacific Grove, CA: Thomson Learning.

Frankel, V. (1963). *Man's Search for Meaning*, Boston: Beacon.

Good, G, E., & Beitman, B. D. (2006). *Counselling and Psychotherapy Essentials*, New York: W. W. Norton and Company.

Heidegger, M. (1962). *Being and Time*, New York: Harper and Row.

Jung, C. (1964). *Man and His Symbols*, New York: Doubleday.

Kierkegaard, S. (1959). *Either/Or Vol I & II*, New York: Anchor Books.

May, R. (1950). *The Meaning of Anxiety*, New York: Ronald Press.

McLeod, J. (2003). *An Introduction to Counselling*, Maidenhead: Open University Press.

Moursund, J., & Kenny, M. C. (2002). *The Process and Counselling and Theory*, New Jersey: Prentice Hall.

Nelson-Jones, R. (2000). *Six Approaches to Counselling and Therapy*, New York: Continuum.

Rogers, C. (1980). *A Way of Being*, Boston: Houghton Mifflin.

Skinner, B. F. (1971). *Beyond Human Dignity*, New York: Knopf.

Sartre, J. P. (1956). *Being and Nothingness*, New York: Washington Square Press.

정서중심치료를 위한 가이드

Greenberg, L. S. (2010). *Emotion-Focused Therapy*, Workshop Handbook, Sydney: IEFT.

Greenberg, L. S., & Pavio, C. (2003). *Working with Emotions in Psychotherapy*, New York: Guilford Press.

Greenberg, L. S. (2008). *Emotion-Focused Therapy*, Washington, DC: American Psychological Association.

Hayes, C. S., Krik, D. S., & Kelly, W. (1999). *Acceptance and Commitment Therapy*, New York: Guilford Press.

Hick, S. F., & Bien, T. (2010). *Mindfulness and the Therapeutic Relationship*, New York: Guilford Press.

Huxter, M. (2012). "Buddhist Mindfulness Practice in Contemporary Psychology: a paradox of incompatibility and Harmony", *Psychotherapy in Australia*, 18, 2, February, pp. 26-39.

Kabat-Zinn, J. (1990). *Full Catastrophe Living*, New York: Dell Publishing.

Kabat-Zinn, J., Segel, Z. V., Williams, M., & Teasdale, J. (2012). *Mindfulness-Based Cognitive Therapy for Depression*, New York: Guilford Press.

Kabat-Zinn, J., Williams, M., Teasdale, J., & Segel, Z. (2007). *The Mindful Way Through Depression*, New York: Guilford Press.

Kang & Whittingham (2010). "Mindfulness: A Dialogue Between Buddhism and Clinical Psychology", *Mindfulness*, 2010, l, pp. 161-173.

Kwee, M. (2013). *Psychotherapy by Karma Transformation: Relational Buddhism and Rational Practice*, http://www.undv.org/vesak2012/book/buddhist_psychotherapy. pdf.

Ledoux, J. (1996). *The Emotional Brain*, New York: Simon and Schuster.

Milton, I. (2011). "Mindful paths to well-being and happiness", *Psychotherapy in Australia*, 17, 2, pp. 64-69.

Prinz, J. J. (2004). *Gut Reactions*, Oxford: Oxford University Press.

Pert, C. (1997). *The Molecules of Emotions*, New York: Scribner.

Siegel, D. (2007). *The Mindful Brain*, New York: W.W.Norton and Company.

Spinoza, B. (1963). *Ethics*, ed. Gutmann, James, New York: Hafner Publishing.

참고문헌

약어표

AN: *Aṅguttara Nikāya* (Gradual Sayings, 앙굿따라 니까야)

DN: *Dīgha Nikāya* (Further Dialogues, 디가 니까야)

MN: *Majjhima Nikāya* (Middle Length Sayings, 맛지마 니까야)

SN: *Saṃyutta Nikāya* (Kindred Sayings, 상윳따 니까야)

Aaronson, H. B. (1980). *Love and Sympathy in Theravada Buddhism*, Delhi: Motilal Banarsidas.

Adams, E. M. (1998). "Emotional Intelligence and Wisdom", *Southern Journal of Philosophy*, 36, pp. 1-14.

Ainslie, G. (2001). *Breakdown of Will*, Cambridge: Cambridge University Press.

Alston, W. P. (1967). "Emotion and Feeling", In P. Edwards (Ed.), *The Encyclopedia of Philosophy*, Vol. 2. New York: Collier Macmillan.

Analayo Bhikkhu(2010). *Satipaṭṭhāna: The Direct Path to Realization*, Cambridge:

Windhorse Publications.

Appiah, K. A. (2008). *Experiments in Ethics*, Cambridge, MA: Harvard University Press.

Atkinson, J. (1957). "Motivational Dimensions of Risk-taking Behaviour", *Psychological Review*, 64, pp. 359-372.

Averill, J. R. (1980). "Emotion and Anxiety: Sociocultural, Biological and Psychological Determinants", In A. O. Rorty (Ed.), *Explaining Emotions*, Berkley: University of California Press.

Benett, M. R., & Hacker, Peter M. S. (2003). *Philosophical Foundations of Neuroscience*, Oxford: Blackwell.

Biegler, P. (2011). *The Ethical Treatment of Depression*, Cambridge, MA: MIT Press.

Bien, T., & Bien, B. (2002). *Mindful Recovery: A Spiritual Path to Healing from Addictions*, New York: Wiley.

Bien, T. (2006). *Mindful Therapy*, Boston: Wisdom Publishers.

Blum, L. A. (1986). "Iris Murdoch and the Domain of the Moral", *Philosophical Studies*, 50, 3, pp. 343-367.

Blum, L. A. (1994). *Moral Perception and Particularity*, Cambridge: Cambridge University Press.

Bodhi Bhikkhu (1995). *Dana: The Practice of Giving*, Kandy: Buddhist Publication Society.

Bowman, D. (2010). "Dispelling the Enemy Image with Clear and Compassionate Speech", In *Proceedings of 7th International UNDV Buddhist Conference*, Thailand.

Brodsky, J. (1995). *Listening to Boredom: Extracts from "In Praise of boredom"*, Dartmouth College, Commencement Address, *Harper's*.

Buddhaghosa, B. (1956). *The Path of Purification*, Trans by Bhikkhu Nanamoli, Singapore: Singapore Buddhist Meditation Centre.

Buddharakkhita, A. (1989). *The Philosophy and Practice of Universal Love*, Kandy:

Buddhist Publication Society.

Bukkyo Dendo Kyokai (1996). *The Teaching of Buddha*, Tokyo: Kosaido.

Burton, R. (1671, 1927). *Anatomy of Melancholy*, (Ed.), Floyd Dell and Paul Joirdon, New York: Farrar and Reinhart.

Caldwell, C. (1996). *Getting Our Bodies Back*, Boston, MA: Shambala.

Calhoun, C. (1984). "Cognitive Emotions", In R. C. Solomon (Ed.), *What Is An Emotion? Classic and Contemporary Readings*, Oxford: Oxford University Press.

Calhoun, C. (2011). "Living with Boredom", *Sophia*, 50, pp. 269-279.

Claxton, G. (1977). *Hare Brain, Tortoise Mind*, New York: Eco Press.

Colledge, R. (2002). *Mastering Counselling Theory*, Basingstoke: Palgrave Macmillan.

Collins, S. (1982). *Selfless Persons: Imagery and Thought in Theravada Buddhism*, Cambridge: Cambridge University Press.

Corey, G. (2005). *Theory and Practice of Counselling and Psychotherapy*, Southbank, Victoria: Thomson Learning.

Csikszentmihalyi, M. (1990). *Flow: The Psychology of Optimal Experience*, New York: Harper Perennial.

Dalai Lama & Ekman, P. (2008). *Emotional Awareness: Overcoming Obstacles to Psychological Balance and Compassion*, Times Books, New York: Henry Holt and Company.

Damasio, A. (1994). *Descartes' Error: Reason and the Human Brain*, New York: G.P. Putnam.

Darwin, C. (1998). *The Expression of Emotions in Man and Animals*, London: Harper Collins.

Davids, C. A. F. Rhys. (1914). *Buddhist Psychology*, London.

Davidson, R. (2003). "Neuroplasticity Thesis", In D. Goleman (Ed.), *Destructive Emotions*, London: Bloomsbury, pp. 21-23.

de Botton, A. (2004). *Status Anxiety*, London: Penguin Books.

de Silva, L. (1995). "Giving in the Pali Canon", In Bodhi Bhikkhu (Ed.), *The Practice of Giving*, pp. 11-24.

de Silva, P. (1986). "Buddhism and Behaviour Change: Implications for Therapy", In G. Claxton (Ed.), *Beyond Therapy: The Impact of Eastern Religions On Psychological Theory and Practice*, N.S.W.: Unity Press.

de Silva, P. (1984). "The Buddhist Attitude to Alcoholism", In G. Edwards, A. Ariff, & J. Jafee (Eds.), *Drug Use and Misuse, Cultural Perspectives*, London: Croom Helm, pp. 33-41.

de Silva, P. (2006). "The Tsunami and its Aftermath in Sri Lanka and its Aftermath: Explorations of a Buddhist Perspective", *International Review of Psychiatry*, 18, 3, pp. 281-287.

de Silva, P. (1981). *Emotion and Therapy: Three Paradigmatic Zones*, Lake House Investments, Sri Lanka: University of Peradeniya.

de Silva, P. (1984). *The Ethics of Moral indignation and the Logic of Violence: A Buddhist Perspective*, V.F. Gunaratne Memorial Trust Lecture, Colombo: Public Trustee.

de Silva, P. (1988). "The Logic of Identity Profiles and the Ethic of Communal Violence", In de Silva, K. M., Duke, P., Goldberg, E., & Katz, N. (Eds.), *Ethnic Conflicts in Buddhist Societies*, Boulder, CO: Westview Press.

de Silva, P. (1992a). *Twin Peaks: Compassion and Insight*, Singapore: Buddhist Research Society.

de Silva, P. (1992b). *Buddhist and Freudian Psychology*, (4th ed.), Melbourne: Shogam Publishers.

de Silva, P. (1993). "Buddhist Ethics", In P. Singer (Ed.), *A Companion to Ethics*, Oxford: Basil Blackwell.

de Silva, P. (1994). "Emotion Profiles: The Self and the Emotion of Pride", In R. T. Ames, W. Dissanayake, & T. P. Kasulis, (Eds.), *Self as Person in Asian Theory and Practice*, Albany: SUNY Press.

de Silva, P. (1995). "Theoretical Perspectives on Emotions in Buddhism", In J. Marks

& R. T. Ames (Eds.), *Emotions in Asian Thought: A Dialogue in Comparative Thought*, Albany: State University of New York Press.

de Silva, P. (1996). "Suicide and Emotional Ambivalence: An Early Buddhist Perspective", In F. J. Hoffman & D. Mahinda (Eds.), *Pali Buddhism*, Richmond, VA: Curzon Press.

de Silva, P. (1998). *Environmental Philosophy and Ethics in Buddhism*, London: Macmillan.

de Silva, P. (2002a). *Buddhism, Ethics and Society: The Conflicts and Dilemmas of Our Times*, Clayton: Monash Asia Institute.

de Silva, P. (2002b). "Moral Indignation and the Logic of Violence", In P. de Silva (Ed.), *Buddhism, Ethics and Society*, Clayton: Monash University.

de Silva, P. (2005a). *An Introduction to Buddhist Psychology* (4th ed.), Basingstoke: Palgrave Macmillan.

de Silva, P. (2005b). "Exploring Buddhist Ethics", In D. Kollak & R. Martin (Eds.), *Experience of Philosophy*, Oxford: Oxford University Press.

de Silva, P. (2007). *Explorers of Inner Space: The Buddha, Krishnamurti and Kierkegaard*, Ratmalana: Sarvodaya Vishva Lekha.

de Silva, P. (2008a). *An Introduction to Mindfulness-based Counselling*, Ratmalana: Sarvodaya Vishva Lekha.

de Silva, P. (2008b). "Theories of Humour: A Buddhist Perspective", *Conference On Asian and Comparative Philosophy, A Symposium on Emotions: Tribute to Robert Solomons*, Melbourne: University of Melbourne.

de Silva, P. (2010a). *Buddhist and Freudian Psychology*, 4th edition (with new chapter), Carlton North: Shogam Publishers.

de Silva, P. (2010b). "Mental Balance and Four Dimensions of Well-being: A Buddhist Perspective", Proceedings of the UNDV Conference, Thailand, Bangkok.

de Silva, P. (2010c). "The Current Dialogue Between Buddhism and Psychotherapy", In P. de Silva (Ed.), *Buddhist and Freudian Psychology*, (4th ed.). Carlton North:

Shogam Publishers.

de Silva, P. (2010d). "Mental Balance and Dimensions of Well-being: A Buddhist Perspective", In *Global Recovery: A Buddhist Perspective*, UNDV Conference Proceedings, Bangkok: Mahachulalongkorn Rajamahavidyalaya.

de Silva, P. (2011a). "The Pathological Features of the Culture of Economics: Does Ethics Offer a Path to Recovery?", Paper presented at the Philosophy East and West Conference, Honolulu (unpublished).

de Silva, P. (2011b). "Ethics for the Rough Road: Exploring New Dimensions for Inter-faith Ethics", In C. Ariane & Premawardhana (Eds.), *Sharing Values: A Hermeneutics of Global Ethics*, Globe Ethics Series, Geneva.

de Silva, P. (2011c). "Mindfulness-based Emotion-focused Therapy", Mahidol University Conference on The Interface Between Buddhism and Science, Nakhom Pathom, Mahidol (Unpublished paper).

de Silva, P. (2011d). "Tolerance and Empathy: Exploring Contemplative Methods in the Classroom", In E. B. Coleman & K. White (Eds.), *Religious Tolerance Education and the Curriculum*, Rotterdam: Sense Publishers.

de Silva, P. (2012). "The Lost Art of Sadness and the Meaning of Love and Grief", *Buddhist Psychotherapy*, Bangkok: IABU.

Deigh, J. (2004). "Primitive Emotions", In R.C. Solomon (Ed.), *Thinking About Feeling*, Oxford: Oxford University Press.

Devall, B. (1990). *Simple in Means and Rich in Ends*, London: Merlin Press.

Dhammajiva Thera, Uda Eriyagama(2008a). *In This Life Itself: Practical Teachings On Insight Meditation*, Meethirigala: Nissarana Vanaya.

Dhammajiva Thera, Uda Eriyagama(2008b). *Talks on the Bojjhanga Sutta*, Meethirigala: Nissarana Forest Hermitage, MP3 Audio CD.

Dhammajiva Thera, Uda Eriyagama(2008c). *Towards Inner Peace*, Meethirigala: Lithira Publishers.

Dharmasiri, G. (1997). *The Nature of Medicine*, Kandy: Lalith Graphics.

Doris, J. M. (2010). *The Moral Psychology Handbook*, Oxford: Oxford University Press.

Drury, M. O. C. (1973). *The Danger of Words*, London: Routledge and Kegan Paul.

Durkheim, E. (1951). *Suicide*, Glencoe, NY: The Free Press.

Eagan, G. (2002). *The Skilled Helper*, (7th ed.), Thomson Learning, Pacific Grove, CA: Wadsworth Group.

Ekman, P., & Davidson, R. (1994). *The Nature of Emotion: Fundamental Questions*, Oxford: Oxford University Press.

Ekman, P. (2003). *Emotions Revealed*, New York: Weidenfeld and Nicolson.

Ekman, P. (2008). *A Conversation Between The Dalai Lama and Paul Ekman: Emotional Awareness*, New York: Henry Holt and Company.

Ekman, P., Davidson, R., Ricardo, M., & Wallace, A. B. (2005). "Buddhist and Psychological Perspectives on Emotion and Well-Being", *American Psychological Society*, Vol.14, Number 2, pp. 59-63.

Elster, J. (1990). *Alchemies of the Mind*, Cambridge: Cambridge University Press.

Elster, J. (1999). *Strong Feelings: Emotion, Addiction and Human Behavior*, Cambridge, MA: MIT Press.

Engler, J. (2006). "Promises and Perils of the Spiritual Path", In U. Mark (Ed.), *Buddhism and Psychotherapy Across Cultures*, Boston: Wisdom Publishers.

Epstein, M. (1995). *Thoughts Without A Thinker*, New York: Basic Books.

Epstein, M. (2007). *Psychotherapy Without the Self: A Buddhist Perspective*, New Haven, CT: Yale University Press.

Fenichel, O. (1951). "On the Psychology of Boredom", In D. Rapaport (Ed.), *Organization and Pathology of Thought*, New York: Columbia University Press, pp. 349-361,

Flanagan, O., & Rorty, A. (1990). *Identity, Character and Morality: Essays in Moral Psychology*, Cambridge, MA: MIT Press.

Flanagan, O. (1991). *Varieties of Moral Personality: Ethics and Psychological Realism*,

Cambridge, MA: Harvard University Press.

Flugel, G. C. (1955). *Studies in Feeling and Desire*, London: Duckworth.

France, P. (1996). *Hermits: The Insights of Hermits*, London: Pimlico.

Frankel, V. (1963). *Man's Search for Meaning*, Boston: Beacon.

Freud, S. (1953a). *Beyond the Pleasure Principle, The Standard Edition of the Complete Psychological works of Sigmund Freud*, Volume 18, London: Hogarth Press.

Freud, S. (1953b). "Remembering, Repeating and Working-Through (Further Recommendations on the Technique of Psycho-Analysis II)", In *The Standard Edition of the Complete Psychological Works of Sigmund Freud*, Volume 12, London: Hogarth Press.

Freud, S. (1917, 1957). "Mourning and Melancholia", In *Collected Papers* (Ed.), E. Jones, Vol 4, authorised translation under the supervision of John Rivere, London: Hogarth Press, pp. 152-170.

Freud, S., & Breuer, J. (1895). *Studies in Hysteria, The Standard Edition of the Complete Psychological Works of Sigmund Freud*, Volume 2, London: Hogarth Press.

Fromm, E. (1964). *The Heart of Man*, New York: Harper Collins.

Fromm, E. (1976, 2001). *To Have or To Be*, London: Abacus.

Fromm, E. (1994). *The Art of Listening*, London: Constable.

Fromm, E., Suzuki, D. D., & Martino, R. (1960). *Zen Buddhism and Psychoanalysis*, New York: Harper.

Garner, H. (1993). *Frames of Mind*, New York: Basic Books.

Germer, C. K. (2005). "Mindfulness; What is It? Does it matter?", In C. K. Germer, R. D. Siegel, & P. R. Fulton (Eds.), *Mindfulness and Psychotherapy*, New York: Guilford Press.

Goldstein, J. (1993). *Insight Meditation: The Practice of Freedom*, Boston: Shambhala.

Goldstein, J. (1994). *Transforming the Mind, Healing the World*, The Wit Lectures, New York: Paulist Press.

Goleman, D. (1996). *Emotional Intelligence: Why It Can Matter More Than IQ*, London: Bloomsbury.

Goleman, D. (1997). *Healing Emotions*, London: Shambhala.

Goleman, D. (2003). *Destructive Emotions*, London: Bloomsbury.

Goleman, D. (2006). *Social Intelligence*, London: Hutchinson.

Good, G. E., & Beitman, B. D. (2006). *Counselling and Psychotherapy Essentials*, New York: W.W, Norton & Company.

Gordon, R. M. (1987). *The Structure of Emotions: Investigations in Cognitive Philosophy*, Cambridge: Cambridge University Press.

Greenberg, L. S. (2008). *Emotion-Focused Therapy*, Washington, D.C.: American Psychological Association.

Greenberg, L. S. (2010). *Emotion Focused Therapy*, Workshop Handbook, Sydney: IEFT.

Greenberg, L. S., & Paivio, S. (2003). *Working With Emotions in Psychotherapy*, New York: Guilford Press.

Griffith, P. E. (1997). *What Emotions Really Are: The Problem of Psychological Categories*, Chicago: Chicago University Press.

Gimgold, E. (2005). "Compassion Fatigue and How to Avoid It", In Kostanski Marlon (Ed.), *The Power of Compassion*, Victoria: Victoria University Press.

Guenther, H. (1973). "Body and Mind", *Mipham*, pp. 15-16.

Hampshire, S. (1983). *Morality and Conflict*, Cambridge, MA: Harvard University Press.

Hanson, R., & Mendius, R. (2009). *Buddha's Brain*, Oakland, CA: New Harbinger Publications.

Harris, R. (2006). "Embracing Your Demons: An Overview of Acceptance and Commitment Theory", *Psychotherapy in Australia*, 12, pp. 2-8.

Hart, T. (2004). "Opening the Contemplative Mind in the Classroom", *Journal of Transformative Education*, 2, pp. 28-46.

Harvey, P. (2000). *An Introduction to Buddhist Ethics*, Cambridge: Cambridge University Press.

Hassed, C. (2006). *Know Thy Self: The Stress Release Programme*, Melbourne: Michelle Anderson Publishers.

Hayes, T., Steven, Strosahl, D. Kirk, Wilson, G. & Kelly (1999). *Acceptance and Commitment Therapy*, New York: Guilford Press.

Heidegger, M. (1962). *Being and Time*, New York: Harper and Row.

Held, V. (2012). *The Ethics of Care, Personal, Political and Global*, Oxford: Oxford University Press.

Herrigel, E. (1985). *Zen in the Art of Archery*, Atkana: Penguin Books.

Heyman, G. (2010). *Addiction: A Disorder of Choice*, Cambridge, MA: Harvard University Press.

Hick, S. F., & Bien, T. (Eds.) (2010). *Mindfulness and the Therapeutic Relationship*, New York, London: Guilford Press.

Higgins, K., & Sherman, D. (2012). *Passion, Death and Spirituality*, London: Springer.

Horowitz, A. V., & Wakefield, J. C. (2007). *The Loss of Sadness*, Oxford: Oxford University Press.

Hume, D. (1989). *A Treatise of Human Nature*, Oxford: Oxford University Press.

Huxley, A. (1998). "Doors in the Wall", In H. Palmer (Ed.), *Inner Knowing*, New York: Putnam.

Huxter, M. (2012). "Buddhist Mindfulness Practice in Contemporary Psychology: a Paradox of Incompatibility and Harmony", *Psychotherapy in Australia*, 18, pp. 26-39.

Ignatieff, M. (1987). "Paradigm Lost", *Times Literary Supplement*, September 4, pp. 939-940.

Jahoda, M. (1950). *Current Concepts of Mental Health*, New York: Basic Books.

James, W. (1890, 1918, 1950). *The Principles of Psychology*, New York: Dover Publications.

James, W. (1984). "What is An Emotion?", In C. Calhoun, & R. Solomon (Eds.), *What Is an Emotion? Classic Readings in Philosophical Psychology*, Oxford: Oxford University Press.

Jayatilleke, K. N. (1963). *Early Buddhist Theory of Knowledge*, London: Allen and Unwin.

Jayatilleke, K. N. (1967). *The Principles of International Law in Buddhist Doctrine*, Hague Lectures, Leiden.

Johanson, R. (1965, 1967). *The Psychology of Nirvana*, London: Allen and Unwin.

Jung, C. (1964). *Man and His Symbols*, New York: Doubleday.

Kabat-Zinn, J. (1990). *Full Catastrophe Living*, New York: Delta Publishing.

Kabat-Zinn, J. (2005). *Coming To Our Senses: Healing Ourselves and the World Through Mindfulness*, New York: Piatkus.

Kabat-Zinn, J., Segel, Z. V., Williams, M., & Teasdale, J. (2007). *The Mindful Way Through Depression*, New York: Guilford Press.

Kabat-Zinn, J., Segel, Z. V., Williams, M., & Teasdale, J. (2012). *Mindfulness-Based Cognitive Therapy for Depression*, New York: Guilford Press.

Kalupahana, D. (1995). *Ethics in Early Buddhism*, Honolulu: University of Hawaii Press.

Kang, C., & Whittingham, K. (2010). "Mindfulness: A Dialogue Between Buddhism and Clinical Psychology", *Mindfulness*, 1, pp. 161-173.

Karunadasa, Y. (1994). "The Buddhist Doctrine of Non-Self and Problem of the Orer-Self", *Middle way*, 69(2), pp. 107-118.

Katz, N. (1983). *Buddhist and Western Psychology*, Boulder, CO: Shambhala.

Kekes, J. (1988). "Purity and Judgment in Morality", *Philosophy*, 63, pp. 453-469.

Kennet, J. (2001). *Agency and Responsibility*, Oxford: Oxford University Press.

Kenny, A. (1963). *Action, Emotion and Will*, London: Routledge and Kegan Paul.

Keown, D. (1995). *Buddhism and Bioethics*, Houndmills, Basingstoke: Macmillan Press.

Kieregaard, S. (1959). *Either/Or Vol I & II*, New York: Anchor Books.

Kraut, R. (1986). "Feelings in Context", *Journal of Philosophy*, 83, pp. 642-652.

Krishnamurti, J. (1995). *The Book of Life*, New York: Harper Collins.

Kubler-Ross, E. (1970). *On Death and Dying*, London: Tavistock.

Kumar, S. (2005). *Grieving Mindfully*, Oakland, CA: New Harbinger Publications.

Kupperman, J. (1995). "The Emotions of Altruism, East and West", In J. Marks, & Nagel, Thomas(1995). *Other Minds*, Oxford: Oxford University Press.

Kwee, M. (2013). *Psychotherapy by Karma Transformation: Relational Buddhism and Rational Practice*, http://www.undv.org/vesak2012/book/buddhist_psychotherapy.pdf.

Kyokai, B. D. (1996). *The Teaching of Buddha*, Tokyo: Kosaido, pp. 228-242.

Ladner, L. (2004). *The Lost Art of Compassion*, New York: Harper Collins.

Ledoux, J. (1988). *The Emotional Brain*, London: Weidenfeld and Nicolson.

LaFollette, H. (1991). "Personal Relationships", In P. Singer (Ed.), *A Companion to Ethics*. Oxford: Blackwell.

LaFollette, H. (2013). *Blackwell Guide to Ethical Theory*, Oxford: Blackwell.

Lutz, C. (1995). "Need, Nurturance and Emotions in a Pacific Atoll", In J. Marks, & R. T. Ames (Eds.), *Emotions in Asian Thought: A Dialogue in Comparative Philosophy*, Albany: State University of New York Press.

Lyons, W. (1980). *Emotion*, Oxford: Oxford University Press.

Marks, J. (1986). *The Ways of Desire: New Essays in Philosophical Psychology on the Concept of Wanting*, Chicago: Precedent.

Marks, J., & Ames, R. T. (1994). *Emotions in Asian Thought: A Dialogue in Comparative Philosophy*, Albany: State University of New York Press.

Marlatt, G. A.(2002). "Buddhist Philosophy and the Treatment of Addictive Behaviour", *Cognitive and Behavioural Practice*, 9, pp. 44-50.

Marlatt, G. A., & Chawla, N. (2007). "Meditation and Alcohol Use", *Southern Medical Journal*, 100, pp. 451-453.

Martin, M. W. (2007). *Everyday Morality*, Belmont: Thompson Wadswort.

Maslow, A. H. (1970). *Towards a Psychology of Being*, New York: Van Nostrand.

May, R. (1950). *The Meaning of Anxiety*, New York: Ronald Press.

McConnell, J. A.(1995). *Mindful Mediation*, Bangkok: Buddhist Research Institute.

McCracken, J. (2005). "Falsely, Sanely, Shallowly: Reflections on Special Character of Grief", *International Journal of Applied Philosophy*, 19, pp. 139-156.

McLeod, J. (2003). *An Introduction to Counselling*, Maidenhead: Open University Press.

Mele, A. R. (1996). "Addiction and Self-control", *Behaviour and Philosophy*, 24, pp. 99-117.

Miller, G. (2003). "The Cognitive Revolution: A Historical Perspective", *Trends in Cognitive Sciences*, Vol.7, No.3, pp. 141-144.

Milton, I. (2011). "Mindful Paths to Well-being and Happiness", *Psychotherapy in Australia*, 17, pp. 64-69.

Morgan, C. T., & King, R. A. (1966). *Introduction to Psychology*, London: McGraw-Hill.

Morgan, S. P. (2005). "Depression: Turning Towards Life", In C. K. Germer, R. D. Siegel, & P. R. Fulton (Eds.), *Mindfulness and Psychotherapy*, New York: Guilford Press.

Moursund, J., & Kenny, M. C. (2002). *The Process of Counselling and Therapy*, New Jersey: Prentice Hall.

Murdoch, I. (1956). "Vision and Choice in Morality", *Proceedings of the Aristotelian Society*, 30, pp. 30-58.

Murdoch, I. (1970). *The Sovereignty of Good*, London: Routledge and Kegan Paul.

Murdoch, I. (1992). *Metaphysics as a Guide to Morals*, London: Penguin Books.

Myers, G. E. (1987). *William James, His Life and Thought*, New Haven, CT: Yale University Press.

Nagel, T. (1970). *The Possibility of Altruism*, Oxford: Clarendon Press.

Nagel, T. (1995). *Other Minds*, New York: Oxford University Press.

Ñāṇananda, Bhikkhu (1971). *Concept and Reality in Early Buddhist Thought*, Kandy: Buddhist Publication Society.

Ñāṇananda, Bhikkhu (1972). *Saṃyutta Nikāya Part II, An Anthology*, Kandy: Buddhist Publication Society.

Neblett, W. (1979). "Indignation: A Case Study in the role of Feelings in Morals", *Metaphilosophy*, Vol. 10, No. 2, pp. 139-152.

Nelson-Jones, R. (2000). *Six Key Approaches to Counselling and Therapy*, London: Continuum.

Nettle, D. (2005). *Happiness: The Science Behind Your Smile*, Oxford: Oxford University Press.

Neu, J. (1977). *Emotion, Thought and Therapy*, London: Rouledge Kegan Paul.

Neu, J. (2000). *An Emotion Is An Intellectual Thing: The Meaning of Emotion*, Oxford: Oxford University Press.

Nussbaum, M. (1991). *The Therapy of Desire*, Princeton, NJ: Princeton University Press.

Nussbaum, M. (2001). *Upheavals of Thought: The Intelligence of Emotions*, Cambridge: Cambridge University Press.

Nussbaum, M. (2003). "Compassion and Terror", *Daedalus*, 132, pp. 10-26.

Nyanaponika, T. (1963). *The Four Sublime States*, Kandy: Buddhist Publication Society.

Nyanaponika, T. (1967). *Protection Through Satipaṭṭhāna*, Kandy: Buddhist Publication Society.

Nyanaponika, T. (1973). *The Heart of Buddhist Meditation*, New York: Samuel Wiser.

Nyanaponika, T. (1983). *Contemplation of Feelings*, Kandy: Buddhist Publication Society.

Nyanaponika, T. (1975). *The Heart of Buddhist Meditation*, London: Rider and

Company.

Nyanaponika, T. (1986a). *The Power of Mindfulness*, Kandy: Buddhist Publication Society.

Nyanaponika, T. (1986b). *The Contemplation of Feelings*, Kandy: Buddhist Publication Society.

Nyanavira, T. (1987). *Clearing the Path*, Colombo: Path Press.

Oatley, K. (2004). *Emotions: A Brief History*, Oxford: Blackwell.

Obeyesekera, G. (1985). "Depression, Buddhism and the Work of Culture in Sri Lanka", In A. Kleiman, & B. Good (Eds.), *Culture and Depression, Studies in the Anthropology and Cross-cultural Psychiatry of Affect and Disorder*, Berkeley: University of California Press.

Panditha, S. U. (1993). *In This Very Life: The Liberation Teachings of Buddhism*, Boston: Wisdom Publishers.

Peele, S. (1998). *The Meaning of Addiction*, San Francisco: Jossey Bass.

Penelhum, T. (1969). "Self-identity and Self-regard", In A. Rorty (Ed.), *Identities of Persons*, Berkley: University of California Press, pp. 253-280.

Perry, P. (2012). *How to Stay Sane*, Basingstoke: Macmillan.

Pert, Candace (1997). *Molecules of Emotion*, New York: Scribner.

Poussin, De La Vallee (1910~1927). "Suicide Buddhist", In J. Hastings (ed.), *Encyclopedia of Religion*, Edinburgh, p. 25.

Premasiri, P. D. (2006). *Studies in Buddhist Philosophy and Religion*, Singapore: Buddha Dhamma Mangala Society.

Prinz, J. J. (2004). *Gut Reactions: A Perceptual Theory of Emotions*, Oxford: Oxford University Press.

Rachels, J. (2000). "Naturalism", In H. LaFolette (Ed.), *Blackwell Guide to Ethical Theory*, Oxford: Blackwell.

Radden, J. (2000). "Love and Loss in Freud's 'Mourning and Melancholia: A Reading'", In M. P. Levine, (Ed.), *The Analytic Freud: Philosophy and Psychoanalysis*, New

York: Routledge.

Rahula, W. (1959). *What the Buddha Taught*, London: Gordon Fraser.

Richards, N. (1992). *Humility*, Philadelphia: Temple University Press.

Rilke, M. R. (1984). *Letters to a Young Poet*, trans. Stephen Mitchell, New York: Modern Library.

Rogers, C. R. (1961). *On Becoming a Person*, Boston: Houghton Miffin.

Rogers, C. R. (1980). *A Way of Being*. Boston: Houghton Miffin.

Rorty, A. O. (1998). "Political Sources of Emotion: Greed and Anger", *Midwest Studies in Philosophy*, 22, pp. 21-33.

Rorty, A. O. (1990). "Pride Produces the Idea of Self: Hume on Moral Agency", *The Australian Journal of Philosophy*, 68, 3, pp. 255-269.

Rubin, J. (1996). *Psychoanalytical and Buddhist Concepts of Self*, New York: Plenum Press.

Ruden, R. A. (2000). *The Craving Brain: A Bold New Approach to Breaking Free from *Drug Addiction *Overeating *Alcoholism *Gambling*, New York: Harper Collins.

Rumi (2005). "The Guest House", Quoted in Kabat-Zinn, Jon(2005). *Coming to Our Senses*, New York: Piatkus, p. 263.

Salzberg, S. (1995). *Loving Kindness*, Boston: Shambala Publishers.

Sartre, J. P. (1956). *Being and Nothingness*, New York: Washington Square Press.

Sartre, J. P. (1962). *Sketch for a Theory of Emotions*, London: Methuen.

Schneidman, E. S. (1985). *Definition of Suicide*, New York: John Wiley.

Schroeder, W. (2000). "Continental Ethics", In H. LaFolette (Ed.), *Blackwell Guide to Ethical Theory*, Oxford: Blackwell.

Schumacher, E. F. (1993). *Small is Beautiful: A Study of Economics as if People Mattered*, London: Random House.

Searle, J. R. (1994). *The Rediscovery of the Mind*, Cambridge, MA: MIT Press.

Segel, Z. V., Williams, M., & Teasdale, J. (2002). *Mindfulness-based Cognitive*

Therapy for Depression: A New Approach to Preventing Relapse, New York: Guilford Press.

Seligman, M. (2004). *Authentic Happiness: Using the New Positive Psychology to Realise Your Potential for Lasting Fulfilment*, New York: Free Press.

Seligman, M. (2012). *Flourish: A Visionary New Understanding of Happiness and Well-being*, N.S.W.: Random House.

Sheean, L. (2011). "Addiction: A Disorder of Choice: An Interview with Gene Hayman", *Psychotherapy in Australia*, 17, 4, pp. 26-31.

Sheean, L. (2012). "Turning Sorrow Into Sickness: An Interview with Jon Jureidini". *Psychotherapy in Australia*, 18, 2, pp. 40-45.

Sherwood, P. (2005). "Grief and Loss Work in Buddhist Psychotherapy", *PACAWA News*, no. 33, May 2005, p. 4.

Siegel, D. J. (2007). *The Mindful Brain*, New York: W.W. Norton and Company.

Singer, P. (1991). *A Companion to Ethics*, Oxford: Blackwell.

Singer, P. (1994). *Ethics*, Oxford: Oxford University Press.

Singer, P. (2009). *The Life You Can Save*, Melbourne: Text Publishing.

Skinner, B. F. (1971). *Beyond Human Dignity*, New York: Knopf.

Solomon, R. C. (1973). "Emotions and Choice", *Review of Metaphysics*, 27, pp. 20-41.

Solomon, R. C. (1977). *The Passions*, New York: Doubleday, Anchor.

Solomon, R. C. (2001). *True To Our Feelings: What Our Emotions are Really Telling Us*, Oxford: Oxford University Press.

Solomon, R. C. (2003). *Not Passion's Slave: Emotions and Choice*, Oxford: Oxford University Press.

Solomon, R. C. (2004a). *In Defence of Sentimentality (The Passionate Life)*, Oxford: Oxford University Press.

Solomon, R. C. (2004b). *Thinking About Feeling: Contemporary Philosophers on Emotions*, Oxford: Oxford University Press.

Spinoza, B. (1963)(1677). *Ethics* (Ed.), James Gutmann, New York: Hafner.

Stocker, M.(1979). "Desiring the Bad: An Essay in Moral Psychology", *Journal of Philosophy*, 76, pp. 738-753.

Storr, A. (1966). "The Concept of Cure", In C. Rycroft (Ed.), *Psychoanalysis*, London: Constable.

Sucitto, A. (1990). "Making Peace with Despair", In A. Anando, A, Santacitto, A, Sucitto, & A, Sumedho (Eds.), *Peace and Kindness*, Hemel Hempstead: Amaravati Publications.

Sumedho Ajahn (1992). *The Four Noble Truths*, Hemel. Hempstead: Amaravati Publications.

Tachibana, S. (1943). *The Ethics of Buddhism*, Colombo: Baudha Sahitya Sabha.

Tanner, D. (1998). *The Argument Culture*, London: Virago Press.

Taylor, C. C. W. (1986). "Emotion and Wants", In J. Marks (Ed.), *Ways of Desire*, Chicago: Precedent.

Taylor, G. (1985). *Pride, Shame and Guilt: Emotions of Self-assessment*, Oxford: Clarendon Press.

Thanissaro Bhikkhu (1996). *The Wings to Awakening*, Barre, MA: Dhammadana Publications.

Thanissaro Bhikkhu (1999). *Noble Strategy*, Selangor: Wisdom Audio Visual Exchange.

Thompson, E. (2011). "Neurophenomenology and Contemplative Experience", In P. Clayton (Ed.), *The Oxford Handbook of Science and Religion*, Oxford: Oxford University Press.

Thouless, R. H. (1940). *Riddell Memorial Lectures*, Oxford.

Tichtcencho, P. (1998). "The Goals of Moral Reflection", In E. Martyn (Ed.), *Critical Reflections on Medical Ethics*, Advances in Bioethics Series, Volume 14, London: Jay Press.

Tov-Ruach, L. (1987). "Jealousy, Attention and Loss", In A. Rorty (Ed.), *Explaining Emotions*, Berkley: University of California Press.

Wallace, A. B. (2007). *Contemplative Science*, New York: Columbia University Press.

Wallace, A. B., & Shapiro, S. L. (2006). "Mental Balance and Well-Being", *American Psychologist*, Vol. 61, No. 7, pp. 690-701.

Watts, J. (2009). "Exploring the Method of Socially Engaged Buddhism", INEB, The Buddhist Channel.

Weber, M. (1958). *Religions of India: The Sociology of Buddhism and Hinduism*, Glencoe: Free Press.

Wettimuny, R . G. de S. (1978). *The Buddha's Teaching and the Ambiguity of Existence*, Colombo: M.D. Gunasena.

Wijesekera, O. H. de A. (1952). *Buddhism and Society*, Colombo: Baudhya Sahitya Sabha.

Williams, J., Teasdale, J., Segel, Z., & Kabat-Zinn, J. (2007). *The Mindful Way Through Depression*, New York: Guilford Press.

Williams, J., Segel, Z., & Teasdale, J. (2002). Mindfulness-based Cognitive Therapy for Depression, NewYork: Guilford Press.

Wittgenstein, L. (1953). *Philosophical Investigations*, trans. G .E. M. Anscombe Oxford: Basil Blackwell.

Wolpert, L. (1999). *Malignant Sadness: The Anatomy of Depression*, London: Faber and Faber.

Yalom, I. (1980). *Existential Psychotherapy*, New York: Basic Books.

Yalom, I. (2001). *The Gift of Therapy*, London: Piatkus.

Zeig, J. K.(2008). "Depression: A Phenomenological Approach to Assessment and Treatment", *Psychotherapy in Australia*, 14, pp. 28-35.

찾아보기

내용-한글

서명

저자

빠드마시리 드 실바(Padmasiri de Silva)
동서비교철학으로 하와이대학에서 박사학위를 취득하였고, 소피아대학에서 불교심리치료로 석
사학위를 취득하였다. 스리랑카 페라데니아대학교에서 철학, 심리학 전공교수를 지냈고, 오스트
레일리아 모나쉬대학교에서 철학, 역사학, 국제학부 연구원을 지냈으며, 미국 피츠버그대학교,
싱가포르 국립대학교, 뉴질랜드 와이카토대학교에서 객원교수를 지냈다.

〈주요 저서〉
『불교와 프로이트심리학(Buddhist and Freudian Psychology)』 (Shogam Publishers, 4 edition,
    2010)
『불교, 윤리학 그리고 사회(Buddhism, Ethics and Society)』 (Monash Asia Institute, 2002)
『불교의 환경철학과 윤리학(Environmental Philosophy and Ethics in Buddhism)』 (Macmillan,
    1998)
『내면의 탐구자들(Explorers of Inner Space)』 (Sarvodaya Vishva Lekha, 2007)

역자

윤희조(Youn, Heejo)
서울대학교 철학과 학·석사
서울불교대학원대학교 불교학과 석·박사
서울불교대학원대학교 불교학과 불교학 전공, 불교상담학 전공 주임교수
불교와심리연구원 원장
한국불교상담학회 편집위원장

〈주요 논저와 역서〉
『불교심리학사전』(씨아이알, 2017)
『불교의 언어관』(씨아이알, 2012)
「자성(自性)의 의미변화에 관한 일고찰−『구사론』, 『중론』, 『단경』을 중심으로」(2016)
「성냄을 원인으로 하는 마음에서 보는 아비담마의 정서심리학」(2015)
「불교와 수용전념치료에 대한 재고찰」(2015)
「연속과 불연속의 관점에서 본 아비담마의 마음과 프로이드의 무의식」(2014)
「영역과 기능의 관점에서 본 프로이드의 자아와 아비담마의 마음작용」(2014)
「상좌부의 빤냐띠와 중관의 시설: 상좌부와 중관의 언어관 비교」(2012)
「『중론』에서 언어의 문제−그 모순 위의 진실의 세계」(2008)
「초기경전에 나타난 망상(papañca)에 대한 일고찰」(2006)

불교상담학개론
-마음챙김에 기반한 치료-

An Introduction to Buddhist Psychology and Counselling
Pathways of mindfulness-based therapies (5th ed.)

2017년 5월 10일 1판 1쇄 인쇄
2017년 5월 20일 1판 1쇄 발행

지은이 • Padmasiri de Silva
옮긴이 • 윤희조
펴낸이 • 김진환
펴낸곳 • (주)**학지사**
　　　　04031 서울특별시 마포구 양화로 15길 20 마인드월드빌딩
대표전화 • 02-330-5114　　팩스 • 02-324-2345
등록번호 • 제313-2006-000265호

홈페이지 • http://www.hakjisa.co.kr
페이스북 • https://www.facebook.com/hakjisa

ISBN 978-89-997-1227-2　93180

정가 19,000원

이 도서의 국립중앙도서관 출판시도서목록(CIP)은 서지정보유통지
원시스템 홈페이지(http://seoji.nl.go.kr)와 국가자료공동목록시스템
(http://www.nl.go.kr/kolisnet)에서 이용하실 수 있습니다.
(CIP 제어번호: CIP2017007079)

·························· 교육문화출판미디어그룹 **학지사** ··························

심리검사연구소 **인싸이트** www.inpsyt.co.kr
원격교육연수원 **카운피아** www.counpia.com
학술논문서비스 **뉴논문** www.newnonmun.com